2019 中国连锁经营年鉴

China Chain Store Almanac 2019

中国连锁经营协会　编

中国商业出版社

图书在版编目（CIP）数据

2019 中国连锁经营年鉴/中国连锁经营协会编．
—北京：中国商业出版社，2020.12
ISBN 978-7-5208-1400-3

Ⅰ.①2…　Ⅱ.①中…　Ⅲ.①连锁经营—中国—
2019—年鉴　Ⅳ.①F721.7-54

中国版本图书馆 CIP 数据核字(2020)第 237405 号

责任编辑：王　静

中国商业出版社出版发行
010-63180647　www.c-cbook.com
(100053　北京广安门内报国寺 1 号)
新华书店经销
北京京丰印刷厂印刷
*
787 毫米×1092 毫米　16 开　20.5 印张　500 千字
2020 年 12 月第 1 版　2020 年 12 月第 1 次印刷
定价：360.00 元
*　*　*　*

编辑委员会名单

前 言

2019年，连锁行业在中国经济面对国际环境更加复杂多变，不确定、不稳定风险挑战明显上升，国内深化改革攻坚发展向更广范围、更深领域不断探索延伸的局面下，坚定以服务消费为主导，坚持通过转型创新推动发展，持续优化全链条运营提质增效。

2019年，中国连锁百强销售规模近2.6万亿元，门店总数14.4万个，提供就业岗位160余万个。连锁百强销售规模和门店数量绝对值依然保持增长，但增长幅度整体放缓。调查显示，连锁百强企业中，便利店发展强劲，社区超市后起直追。连锁百强企业的租金和人工成本上涨趋于平稳，成本占比基本与上年持平。百货和大卖场业态持续进行购物中心化改造，通过业态调整及管理优化，运营效率有所提高。社区团购、拼团直播等新技术、新模式、新方法给行业发展注入新活力，推进零售业持续变革。

2019年，中国特许经营市场继续保持较快发展态势。特许连锁百强企业规模化、规范化稳步提高。2019年，特许百强销售规模5046亿元，店铺总数约25.7万个，特许百强企业从业人员总数约400万。调查显示，数字化成为特许经营各行业创新热点，百强企业积极投身数字化运用与创新，如数字化会员营销、线上加盟招募、加盟商移动管理等方面。但是，与此同时，特许企业依然面临着成本高企与不规范竞争等问题。

2020年是全面建成小康社会和“十三五”规划收官的关键节点，是我国实现第一个百年奋斗目标，为“十四五”良好开局打下更好基础的关键之年。以此为基点，中国连锁经营需要把牢“五位一体”新发展理念，以创新发展促进以服务业为主导的产业变革，实施以服务消费为中心的消费升级和产品布局，引领连锁零售行业持续健康稳定发展，为构建“双循环”新发展格局，更有力地拉动国民经济稳定前行贡献力量。

《2019中国连锁经营年鉴》坚持以调研内容为主体，记叙严谨、数据翔实、论述客观，力求详尽反映2019年中国连锁经营市场的发展状况，直观描述行业的运行环境，为业内人士经营、管理及决策提供高价值的参考和帮助。

在此，谨向参加本书编写的专家、学者、业内人士和编委会工作人员表示衷心的感谢！

中国连锁经营协会理事会主席　孙坚　　　中国连锁经营协会会长　裴亮

目　录

第一部分　数据统计篇

第二部分　专题报告篇

第三部分　中国连锁行业大事件

第一部分

数据统计篇

2019年中国连锁百强基本情况

根据“2019年行业基本情况及连锁百强调查”结果，“2019年中国连锁百强”于2019年6月2日发布。

2019年连锁百强销售规模近2.6万亿元，同比增长5.2%，占社会消费品零售总额的6.3%。连锁百强门店总数14.4万个，同比增长5.9%。百强连锁企业提供就业岗位160余万个。苏宁易购以3787.4亿元的销售规模居百强榜首。

一、主要发现

（一）百强增长整体放缓，部分企业实现两位数增长

百强销售和门店数量绝对值依然保持增长，但增长幅度整体放缓。2019年，百强企业销售实现正增长的有73家，比上一年减少5家，增长率平均为14.4%，同比下降0.1个百分点，中位数为6.4%，同比下降0.3个百分点；销售出现负增长的有27家，增长率平均为-9.6%，降幅同比增加1.2个百分点，中位数为-7.6%，降幅同比高出2.4个百分点。2019年门店数量下降的企业数比上年增加了8家，共计29家。

18家企业实现销售和门店数量两位数增长。其中，红星美凯龙、永辉、居然之家、盒马鲜生、美宜佳、孩子王、百果园、大参林、柒一拾壹、罗森10家企业连续两年保持两位数增长。

（二）便利店增幅明显，社区超市成为亮点

百强企业中，便利店依然发展强劲，社区超市后起直追。2019年，便利店销售增幅为16.5%；专业店、超市和百货店销售增幅分别为10.4%、4.0%和0.7%；便利店门店增幅为7.8%，超市、百货店和专业店门店增幅分别为7.7%、2.4%和1.5%。除超市业态外，各业态销售和门店增幅均出现不同程度下降。超市业态中增长最快的是社区超市，其销售和门店增幅分别达到16.5%和16.9%。

（三）成本上涨趋于平稳，成本占比与上年持平

调查数据显示，连锁百强企业的租金成本占总体销售的比例为3.2%，与上一年持平。其中，以超市为主营业态的连锁百强企业租金占比为2.8%，同比下降0.1个百分点；百货店、便利店和专业店租金占比分别为1.9%、6.5%和7.1%，与上一年基本持平。

单位人工成本虽有上涨，但整体人工费用占销售额的比重稳定在 4.6%。其中，以超市为主营业态的连锁百强企业人工成本占比为 5.4%，百货店、便利店和专业店人工成本占比分别为 3.5%、6.5%和 5.5%，与上一年基本持平。

（四）升级改造加优化调整，百强企业核心经营效率指标有所提升

2019 年，百强企业持续对百货和大卖场业态进行购物中心化改造。数据显示，经营百货店的百强中，有近一半企业对门店进行了改造，改造的门店约占企业总店数的 30%；经营大型超市的百强中，有近四成的企业对大卖场进行购物中心化改造，改造门店占总店数的 30%。

通过业态调整及管理优化，百强企业运营效率有所提高。

人效提升明显。其中，超市业态平均人效为 94.3 万元，同比提高 1.3%；便利店、百货店和专业店人效依次为 58.8 万元、245.4 万元和 362.4 万元，同比提高 18.5%、10.0%和 6.1%。

平效保持不变。其中，百货店平效为 1.8 万元，60%的百货企业平效出现下降；超市平效为 1.4 万元，三分之一的超市企业平效下降；便利店平效为 2.6 万元，与上年基本持平；专业店平效为 2.8 万元，比上年下降 9.0%。

毛利小幅增长。2019 年，百强企业平均毛利率为 19.5%，比上一年略有提高。其中，超市毛利率为 18.9%，同比提升 0.5 个百分点；百货店毛利率为 17.0%，同比提升 0.5 个百分点；便利店毛利率为 26.3%，同比提高 1.2 个百分点；专业店毛利率为 23.7%，同比下降 0.3 个百分点。

二、行业新活力

新技术、新模式、新方法给行业发展注入新活力。

（一）线上销售增长显著

2019 年，连锁百强企业线上销售增长 28.7%，高于全国实物商品网上零售额增幅 9.2 个百分点。线上销售规模达 5000 亿元。

专业店平均线上销售占比最高，便利店最低。百强企业平均线上销售占比为 4.3%。其中，超市企业线上销售占比为 2.1%，百货店线上销售占比为 1.2%，便利店线上销售占比为 0.6%，专业店线上销售占比为 21.9%。

（二）到家业务成为标配

百强企业的超市业态普遍开展到家业务。其中约三分之一的企业的到家业务已在全部门店铺开，约一半企业则在部分门店运营，其余企业还在尝试阶段。到家业务的平均客单价约为 84 元，单店日均订单 56 张。到家业务的逐步拓展，也对单店效率产生正向影响。全面铺开的企业相较部分铺开和尝试阶段的企业，到家订单的客单价更高，达 92 元，人均单店订单数达 95 单。

前置仓是支持到家业务的基础设施。2019 年，百强企业的超市中约有三分之一的企

业设置了前置仓，前置仓大部分依托现有门店运营。

（三）拼团直播丰富渠道

调查显示，超市类百强企业有近六成开展了社区拼团业务，其中过半数处于尝试阶段，社区拼团业务占超市销售比大约为2‰。短视频、网上直播等作为新的渠道，也有约三成百强企业导入。

受2020年初发生的新冠疫情影响，企业对2020年的发展持谨慎态度。据对参与预测的百强企业的统计，78%的企业2020年会继续拓展新店；只有36%的企业认为门店同比销售有望实现增长，42%的企业认为门店销售会下降。

附：

2019 年中国连锁百强排名

（CCFA 2020 年 6 月 2 日发布）

序号	企业名称	2019 年销售（含税万元）	销售增长率（%）	2019 年门店总数（个）	门店增长率（%）	备注	
1	苏宁易购集团股份有限公司	37874000	12.5	8216	-25.7	①	★
2	国美零售控股有限公司	12764600	-7.6	2602	22.6		★
3	红星美凯龙家居集团股份有限公司	12563318	12.6	428	19.2		★
4	高鑫零售有限公司	* 10186800	0.5	486	0.4	②	☆
5	华润万家有限公司	9510000	-6.1	3234	1.3	③	★
6	永辉超市股份有限公司	9315003	21.3	1440	12.9		★
7	沃尔玛（中国）投资有限公司	8228000	3.8	442	0.2	④	★
8	居然之家新零售集团股份有限公司	8111000	14.2	355	24.6	⑤	★
9	中石化易捷销售有限公司	* 7000000	12.9	27600	1.5		★
10	重庆商社（集团）有限公司	6042103	-10.7	373	-9.7		★
11	联华超市股份有限公司	5463022	0.5	3381	-0.6		★
12	物美科技集团有限公司	4985331	3.1	1351	36.3		★
13	长春欧亚集团股份有限公司	4771908	5.2	147	5.0		★
14	步步高集团	4152575	6.4	779	14.6		★
15	上海盒马网络科技有限公司（盒马鲜生）	* 4000000	185.7	250	67.8		★
16	武汉武商集团股份有限公司	3871499	1.1	87	-1.1		★
17	王府井集团股份有限公司	3521344	2.1	66	17.9		★
18	银泰商业（集团）有限公司	3427760	14.6	62	-1.6		★
19	中百控股集团股份有限公司	3342459	0.5	1341	6.9		★
20	银座集团	3323176	-11.2	381	1.1		★
21	家乐福（中国）管理咨询服务有限公司	3128448	-8.3	233	-2.5	⑥	★
22	石家庄北国人百集团有限责任公司	3100347	1.5	75	5.6		
23	利群集团股份有限公司	3038679	14.5	539	1.1		★
24	天虹商场股份有限公司	2919792	5.5	109	19.8		★
25	月星集团有限公司	2910559	6.3	176	10.0	⑦	★
26	家家悦控股集团股份有限公司	2895132	11.7	790	7.0		★

续表

序号	企业名称	2019 年销售（含税万元）	销售增长率（%）	2019 年门店总数（个）	门店增长率（%）	备注	
27	永旺（中国）投资有限公司	2802555	10.5	208	16.9		★
28	烟台振华商业集团	2580391	2.7	160	6.0		☆
29	郑州丹尼斯百货有限公司	2533608	6.3	493	9.6		
30	屈臣氏中国	2489300	6.3	3947	9.4		★
31	金鹰国际商贸集团（中国）有限公司	2381161	1.2	32	0.0		★
32	锦江麦德龙现购自运有限公司	2300000	8.0	97	3.2		★
33	东莞市糖酒集团美宜佳便利店有限公司	2262823	34.6	19236	23.6		★
34	大商股份有限公司	* 2188787	-8.3	137	-4.9		
35	中国石油销售公司（昆仑好客）	* 2070000	21.8	20000	1.5		★
36	世纪华联超市连锁（江苏）有限公司	2069101	15.1	5013	17.4		★
37	山东潍坊百货集团股份有限公司	1968000	4.0	758	2.8		★
38	江苏五星电器有限公司	1934850	1.0	712	17.3		★
39	文峰大世界连锁发展股份有限公司	1772322	-8.6	578	-1.5		★
40	北京迪信通商贸股份有限公司	1736928	-1.5	1489	-9.2		★
41	江苏华地国际控股集团有限公司	1713899	6.9	95	2.2		★
42	宜家（中国）投资有限公司	1577000	1.7	32	14.3	⑧	★
43	茂业国际控股有限公司	* 1541574	-2.4	48	-15.8	⑨	
44	信誉楼百货集团有限公司	1515495	27.3	35	6.1		★
45	合肥百货大楼集团股份有限公司	1480742	-0.4	253	8.6		★
46	孩子王儿童用品股份有限公司	1436637	36.3	356	31.9		★
47	百盛商业集团有限公司	* 1418120	-6.7	41	-10.9	⑩	
48	成都红旗连锁股份有限公司	1357508	4.0	3070	9.0	⑪	★
49	北京京客隆商业集团股份有限公司	1319602	-6.0	200	-2.9		★
50	深圳百果园实业发展有限公司	1313073	30.7	4303	21.0		★
51	大参林医药集团股份有限公司	1235000	20.3	4756	22.6		★
52	广州市广百股份有限公司	1207975	6.6	29	3.6		★
53	北京华联综合超市股份有限公司	* 1199273	3.4	163	1.9		
54	卜蜂莲花	1084000	-2.6	113	-2.6		★
55	迪卡侬（上海）体育用品有限公司	1070390	-1.2	312	5.8		★
56	中国全家	1003000	5.7	2801	8.9		★
57	北京首商集团股份有限公司	* 994402	-1.3	484	-0.6		
58	新世界百货中国有限公司	* 959000	-13.8	31	-8.8	⑫	★
59	济南华联商厦集团股份有限公司	933290	0.4	125	17.9		☆
60	山西美特好连锁超市股份有限公司	821856	2.3	83	-24.5		★
61	山东全福元商业集团有限责任公司	803321	0.1	251	2.0		★

续表

序号	企业名称	2019 年销售（含税万元）		销售增长率（%）	2019 年门店总数（个）	门店增长率（%）	备注	
62	河北叁陆伍网络科技集团有限公司		760654	6.0	1930	1.6		☆
63	人人乐连锁商业集团股份有限公司		757574	-8.0	144	4.3		★
64	柒一拾壹（中国）投资有限公司		738818	26.4	2147	18.9	⑬	★
65	广东嘉荣超市有限公司		737809	14.1	147	21.5		★
66	阜阳华联集团股份有限公司		716358	1.5	787	0.3		★
67	青岛利客来集团股份有限公司		710701	1.1	50	0.0		★
68	山东德州百货大楼（集团）有限责任公司		706632	8.1	19	5.6		★
69	湖南佳惠百货有限责任公司		680265	11.1	125	22.5		★
70	福建东百集团股份有限公司		667651	104.4	9	50.0		★
71	南京中央商场（集团）股份有限公司	*	661362	0.6	15	7.1	⑭	★
72	湖南友谊阿波罗商业股份有限公司		655121	-11.3	16	-5.9		★
73	河北美食林商贸集团有限公司		621328	26.1	643	21.6		★
74	河南大张实业有限公司		610340	18.1	72	2.9		★
75	成都伊藤洋华堂有限公司		601000	8.7	9	12.5		★
76	新华都购物广场股份有限公司	*	600552	-12.3	87	-39.2		★
77	罗森（中国）投资有限公司		596445	39.0	2629	33.2		★
78	邯郸阳光百货有限责任公司		594798	4.6	168	-3.4		★
79	北京华冠商业科技发展有限公司		585967	5.8	85	4.9		★
80	供销大集集团股份有限公司	*	582937	-64.4	157	-33.2		★
81	雄风集团有限公司		561181	0.1	100	-2.0		★
82	鲜丰水果股份有限公司		560376	32.9	1850	23.3		★
83	十足集团有限公司		532675	2.0	2257	3.4		☆
84	新疆友好（集团）股份有限公司	*	523861	-7.0	29	-6.5		
85	北京超市发连锁股份有限公司		522474	1.4	163	-0.6		★
86	山东新星集团有限公司		521974	-30.3	486	-8.0		★
87	江苏吉麦隆超市管理有限公司	*	520000	4.0	90	5.9		
88	江苏新合作常客隆连锁超市有限公司		498960	5.0	1007	-0.2		★
89	湖北黄商集团股份有限公司		498830	13.3	145	9.0		★
90	北京翠微大厦股份有限公司	*	493625	-1.4	14	0.0		
91	山西省太原唐久超市有限公司		462676	1.6	1564	4.3		★
92	新疆汇嘉时代百货股份有限公司	*	440326	21.5	21	-4.5		
93	哈尔滨地利生鲜农产品企业管理有限公司		439253	18.8	254	4.1		★
94	十堰市新合作超市有限公司		432263	-1.4	375	-1.3		△
95	河北惠友商业连锁发展有限公司		431430	9.3	74	0.0		★
96	三江购物俱乐部股份有限公司		417084	-5.6	207	2.5		★

续表

序号	企业名称	2019 年销售（含税万元）	销售增长率（%）	2019 年门店总数（个）	门店增长率（%）	备注	
97	长沙通程控股股份有限公司	407744	-10.4	77	-6.1		★
98	贵州合力惠民民生超市股份有限公司	400148	39.9	81	26.6		★
99	安徽商之都股份有限公司	379865	-9.4	101	14.8		★
100	联盛商业连锁股份有限公司	354593	29.4	101	-4.7		★
	合计	259507487	5.2	143619	5.9		

注：

1. ★表示为中国连锁经营协会会员企业，☆表示其下属公司为中国连锁经营协会会员企业，△表示其母公司为中国连锁经营协会会员企业。

2. 数字前面带＊为估计值。上市公司前标注＊，如无特殊说明，代表销售数据取自年报的营业收入。

3. 百强统计采用销售规模（或营业收入）口径，包括线下及线上（仅限自营）含税销售额，即门店含税销售额（或营业收入）、企业批发含税销售额（或营业收入）和商品网络销售额（或营业收入，含自营和在第三方平台的销售额）。其中，门店范围包括直营店、加盟店、以公司品牌输出管理的连锁店。销售规模统计不包括内部交易额，企业的批发市场交易额，汽车、加油站及农资等生产资料销售额。

4. 部分企业数据说明：

① 苏宁易购销售中包含家乐福第四季度销售额。

② 高鑫零售销售口径为总营业收入，包括来自商品销售的总款项，包括寄售业务收入以及租金收入，但不包括增值税。

③ 华润销售额中，含苏果超市 2019 年销售额 275.4 亿元。

④ 沃尔玛中国 2019 年销售增长率基于未税营业收入计算得出。

⑤ 居然之家的销售额中不含武汉中商集团的销售额。

⑥ 家乐福（中国）的数据统计口径为大陆地区销售额及门店数。

⑦ 月星集团的销售数据口径为营业收入。

⑧ 宜家销售数据为 2019 财年数据，即 2018 年 9 月 1 日至 2019 年 8 月 31 日。

⑨ 茂业国际门店数量不包含经营权外包的位于呼和浩特市与包头市的 12 家超市，销售口径为“销售所得款项及租赁收入总额”。

⑩ 百盛销售口径为销售所得款项总额（含增值税）。

⑪ 成都红旗的销售数据含关联销售。

⑫ 新世界百货采用 2019 财年数据，销售总收益为 10897.3 百万港元，已按 1∶0.88 换算成人民币。

⑬ 柒一拾壹（中国）的统计口径为大陆地区的销售及门店（不包含港澳台），销售数据不包含部分门店的服务性商品收入。

⑭ 南京中央商场此处数据为百货零售部分的营业收入。

2019 年中国特许连锁百强基本情况

“2019 年行业基本情况及特许连锁百强调查”发布结果如下：

2019 年中国特许连锁百强企业包括餐饮、住宿、汽车后市场、培训教育、生活服务、美容与健康、食品专卖、非食品专卖、商务服务与便利店等 10 大类，共涉及 50 个细分业态。

2019 年，特许百强销售规模 5046 亿元，同比增长 17.3%，增幅比上年提高 2.5 个百分点；特许百强门店总数约 25.7 万个，较上年大幅提高，同比增长 26%；其中加盟店 22.2 万个，比上年增加 5.5 万个，同比增长 33.3%。

2019 年特许百强企业从业人员总数约 400 万，每个店铺平均创造 16 个就业岗位。百强企业平均拥有店铺 2550 个，单店平均投资金额约 68 万元；百强企业带动社会投资额超过 1700 亿元。

2019 年特许百强总部主要分布于北京、上海、浙江、广东等 18 个省、自治区、直辖市。百强企业中有 26 家上市企业（含母公司），有 18 个海外特许品牌。

2019 年中国特许连锁百强发展状况呈现以下主要特点。

一、百强企业规模化、规范化稳步提高

特许百强企业依托成熟的管理体系和专业化优势，实现门店稳步增长。2019 年，百强拥有门店数量超过万个的品牌企业有 4 家，包括美宜家便利店、绝味食品、德佑房屋中介、森马服饰；门店数量超过 1000 个的，有 55 家。2019 年，门店净增数量在 1000 个左右的，有 8 家；门店净增数超过 100 个的，达到 50 家；其中，美宜佳净增门店近 4000 个，21 世纪不动产净增门店超过 3000 个。

品牌经营时长、加盟商续约率、多店率与加盟合同期限，是评价特许经营可持续增长能力的主要指标。

2019 年，特许百强经营时间超过 20 年的品牌达到 50%，10 年以上的占到 85%。

百强企业加盟商的平均续约率为 85%。

百强企业加盟商平均多店率约为 30%，其中，食品零售企业加盟商多店率最高，达 59%；受区域加盟政策影响，家政服务、房屋中介与汽车后市场企业的多店率相对较低，约为 10%。

约有 80%的百强品牌企业合同期限为 5 年及以上；住宿业与西式快餐品牌的百强企业，合同期限相对较长，多在 10 年以上。

二、数字化成为特许经营各行业创新热点

（一）流量经营多样化

一是以电商平台、社交平台等第三方平台为主要引流。特许百强在数字化实施过程中，主要采取与第三方专业机构及其平台合作的方式。利用第三方平台销售产品（服务）在零售类特许百强企业中非常普遍，使用较多的电商平台有天猫、京东、美团、饿了么、口碑、有赞、大众点评、百度外卖、唯品会、风速考拉等。同时，2019 年多数特许百强企业通过腾讯广告，运用全场景数字营销实现了销售方面的强劲增长。

二是小程序的普遍使用改善企业私域流量。经济型酒店是特许百强中数字化运用程度较高的行业之一，自建线上销售平台，通过数据挖掘开展联合营销，为品牌快速扩张与单店销售额提升提供技术支持。

三是七成以上的百强企业对同一顾客线上线下统一身份识别，实现顾客统一服务。

（二）商品服务数字化

数字新技术应用，拓展并延伸各项服务：

AI 与大数据运用于培训教育业的产品创新方面，有效实现标准化教育与私人定制，因材施教。

VR 技术运用于房屋中介，彻底改变带客看房的服务方式；打通加盟管理系统、客户运营系统与政府相关体系，整合各方资源与优势，使房屋中介百强企业在提升工作效率的同时，大幅拓宽服务范围，提升专业服务能力。

线上销售、无接触服务等新的服务模式已被休闲健身、汽车后市场、洗衣等服务业百强企业普遍尝试，创新发展，不断完善。

（三）加盟管理数字化

调查显示，百强企业积极投身数字化运用与创新，在数字化会员营销、线上加盟招募、加盟商移动管理等诸多方面已经普遍应用；加盟商线上培训已成为特许百强的基本管理方式，加盟商培训的移动化、实时化已在百强企业全部实现。

（四）招募加盟线上化

调查表明，90%的特许百强企业通过线上开展加盟商招募。

（五）供应链数字化增效提质

食品零售与便利店百强企业在供应链数字化转型中，帮助门店在实现精准、实时商品配送的同时，普遍提高了门店的运营效率。

三、成本高企与不规范竞争是特许企业发展面临的最大掣肘

调查显示，实体门店受电商和人工、租金成本不断上涨等因素的影响，盈利压力较大。特许加盟市场的不规范竞争也给规范经营从业者带来很大的不公平竞争风险与危害。一些打着特许加盟幌子的企业，不遵守国务院颁行的《商业特许经营管理条例》规定的特许经营企业必须履行“备案”和“信息披露”的相关要求，既不能保障其自身的规范经营、诚实守信，更不能保障对投资人、加盟商相应的开店指导与运营支持。同时，这类企业存在的商标与知识产权侵权等行为，以及其他各种不良经营问题，不仅损害了加盟投资人的利益，也严重影响特许行业规范、有序、健康的发展，更扰乱并危害国内特许加盟市场的营商氛围和投资环境，这已成为政府监管与社会普遍关注的问题。现行《商业特许经营管理条例》及其配套管理办法在执行中如何更有效地发挥引导行业发展，监督营商行为，制止违规及不规范行为是亟须解决的课题。

受疫情影响，2020 年特许经营各行业的经营压力和发展风险普遍严峻。调查显示，2020 年第一季度后，特许百强企业纷纷下调了本年度的增长指标及来年的发展计划，约 30%的企业将年增幅由 10%左右调低至约 3%；而三成左右的企业表示，本年度的发展目标就是“活下来”。如何规范市场，创造公平的营商环境，并引导出台有针对性的帮扶特许加盟企业的政策，是稳定特许经营各行业，也是促创业、稳就业的期盼与重要保障。

附：

2019 年中国特许连锁百强排名

（CCFA 2020 年 7 月 8 日发布）

企业名称	行业/业态	销售规模（万元）	总店总数（个）	加盟店（个）
百胜中国控股有限公司	多业态餐饮集团	6142000	9200	949
金拱门（中国）有限公司（麦当劳）	西式快餐	☆ 2530000	2806	1123
天津顶巧餐饮服务咨询有限公司	西式快餐	1066000	2586	2156
汉堡王（中国）投资有限公司	西式快餐	565600	1300	270
上海棒约翰餐饮管理有限公司	西式快餐	50994	161	91
哈尔滨杨国福麻辣烫餐饮服务有限公司	中式快餐	697848	5017	5009
杭州味捷品牌管理集团有限公司	中式快餐	270000	1875	1864
快乐蜂（中国）餐饮管理有限公司	中式快餐	234118	389	71
北京庆丰餐饮管理有限公司	中式快餐	156501	369	344
上海世好食品有限公司	中式快餐	116736	2200	2047
江苏和府餐饮管理有限公司	中式快餐	105000	228	13
无锡爱多餐饮管理有限公司	中式快餐	91000	1668	1653
长沙市香他她餐饮管理有限公司	中式快餐	80000	614	608
北京嘉和一品餐饮管理有限公司	中式快餐	76147	114	52
天津七惑和他的朋友餐饮管理有限公司	中式快餐	70000	399	389
中国全聚德（集团）股份有限公司	正餐	238080	111	63
陕西阿瓦山寨品牌投资有限公司	正餐	109600	189	187
上海快乐柠檬餐饮管理有限公司	茶饮	120079	1101	1000
上海适达餐饮管理有限公司	冰淇淋	85823	826	384
华润太平洋餐饮管理（北京）有限公司	咖啡馆	48672	354	94
锦江之星旅馆有限公司	酒店住宿	* 1509900	8647	6917
华住酒店管理有限公司	酒店住宿	* 1121200	5838	4931
上海如家酒店管理有限公司	酒店住宿	* 831100	4450	3599
速伯艾特（北京）国际酒店管理有限公司	酒店住宿	300000	1128	1224
布丁酒店浙江股份有限公司	酒店住宿	180000	1035	946
上海阑途信息技术有限公司	汽车养护维修	800000	1400	1230
驰加（上海）汽车用品贸易有限公司	汽车养护维修	550000	1602	1597

续表

企业名称	行业/业态	销售规模（万元）	总店总数（个）	加盟店（个）
统一石油化工有限公司	汽车养护维修	209355	6000	5998
四川精典汽车服务连锁股份有限公司	汽车养护维修	168300	413	364
广州华胜企业管理服务有限公司	汽车养护维修	156400	233	71
浙江快准车服网络科技有限公司	汽车养护维修	150000	1100	1098
博世汽车技术服务（北京）有限公司	汽车养护维修	140000	363	361
杭州小拇指汽车维修科技股份有限公司	汽车养护维修	133110	986	982
杭州中策车空间汽车服务有限公司	汽车养护维修	96800	536	528
广东三头六臂信息科技有限公司	汽车养护维修	60000	1803	1800
北京爱义行汽车服务有限责任公司	汽车养护维修	40554	247	146
北京派多格科技发展有限公司	宠物服务	223236	5452	5445
北京旺时代宠物用品有限公司	宠物服务	37140	1760	1500
大连好月嫂家庭服务有限公司	家政服务	22693	358	355
上海爱君家庭服务有限公司	家政服务	17222	777	727
北京福奈特洗衣服务有限公司	洗染	134000	1692	1488
北京翰诺皮革工艺技术开发有限公司	洗染	65462	3119	3111
上海象王洗衣有限公司	洗染	34237	728	683
北京伊尔萨洗染有限公司	洗染	28752	438	428
北京埃菲特国际特许经营咨询服务有限公司	房屋中介	252000	8877	8863
德佑（天津）房地产经纪服务有限公司	房屋中介	80000	15619	15618
广州尚品宅配家居股份有限公司	家装	726079	2421	2327
东易日盛家居装饰集团股份有限公司	家装	430218	222	47
北京业之峰装饰连锁有限公司	家装	230586	214	73
北京植物医生生物科技有限公司	美容美体	315617	3373	2908
克丽缇娜（中国）贸易有限公司	美容美体	120737	4475	4473
深圳唯美度生物科技有限公司	美容美体	113270	9833	9826
汕头市琪雅化妆品连锁有限公司	美容美体	45222	4707	4656
上海汉甲美业美容集团有限公司	美容美体	18794	2218	2216
英睿健康科技有限公司	健身	19447	54	28
青岛英派斯健康管理有限公司	健身	11941	290	266
南京足生堂企业管理有限公司	足部护理	268200	724	712
青岛植秀堂养生养颜连锁有限公司	中医养生	11350	136	133
北京阿博泰克北大青鸟信息技术有限公司	职业培训	254240	223	221
湖南金领伟业职业技能鉴定有限公司	职业培训	127000	482	479
北京红黄蓝儿童教育科技发展有限公司	早教	487800	1890	1778
湖南贝尔安亲云教育有限公司	早教	145300	969	965

续表

企业名称	行业/业态	销售规模（万元）	总店总数（个）	加盟店（个）
上海乂学教育科技有限公司（松鼠AI智适应教育）	K12	200000	2752	2745
中文未来教育科技（北京）有限公司	K12	80000	520	350
爱贝企业发展（上海）有限公司	少儿英语	100000	440	80
北京倍乐优学教育咨询有限公司	少儿英语	48000	80	45
北京能动时代教育科技有限公司	少儿英语	38490	215	213
郑州贝体文化传播有限公司	体能教育	10000	233	123
和印数码网络科技有限公司	图文影像	130000	603	600
恒晟图文（杭州）有限公司	图文影像	14776	135	118
深圳百果园实业发展有限公司	水果专卖	1313073	4303	4298
鲜丰水果股份有限公司	水果专卖	560376	1850	1842
长沙市绿叶农产品贸易有限公司	水果专卖	110000	554	534
广州市钱大妈农产品有限公司	生鲜专卖	584695	1698	1549
三只松鼠股份有限公司	休闲食品	1017300	400	278
良品铺子股份有限公司	休闲食品	771400	2416	1698
上海来伊份股份有限公司	休闲食品	468292	2792	363
绝味食品股份有限公司	熟食专卖	517196	10954	10824
上海紫燕食品有限公司	熟食专卖	403000	3593	3512
江西煌上煌集团食品股份有限公司	熟食专卖	211700	3706	3438
深圳市幸福商城科技股份有限公司	烘培	120500	372	298
中国茶叶股份有限公司	茶叶专卖	181385	1487	1417
厦门山国饮艺茶业有限公司	茶叶专卖	48172	750	738
广州市富隆酒窖酒业有限公司	酒品专卖	51795	216	138
上海华氏大药房有限公司	药品专卖	482312	709	233
名创优品（广州）有限责任公司	家居用品	2016981	4311	3320
特百惠（中国）有限公司	家居用品	260000	6630	6623
美克国际家居用品股份有限公司	家居用品	176800	230	220
上海晨光文具股份有限公司	文具专卖	1114100	8924	8624
浙江森马服饰股份有限公司	服装服饰专卖	3250000	11000	9900
上海浦东海澜之家服饰有限公司	服装服饰专卖	* 2197000	7545	7254
爱慕（苏州）投资管理有限公司	服装服饰专卖	468246	2449	480
周大生珠宝股份有限公司	珠宝首饰专卖	4035849	4011	3733
中国黄金集团黄金珠宝股份有限公司	珠宝首饰专卖	1044207	2931	2852
乐友国际商业集团有限公司	母婴专卖	293110	700	180
东莞市糖酒集团美宜佳便利店有限公司	便利店	2262823	19236	19133

续表

企业名称	行业/业态	销售规模（万元）	总店总数（个）	加盟店（个）
柒一拾壹（中国）投资有限公司	便利店	738818	2147	868
罗森（中国）投资有限公司	便利店	596445	2629	1304
百世店加（杭州）科技有限公司	便利店	560592	3668	3268
山西省太原唐久超市有限公司	便利店	462676	1564	1498

注：

1. 表中三组数字前面带*，指数据来源为上市公司年报。
2. 表中三组数字前面带☆，指数据为估计值。
3. 入围标准：以规范性、销售规模、门店数及行业覆盖等综合评价。

2020 年中国便利店百强基本情况

2020 年上半年，受新冠肺炎疫情影响，便利店行业的店铺数量增速相对放缓，行业进入阶段性调整期。中国连锁经营协会根据“便利店企业基本情况调查”结果，按照便利店企业截至 2020 年 6 月 30 日的门店总数量，整理排列出了“2020 年中国便利店 TOP100”，榜单请参见附表。

附：

2020 年中国便利店百强排名

序号	公司名称	便利店品牌	门店数（个）	备注
1	中石化易捷销售有限公司	易捷	27699	★
2	东莞市糖酒集团美宜佳便利店有限公司	美宜佳	20706	★
3	中国石油销售公司	昆仑好客	20000	★
4	广东天福连锁商业集团有限公司	天福	5360	★
5	中国全家	全家	2856	★
6	罗森（中国）投资有限公司	罗森	2707	★
7	浙江人本超市有限公司	十足、之上	2321	★
8	7-11 中国大陆	7-ELEVEN	2147	★
9	苏宁小店	苏宁小店	1835	★
10	厦门见福连锁管理有限公司	见福	1719	★
11	河北叁陆伍网络科技集团有限公司	365	1586	★
12	北京便利蜂连锁商业有限公司	便利蜂	1585	★
13	山西省太原唐久超市有限公司	唐久	1580	★
14	西安每一天便利超市连锁有限公司	每一天	1459	★
15	广东合家欢便利店有限公司	合家欢	1409	★
16	山西金虎便利连锁股份有限公司	金虎、早早	1391	★
17	湖南佳宜企业管理有限公司	新佳宜	1387	★
18	深圳市中业爱民便利店管理有限公司	中业爱民	1280	★
19	四川舞东风超市连锁股份有限公司	舞东风	1180	★
20	吉林省新天地超市连锁经营有限公司	新天地	1163	★
21	深圳市易站连锁股份有限公司	易站	1160	☆
22	上海联华快客便利有限公司	联华快客	1150	★
23	世纪华联超市连锁（江苏）有限公司	世纪华联	1109	★
24	华润苏果超市有限公司	苏果、好的	1100	★
25	上海喜士多便利连锁有限公司	喜士多	1045	☆
26	上海好德可的便利连锁有限公司	可的、好德	985	★
27	福建百年万嘉超市管理有限公司	万嘉	866	★
28	广东维客佳便利店有限公司	维客佳	866	☆
29	有家实业有限公司	有家	628	★

续表

序号	公司名称	便利店品牌	门店数（个）	备注
30	山东潍坊百货集团股份有限公司	中百便利	616	★
31	文峰大世界连锁发展股份有限公司	文峰	607	★
32	重庆可购商贸有限公司	可购	＊600	☆
33	安徽壹度品牌运营股份有限公司	壹度便利	598	★
34	新疆早晚八点半贸易有限公司	早晚八点半	560	★
35	佛山市顺客隆商业有限公司	顺客隆	536	★
36	合肥邻几便利店有限公司	邻几	528	★
37	美食林时刻便利连锁有限公司	时刻便利	523	★
38	上海良友金伴便利连锁有限公司	良友金伴,光明,光明里	522	★
39	内蒙古利客商业有限责任公司	利客	490	★
40	内蒙古一团火商业管理有限公司	一团火	485	★
41	山东新星集团有限公司	新星	478	★
42	北京物美便利超市有限公司	物美、多点	451	★
43	百世店加科技（中国）有限公司	WOWO	445	★
44	武汉市德盛丰商贸有限公司	可多	439	★
45	中山市及时便利连锁有限公司	及时便利	420	★
46	武汉今天梦想商贸有限公司	Today	420	★
47	河北天天智慧商业连锁股份有限公司	天天便利	411	☆
48	莆田市文献便民服务有限公司	文献	396	★
49	北京港佳好邻居连锁便利店有限责任公司	好邻居	382	★
50	青岛友客便利连锁管理有限公司	青岛友客	378	★
51	江西省晋利嘉实业有限责任公司	乐豆家	373	★
52	哈尔滨中央红集团	小月亮	364	★
53	贵州凯辉天源企业管理咨询有限公司	凯辉	358	★
54	新疆每日集团有限公司	每日每夜	340	★
55	福建百汇万宁超市有限公司	汇宁	338	★
56	河南悦来悦喜商贸有限公司	悦来悦喜	335	★
57	湖南汇米巴商业管理有限公司	汇米巴	328	★
58	湖南家边购实业集团有限公司	家边购	324	★
59	湖南千惠商贸连锁有限公司	千惠	320	★
60	青岛可好便利店管理有限公司	可好	316	★
61	福建省易太便利连锁有限公司	易太	305	★
62	深圳市家乐通商贸有限公司	家乐通	＊300	☆
63	重庆市一站商贸有限公司	一站	＊300	☆
64	惠州市星链快迪零售服务有限公司	快迪	283	★

续表

序号	公司名称	便利店品牌	门店数（个）	备注
65	福州六意企业管理有限公司	六意	275	★
66	江苏新合作常客隆连锁超市有限公司	常客隆	269	★
67	漳州新南丰商业连锁有限公司	新南丰	258	☆
68	云南之佳便利店有限公司	之佳	246	★
69	贵州二十四客企业管理咨询有限公司	24 客	228	★
70	哈尔滨市融惠微利连锁超市有限责任公司	微利	228	★
71	宜宾万家福商贸有限责任公司	万家福	225	★
72	福建省高速公路驿佳购有限公司	驿佳购	220	★
73	河南省易事多便利店连锁有限公司	易事多	209	★
74	山东统一银座商业有限公司	统一银座	203	★
75	河南正道思达连锁商业有限公司	正道思达	203	★
76	山东优同便利店集团有限公司	优同	202	★
77	怀化市好伴便利店连锁有限公司	好伴	201	★
78	青岛利群百货集团股份有限公司	利群便利	198	★
79	本溪市金凯达便利连锁有限公司	金凯达	195	☆
80	天虹商场股份有限公司	微喔	189	★
81	徐州悦客企业管理有限公司	悦客	*170	☆
82	临汾乐客便利超市连锁有限公司	乐客	170	★
83	云南万逸之家电子商务有限公司	万逸之家	167	★
84	晋城市神利便利连锁有限公司	神利	162	★
85	阜阳华联集团股份有限公司	阜阳华联	161	★
86	山东全福元商业集团有限责任公司	全福元	161	★
87	内蒙古悦生活商贸有限公司	安达	158	★
88	邢台市福美多商贸有限责任公司	福美多	155	★
89	贵州省喜逢源连锁便利店有限公司	喜逢源	145	★
90	武汉慕臣便利店连锁有限公司	慕臣	143	☆
91	长沙凯源珊珊商贸连锁管理有限公司	珊珊	142	★
92	邯郸市阳光百货集团总公司	阳光	138	★
93	大连三寰商业管理有限公司	会有	135	★
94	十堰市新合作超市有限公司	新合作	135	★
95	贵州勇惠鑫润企业管理咨询有限公司	勇惠	132	★
96	保定市新杰出商贸有限公司	杰出	130	☆
97	湖北黄商超市有限公司（黄商便民事业部）	黄商便民事业部	113	★
98	宜昌市北山超市有限责任公司	宜昌北山	109	★
99	青岛迷你岛便利店有限公司	迷你岛	105	★

续表

序号	公司名称	便利店品牌	门店数（个）	备注
100	济南华联超市有限公司	济南华联	100	★

注：

1. ★表示为中国连锁经营协会会员企业，☆表示为中国连锁经营协会非会员企业，数字前面带＊为估计值。
2. 如与企业实际数字有出入请联系中国连锁经营协会相关负责人进行核实修正，联系方式：010-68784995。
3. 本表数据来源为企业自报及公开资料整理。
4. 罗森中国的店铺数中包括了中百、超市发等区域合作企业的门店，区域企业不再另行排列。

2019 年中国超市百强基本情况

根据中国连锁经营协会年度调查，2019 年中国超市百强销售规模为 9792 亿元，同比增长 4.1%，约占全年社会食品零售总额的 18.1%；超市百强企业门店总数为 2.6 万个，比上年增长 6.6%。(注：全年社会食品零售总额包括粮油、食品、饮料、烟酒类商品当年度的零售额。该零售额由限额以上单位各分类的零售值合计，加上估算的非限额以上单位各分类的零售值合计，2019 年估算值总计为 54088.1 亿元)

一、基本情况

超市百强以区域企业为主。所经营门店只在本省发展的百强企业有 54 家；跨区域，特别是门店覆盖 20 个及以上省级区域的企业仅有 10 家。

超市百强企业规模差异较大。华润万家以 951 亿元排在首位；销售额超过百亿元的企业有 21 家，销售额低于 50 亿元的企业有 63 家。前十位百强企业销售额达到 5809 亿元，占百强总销售的 59.3%，具较明显的行业集中度。

超市百强中，年销售额增长最快的是盒马鲜生，同比增长 185.7%；单店销售额最高的是成都伊藤洋华堂，店均销售额约为 6.7 亿元；门店超过 1000 家的企业有 5 家，分别是华润万家、永辉、联华、世纪华联和成都红旗。

2019 年，超市百强销售额与门店同步实现两位数增长的企业共为 21 家，分别为永辉、盒马鲜生、家家悦、世纪华联、天虹超市、佳惠、嘉荣、合力、黄商、冠超市、绿滋肴、联盛、美宜多、绿地优选、美道家、生鲜传奇、安德利、浙北大厦、浙江万客隆、德百超市和西部天地。

销售额与门店数均比上年减少的企业有 15 家；销售额同比下降的有 22 家，门店数同比下降的有 27 家，以经营大型超市的企业为主。

二、运营质量有所提升

从人效、平效、周转率、同店可比销售等四个指标看，超市百强整体表现稳中有升。

其中，百强平均人效突破百万元，达到 100.4 万元/人，比上年增加了 2.1 万元/人。从区域分布情况看，东部地区的人效明显高于中西部地区，一、二线城市的人效明显高于三、四线城市。

平效受电商分流、到店客流下降等因素影响，略有下滑，超市百强平均为 13390.6 元/平方米，比上年减少 280 元/平方米。但有近四成的企业依然实现了逆势增长。

百强同店可比销售平均增长 3.2%，除东部的一、二线城市外，百强门店可比销售均实现了不同幅度的增长，其中中西部地区门店同比增幅明显高于东部区域。

库存周转天数平均延长了 0.2 天，由去年的 38.3 天增加到 38.5 天。

三、盈利水平相对平稳

2019 年，超市百强的人工成本和房租成本基本稳定，人均工资比 2018 年提高了 5.8%，应付薪酬占企业销售的比率与上年持平，为 6.1%；房租占销售比率为 2.7%，也与上年持平。

超市百强平均毛利率为 18.0%，比上年提高了 0.1 个百分点。其中，头部企业毛利率为 21.3%，销售规模 30 亿—100 亿元的企业毛利率为 18.60%，销售规模 10 亿—30 亿元的企业毛利率为 17.3%，销售规模 10 亿元以下的企业毛利率为 16.3%。

四、重点项目稳步推进

会员营销。经营顾客逐步为超市行业所关注。2019 年，百强会员消费已占到超市百强总销售的 55.7%，比上年提高了 2.4 个百分点。会员占线下门店来客数的比率达到 50.0%，比上年提高了 2.1 个百分点，会员客单价是平均客单价的 1.15 倍。

自有品牌。2019 年，百强自有品牌开发力度进一步增强，每家企业平均拥有自有品牌库存保有单位（Stock Keeping Unit，SKU）865 个，比上年增长了 32.3%，销售占比从 3.2%上升到 4.1%，平均提高了 28.1%。百强自有品牌商品总销售规模约为 400 亿元，每个 SKU 实现销售额约为 50 万元。

到家服务。2019 年，百强线上销售额接近 500 亿元，比上年翻一番，占总销售额的 4.7%。近三分之一的百强企业已在全部门店推出到家业务，到家业务客单价约为 75 元。

数字化营销。社区拼团、网上直播等数字化营销手段已被诸多超市企业导入。其中，近六成的百强企业开展拼团业务，销售占比约为 1‰；另有近半百强企业尝试了线上直播业务，经营私域流量得到越来越多超市企业的关注。

附：

2019 年中国超市百强排名

（CCFA 2020 年 6 月 29 日发布）

序号	超市主要品牌	所属企业	2019 年销售规模（含税万元）	销售增长率(%)	2019 年门店数（个）	门店增长率(%)	备注	
1	华润万家	华润万家有限公司	9510000	-6.1	3234	1.3	①	★
2	大润发	康成投资（中国）有限公司	9470000	-1.3	414	1.7		★
3	永辉	永辉超市股份有限公司	9315003	21.3	1440	12.9		★
4	沃尔玛	沃尔玛（中国）投资有限公司	8228000	3.8	442	0.2	②	★
5	联华	联华超市股份有限公司	5463022	0.5	3381	-0.6		★
6	盒马鲜生	上海盒马网络科技有限公司	* 4000000	185.7	250	67.8		★
7	物美	物美科技集团有限公司	3790626	2.3	475	13.1		★
8	家乐福	家乐福（中国）管理咨询服务有限公司	3128448	-8.3	233	-2.5	③	★
9	家家悦	家家悦控股集团股份有限公司	2763302	21.8	755	85.5		★
10	步步高	步步高集团	2425293	6.3	355	33.5		★
11	麦德龙	锦江麦德龙现购自运有限公司	2300000	8.0	97	3.2		★
12	中百仓储	中百仓储超市有限公司	2234328	1.3	192	7.3		★
13	世纪华联	世纪华联超市连锁（江苏）有限公司	1705400	16.8	3903	10.7		★
14	欧尚	欧尚（中国）投资有限公司	1508800	-12.1	72	-6.5		★
15	红旗	成都红旗连锁股份有限公司	1357508	4.0	3070	9.0	④	★
16	永旺	永旺（中国）投资有限公司	1236225	3.5	77	0.0		★
17	北京华联	北京华联综合超市股份有限公司	* 1199273	3.4	163	1.9		
18	武商超市	武汉武商超市管理有限公司	1143053	-3.9	76	-1.3		★
19	卜蜂莲花	广州易初莲花超市有限公司	1084000	-2.6	113	-2.6		★
20	丹尼斯	郑州丹尼斯百货有限公司	1039779	6.9	67	11.7		
21	重百超市、新世纪百货超市、重客隆	重庆百货大楼股份有限公司	1024525	-2.2	175	-1.1		★
22	欧亚	长春欧亚集团股份有限公司	976400	19.5	147	5.0		△
23	北国超市	北人集团	890775	3.7	47	6.8		
24	美特好	山西美特好连锁超市股份有限公司	821856	2.3	83	-24.5		★

续表

序号	超市主要品牌	所属企业	2019年销售规模（含税万元）	销售增长率（%）	2019年门店数（个）	门店增长率（%）	备注
25	天虹超市	天虹商场股份有限公司	771435	13.6	93	24.0	★
26	人人乐	人人乐连锁商业集团股份有限公司	757574	-8.0	144	4.3	★
27	佳乐家、中百超市	山东潍坊百货集团股份有限公司	747402	2.0	94	6.8	★
28	佳惠	湖南佳惠百货有限责任公司	611415	12.2	115	23.7	★
29	大张惠利佳	河南大张实业有限公司	610340	18.1	72	2.9	★
30	伊藤洋华堂	成都伊藤洋华堂有限公司	601000	8.7	9	12.5	★
31	酷铺	供销大集集团股份有限公司	* 582937	-64.4	157	-33.2	★
32	银座超市	银座集团	575815	-7.6	91	-1.1	★
33	济南华联	济南华联超市有限公司	567500	0.4	22	0.0	★
34	中百超市	中百超市有限公司	566906	1.4	707	-5.5	★
35	嘉荣	广东嘉荣超市有限公司	566298	13.3	112	25.8	★
36	吉麦隆	江苏吉麦隆超市管理有限公司	* 520000	4.0	90	5.9	★
37	超市发	北京超市发连锁股份有限公司	512594	0.5	138	-5.5	★
38	中商超市	武汉中商超市连锁有限公司	461639	-12.9	65	27.5	△
39	新合作常客隆	江苏新合作常客隆连锁超市有限公司	450747	5.8	748	0.4	★
40	地利生鲜	哈尔滨地利生鲜农产品企业管理有限公司	439253	18.8	254	4.1	★
41	阜阳华联超市	阜阳华联集团股份有限公司	435302	11.8	596	-0.8	★
42	三江购物	三江购物俱乐部股份有限公司	417084	-5.6	207	2.5	★
43	新百	银川新华百货商业集团股份有限公司	* 412892	5.5	163	11.6	△
44	新玛特	大商股份有限公司	* 405502	-10.0	36	-7.7	△
45	京客隆	北京京客隆商业集团股份有限公司	399150	-3.3	70	-2.8	★
46	合家福	安徽百大合家福连锁超市股份有限公司	395399	3.3	189	5.0	△
47	合力	贵州合力惠民民生超市股份有限公司	389225	41.9	80	27.0	★
48	利客来	青岛利客来集团股份有限公司	384859	5.7	45	-10.0	★
49	新华都	新华都购物广场股份有限公司	* 371310	-2.6	80	-37.0	⑤ ★
50	华冠	北京华冠商业科技发展有限公司	366634	3.6	77	2.7	★
51	大统华	大统华超市商业管理有限公司	364175	2.2	70	0.0	△
52	振华量贩	烟台振华量贩超市有限公司	356711	1.7	114	7.5	★
53	黄商超市	湖北黄商集团股份有限公司	315522	21.5	25	13.6	★
54	全福元	山东全福元商业集团有限责任公司	301625	7.3	75	10.3	★
55	宽广超市	河北宽广控股集团有限公司	289015	0.5	78	20.0	★
56	新合作	十堰市新合作超市有限公司	284795	-1.8	185	-0.5	△

续表

序号	超市主要品牌	所属企业	2019 年销售规模（含税万元）	销售增长率(%)	2019 年门店数（个）	门店增长率(%)	备注	
57	壹加壹	广东壹加壹商业连锁有限公司	259000	2.4	70	2.9		★
58	美食林	河北美食林商贸集团有限公司	257657	18.2	30	3.4		★
59	华之友	浙江凯虹集团有限公司	250000	0.4	17	6.3		★
60	冠超市	福建冠业投资发展有限公司	248442	10.6	48	20.0		★
61	绿滋肴	江西省绿滋肴实业有限公司	243573	10.1	107	11.5		★
62	惠友	河北惠友商业连锁发展有限公司	234299	6.3	51	2.0		★
63	昌大昌	肇庆市昌大昌超级购物广场有限公司	227296	25.4	25	0.0		★
64	联盛	九江联盛超市连锁股份有限公司	210821	37.6	50	13.6		★
65	美宜多	深圳市美宜多运营管理有限公司	204612	33.2	270	36.4		★
66	精彩生活	王一实业集团有限公司	* 200000	11.1	23	4.5		★
67	天和、顶之选	广东天和商贸集团有限公司	189060	1.3	19	18.8		★
68	华辰	绥化市华辰商贸有限公司	179851	12.4	42	0.0		★
69	绿地优选	绿地全球商品贸易港集团	179758	50.4	83	38.3		△
70	永盛成	包头市永盛成百货有限责任公司	178800	−3.7	39	0.0		★
71	汇嘉时代、好家乡	新疆汇嘉时代百货股份有限公司	* 153345	55.5	12	−7.7		
72	首航国力	北京首航国力商贸有限公司	141230	10.2	45	4.7		★
73	红府	安徽省徽商红府连锁超市有限责任公司	140860	−6.2	27	−10.0		★
74	兴龙广缘	秦皇岛兴龙广缘商业连锁有限公司	134480	1.8	39	−7.1		★
75	友好	新疆友好（集团）股份有限公司	* 133779	−1.2	15	−11.8		
76	好润佳	湖南丰彩实业发展有限公司	129682	1.8	22	10.0		★
77	德惠	四川德惠商业股份有限公司	126073	17.5	32	−11.1		★
78	八方购物广场超市	唐山百货大楼集团八方购物广场有限责任公司	125945	4.2	8	−11.1		★
79	华林	大同市华林有限责任公司	116972	1.9	11	0.0		★
80	美道家	河南美道家实业有限公司	115760	47.4	7	75.0		★
81	胜大	山东胜利油田胜大超市有限公司	110173	1.0	84	−3.4		★
82	生鲜传奇	安徽生鲜传奇商业有限公司	107000	48.6	130	30.0		★
83	阳光	邯郸市阳光超市有限公司	105373	5.0	20	0.0		△
84	安德利	安徽安德利百货股份有限公司	* 104039	13.8	56	19.1		★
85	新星	山东新星集团有限公司	101989	−24.4	3	−66.7		★
86	中央红小月亮	哈尔滨中央红小月亮超市有限责任公司	99535	5.5	32	3.2		△
87	家万佳	唐山家万佳超市有限公司	94466	12.0	17	6.3		★
88	浙北大厦	湖州浙北大厦超市有限公司	91413	14.1	81	102.5		★

续表

序号	超市主要品牌	所属企业	2019年销售规模（含税万元）	销售增长率(%)	2019年门店数（个）	门店增长率(%)	备注
89	万客隆	浙江万客隆商贸有限公司	90404	26.3	53	29.3	★
90	德百超市	山东德百集团超市有限公司	85649	12.6	9	12.5	△
91	贵和	济宁九龙贵和购物广场有限公司	81058	1.9	17	0.0	★
92	雄风	浙江雄风超市有限公司	79037	3.3	91	-2.2	△
93	三和	台州市三和连锁超市有限公司	78316	4.3	61	8.9	★
94	新乐	甘肃新乐连锁超市有限责任公司	75600	15.2	31	6.9	★
95	迎宾	天津迎宾超市商贸有限公司	69642	2.2	5	25.0	★
96	欢乐买	江苏欢乐买商贸股份有限公司	65992	6.3	20	25.0	★
97	天惠	无锡天惠超市股份有限公司	65000	4.8	63	0.0	★
98	东方百佳	甘肃东方百佳商贸有限公司	63056	-1.9	34	3.0	★
99	西部天地、为佳	嘉峪关市西部天地商贸有限责任公司	61300	14.8	20	25.0	★
100	人本	浙江人本超市有限公司	59804	-37.9	26	-38.1	★
		合计	97917809	4.1	26207	6.6	

注：

1. ★表示为中国连锁经营协会会员企业，☆表示其下属公司为中国连锁经营协会会员企业，△表示其母公司为中国连锁经营协会会员企业。

2. 数字前面带＊为估计值。上市公司前标注＊，如无特殊说明，代表销售数据取自年报的营业收入。

3. 本榜单统计企业的超市业态销售规模，包括社区超市、超市和大卖场的线上及线下含税销售额。门店范围包括直营店、加盟店、以公司品牌输出管理的连锁店。销售规模统计不包括内部交易额，企业的批发市场交易，汽车、加油站及农资等生产资料销售额。

4. 部分企业数据说明：

① 华润销售额中，苏果超市有限公司 2019 年销售额为 275.4 亿元。

② 沃尔玛（中国）2019 年销售增长率基于未税营业收入计算得出。

③ 家乐福（中国）的数据统计口径为大陆地区销售额及门店数。

④ 成都红旗的销售数据含关联销售。

⑤ 新华都销售口径为超市业态可比店 2019 年销售额。

2018 年中国时尚零售百强基本情况

2018 时尚零售百强企业包括服装、服饰、鞋履、家纺类企业 74 家，金银珠宝首饰类企业 15 家，护肤美妆类企业 11 家。2018 时尚零售百强企业总营业收入 6515.67 亿元。其中服装、服饰、鞋履、家纺类百强企业总营业收入 3728.27 亿元，占 2018 年全国鞋帽服饰、纺织类限额以上企业零售总额的 27%；金银珠宝首饰类百强企业总营业收入 1974.29 亿元，占全国金银珠宝限额以上企业零售总额的 72%；护肤美妆类百强企业总营业收入 813.11 亿元，占全国限额以上化妆品企业零售总额的 31%。

榜单中 2018 年营业收入百亿元以上企业仅 20 家，其中服装、服饰、鞋履、家纺类企业 11 家，金银珠宝首饰类企业 6 家，护肤美妆类企业 3 家。与国际对比，我国三大类时尚零售品牌的规模和市场集中度（Concentration Ratio，CR）都有较大的提升空间。2018 年中国服装市场行业前五大企业市场占有率（CR5）仅 6.9%，远低于日本（25.7%）和美国（15.8%）；2018 年珠宝行业前十大企业市场占有率 CR10 仅 18.8%，同期美国、日本市场 CR10 均超过 20%；我国化妆品市场 CR10 仅 41%，相比之下，韩国市场 CR10 为 62%，美国、日本市场 CR10 均超过 70%。

综合分析发现，时尚零售百强三大类别中，金银珠宝首饰类龙头企业的格局相对稳定，但市场集中度仍有较大提升空间；其他两大类别行业集中度均不高，且企业规模有待提高。

时尚零售企业连锁发展速度和成熟度较高，百强榜单中 2018 年连锁规模超 9000 家店铺的企业有 5 家，分别是上海家化（化妆品专营店约 1.3 万家）、安踏（12188 家）、百丽（鞋服 11120 家）、森马（9905 家）和拉夏贝尔（9269 家）。

调研发现，服装行业高质量发展格局正在形成；鞋履企业分化严重冷热不均，关店数扩大；珠宝行业销量下滑与新机遇并存；护肤美妆类消费增速"一骑绝尘"，跑赢全社会消费品零售总额增速。

2018 年中国时尚零售百强企业呈现以下几个特点：

1. 多品牌战略是获得市场份额和销售规模的普遍选择，但挑战巨大

调查显示，2018 年时尚零售百强榜中，70%的时尚百强企业旗下具有多品牌矩阵；百强企业 2018 年营业收入超过百亿元的 20 家时尚零售企业中，仅 3 家为单品牌经营；店铺数量超过 9000 家的 5 家时尚零售企业全部拥有多个子品牌。

据统计，时尚零售百强企业平均拥有 4 个品牌，其中每个服饰、鞋履、家纺企业平均拥有 5 个品牌，每个金银珠宝企业平均拥有 2 个品牌，每个护肤美妆企业平均拥有 4 个品牌。单个品牌时尚零售企业 2018 年平均销售规模高于拥有 2—5 个品牌的企业；时尚零售企业旗下拥有 6 个及以上品牌的销售规模明显高于单个品牌企业。

企业财报分析显示，百强榜单中营业收入超百亿元且子品牌多于 5 个的 6 家上市集团

中，其公司主要品牌对总营业收入和门店数的贡献率的平均值都超过 80%。安踏集团虽然未在其 2018 年财报中披露各品牌的销售额，但是安踏和 FILA 总门店数占集团所有品牌门店数的 96%，且在安踏集团 2019 财年中期报告中披露，安踏主品牌营业收入占总营业收入的 51.2%；FILA 品牌营业收入贡献率为 44.1%。由此推论，多品牌矩阵的百强企业营业收入分布规律存在二八定律，即企业 80%的收入来自旗下单个或少数主要品牌。

2. 直营与加盟模式并举，深耕三、四线城市市场

2018 时尚零售百强企业中，各个品类的企业都发力三、四线城市市场。

位列榜单第一名的周大福将扩大市场渗透率作为未来三到五年的战略重点之一，特别是会利用特许加盟模式开拓三、四线城市和县级城镇市场。

美邦服饰采取“百城千店”与购物中心并行发展策略，发展地县级市场；拉夏贝尔公司加快渠道转型调整，以提高单店盈利产出，形成直营、联营与加盟等并重的渠道结构布局；家纺企业罗莱生活、富安娜都是采取直营与加盟相结合的经营模式，在巩固一线、二线市场渠道优势的同时，扩大三、四线城市的优质加盟商数量。

3. 发力购物中心布局，重视奥特莱斯渠道，时尚零售企业加速布局线下全渠道

森马集团将购物中心作为未来 3—5 年渠道布局核心点，将其作为集团主力渠道，同时收缩百货渠道，只强化布局标杆、重点百货。森马还注重奥特莱斯存量低、增速快的特点向其强劲发力。拟将原有街边店铺打造成旗舰店、概念店和体验店。通过购物中心、标杆优质百货、奥特莱斯和街边店打造线下全渠道发展模式。

太平鸟集团将其之前的街边店、百货商场、购物中心、电商“四轮驱动”模式，升级为“新四轮立体驱动”的渠道布局：优化街店、强化购物中心、提升百货专柜和重视发展奥特莱斯。其 2018 年公司奥特莱斯零售规模超过 3 亿元，同比增长 70%。

海澜之家坚持“黄金地段、钻石店铺”的开店原则，在渠道拓展上，继续加大购物中心的进驻力度，抢占核心商场、购物中心的优质店铺资源，特别是具有标杆性的购物中心店；调整优化街边店的营销网络布局，保持在二、三、四线城市的门店覆盖率。

4. 线上线下全面发展

2018 年服饰、鞋帽商品网上零售额占比为 25.9%，穿类商品网上零售额增长速度为 22.0%，增长率不断上升。珠宝行业市场中，过去 10 年珠宝网上销售占比维持在4%—5%，据行业专家预测，2019 年在线珠宝销售量将达到 10%。与其他品类相比，珠宝类商品高昂的价格和特殊的情感表达（如婚庆、纪念日、生日等）都让消费者更倾向于实体店佩戴体验，珠宝品类自身的特殊性决定了其实体店体验的重要性。2018 年我国化妆品电商渠道销售占比为 27.4%，近 5 年的复合增速达到 56.3%，发展迅猛。

附件：2018 年中国时尚零售百强企业名单

附：

2018 年中国时尚零售百强企业名单

序号	业态	企业名称	旗下品牌	营业收入（亿元）	是否上市	备注
1	金银珠宝首饰	周大福珠宝集团 Chow Tai Fook Jewellery Group Limited	周大福珠宝、周大福钟表、TMARK、HEARTSON-FIRE、SOINLOVE、MONOLOGUE	586.91	H	财年为 2018 年 4 月 1 日至 2019 年 3 月 31 日
2	金银珠宝首饰	老凤祥股份有限公司 LAOFENGXIANG Limited	老凤祥	437.84	A	
3	服装、服饰、鞋履、家纺	安踏体育用品有限公司 ANTA Sports Products Limited	安踏、FILA、Kolon、Sprandi、Descente、Kingkow	241	H	
4	服装、服饰、鞋履、家纺	绫致时装 BEST SELLER	Jack&Jones、Vero Moda、Only、Selected	240	否	
5	护肤美妆	百雀羚集团 * PECHOIN Group	百雀羚草木、三生花、气韵、海之秘、小雀幸、小幸韵、百雀羚男士	230.1	否	
6	服装、服饰、鞋履、家纺	迅销（中国）商贸有限公司 * Fast Retailing Co., Ltd.	优衣库 （本榜单只计算优衣库单品牌在大中华地区数据）	220.2	母	财年为 2017 年 9 月 1 日至 2018 年 8 月 31 日
7	服装、服饰、鞋履、家纺	百丽国际集团 * Belle International Group	Belle、STACCATO、JOY & PEACE、Millie´s、Her ownwords、TATA、Bata、Clarks、Hush Puppies、CAT、SHEL´TTER TEENMIX、SENDA、BASTO、SKAP、MAP、15MINS、73Hours、Too Many Shoes、MOUSSY、SLY、REPLAY、initial	217	否	数据不包含代理运动品牌

续表

序号	业态	企业名称	旗下品牌	营业收入（亿元）	是否上市	备注
8	护肤美妆	屈臣氏集团 Watsons Group	渠道商	203.62	母	
9	服装、服饰、鞋履、家纺	海澜之家股份有限公司 HLA CORP., LTD.	海澜之家、圣凯诺、爱居兔、黑鲸、OVV、AEX、海澜优选生活馆、男生女生	190.9	A	
10	服装、服饰、鞋履、家纺	搜于特集团股份有限公司 SOUYUTE GROUP CO., LTD.	潮流前线	185.19	A	
11	金银珠宝首饰	上海豫园黄金珠宝集团 YUYUAN Inc.	老庙黄金、亚一珠宝	166.77	A	
12	金银珠宝首饰	周生生集团国际有限公司 Chow Sang Sang Holdings International Limited	周生生、MINTYGREEN、EMPHASIS	165.57	H	
13	服装、服饰、鞋履、家纺	浙江森马服饰股份有限公司 Zhejiang Semir Garment Co., Ltd.	森马、巴拉巴拉、Minibalabala、TCP、MarColor、It MICHAA、Sarabanda、KIDILIZ、哥来买、Marc O Polo、GSON、U. T. B、COCOTREE	156.16	A	不包含集团其他业务营业收入
14	金银珠宝首饰	北京金一文化发展股份有限公司 Beijing Kingee Culture Development Co., Ltd.	金一	147.57	A	
15	金银珠宝首饰	六福集团（国际）有限公司 Luk Fook Holdings (International) Limited	六福、金至尊	139.99	H	财年为2018年4月1日至2019年3月31日
16	护肤美妆	伽蓝（集团）股份有限公司 JALA Co., Ltd. *	美素、自然堂、春夏、植物智慧	124.45	否	

续表

序号	业态	企业名称	旗下品牌	营业收入（亿元）	是否上市	备注
17	服装、服饰、鞋履、家纺	ZARA 中国 *	ZARA、ZARA HOME	113.03	母	财年为 2018 年 2 月 1 日至 2019 年 1 月 31 日
18	服装、服饰、鞋履、家纺	李宁有限公司 LI NING Company Limited	李宁、李宁 young	105.11	H	
19	服装、服饰、鞋履、家纺	波司登国际控股有限公司 BOSIDENG International Holdings Limited	波司登、雪中飞（Snow Flying）、冰洁（Bengen）、杰西（JESSIE）、邦宝（BUOU BUOU）、柯利亚诺（KOREANO）、柯罗芭（KLOVA）、波司登男装、波司登 居家以及代理 Petit main 和 Happyland 童装	103.69	H	1. 财年为 2018 年 4 月 11 日至 2019 年 3 月 31 日 2. 不包含集团其他业务收入
20	服装、服饰、鞋履、家纺	上海拉夏贝尔服饰股份有限公司 Shanghai La Chapelle Fashion Co., Ltd.	La Chapelle、Puella、UlifeStyle、7. Modifier、Candie´s、La Babité、JACK WALK、Pote、Marc Eckō、8EM	101.76	A+H	
21	金银珠宝首饰	金洲慈航集团股份有限公司 JINZHOU CIHANG GROUP Co., Ltd.	金叶珠宝	94.52	A	
22	服装、服饰、鞋履、家纺	H&M 中国 *	H&M	87.68	母	财年为 2017 年 12 月 1 日至 2018 年 11 月 31 日
23	服装、服饰、鞋履、家纺	上海回力鞋业有限公司 * Shanghai Warrior Shoes Company Limited	回力	82.76	否	
24	护肤美妆	上海上美化妆品有限公司 * Shanghai Chicmax Comestic Co., Ltd.	韩束、一叶子、吾尊、索薇娅、红色小象、韩粉世家、HANAMINO、时克、必优兰	80	否	

续表

序号	业态	企业名称	旗下品牌	营业收入（亿元）	是否上市	备注
25	服装、服饰、鞋履、家纺	I. T LIMITED	大 I. T 店、小 i. t 店、集团自创品牌（izzue、b+ab、5cm、double-park、Fingercroxx、Katie Judith、Vanilla Suite、tout a coup、ete!）、I. T 集团代理的国际品牌	77.73	H	财年为 2018 年 3 月 1 日至 2019 年 2 月 28 日
26	服装、服饰、鞋履、家纺	宁波太平鸟时尚服饰股份有限公司 Ningbo Peacebird Fashion Co., Ltd.	PEACEBIRD 太平鸟女装、PEACEBIRD 太平鸟男装、LEDIN 女装、MATERIAL GIRL 女装、Mini Peace 童装、PEACEBIRD LIVIN'太平鸟巢	77.12	A	
27	服装、服饰、鞋履、家纺	上海美特斯邦威服饰股份有限公司 Shanghai Metersbonwe Fashion & Accessories Co., Ltd.	Metersbonwe、ME&CITY、Moomoo、ME&CITYKIDS、CH'IN 祺	76.77	A	
28	护肤美妆	上海家化联合股份有限公司 Shanghai Jahwa United Co., Ltd.	佰草集	71.38	A	营业收入为旗下佰草集、六神、高夫、美加净、启初、家安、玉泽、双妹、汤美星所有品牌销售额总和
29	服装、服饰、鞋履、家纺	特步国际控股有限公司 Xtep International Holdings Limited	特步	63.83	H	
30	服装、服饰、鞋履、家纺	361°国际有限公司 361°International Co., Ltd.	361°、361°童装	56.81	H	
31	服装、服饰、鞋履、家纺	雅戈尔集团股份有限公司 Youngor Group Co., Ltd.	雅戈尔、MAYOR、Hart Schaffner Marx、HANP（汉麻世家）、Chief Executive Office	56.43	A	

续表

序号	业态	企业名称	旗下品牌	营业收入（亿元）	是否上市	备注
32	服装、服饰、鞋履、家纺	都市丽人（中国）控股有限公司 Cosmo Lady（China）Holdings Company Limited	都市丽人	50.96	H	
33	金银珠宝首饰	周大生珠宝股份有限公司 Chow Tai Seng Jewellery Co.，Ltd.	周大生	48.7	A	
34	服装、服饰、鞋履、家纺	佐丹奴国际有限公司 Giordano International Co.，Ltd.	Giordano、Giordano Junior、Giordano Ladies、BSX	48.49	H	
35	服装、服饰、鞋履、家纺	罗莱生活科技股份有限公司 LuoLai Lifestyle Technology Co.，Ltd.	廊湾、莱克星顿、内野、罗莱、罗莱儿童、LOVO	48.13	A	
36	金银珠宝首饰	浙江明牌珠宝股份有限公司 Zhejiang Ming Jewelry Co.，Ltd.	明牌珠宝	40.91	A	
37	服装、服饰、鞋履、家纺	快尚时装（广州）有限公司 URBAN REVIVO FASHION（GZ）Co.，Ltd.	Urban Revivo	38	否	
38	服装、服饰、鞋履、家纺	慕尚集团控股有限公司 Mulsanne Group Holding Limited	GXG、gxgjeans、gxg. kids、Yatlas、2XU	37.87	H	
39	服装、服饰、鞋履、家纺	达芙妮国际控股有限公司 Daphne International Holdings Limited	达芙妮、鞋柜、AEE、圆漾、AEROSOLES	36.32	H	
40	金银珠宝首饰	谢瑞麟珠宝（国际）有限公司 Tse Sui Luen Jewellery（International）Limited	TSL丨谢瑞麟	35.83	H	财年为 2018 年 4 月 1 日至 2019 年 3 月 31 日

续表

序号	业态	企业名称	旗下品牌	营业收入（亿元）	是否上市	备注
41	服装、服饰、鞋履、家纺	福建七匹狼实业股份有限公司 FuJian Septwolves Industry Co.，Ltd.	七匹狼、16N、Wolf Totem、Karl Lagerfeld	35.17	A	
42	服装、服饰、鞋履、家纺	内蒙古鄂尔多斯资源股份有限公司 Inner Mongolia EerduosiRescurces Co.，Ltd.	1436、ERDOS、鄂尔多斯 1980、BLUE ERDOS、erdcs kids	33.56	A	
43	金银珠宝首饰	广东潮宏基实业股份有限公司 GuangDong CHJ Industry Co.，Ltd.	CHJ 潮宏基、VENTI 梵迪、FION 菲安妮	32.54	A	
44	服装、服饰、鞋履、家纺	江南布衣有限公司 JNBY Design Limited	JNBY、速写、jnby by JNBY、less、蓬马、JNBY-HOME、SAMO、REVERB、LASU MIN SOLA	32.37	H	
45	服装、服饰、鞋履、家纺	中国利郎有限公司 China Lilang Limited	LILANZ、LILANZ 轻时尚（LESS IS MORE）	31.7	H	
46	服装、服饰、鞋履、家纺	报喜鸟控股股份有限公司 BaoXiNiao Holding Co.，Ltd.	报喜鸟（SAINT ANGELO）、东博利尼（TOMBOLINI）、BONO、CARL BONO、S.ANGELO、BIG ROOSTER、FRANSITION，以及代理品牌 SOLOSALI、巴达萨里（MAURIZIO BALDASSARI）、雅斯威尔（ASHWELL）、恺米切（CAMICISSIMA）、哈吉斯（HAZZYS）	31.1	A	
47	服装、服饰、鞋履、家纺	维格娜丝时装股份有限公司 VGRASS Fashion Co.，Ltd.	VGRASS、元先、TEENIE WEENIE	30.86	A	
48	服装、服饰、鞋履、家纺	浙江奥康鞋业股份有限公司 ZheJiang AoKangShoes Co.，Ltd.	奥康、康龙，以及代理品牌斯凯奇、彪马	30.43	A	

续表

序号	业态	企业名称	旗下品牌	营业收入（亿元）	是否上市	备注
49	服装、服饰、鞋履、家纺	浙江红蜻蜓鞋业股份有限公司 Zhejiang Red Dragonfly Footwear Co., Ltd.	红蜻蜓	30.41	A	
50	金银珠宝首饰	恒信玺利实业股份有限公司 Hiersun Industrial Co., Ltd.	I DO	30	新三板	
51	服装、服饰、鞋履、家纺	马克华菲（上海）商业有限公司	FAIRWHALE、CAMEL ACTIVE、RESHAKE、DE-BRAND	30	否	
52	服装、服饰、鞋履、家纺	南京圣迪奥时装有限公司 NanJing S－DEER Fashion Design Co., Ltd.	S-DEER、CIMAGE	29.3	否	
53	服装、服饰、鞋履、家纺	千百度国际控股有限公司 C. banner International Holdings Limited	千百度、伊伴、六阳舞、米奥、Badgley Mischka、natursun，以及授权品牌 United Nude、SteveMadden	29.24	H	
54	服装、服饰、鞋履、家纺	深圳市富安娜家居用品股份有限公司 Shenzhen Fuanna Bedding And Furnishing Co., Ltd.	VERSAI、富安娜、馨而乐、酷智奇	29.18	A	
55	服装、服饰、鞋履、家纺	贵人鸟股份有限公司 Guirenniao Co., Ltd.	贵人鸟、AND1、PRINCE，以及代理销售的运动品牌耐克、阿迪、UA、匡威、NewBalance、李宁、新百伦、斯凯奇、亚瑟士、DC、PUMA 等	28.12	A	
56	服装、服饰、鞋履、家纺	九牧王股份有限公司 JOEONE Co., Ltd.	九牧王、VIGANO、NASTY PALM、ZIOZIA、FUN	27.33	A	

续表

序号	业态	企业名称	旗下品牌	营业收入（亿元）	是否上市	备注
57	服装、服饰、鞋履、家纺	上海水星家用纺织品股份有限公司 Shanghai Shuixing Home Textile Co., Ltd.	水星、百丽丝	27.19	A	
58	服装、服饰、鞋履、家纺	朗姿股份有限公司 LANCY Co., Ltd.	朗姿、莱茵、玛丽、俪雅朗姿、卓可、吉高特、FABIANA FILIPPI、ZOOC、MOJO S. PHINE、Agabang、ETTOI、Putto、Designskin、Dear Baby、Elle、Maternity	26.62	A	
59	服装、服饰、鞋履、家纺	赢家时尚控股有限公司 EEKA Fashion Holdings Limited	Koradior、Koradior elsewhere、La Koradior、CADIDL、O'2nd、Obzee	25.21	H	
60	服装、服饰、鞋履、家纺	江苏红豆实业股份有限公司 Jiangsu Hongdou Industrial Co., Ltd	红豆	24.83	A	
61	护肤美妆	北京明弘科贸有限责任公司 Beijing Minghong Trading Co., Ltd.	植物医生	24.64	否	
62	服装、服饰、鞋履、家纺	深圳歌力思服饰股份有限公司 Shenzhen ELLASSAY Fashion Co., Ltd.	ELLASSAY（歌力思）、Laurèl、Ed Hardy、IRO、VIVIENNE TAM、JeanPaulKnott	24.36	A	
63	护肤美妆	珀莱雅化妆品股份有限公司 Proya Cosmetics Co., Ltd.	珀莱雅、优资莱、悦芙媞、韩雅、悠雅、猫语玫瑰、TZZ	23.61	A	
64	服装、服饰、鞋履、家纺	深圳汇洁集团股份有限公司 Shenzhen Huijie Group Co., Ltd.	曼妮芬、伊维斯、兰卓丽、桑扶兰、乔百仕、加一尚品、秘密武器、土豆先生	23.55	A	
65	服装、服饰、鞋履、家纺	爱慕股份有限公司 Aimer Co., Ltd.	爱慕（AIMER）、爱慕先生（AIMER MEN）、爱慕儿童（AIMER KIDS）、爱慕运动（AIMER SPORTS）、爱慕家居（AIMER HOME）、慕澜（MODELAB）、兰卡文（LACLOVER）、爱美丽（imi´s）、心爱（SHINE LOVE）、皇锦（EMPERORIENT）、宝迪威	22.69	否	

续表

序号	业态	企业名称	旗下品牌	营业收入（亿元）	是否上市	备注
			德（BODY WILD）、UM25、BECHIC，乎兮（HUXI）、足哇（jourva）以及护肤品牌纽格芙（NATURE´S GIFT）			
66	护肤美妆	御家汇股份有限公司 Yujiahui Co.，Ltd.	御泥坊、小迷糊、花瑶花、师夷家、薇风，以及代理品牌日本城野医生、韩国丽得姿、美国洗护品牌 OGX、意大利彩妆品牌 KIKO、日本高端护肤品牌 ALBION、芬兰第一护肤品牌 Lumene	22.45	A	
67	服装、服饰、鞋履、家纺	安莉芳控股有限公司 Embry Holdings Limited	安莉芳、芬狄诗、COMFIT、E-BRA、安朵、IVU、LIZACHENG	21.58	H	
68	服装、服饰、鞋履、家纺	地素时尚股份有限公司 DAZZLE Fashion Co.，Ltd.	DAZZLE、DIAMOND DAZZLE、d´zzit 、RAZZLE	21	A	
69	服装、服饰、鞋履、家纺	天创时尚股份有限公司 Topscore Fashion Co.，Ltd.	KISSCAT、ZSAZSAZSU、tigrisso、KissKitty、KASMASE、Patricia、型录 MUST HAVE、0 BAG、United Nude（UN）	20.52	A	
70	服装、服饰、鞋履、家纺	深圳西遇时尚服饰有限公司 Shenzhen Westlink fashion Dress Co.，Ltd.	West link、Funlink	20	否	
71	服装、服饰、鞋履、家纺	探路者控股集团股份有限公司 Toread Holdings Group Co.，Ltd.	探路者（TOREAD）、Discovery Expedition、Toread-kids	19.92	A	
72	服装、服饰、鞋履、家纺	上海之禾品牌管理有限公司 Shanghai ICICLE Fashion Group Co.，Ltd.	之禾 ICICLE	19.6	否	

续表

序号	业态	企业名称	旗下品牌	营业收入（亿元）	是否上市	备注
73	金银珠宝首饰	深圳市爱迪尔珠宝股份有限公司 Shenzhen Ideal Jewellery Co., Ltd.	IDEAL、嘉华	18.49	A	
74	服装、服饰、鞋履、家纺	希努尔男装股份有限公司 Sinoer Men's Wear Co., Ltd.	希努尔、普兰尼奥、皇家新郎、润尔	17.2	A	
75	服装、服饰、鞋履、家纺	中国动向（集团）有限公司 China Dongxiang (Group) Co., Ltd.	kappa、kappa 童装	17.06	H	
76	金银珠宝首饰	莱绅通灵珠宝股份有限公司 Leysen Jewellery Inc.	Leysen1855 莱绅通灵	16.63	A	
77	服装、服饰、鞋履、家纺	安正时尚集团股份有限公司 Anzheng Fashion Group Co., Ltd.	玖姿、尹默、安正、斐娜晨、摩萨克	16.49	A	
78	护肤美妆	广东丸美生物技术股份有限公司 Guangdong Marubi Biotechnology Co., Ltd.	丸美	15.76	A	
79	服装、服饰、鞋履、家纺	摩登大道时尚集团股份有限公司 Modern Avenue Group Co., Ltd.	卡奴迪路 CANUDILO、CANUDILO H HOLIDAYS、DIRK BIKKEMBERGS，以及代理各国际品牌的买手店	15.62	A	
80	服装、服饰、鞋履、家纺	广州红谷皮具有限公司 Guangzhou Honggu Leather Co., Ltd.	HONGU、御匠、野马、princess sisi	15.5	否	
81	服装、服饰、鞋履、家纺	星期六股份有限公司 Saturday Co., Ltd.	ST&SAT（星期六）、D：FUSE（迪芙斯）、SAFIYA（索菲娅）、SATURDAY MODE、FONDBERYL（菲伯丽尔）	15.31	A	
82	服装、服饰、鞋履、家纺	利邦控股有限公司 Trinity Limited	CERRUTI 1881、Gieves & Hawkes、Kent & Curwen、D'URBAN	15.16	H	

续表

序号	业态	企业名称	旗下品牌	营业收入（亿元）	是否上市	备注
83	服装、服饰、鞋履、家纺	依文服饰股份有限公司 EVE Fashion Co., Ltd.	依文 EVE de UOMO，诺丁山 NOTTING HILL，凯文凯利 Kevin Kelly，依文中国 EVE CHINA，杰奎普瑞 JAQUES PRITT	14.8	否	
84	服装、服饰、鞋履、家纺	金利来集团有限公司 GOLDLION Holdings Limited	金利来	14.8	H	
85	服装、服饰、鞋履、家纺	比音勒芬服饰股份有限公司 BIEM. L. FDLKK Gartment Co., Ltd.	比音勒芬、威尼斯	14.76	A	
86	服装、服饰、鞋履、家纺	起步股份有限公司 Qibu Corporation Limited	ABC KIDS	13.99	A	
87	服装、服饰、鞋履、家纺	哈森商贸（中国）股份有限公司 Harson Trading (China) Co., Ltd.	哈森（HARSON）、卡迪娜（KADINA）、卡文（COVER）、爱旅儿（ALLER－A）、哈森男鞋（HARSON BUSSINESS）、诺贝达（ROBERTA），以及代理品牌 AS、PIKOLINOS	13.48	A	
88	服装、服饰、鞋履、家纺	康奈集团有限公司 Kangnai Group Co., Ltd.	康奈、康奈世家、Kingstep	12.8	否	
89	服装、服饰、鞋履、家纺	卡宾服饰有限公司 Cabbeen Fashion Limited	卡宾休闲、卡宾都市、2PM	12.73	H	
90	服装、服饰、鞋履、家纺	深圳市安奈儿股份有限公司 Annil Co., Ltd.	Annil 安奈儿	12.13	A	
91	金银珠宝首饰	北京市千叶珠宝股份有限公司 Beijing Keer Jewelry Co., Ltd.	千叶	12.02	新三板	
92	服装、服饰、鞋履、家纺	南京行狐集团有限公司 ELFSACK Limited	妖精的口袋 ELFSACK	12	否	

续表

序号	业态	企业名称	旗下品牌	营业收入（亿元）	是否上市	备注
93	服装、服饰、鞋履、家纺	上海云弘投资管理有限公司 Shanghai Yunhong Investment Management Co., Ltd.	阿吉豆、艾特里里、拉如达薇亚、包小姐与鞋先生、花在花园里	11.71	否	
94	服装、服饰、鞋履、家纺	日播时尚集团股份有限公司 Ribo Fashion Group Company Limited	broadcast 播、PERSONAL POINT、CRZ、MUCHELL、broadcute	11.32	A	
95	服装、服饰、鞋履、家纺	杉杉品牌运营股份有限公司 Shanshan Brand Management Co., Ltd.	SHANSHAN、FIRS、MARCO AZZALI、LUBIAM	10.25	H	
96	护肤美妆	妍丽化妆品（中国）有限公司 Fionaccs China Co., Ltd.	渠道商	10.1	否	
97	服装、服饰、鞋履、家纺	浙江乔治白服饰股份有限公司 Zhejiang GIUSEPPE Garment Co., Ltd.	乔治白	10.05	A	
98	护肤美妆	上海清轩生物科技有限公司 Shanghai Forest cabin Biological - tech Co., Ltd.	林清轩	7	否	
99	服装、服饰、鞋履、家纺	广东万里马实业股份有限公司 Guangdong Wanlima Industry Co., Ltd.	万里马、SAINT JACK、COOME	6.93	A	
100	服装、服饰、鞋履、家纺	深圳市自然醒智慧家居有限公司	zinghome 自然醒	5.4	否	

注：

1. 企业名称后标＊的数据来源为二手资料预估，如发现有误请联系中国连锁经营协会更正。
2. A：沪深 A 股。H：港股。母：母公司为上市公司。否：未上市。新三板：新三板上市。
3. 除备注说明企业，百强榜单中所有企业营业收入的统计口径均为 2018 年 1 月 1 日至 2018 年 12 月 31 日。

2019—2020 年中国时尚零售百强基本情况

2019—2020 年中国时尚零售百强调查显示，2019 年时尚零售百强企业（简称百强企业）总营业收入达到 7328.40 亿元，同比增长 12.47%，高于社会消费品零售总额 8.0% 的同比增速。百强企业提供就业岗位 60 余万个，为满足各层级消费市场提质升级，扩大内需，丰富生活，提升经济，促进就业做出积极贡献。周大福珠宝集团以年营业收入 600 亿元居 2019 年时尚零售百强榜首。2019 年度调查主要结果如下。

一、金银珠宝、运动服装服饰、大众休闲鞋服和护肤美妆表现强劲

Top10（前十强）集中在金银珠宝、运动服装服饰、大众休闲鞋服。周大福珠宝集团继 2018 年后再次位居时尚零售百强首位。老凤祥和耐克（中国）分别以营业收入 496.29 亿元和 441.51 亿元列榜单的第 2 位和第 3 位。Top4 至 Top10 依次为阿迪达斯（中国）、安踏体育用品有限公司、迅销（中国）商贸有限公司、屈臣氏集团、海澜之家股份有限公司、百丽国际集团和上海豫园黄金珠宝集团。

二、多维度透视中国时尚零售市场

该调查从中国时尚零售市场整体规模、百强企业结构、行业集中度、渠道结构、国内市场布局、海外拓展、总部所在地、人均效能等多维度对 2019 时尚零售百强发展状况进行了全面分析。

（一）时尚零售市场规模继续扩大，连锁化程度趋高

2019 年百强企业总营业收入 7328.40 亿元，其中服装、服饰、鞋履、家纺类企业总营业收入 4852.02 亿元，同比增速大幅上升 30%，远高于限额以上同类企业商品零售总额增速（2.9%）；金银珠宝首饰类企业总营业收入 1928.15 亿元，同比下降 2%；护肤美妆类企业总营业收入 548.22 亿元，同比下降 33%。护肤美妆类企业总营业收入大幅下降的主要原因为上年上榜的百雀羚和上美集团两家龙头企业因未披露 2019 年营业收入而未被录入榜单。

百强企业中，2019 年连锁店铺规模超 9000 家的企业有 6 家（伽蓝 43200 家，上海家化化妆品专营店约 13000 家，安踏 12943 家，大东 10169 家，森马 9905 家，百丽鞋类店铺 9500 家），较上年增加两家，其中伽蓝集团和大东集团为新增企业；店铺规模超 5000 家的企业有 12 家，与上年持平。

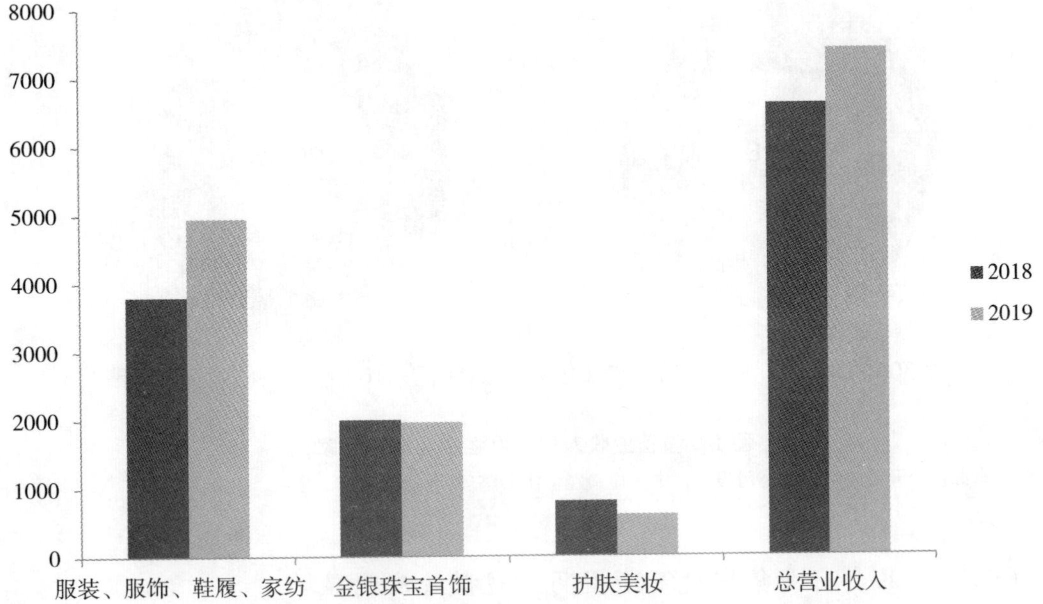

图 1　时尚零售百强企业营业收入（亿元）

数据来源：公开资料、上市公司报告，中国连锁经营协会整理。

（二）细分品类有利于做强做大

2019 百强企业主要包括服装、服饰、鞋履、家纺类（76 家），金银珠宝首饰类（14 家），护肤美妆类（10 家），分品类构成相对稳定（见图 2）。

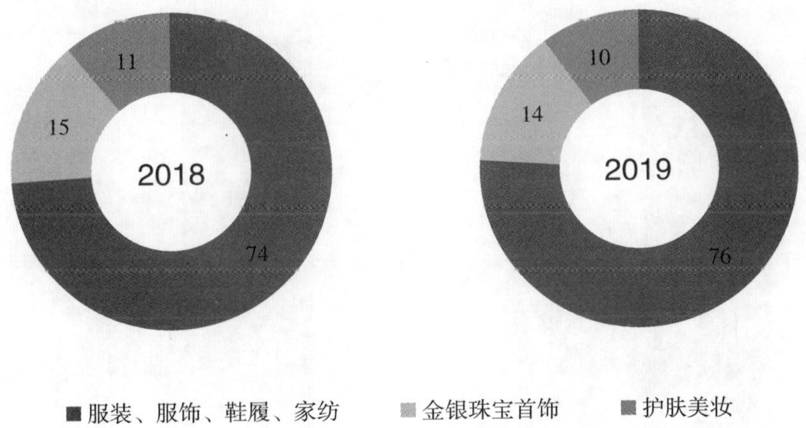

图 2　分品类百强企业结构（家）

数据来源：公开资料、上市公司报告，中国连锁经营协会整理。

其中，300 亿元以上企业从上年的 2 家增加到 6 家，头部企业营业收入明显提升。百亿元以上规模的企业 19 家，与上年基本持平（减少 1 家）；小规模企业集团向更高梯队转化。

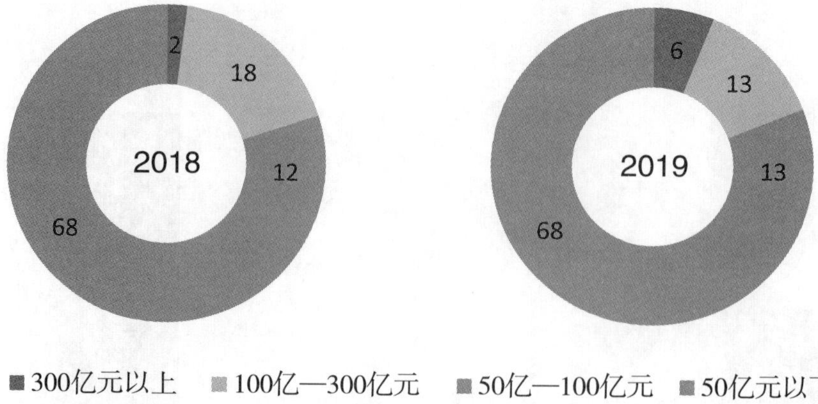

图 3 按营业收入规模百强企业结构（家）

数据来源：公开资料、上市公司报告，中国连锁经营协会整理。

（三）各品类行业集中度不断提高，规模效应明显

从行业集中度来看，百强企业中约 66%的营业收入集中在百亿元以上的企业，其中的大企业集团规模效应更明显。时尚零售百强企业的发展推动了各品类行业集中度的不断提高。除护肤美妆类百强企业因统计口径原因导致市场占有率的同比减少，其他两大品类均取得市场占有率的稳步提升。服装、服饰、鞋履、家纺类百强企业总营业收入占 2019 年全国鞋帽、服饰、纺织类限额以上企业零售总额的 36%，同比增加 9%；金银珠宝首饰类百强企业总营业收入占全国金银珠宝限额以上企业零售总额的 74%，同比增加 2%；护肤美妆类百强企业占全国化妆品规模以上企业零售总额的 18%，同比减少 13%。

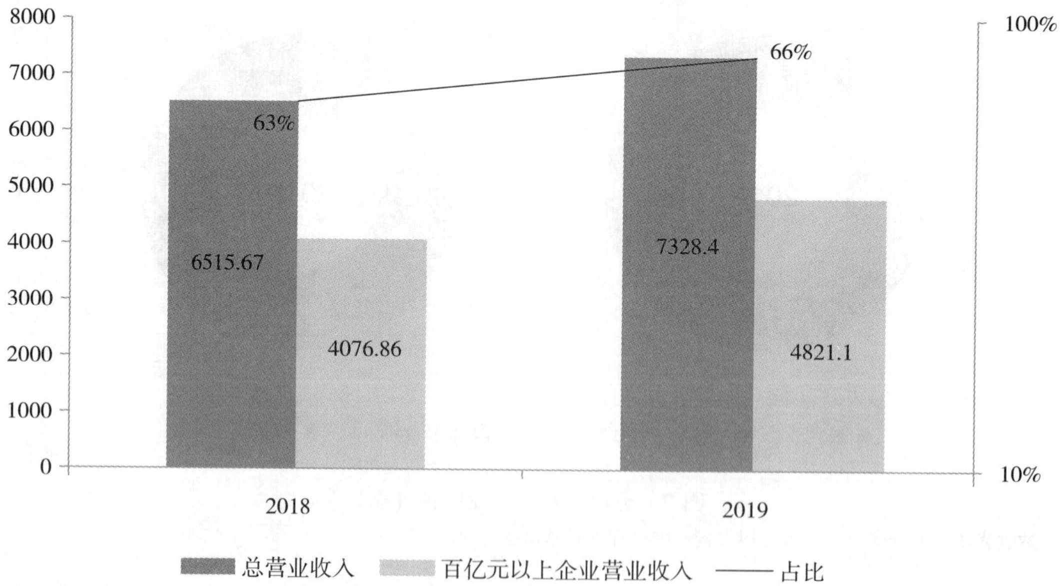

图 4 时尚零售百强企业百亿元以上规模企业营业收入分布（亿元）

数据来源：公开资料、上市公司报告，中国连锁经营协会整理。

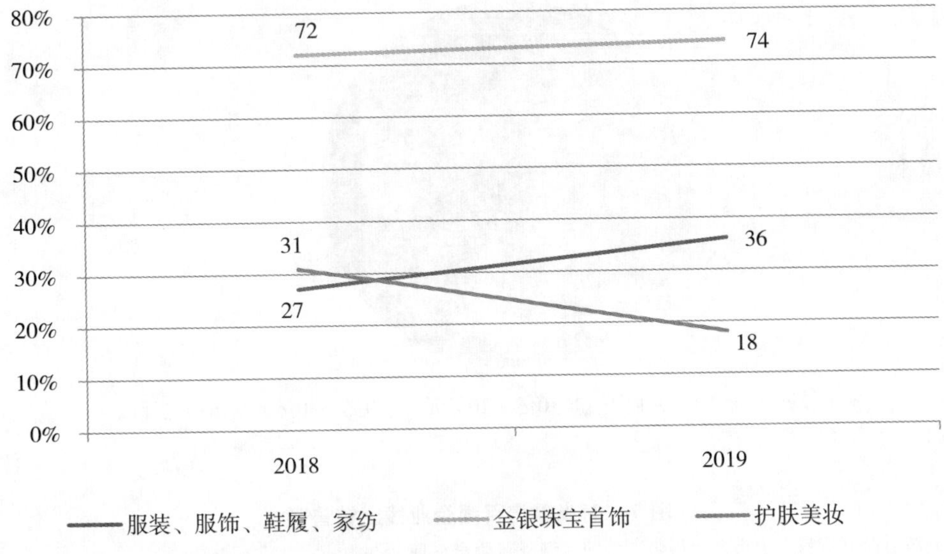

图 5　时尚零售百强企业分品类行业集中度

数据来源：公开资料、上市公司报告，中国连锁经营协会整理。

（四）护肤美妆线上渠道销售占比最高，大众时尚零售发力奥特莱斯

从销售占比情况看，百强企业中披露线上占比情况的企业有 60 家。其中，线上销售占比小于总营业收入 10%的企业 19 家；占比 10%—30%的企业 31 家，数量最为庞大；占比 30%—50%的企业 7 家；占比超过 50%的御家汇、完美日记和珀莱雅全部为护肤美妆类企业。从线上销售额来看，已披露线上销售额的 56 家企业中，线上销售额小于 10 亿的企业 44 家，占较大比重；线上销售额 10 亿—30 亿元的企业 5 家；线上销售额 20 亿—30 亿元的企业 4 家；线上销售额超过 30 亿元的三家企业分别为森马、白丽和李宁，全部为服装、服饰、鞋履、家纺类企业。

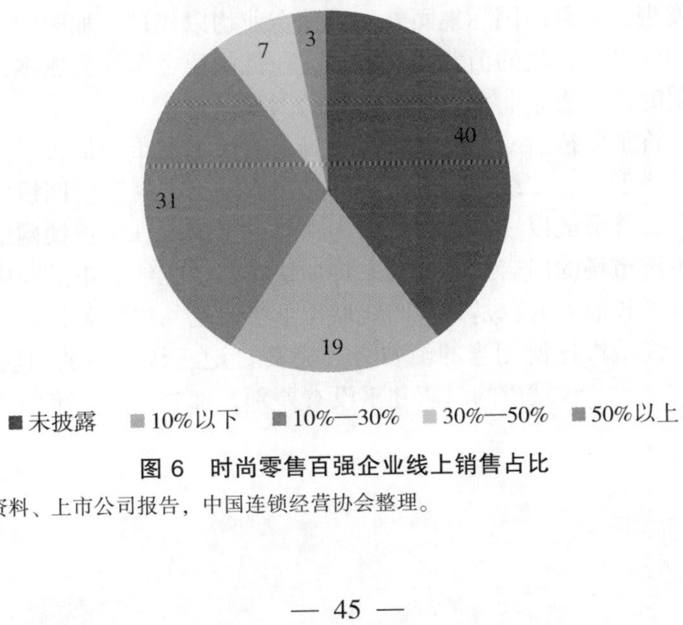

图 6　时尚零售百强企业线上销售占比

数据来源：公开资料、上市公司报告，中国连锁经营协会整理。

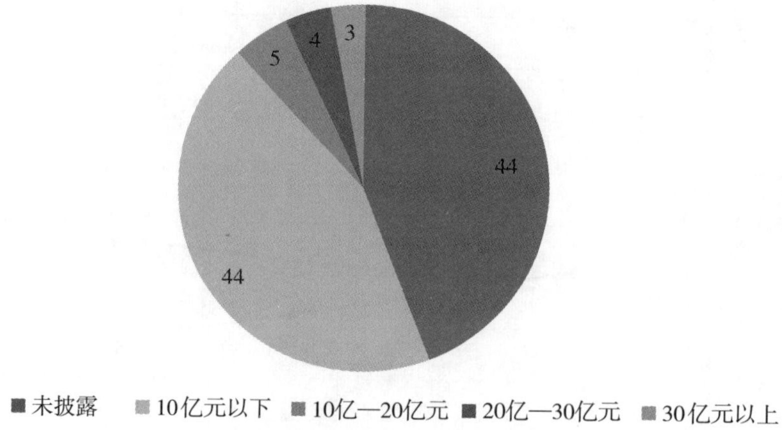

图 7 时尚零售百强企业线上销售额

数据来源：公开资料、上市公司报告，中国连锁经营协会整理。

线下布局方面，百强头部企业财报数据显示，时尚零售企业加速购物中心战略合作，线下多种渠道发展，更重视奥特莱斯渠道。如，森马集团持续推进本土渠道升级，积极与知名连锁购物中心开展战略合作，同时推进街边概念店、体验店的品质升级；太平鸟集团不断强化购物中心和百货商场的主要渠道地位，快速推进奥特莱斯渠道发展，持续优化街店渠道。购物中心、百货商场渠道零售额合计占比近 60%，其中购物中心首次超越百货商场，成为占比最高的零售渠道。奥特莱斯渠道零售额较 2018 年增长超过 40%，占比达 3.81%。海澜之家持续优化门店布局，与重点连锁购物中心进行战略合作，重点拓展新兴消费市场；优化低效的街边店，提高门店抵御风险的能力。

（五）代理、加盟依然是多数时尚零售企业的主要扩张模式

百强企业中连锁店铺规模超过 5000 个的企业，有 9 家披露了其直营和代理、加盟的店铺数量。分析发现，除百丽国际集团外，其他企业均以代理、加盟为主要扩张模式布局国内市场。三、四线城市较高的消费需求增长、较低的租金和人力成本，更多的购物中心下沉，都成为吸引时尚零售企业发力下沉市场的因素。

老凤祥通过特许加盟抢占三、四线城市市场。周大生上市后加快了三、四线城市市场加盟店的布局，并借助一、二线城市直营店的品牌影响力，对三、四线城市的加盟门店形成有力带动作用，最终形成以三、四线城市为主体的全国性珠宝连锁网络体系。

优衣库看重下沉市场的门店效率，未来将加快在二、三线城市的开店进度。

护肤美妆最具增长潜力的也是三、四线城市下沉市场。以完美日记为例，在低线城市市场有着与一、二线城市比例相当的消费者。完美日记三线城市的门店在店铺面积和设计、选品等方面与一、二线城市的门店几乎没有差别，部分三线城市门店的销售表现已经超出品牌预期。

2019—2020 年中国时尚零售百强中店铺数超 5000 家的企业

企业名称	总店铺数（个）	直营店铺数（个）	代理、加盟及联营店铺数（个）	直营店占比（%）
海澜之家股份有限公司	7545	291	7254	4
百丽国际集团	9500	9300	200	98
浙江森马服饰股份有限公司	9905	1218	8687	12
李宁有限公司	7550	2393	5157	32
特步国际控股有限公司	6449	2622	3827	41
伽蓝（集团）股份有限公司	43200	2200	41000	5
都市丽人（中国）控股有限公司	5970	1269	4701	21
浙江大东鞋业有限公司	10169	0	10169	0

数据来源：公开资料、上市公司报告，中国连锁经营协会整理。

（六）百强发力海外，渐成规模

统计显示，百强企业中有 36 家已拓展海外市场（包含我国香港、澳门、台湾地区），逐渐形成规模之势。其中，海外销售占比 10%以下的企业居多，达到 27 家。海外销售占比 50%以上的企业 3 家（六福、九兴和佐丹奴）全部为中国香港企业，国际化程度远高于大陆企业。海外拓展区域主要集中在日本、韩国、美国、加拿大，东南亚、欧洲和大洋洲。

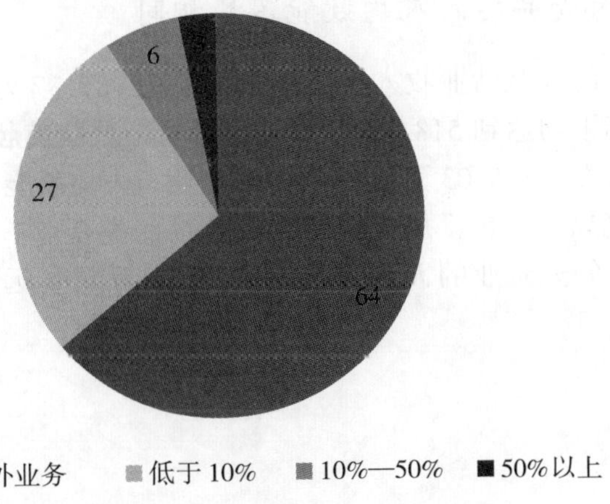

图 8　时尚零售百强企业海外业务拓展情况

数据来源：公开资料、上市公司报告，中国连锁经营协会整理。

（七）粤、沪、浙、京成时尚零售百强总部主要聚集地

百强企业总部驻地分布数据显示，七成以上的企业总部集中在广东、上海、浙江和北京，江苏、福建是百强总部集中分布的“第二梯队”。可以看出，中国时尚零售整体产业

布局偏重于东中部经济发达地区，呈现较大的区域不平衡性，其深层次原因是我国时尚零售品牌资源不足、商品性价比不高等。同时，也一定程度地反映了地方政府在时尚零售产业的发展引导、产业集群、品牌战略、人才结构等方面的差异。

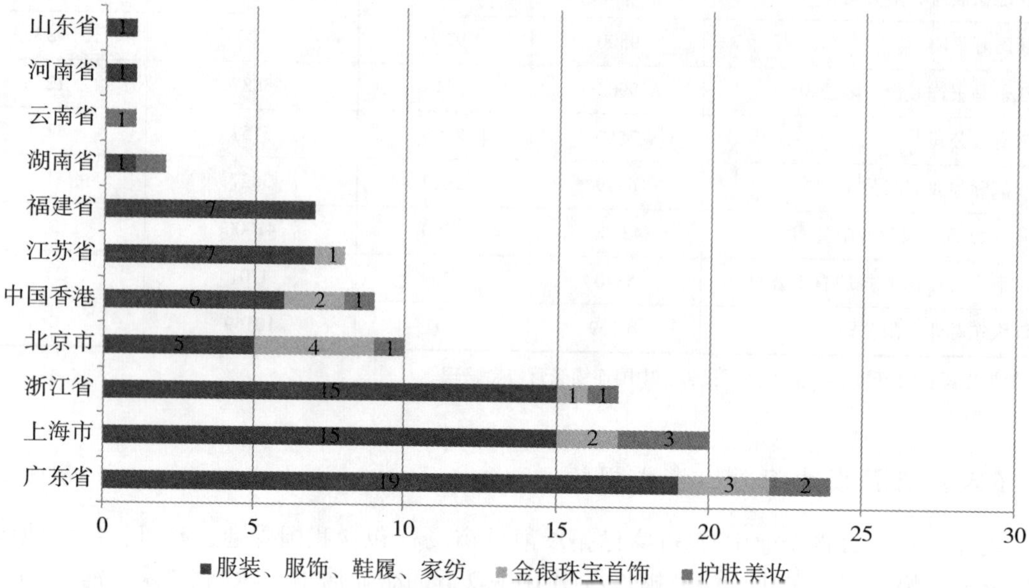

图 9　时尚零售百强企业总部所在地分布

数据来源：公开资料、上市公司报告，中国连锁经营协会整理。

（八）不同时尚品类的人均效能不尽相同

百强的人均效能（从营业收入层面）平均值为 187.37 万元。其中，金银珠宝首饰类百强企业人均效能平均达到 518.17 万元，明显高于护肤美妆类（172.41 万元）和服装、服饰、鞋履、家纺类（115.03 万元）的百强企业。人均效能超过 1000 万元的两家百强企业（金洲慈航和老凤祥）也都属于金银珠宝首饰品类企业。百强企业之间的人均效能有较为明显的差距：领先企业的人均效能（2843.77 万元）远远超过末端企业水平（4.38 万元）。

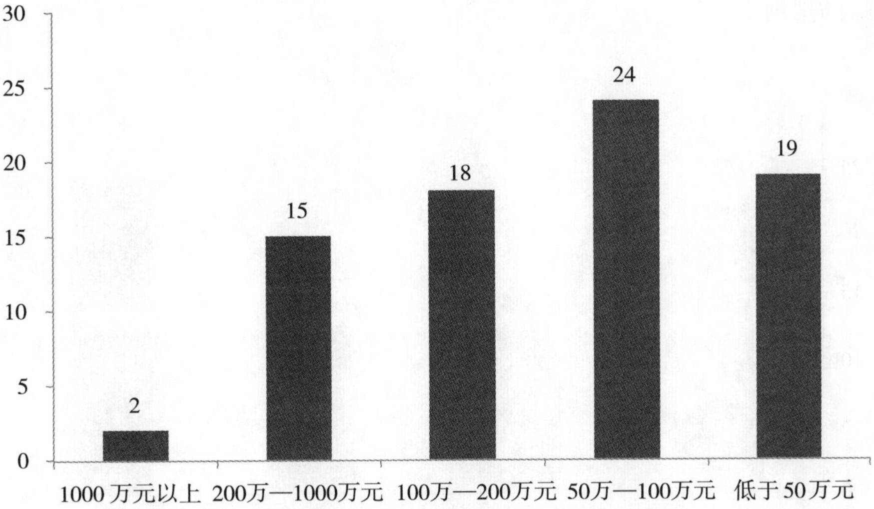

图 10　时尚零售百强企业人均效能分布

数据来源：公开资料、上市公司报告，中国连锁经营协会整理。

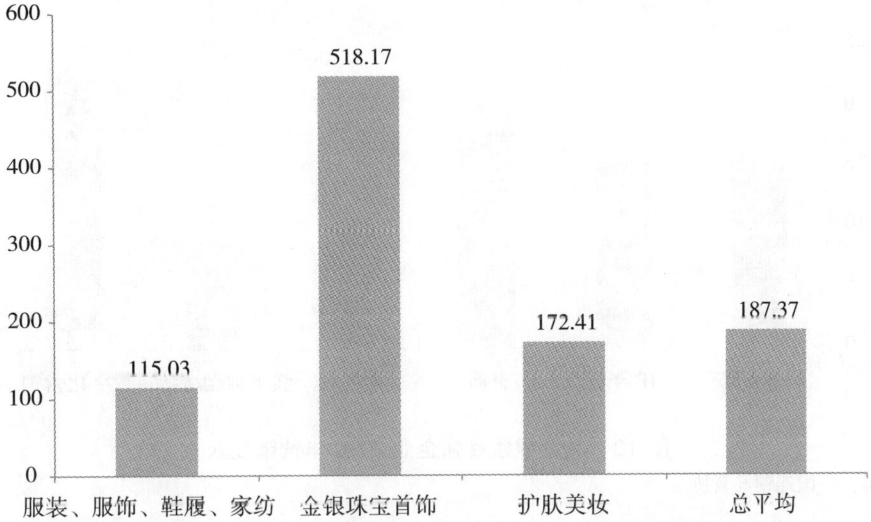

图 11　时尚零售百强企业分品类人均效能（万元）

数据来源：公开资料、上市公司报告，中国连锁经营协会整理。

三、新冠疫情坚定了企业数字化，75%的百强企业 2020 年销售将保持平和增长

新冠疫情对时尚零售企业的线下门店经营造成了重大冲击。据百强企业调查中关于“2020 年的经营发展计划”抽样调研统计结果显示，24 家有效样本企业都计划在 2020 年加大对数字化创新的资金投入，其次为产品开发设计和供应链投入，有半数企业选择在 2020 年加大对线下渠道方面的资金投入。从营销投入来看，数字化营销和线上直播是最

受企业青睐的选项。

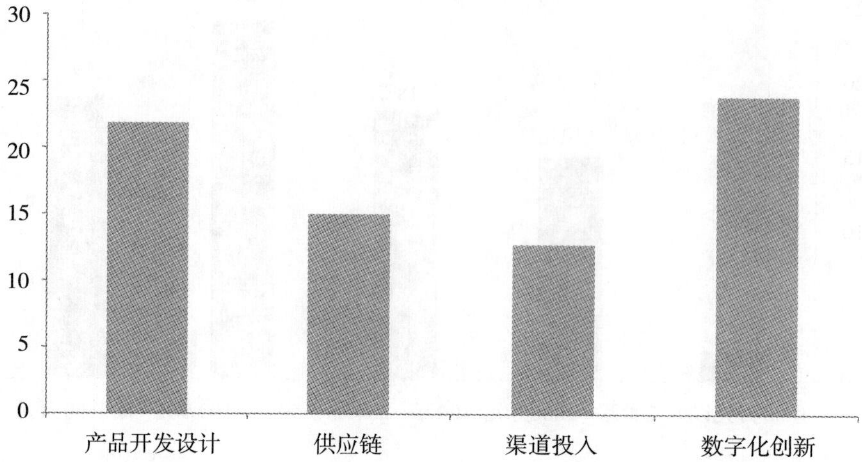

图 12　时尚零售百强企业 2020 年资金投入

数据来源：中国连锁经营协会。

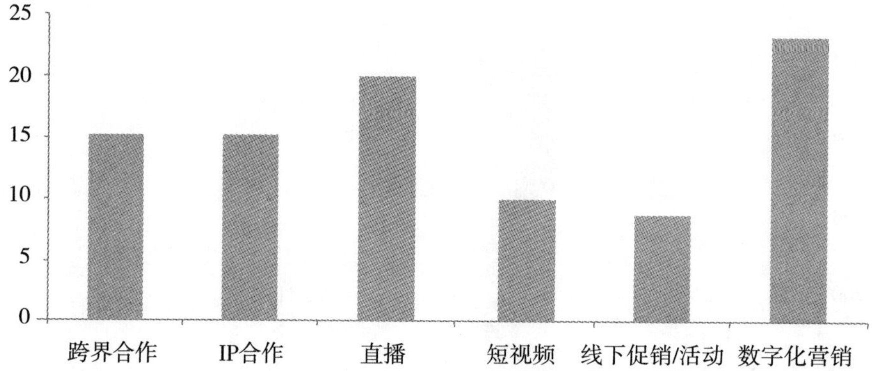

图 13　时尚零售百强企业 2020 年营销投入

数据来源：中国连锁经营协会。

在企业数字化及技术应用投资方面，会员体系与顾客服务最受企业重视；五成以上的企业表示会加大数字化渠道建设、商品选品、门店经营和组织与人力的资金投入。

受疫情影响，接受调研的企业中，42%的企业认为 2020 年销售额可以保持 2019 年同等水平，33%的企业认为 2020 年销售额依然会稳步上升，25%的企业认为 2020 年销售额会受疫情影响而下降，下降比例为 10%—30%。

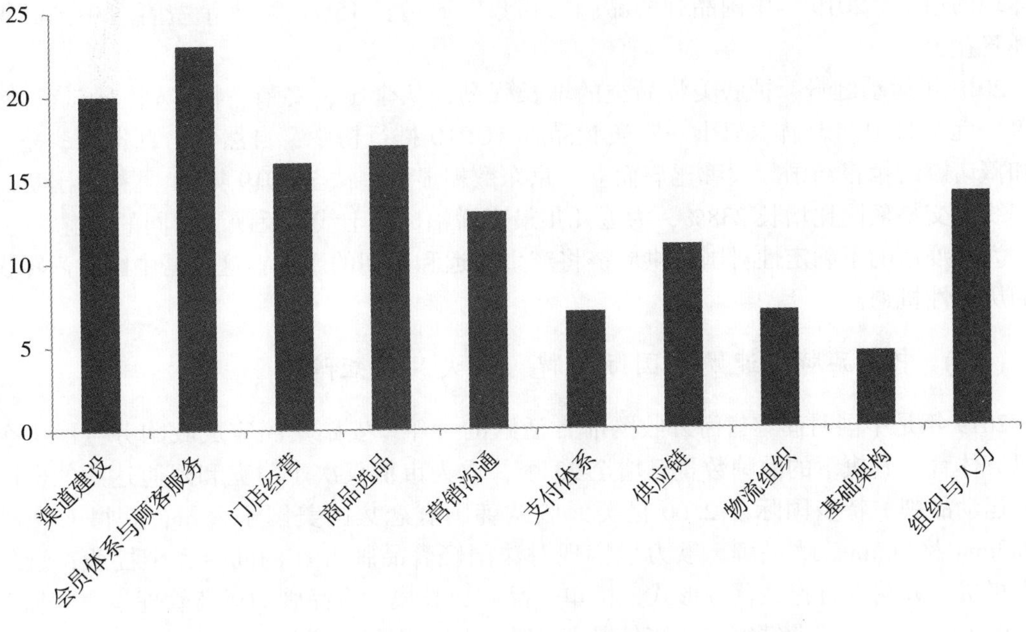

图 14 时尚零售百强企业数字化及技术应用投资

数据来源：中国连锁经营协会。

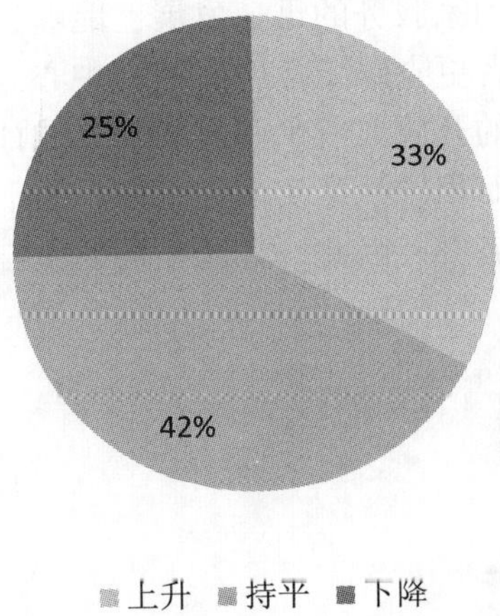

图 15 时尚零售百强企业 2020 年销售额预期

数据来源：中国连锁经营协会。

四、目前时尚零售市场主要特点和变化

（一）文化自信推进国货崛起

文化自信，不仅促进了国货品牌不断创新，也通过性价比更高的商品、更本土化的服务引导和满足了新兴和不同层次市场消费者的需求，不断满足人们对美、好、康和自我价

值体现的追求。2019 年中国品牌的品牌力指数同比增长 15%。境外消费者对中国品牌的兴趣日益上升。

2019 年运动健身、护肤美妆品类的增长强劲，从李宁、安踏、特步到“国货彩妆独角兽”完美日记。天猫“双十一”美妆品牌 TOP10 排行榜中，自然堂、百雀羚、完美日记和薇诺娜的销售与国际大牌比肩而立。京东数据显示，截至 2019 年 11 月初，国货时尚品牌线上交易额同比增长 238%，为近几年最高增幅。线上线下反映了相同的情况。

海外疫情的不确定性对国际供应链将产生深远和长期的影响，这也是中国时尚零售品牌的历史性机遇。

（二）中国品牌加速购并国际品牌，扩大品牌矩阵

2019 年是中国时尚零售海外收购非常活跃的一年。安踏集团完成收购芬兰巨头企业亚玛芬体育，其旗下的品牌数量已增至 23 个，成为市值仅次于耐克和阿迪达斯的国际第三大运动品牌。特步国际以 2. 60 亿美元收购韩国衣恋集团美国子公司，获得 K-Swiss、Palladium 及 Supra 三大品牌。歌力思实现对法国轻奢品牌 IRO 的间接完全控股，近年来经由投资、并购、合作经营等形式，由单一品牌成长成为多品牌的运营管理集团。赢家时尚收购 Keen Reach，业绩综合入账使其营业收入同比大幅度增加 64. 56%。

（三）时尚零售开始布局社区型购物中心

基于小程序、直播带货、到家服务的迅速发展，能够让零售企业更好地随时随地服务消费者。新冠疫情期间，消费者更青睐于社区型购物中心、奥特莱斯型购物中心，特别是如中粮祥云小镇式的，街区型的开放式或半开放式建筑的社区型购物中心。

时尚零售企业开始以更小面积的社区实体店来提供线下体验和服务，增加消费者的黏性和满意度，减少用户的潜在流失。因此，社区型购物中心将成为时尚零售品牌布局的新目标。

附：

2019—2020年中国时尚零售百强排名

（CCFA 2020年6月9日发布）

序号	企业名称	旗下品牌	营业收入总和（亿元）	同比增长	品类	上市情况	备注
1	周大福珠宝集团 Chow Tai Fook Jewellery Group Limited	周大福、周大福艺堂、周大福荟馆、HEARTS ON FIRE、T MARK、SOINLOVE、MONOLOGUE、ENZO	* 600.00	0.22%	金银珠宝首饰	H	★
2	老凤祥股份有限公司 LAOFENGXIANG Limited	老凤祥	496.29	13.35%	金银珠宝首饰	H	
3	耐克（中国）	Nike	441.51	新上榜	服装、服饰、鞋履、家纺	母	
4	阿迪达斯（中国）	adidas、Reebok	405.79	新上榜	服装、服饰、鞋履、家纺	母	
5	安踏体育用品有限公司 ANTA Sports Products Limited	安踏、安踏儿童、FILA、FILA KIDS、FILA FUSION、DESCENTE、KCLONSPORT、KINGKOW、SPRANDI、亚玛芬体育	339.28	40.80%	服装、服饰、鞋履、家纺	H	
6	迅销（中国）商贸有限公司 Fast Retailing Co.，Ltd.	优衣库、GU、Theory、PLST、Comptoir des Cotonniers、Princessetam. tam、J Brand	☆ 335.39	14.30%	服装、服饰、鞋履、家纺	母	
7	屈臣氏集团 Watsons Group	渠道商	248.93	6.30%	护肤美妆	母	★

续表

序号	企业名称	旗下品牌	营业收入总和（亿元）	同比增长	品类	上市情况	备注
8	海澜之家股份有限公司 HLA CORP.，LTD.	海澜之家（HLA）、圣凯诺（SANCANAL）、海澜优选生活馆（HEILANHOME）、OVV、黑鲸（HLA JEANS）、男生女生（HEY LADS）、英氏（YEEHOO）	219.70	15.09%	服装、服饰、鞋履、家纺	A	★
9	百丽国际集团 Belle International Group	BELLE、STACCATO、JOY & PEACE、Millie´s、Tata、Bata、Clarks、Hush Puppies、TEENMIX、SENDA、BASTO、SKAP、15MINS、73Hours、CAT、MOUSSY、SLY、initial、Her own words	217.00	0.00%	服装、服饰、鞋履、家纺	否	★
10	上海豫园黄金珠宝集团 YUYUAN Inc.	老庙黄金、亚一珠宝	204.57	22.66%	金银珠宝首饰	A	
11	浙江森马服饰股份有限公司 Zhejiang Semir Garment Co.，Ltd.	森马、巴拉巴拉、Minibalabala、MarColor、JASON WU、KIDILIZ、Marc O´Polo、COCOTREE、GLM、Glemall、Juicy Couture、AIKEN	194.00	23.01%	服装、服饰、鞋履、家纺	A	★
12	英德斯（中国） INDITEX GROUP（中国）	Zara、Pull&Bear、Massimo Dutti、Bershka、Stradivarius、Oysho、Uterqüe	☆ 173.57	8.19%	服装、服饰、鞋履、家纺	毋	
13	斯凯奇（中国）	SKECHERS	166.00	新上榜	服装、服饰、鞋履、家纺	毋	
14	周生生集团国际有限公司 Chow Sang Sang Holdings International Limited	周生生、MINTYGREEN、EMPHASIS	148.86	-5.00%	金银珠宝首饰	H	
15	六福集团有限公司 Luk Fook Holdings（International）Limited	Lukfook 六福珠宝、Goldstyle、Dear Q	☆ 145.58	3.99%	金银珠宝首饰	H	★
16	李宁有限公司 LI NING Company Limited	李宁、李宁 YOUNG	138.70	31.95%	服装、服饰、鞋履、家纺	H	★

续表

序号	企业名称	旗下品牌	营业收入总和（亿元）	同比增长	品类	上市情况	备注
17	搜于特集团股份有限公司 SOUYUTE GROUP CO., LTD.	潮流前线	129.24	-30.12%	服装、服饰、鞋履、家纺	A	
18	九兴控股有限公司 Stella Internatiol Holdings Limited	Stella Luna、What For	109.90	新上榜	服装、服饰、鞋履、家纺	H	
19	北京金一文化发展股份有限公司 Beijing Kingee Culture Development Co., Ltd.	金一	106.81	-27.62%	金银珠宝首饰	A	
20	海恩斯莫里斯集团（中国） H&M GROUP（中国）	H&M、H&M HOME、COS、Weekday、Monki、& Other Stories、ARKET、Afound and Sellpy	☆ 87.14	11.00%	服装、服饰、鞋履、家纺	母	
21	特步国际控股有限公司 Xtep International Holdings Limited	特步、帕拉丁、索康尼、盖世威、迈乐	81.83	28.19%	服装、服饰、鞋履、家纺	H	
22	影儿时尚集团 Yinger Fashion Group	YINER 音儿、INSUN 恩裳、PSALTER 诗篇、Song of Song 歌中歌、OBBLIGATO 奥丽嘉朵、XII BASKET 十二篮	* 80.00	新上榜	服装、服饰、鞋履、家纺	否	
23	宁波太平鸟时尚服饰股份有限公司 Ningbo Peacebird Fashion Co., Ltd.	太平鸟女装、太平鸟男装、LEDIN 乐町、MATERIAL GIRL 女装、MiniPeace 童装、PEACEBIRD LIVIN' 太平鸟巢	79.28	2.80%	服装、服饰、鞋履、家纺	A	★
24	上海拉夏贝尔服饰股份有限公司 Shanghai La Chapelle Fashion Co., Ltd.	La Chapelle、Puella、7 Modifier、La Babité、Candie´s、JACKWALK、Pote、MARC ECKO、8éM、NN、Tanni、Maria Luisa、INMIX、Saint BuD、Siatella、GARTINE	76.66	-24.66%	服装、服饰、鞋履、家纺	A+H	★
25	杭州意丰歌服饰有限公司 Hangzhou Yifengge Clothing Co., Ltd.	EIFINI 伊芙丽、SEIFINI 诗凡黎、MM 麦檬、Pure：Moment 纯净：时刻	76.00	新上榜	服装、服饰、鞋履、家纺	否	★
26	上海家化联合股份有限公司 Shanghai Jahwa United Co., Ltd.	佰草集、玉泽	75.97	6.43%	护肤美妆	A	

续表

序号	企业名称	旗下品牌	营业收入总和（亿元）	同比增长	品类	上市情况	备注
27	彪马集团（中国） PUMA Group	PUMA	58.11	41.52%	服装、服饰、鞋履、家纺	母	
28	361 度国际有限公司 361°International Co., Ltd.	361°、361°童装	56.32	8.57%	服装、服饰、鞋履、家纺	H	
29	雅戈尔集团股份有限公司 Youngor Group Co., Ltd.	YOUNGOR、Hart Schaffner Marx、MAYOR、汉麻世家（HANP）、YOUNGOR LADY	55.98	9.43%	服装、服饰、鞋履、家纺	A	★
30	上海美特斯邦威服饰股份有限公司 Shanghai Metersbonwe Fashion & Accessories Co., Ltd.	Metersbonwe、ME&CITY、Moomoo、ME&CITYKIDS、CH′IN 祺	54.82	-28.59%	服装、服饰、鞋履、家纺	A	★
31	周大生珠宝股份有限公司 Chow Tai Seng Jewellery Co., Ltd.	周大生珠宝	54.39	11.69%	金银珠宝首饰	A	★
32	伽蓝（集团）股份有限公司 JALA GROUP CO.	自然堂、美素、植物智慧、珀芙研、COMO	50.00	11.10%	护肤美妆	否	★
33	罗莱生活科技股份有限公司 LuoLai Lifestyle Technology Co., Ltd.	廊湾、莱克星顿、内野、罗莱、罗莱儿童、LOVO	48.61	1.01%	服装、服饰、鞋履、家纺	A	
34	快尚时装（广州）有限公司 URBAN REVIVO FASHION（GZ）Co., Ltd.	UR（URBAN REVIVO）、UR ACCESSORIES、UR COLLECTION	46.92	23.47%	服装、服饰、鞋履、家纺	否	
35	佐丹奴国际有限公司 Giordano International Co., Ltd.	Giordano、Giordano Junior、Giordano Ladies、BSX	44.42	-11.93%	服装、服饰、鞋履、家纺	H	
36	赢家时尚控股有限公司 EEKA Fashion Holdings Limited	Koradior、La Koradior、Koradior elsewhere、CADIDL、FUUNNYFEELLN、NAERSI、NAERSILING、NEXY. CO	41.48	64.56%	服装、服饰、鞋履、家纺	H	

续表

序号	企业名称	旗下品牌	营业收入总和（亿元）	同比增长	品类	上市情况	备注
37	都市丽人（中国）控股有限公司 Cosmo Lady（China）Holdings Company Limited	都市丽人	40.82	-19.91%	服装、服饰、鞋履、家纺	H	★
38	慕尚集团控股有限公司 Mulsanne Group Holding Limited	GXG、gxgjeans、gxg.kids、Yatlas、2XU、Paul&Shark	37.21	-1.73%	服装、服饰、鞋履、家纺	H	
39	中国利郎有限公司 China Lilang Limited	LILANZ、LILANZ 轻时尚（LESS IS MORE）	36.59	15.50%	服装、服饰、鞋履、家纺	H	
40	福建七匹狼实业股份有限公司 FuJian Septwolves Industry Co.，Ltd.	七匹狼、16N、Wolf Totem、Karl Lagerfeld	36.22	3.00%	服装、服饰、鞋履、家纺	A	
41	广东潮宏基实业股份有限公司 GuangDong CHJ Industry Co.，Ltd.	CHJ 潮宏基、VENTI 梵迪、FION 菲安妮	35.43	9.07%	金银珠宝首饰	A	
42	马克华菲（上海）商业有限公司 Shanghai Mark Fairwhale Enterprise Development Co.，Ltd.	FAIRWHALE、CAMEL ACTIVE、RESHAKE、DEBRAND	* 35.00	16.67%	服装、服饰、鞋履、家纺	否	
43	浙江明牌珠宝股份有限公司 Zhejiang Ming Jewelry Co.，Ltd.	明牌珠宝	34.30	-16.21%	金银珠宝首饰	A	
44	金洲慈航集团股份有限公司 JINZHOU CIHANG GROUP Co.，Ltd.	金叶珠宝	33.56	-64.50%	金银珠宝首饰	A	
45	内蒙古鄂尔多斯资源股份有限公司 Inner Mongolia EerduosiResources Co.，Ltd.	1436、ERDOS、鄂尔多斯 1980、BLUE ERDOS、erdos KIDS	▲ 33.15	-1.22%	服装、服饰、鞋履、家纺	A	★
46	报喜鸟控股股份有限公司 BaoXiNiao Holding Co.，Ltd.	报喜鸟、哈吉斯、恺米切、乐飞叶、东博利尼、所罗、亨利·格兰、云翼智能、宝鸟	32.73	5.24%	服装、服饰、鞋履、家纺	A	

续表

序号	企业名称	旗下品牌	营业收入总和（亿元）	同比增长	品类	上市情况	备注
47	北京植物医生生物科技有限公司 Beijing Dr Plant Biotechnology Co., Ltd.	植物医生	31.56	28.08%	护肤美妆	否	★
48	珀莱雅化妆品股份有限公司 Proya Cosmetics Co., Ltd.	珀莱雅、优资莱、悦芙媞、韩雅、猫语玫瑰、YNM、彩棠	31.24	32.28%	护肤美妆	A	
49	朗姿股份有限公司 LANCY Co., Ltd.	朗姿、莱茵、玛丽、俪雅朗姿、卓可、吉高特、FABIANA FILIPPI、ZOOC、MOJO S. PHINE、Agabang、ETTOI、Putto、Designskin、Dear Baby、Elle、Maternity	30.07	12.09%	服装、服饰、鞋履、家纺	A	
50	上海水星家用纺织品股份有限公司 Shanghai Shuixing Home Textile Co., Ltd.	水星、百丽丝、水星家纺婚庆馆、水星宝贝、水星KIDS、简色生活	30.02	10.41%	服装、服饰、鞋履、家纺	A	
51	广州逸仙电子商务有限公司 Yatsen global	完美日记	* 30.00	新上榜	护肤美妆	否	
52	昆明贝泰妮生物科技有限公司 BOTANEE GROUP CO., LTD.	薇诺娜	* 30.00	新上榜	护肤美妆	否	
53	浙江红蜻蜓鞋业股份有限公司 Zhejiang Red Dragonfly Footwear Co., Ltd.	红蜻蜓	29.70	-2.35%	服装、服饰、鞋履、家纺	A	
54	锦泓时装集团股份有限公司 Jinhong Fashion Group Co., Ltd.	TEENIE WEENIE、VGRASS、元先	29.13	-5.59%	服装、服饰、鞋履、家纺	A	
55	九牧王股份有限公司 JOEONE Co., Ltd.	九牧王、VIGANO、ZIOZIA、FUN（BeenTrill、Garfield）、Snoopy	28.57	4.53%	服装、服饰、鞋履、家纺	A	
56	南京圣迪奥时装有限公司 NanJing S·DEER Fashion Design Co., Ltd.	S·DEER	28.00	-4.44%	服装、服饰、鞋履、家纺	否	★
57	睢县足力健鞋业有限公司	足力健	28.00	新上榜	服装、服饰、鞋履、家纺	否	

续表

序号	企业名称	旗下品牌	营业收入总和（亿元）	同比增长	品类	上市情况	备注
58	深圳市富安娜家居用品股份有限公司 Shenzhen Fuanna Bedding And Furnishing Co., Ltd.	VERSAI、富安娜、馨而乐、酷智奇	27.89	-4.44%	服装、服饰、鞋履、家纺	A	
59	浙江奥康鞋业股份有限公司 ZheJiang AoKangShoes Co., Ltd.	奥康、康龙、斯凯奇、红火鸟、万利威德	27.57	-10.41%	服装、服饰、鞋履、家纺	A	★
60	深圳歌力思服饰股份有限公司 SHENZHEN ELLASSAY FASHION CO., LTD.	ELLASSAY、Laurèl、Ed Hardy、IRO、VIVIENNE TAM、Jean Paul Knott、self-portrait	26.13	7.24%	服装、服饰、鞋履、家纺	A	
61	湖南梦洁家纺股份有限公司 Hunan Mendale Hometextile Co., Ltd.	梦洁（MENDALE）、寐（MINE）、梦洁宝贝（MJ-BABY）、梦洁床垫、平实美学、觅（MEE）、Dreamcoco、Poeffen	26.04	新上榜	服装、服饰、鞋履、家纺	A	
62	好孩子国际控股有限公司 Goodbaby International	Goodbaby	▲ 26.01	1.10%	服装、服饰、鞋履、家纺	H	
63	深圳汇洁集团股份有限公司 Shenzhen Huijie Group Co., Ltd.	曼妮芬、伊维斯、兰卓丽、桑扶兰、乔百仕、加一尚品、秘密武器、土豆先生	25.85	9.79%	服装、服饰、鞋履、家纺	A	
64	江苏红豆实业股份有限公司 Jiangsu Hongdou Industrial Co., Ltd.	红豆	25.40	2.31%	服装、服饰、鞋履、家纺	A	
65	爱慕股份有限公司 Aimer Co., Ltd.	爱慕（AIMER）、爱慕先生（AIMER MEN）、爱慕儿童（AIMER KIDS）、爱慕运动（AIMER SPORTS）、爱慕家居（AIMER HOME）、慕澜（MODELAB）、兰卡文（LA CLOVER）、爱美丽（imi's）、心爱（SHINE LOVE）、皇锦（EMPEROFIENT）、BODY WILD、BECHIC、乎兮（HUXI）等	25.10	10.62%	服装、服饰、鞋履、家纺	否	★

续表

序号	企业名称	旗下品牌	营业收入总和（亿元）	同比增长	品类	上市情况	备注
66	安正时尚集团股份有限公司 Anzheng Fashion Group Co., Ltd.	玖姿、尹默、安正、斐娜晨、摩萨克、allo & lugh、青蛙王子、可拉比特	24.38	47.83%	服装、服饰、鞋履、家纺	A	
67	御家汇股份有限公司 Yujiahui Co., Ltd.	御泥坊、小迷糊、花瑶花、师夷家、薇风，以及代理品牌日本城野医生、韩国丽得姿、美国洗护品牌 OGX、意大利彩妆品牌 KIKO、日本高端护肤品牌 ALBION、芬兰第一护肤品牌 Lumene	24.12	7.43%	护肤美妆	A	
68	深圳市爱迪尔珠宝股份有限公司 Shenzhen Ideal Jewellery Co., Ltd.	IDEAL、嘉华	23.97	27.71%	金银珠宝首饰	A	
69	地素时尚股份有限公司 DAZZLE Fashion Co., Ltd.	DAZZLE、DIAMOND DAZZLE、d′zzit 、RAZZLE	23.78	13.23%	服装、服饰、鞋履、家纺	A	
70	江南布衣有限公司 JNBY Design Limited	JNBY、CROQUIS（速写）、jnby by JNBY、POMME DE TERRE（蓬马）、JNBYHOME、REVERB、A PERSONAL NOTE 73、LESS	21.35	5.30%	服装、服饰、鞋履、家纺	H	
71	星期六股份有限公司 Saturday Co., Ltd.	ST&SAT（星期六）、D：FUSE（迪芙斯）、SAFIYA（索菲娅）、SATURDAYMODE、FONDBERYL（菲伯丽尔）	20.92	36.57%	服装、服饰、鞋履、家纺	A	
72	安莉芳控股有限公司 Embry Holdings Limited	安莉芳、芬狄诗、COMFIT 、E-BRA 、IVU 、安朵 、LIZA CHENG	20.76	-7.55%	服装、服饰、鞋履、家纺	H	
73	康奈集团有限公司 Kangnai Group Co., Ltd.	康奈、康奈世家、君步	19.80	54.69%	服装、服饰、鞋履、家纺		★
74	达芙妮国际控股有限公司 Daphne International Holdings Limited	达芙妮、鞋柜、AEE、圆漾、AEROSOLES	19.47	-48.00%	服装、服饰、鞋履、家纺	H	★
75	千百度国际控股有限公司 C. banner International Holdings Limited	千百度、伊伴、太阳舞、米奥、BADGLEY MISCHKA、natursun，以及授权品牌 United Nude	19.36	-18.58%	服装、服饰、鞋履、家纺	H	

续表

序号	企业名称	旗下品牌	营业收入总和（亿元）	同比增长	品类	上市情况	备注
76	恒信玺利实业股份有限公司 Hiersun Industrial Co., Ltd.	I Do、Ooh Dear	18.49	11.40%	金银珠宝首饰	新	★
77	广州红谷皮具有限公司 Guangzhou Honggu Leather Co., Ltd.	HONGU 红谷、御匠、野马	18.32	18.19%	服装、服饰、鞋履、家纺	否	★
78	比音勒芬服饰股份有限公司 BIEM. L. FDLKK Gartment Co., Ltd.	比音勒芬、威尼斯	18.26	23.70%	服装、服饰、鞋履、家纺	A	
79	广东丸美生物技术股份有限公司 Guangdong Marubi Biotechnology Co., Ltd.	丸美	18.01	14.28%	护肤美妆	A	
80	利邦控股有限公司 Trinity Limited	CERRUTI 1881、GIEVES &HAWKES、KENT & CERWEN、D'URBAN	17.97	13.28%	服装、服饰、鞋履、家纺	H	
81	天创时尚股份有限公司 Topscore Fashion Co., Ltd.	KISSCAT、ZSAZSAZSU、tigrisso、KissKitty、KASMASE、Patricia、型录 Must Have、O Bag	▲ 17.07	-2.05%	服装、服饰、鞋履、家纺	A	
82	贵人鸟股份有限公司 GuirenniaoCo., Ltd.	贵人鸟、AND1、PRINCE	15.81	-43.77%	服装、服饰、鞋履、家纺	A	
83	起步股份有限公司 Qibu Corporation Limited	ABC KIDS	15.23	8.91%	服装、服饰、鞋履、家纺	A	
84	探路者控股集团股份有限公司 Toread Holdings Group Co., Ltd.	探路者（TOREAD）、Discovery Expedition、Toreadkids	15.11	-24.12%	服装、服饰、鞋履、家纺	A	
85	摩登大道时尚集团股份有限公司 Modern Avenue Group Co., Ltd.	卡奴迪路 CANUDILO、CANUDILO H HOLIDAYS、DIRK BIKKEMEERGS，以及代理各国际品牌的买手店	13.41	-14.18%	服装、服饰、鞋履、家纺	A	
86	深圳市安奈儿股份有限公司 Annil Co., Ltd.	Annil 安奈儿	13.27	9.41%	服装、服饰、鞋履、家纺	A	

续表

序号	企业名称	旗下品牌	营业收入总和（亿元）	同比增长	品类	上市情况	备注
87	上海云弘投资管理有限公司 Shanghai Yunhong Investment management Co., Ltd.	阿吉豆、艾特里里、拉如达薇亚、包小姐与鞋先生、花在花园里	13.20	12.70%	服装、服饰、鞋履、家纺	否	★
88	莱绅通灵珠宝股份有限公司 Leysen Jewellery Inc.	Leysen	13.19	-20.70%	金银珠宝首饰	A	
89	卡宾服饰有限公司 Cabbeen Fashion Limited	卡宾休闲、卡宾都市、2PM	12.75	0.10%	服装、服饰、鞋履、家纺	H	
90	北京市千叶珠宝股份有限公司 Beijing Keer Jewelry Co., Ltd.	千叶	12.73	5.83%	金银珠宝首饰	新	
91	哈森商贸（中国）股份有限公司 Harson Trading (China) Co., Ltd.	哈森（HARSON）、卡迪娜（KADINA）、卡文（COVER）、爱旅儿（ALLER-A）、哈森男鞋（HARSON BUSINESS）、诺贝达（ROBERTA）	12.36	-8.31%	服装、服饰、鞋履、家纺	A	
92	金利来集团有限公司 GOLDLION Holdings Limited	金利来	▲ 11.77	-7.55%	服装、服饰、鞋履、家纺	H	
93	浙江乔治白服饰股份有限公司 Zhejiang GIUSEPPE Garment Co., Ltd.	乔治白、giuseppe	11.21	11.59%	服装、服饰、鞋履、家纺	A	
94	日播时尚集团股份有限公司 Ribo Fashion Group Company Limited	broadcast 播、C-R-Z、MUCHELL、broadcute、PERSONAL POINT	11.14	-1.57%	服装、服饰、鞋履、家纺	A	
95	浙江大东鞋业有限公司 Zhejiang Dadong Shoe Industry Co., Ltd.	大东、达巴、宜立、西颂、达仕图	10.53	新上榜	服装、服饰、鞋履、家纺	否	★
96	杉杉品牌运营股份有限公司 Shanshan Brand Management Co., Ltd.	SHANSHAN、FIRS、MARCO AZZALI、LUBIAM	10.36	1.09%	服装、服饰、鞋履、家纺	H	

续表

序号	企业名称	旗下品牌	营业收入总和（亿元）	同比增长	品类	上市情况	备注
97	希努尔男装股份有限公司 Sinoer Men's Wear Co., Ltd.	希努尔、普兰尼奥、皇家新郎、润尔	▲ 9.50	36.64%	服装、服饰、鞋履、家纺	A	
98	上海清轩生物科技有限公司 Shanghai Forest cabin Biological - tech Co., Ltd.	林清轩	8.40	20.00%	护肤美妆	否	★
99	广东万里马实业股份有限公司 GuangdongWanlima Industry Co., Ltd.	万里马、SAINT JACK、COOME	6.76	-2.58%	服装、服饰、鞋履、家纺	A	
100	深圳市自然醒智慧家居有限公司 Zinghome	自然醒、醒特惠、zinghome 、zingmax	5.33	-1.30%	服装、服饰、鞋履、家纺	否	★
			7328.40	12.47%			

备注：

1. 本榜单为不完全统计，不包含未披露全年营业收入数据的时尚零售企业。
2. 营业收入总和前标＊的企业数据来源为二手资料预估。如发现有误，请联系中国连锁经营协会更正。
3. A 表示沪深 A 股；H 表示港股；“母”表示母公司为上市公司；“否”表示未上市；“新”表示新三板上市。
4. 除标注☆的企业，本榜单所有企业的营业收入统计口径均为 2019 年 1 月 1 日至 2019 年 12 月 31 日。
5. 标注▲的企业已剔除非时尚零售类营业收入。
6. 标注★的企业为中国连锁经营协会会员企业。

2018—2019 年度
中国购物中心消费者洞察报告

一、中国购物中心消费者指数项目背景

购物中心消费者指数研究是一个需要持续跟踪的监测过程。基于 2017 年度中国购物中心消费者洞察报告，2018—2019 年度中国购物中心消费者洞察报告持续升级并更新了对购物中心消费者趋势的把握。

2018—2019 年度中国购物中心消费者洞察报告从行业角度填补了国内购物中心消费者发展指数的空白；从协会角度引入发展指数新视角，将协会研究和实体商业连接更紧密，并推动落地；从购物中心角度重新以消费者为中心，建立了消费者发展指数体系；从市场咨询公司角度不断迈进，持续研究和发现购物中心消费者“看什么”和“买什么”。

2018—2019 年度中国购物中心消费者洞察报告重点关注城市地域、新业态发展和客群背景：揭示不同城市能级购物中心的发展阶段差异及不同城市发展差异；解析全球经济一体化背景下，国内购物中心发展受到的来自世界范围内各种新概念、新思维、新业态的冲击；挖掘客群背景（如年龄、家庭结构）对购物中心的需求影响。

（一）中国购物中心消费者指数的定义

随着我国经济发展由高速度进入高质量阶段，消费已成为经济增长的主引擎，消费结构不断升级，各地购物中心建设也在加快并呈现阶段性过剩的态势。2015 年以来，中国连锁经营协会组织编制《中国购物中心发展指数报告》（以下简称《报告》），阐释购物中心的发展现状、分析购物中心未来趋势，该《报告》在 2016 年由商务部首次发布，并于 2017 年持续追踪。

购物中心的经营逐渐回归以消费者为核心。对消费者在购物中心获取、使用、处理消费品所采用的各种行动以及事先决定这些行动的决策过程进行定量和定性研究是探索购物中心发展趋势的重要切入口。

中国购物中心消费者指数从消费者视角理解购物中心，从客群人气指数、消费意愿指数、受欢迎指数三个角度进行量化，综合以上三个维度计算出中国购物中心消费者指数，并与 2017 年的数据进行对比研究。同时，通过洞察消费者行为态度、消费习惯和特征，为购物中心未来发展提供 C 端数据支持。

（二）研究方法

定量研究方面，为了使模型可进行持续追踪，2018—2019 年度报告沿用了 2017 年的

原有模型和调研方法。该报告结合了购物中心消费者线上调研与 CCFA 会员购物中心消费者调研。2024 个样本覆盖了 4 个一线城市、27 个二线城市和 13 个三线城市的 18—55 岁的消费者。

定性研究方面，2018—2019 年度报告在 2017 年的发现基础上，结合城市地域、新业态发展和客群背景 3 个维度，在上海、北京、广州、南京 4 座城市共开展了 4 场 6 人组座谈会，与购物中心的消费者进行深入的探讨。

（三）指数设计

2018—2019 年度的报告中，购物中心消费者指数延续上年设计，以确保指数的可比性；购物中心消费者指数全面涵盖消费者到访购物中心、在购物中心消费以及对购物中心做出评价三大阶段，以消费闭环链路研究购物中心的情况。

中国购物中心消费者指数指标体系设计有三个层级的指标，其中一级指标为总体指数。二级指标分别为客群人气指数，消费意愿指数和受欢迎指数。每类二级指标下有具体的三级指标说明。消费者指数得分由下级指标的得分按不同权重计算得出，权重计算主要通过结构方程（SEM）模型中的验证性因素分析，按照各类下级指标对上一级指标的影响程度计算而得。并且所有指标的得分按照 0—100 进行标准化处理，和购物中心发展指数报告的解读相同，我们将 50 作为基准线。数值越大，消费者指数水平越高。总体指数则由各单项指数按以下设定的权重综合计算而出。

总体指数=客群人气指数×19. 3%+消费意愿指数×66. 7%+受欢迎指数×14. 0%

表 1　　指数体系及相应指数情况说明

一级指标	权重	说明
总体指数	—	—
二级指标	权重	说明
客群人气指数	0. 193	—
消费意愿指数	0. 667	—
受欢迎指数	0. 140	—
客群人气指数说明	权重	说明
光顾指数	0. 147	有无光顾
黏性指数	0. 853	每次逗留时间×每月光顾频次
消费意愿指数说明	权重	说明
消费转化率指数	0. 003	消费转化率
消费额指数	0. 557	过去三个月内人均消费金额
潜力指数	0. 440	会员比例及评价

续表

受欢迎指数说明	权重	说明
满意度指数	0.380	消费者对于购物中心的整体满意度
吸引指数	0.375	消费者对于购物中心重复光顾的意愿
推荐指数	0.245	消费者对购物中心的推荐意愿

二、新消费环境下的中国消费者情况

近年来，政府积极出台各类政策，直接或间接地促进消费增长。自 2014 年以来，国家长期实施《坚持实施就业优先战略》。国务院 2018 年印发的《关于做好当前和今后一个时期促进就业工作的若干意见》一方面支持企业稳定发展，对不裁员或少裁员的参保企业，可返还其上年度实际缴纳失业保险费的 50%；另一方面鼓励支持就业创业，加大创业担保贷款支持力度，符合条件的个人和小微企业，可分别申请最高不超过 15 万元和 300 万元的创业担保贷款。此外，国家积极推进就业扶贫，刺激消费。截至 2018 年 12 月底，在以创带就的形势下，全国独角兽公司数量达到 205 家，较 2017 年增加了 41 家，创造了大量就业机会。不仅如此，围绕"一促两稳三重点"任务，家政扶贫带动新增就业超过 10 万人，同比增长 11.5%；此外，2018 年商务部把商务扶贫列为商务改革发展八大行动计划之一，举全部之力持续抓、深入抓，取得了积极成效，走出了一条具有商务特色的扶贫路子。对外劳务扶贫试点涉及 3.5 万人，人均年收入达到 10 万元。

同时，国家个税改革将持续支撑个人经济状况。2018 年，个税免征额上调至 5000 元/月。新个税法规定扣除专项附加，包括子女教育、继续教育、大病医疗、住房贷款利息或者住房租金、赡养老人等支出。个税改革使得免征个人所得税的城镇就业人员比例扩大了 26.32 个百分点，对于中低收入就业人员而言，个税改革的减税力度显著，个税改革最终可以扩大消费支出 7176 亿元。

在这些政策的支持下，中国消费趋势持续向好。2016—2018 年，中国消费者总体指数呈现上升趋势，稳中有进，国民消费力总体较强。

三、2018—2019 年度中国购物中心消费者指数洞察

（一）总体指数情况

1. 总体指数上升，购物中心消费者消费增多、满意度提高

数据统计显示，2018—2019 年度消费者总体指数为 69.4，比基础线高 19.4，相比于 2017 年提升了 3.5，表明购物中心整体情况中等偏上，稳中有进。从二级指标上看，消费者总体指数上升，得益于评价体系中权重占比最高的购物中心客群消费意愿指数的提升，说明光顾购物中心的消费者更愿意花钱了。此外，和 2017 年相比，购物中心的受欢迎指数提升很显著，消费者对购物中心的体验也更加好了。

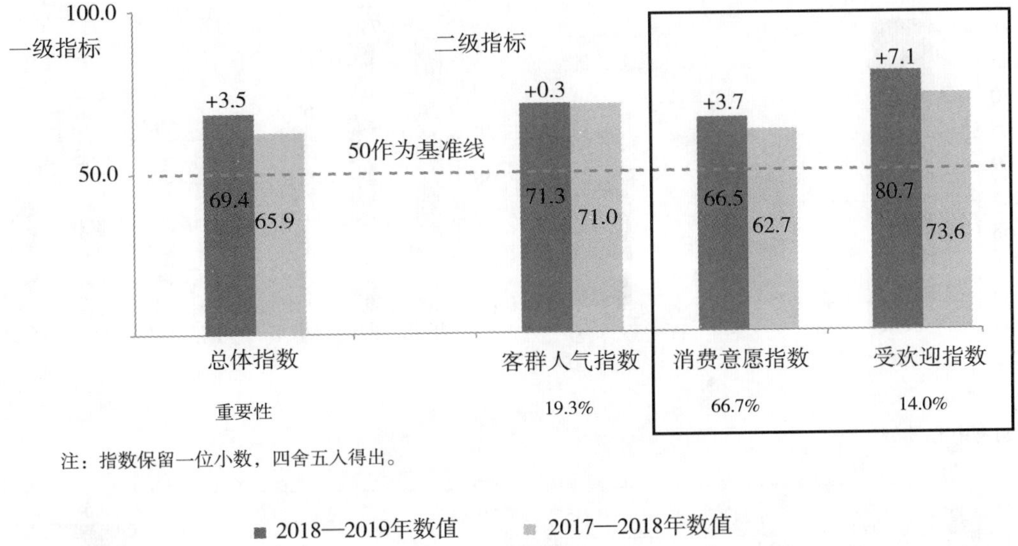

图 1　消费者总体指数

2. 30—34 岁消费者为核心人群，准银发客群消费潜力大

从城市能级上看，一线城市的购物中心消费者总体指数得分最高，而三线城市的得分相比于 2017 年的增幅最大，表明一线城市的购物中心发展成熟，而三线城市也具有不可忽视的潜力。从城市区域上看，华北片区消费者指数最高，而西南片区增幅最大。从购物中心类型上看，都市型购物中心在五种类型的购物中心中表现最佳，占据优势区位辐射城市繁华地区；而社区型购物中心得分最低，吸引的人流、发生的消费以及消费者间的口碑相对另外几种购物中心还有差距；交通枢纽型购物中心得分则有所提高。从消费者性别上看，女性得分增幅均超过男性，女性依旧是购物中心的主流消费者，并且持续增长态势。从消费者年龄看，30—34 岁消费者得分最高，他们具有一定经济实力，又往往因为有小孩而增加了亲子类消费，他们作为主流消费人群，受到众多购物中心的重视，消费体验也随之提升；值得注意的是，50—55 岁的人群得分增幅最大，他们拥有一定积蓄和消费意愿，未来将成为购物中心具有消费潜力的银发客群。从客群收入上看，高净值人群分支普遍较高，是购物中心主要的消费群体；低收入人群增幅较大，具有消费潜力。

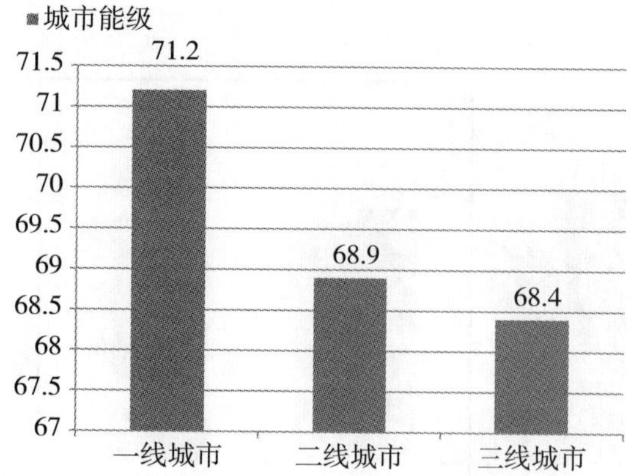
城市能级
71.2
68.9
68.4
一线城市
二线城市
三线城市

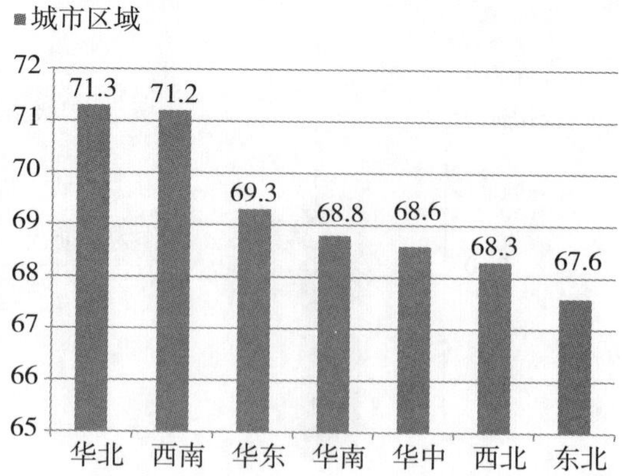
城市区域
71.3
71.2
69.3
68.8
68.6
68.3
67.6
华北
西南
华东
华南
华中
西北
东北

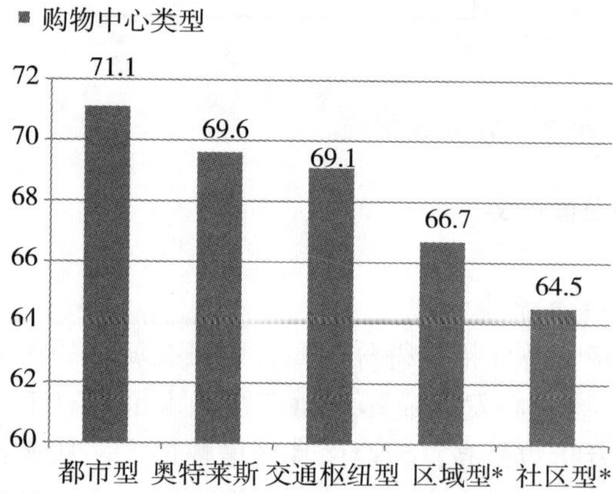
购物中心类型
71.1
69.6
69.1
66.7
64.5
都市型
奥特莱斯
交通枢纽型
区域型*
社区型*

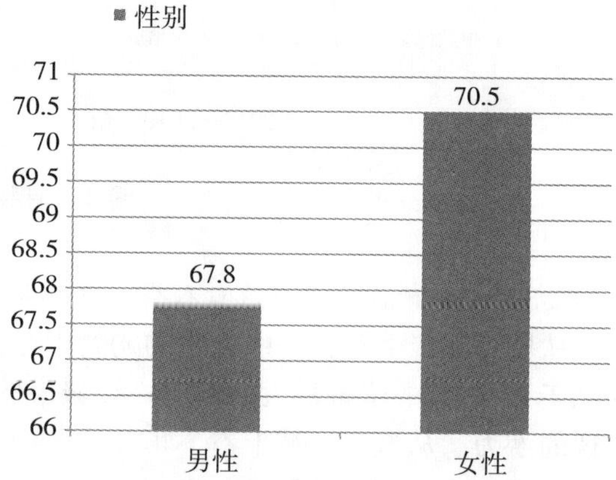
性别
67.8
70.5
男性
女性

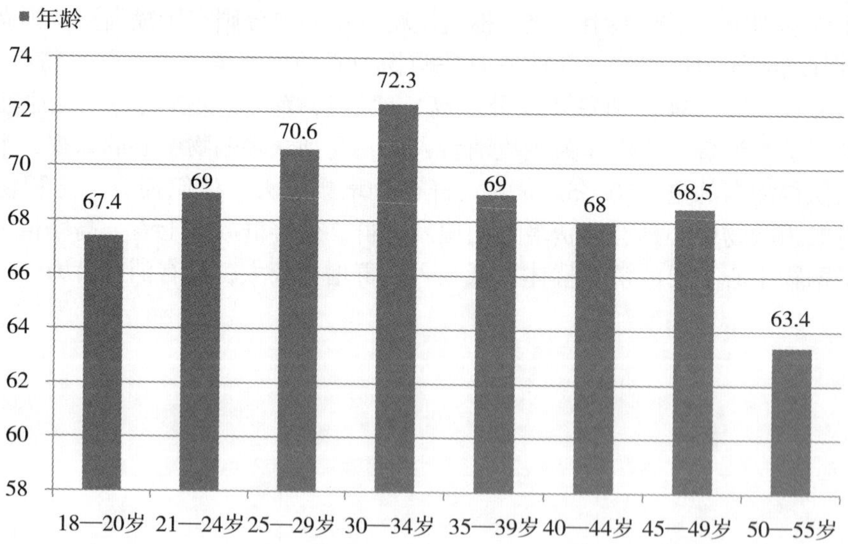
年龄
67.4
69
70.6
72.3
69
68
68.5
63.4
18—20岁
21—24岁
25—29岁
30—34岁
35—39岁
40—44岁
45—49岁
50—55岁

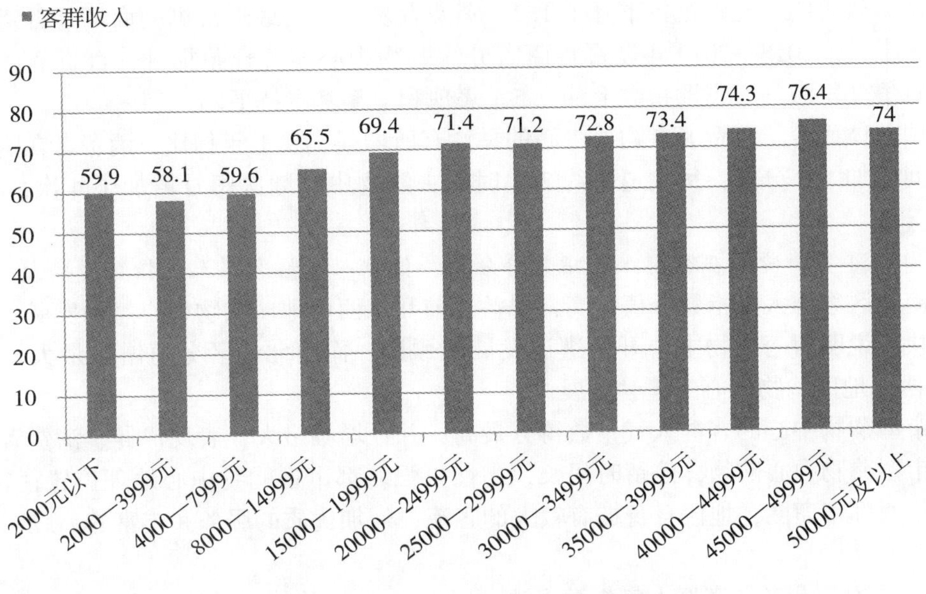

图 2　从不同维度理解消费者总体指数

（二）客群人气指数

1. 客群人气指数较为平稳，光顾指数略有下滑

本次调研将客群人气指数拆分为光顾指数和黏性指数。光顾指数代表消费者前往购物中心占去所有类型商场的比例情况，描述消费者是否会前往购物中心；黏性指数代表消费者前往购物中心的频次和逗留情况，描述消费者在购物中心的时间。

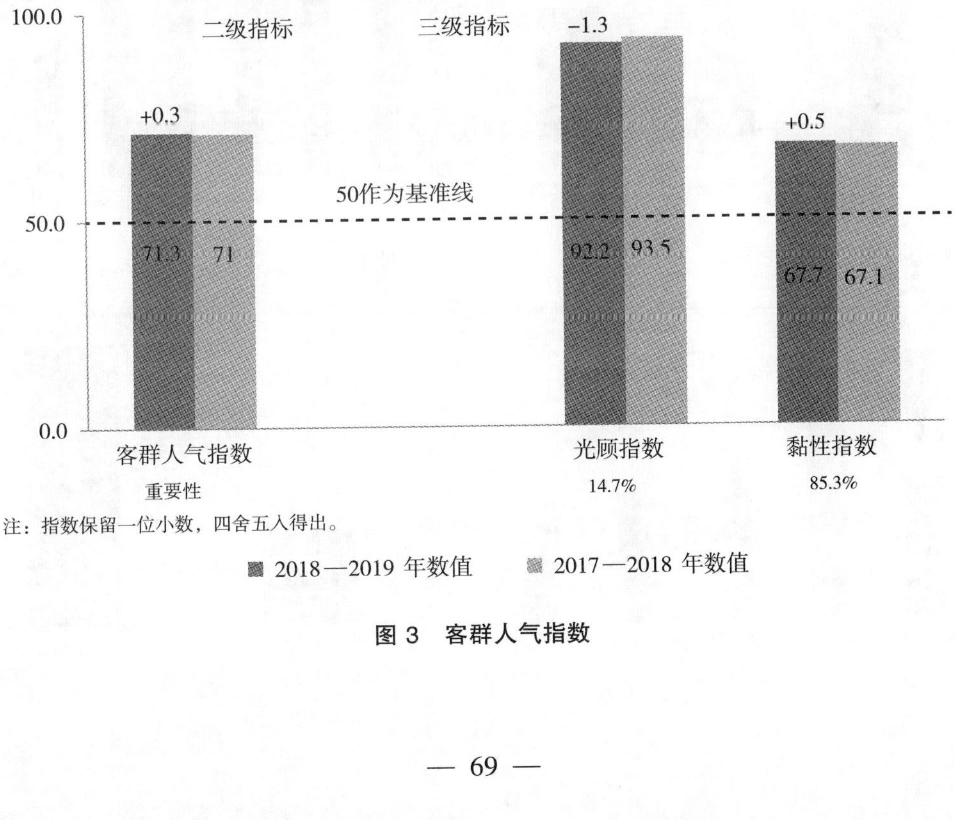

图 3　客群人气指数

本次调研表明，光顾指数下降了 1.3。消费者表示自己最近常逛的商场是百货商店的人数占比上升。2018—2019 年度百货商店分流购物中心客群现象提升，百货商店和购物中心的竞争变得激烈。黏性指数上涨 0.5，表现和上年基本持平。

全国总体而言，消费者在购物中心的黏性有所增强。较上年相比，消费者在购物中心逗留时间增加了 3 分钟，每次逗留约 2 小时；去购物中心频次每月增加了 4 次，达近 10 次/月。

2. 30—34 岁消费者在客群人气指数得分高；低收入人群客群人气指数增幅大

西南地区客群人气指数分值最高，得益于前几年西南地区购物中心蓬勃发展；但其下降也最快，说明西南购物中心开始遭遇发展瓶颈期。而西北地区分值增幅最大，得益于 2018 年西北地区购物中心的蓬勃发展。

都市型购物中心的客群人气指数得分最高，并且增幅最大，表现优异。消费者更愿意前往都市型购物中心购物，停留时间长，黏性更强。都市型购物中心地理位置往往较佳，位于繁华的都市商圈，地段自身拥有较大的客流，外加优质的服务和丰富的品牌，吸引了大量消费者。

30—34 岁消费者在客群人气指数上取得的分数高于其他年龄段，表明这个年龄段的消费者最爱逛购物中心；而 50—55 岁消费者客群人气指数的增幅最大。

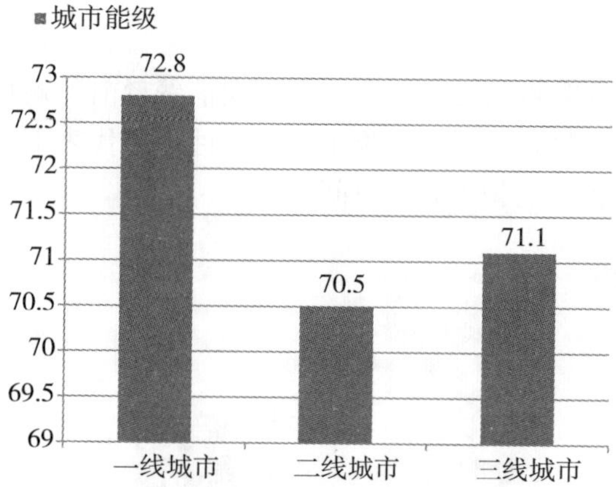

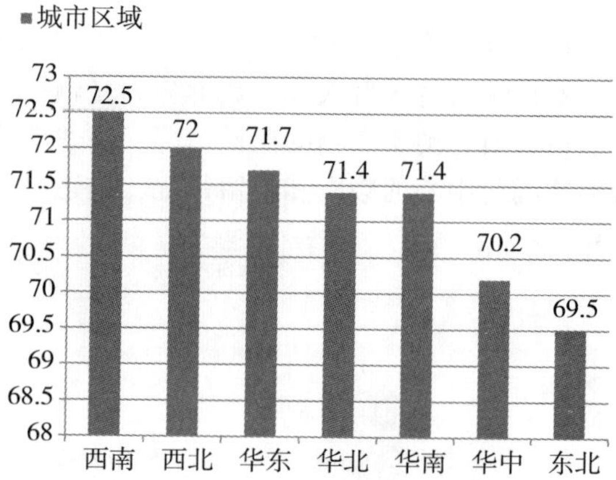

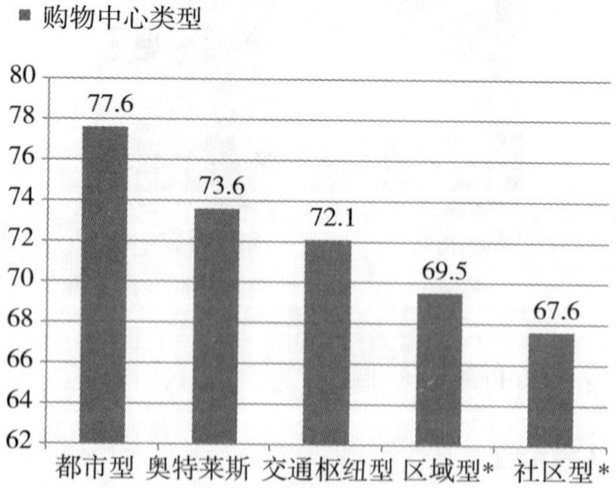

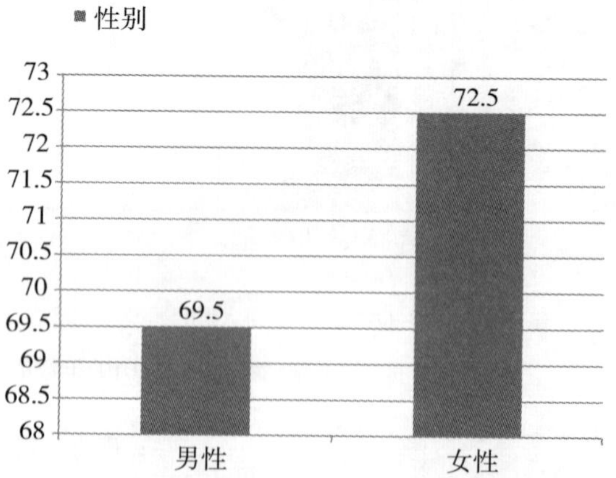

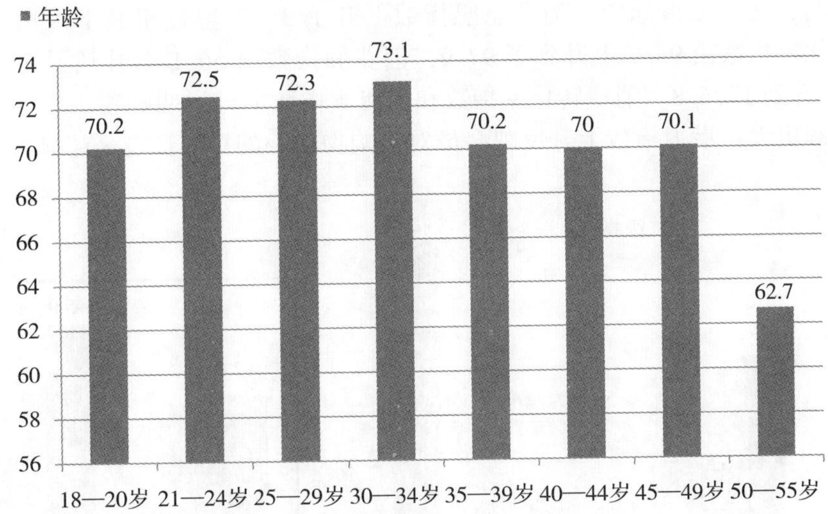

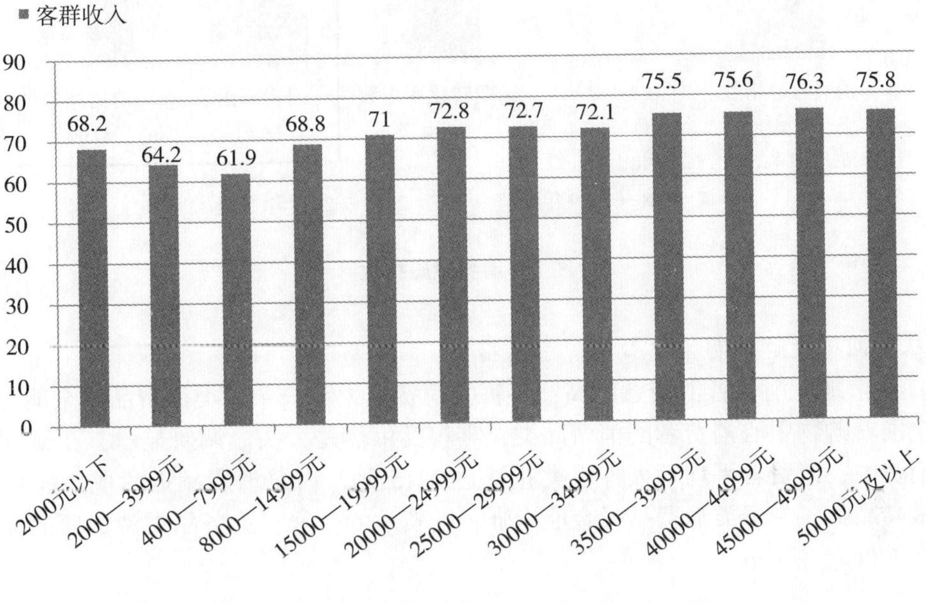

图 4　从不同维度理解购物中心客群人气指数

相比于2017年，2018年月收入2000元以下消费者的客群人气指数显著增加，表明逛街购物已不再是中高收入人群的专享特权，我国已进入全民逛街的时代。

（三）消费意愿指数

1. 消费意愿指数上涨，来源于消费额指数的增长和会员优势的逐步显现

本次调研将消费意愿指数拆分成消费转化率指数、消费额指数和潜力指数。消费转化率指数代表消费者在购物中心中是否会消费情况；消费额指数代表消费者在购物中心消费金额高低情况；潜力指数代表会员作为购物中心的消费大军，对购物中心服务的满意情况。

数据表明，在二级指标中，消费意愿指数上升了 3.7，得益于其下级指标的全面上升。消费转化率指数由 95.7 上升到了 97.9，消费额指数由 56.1 上升到了 58.1，潜力指数由 70.9 上升到了 76.8。消费转化率指数和消费额指数上升说明购物中心客群的消费次数更多，金额更大；潜力指数上升反映会员对于购物中心的重要性越来越显著。

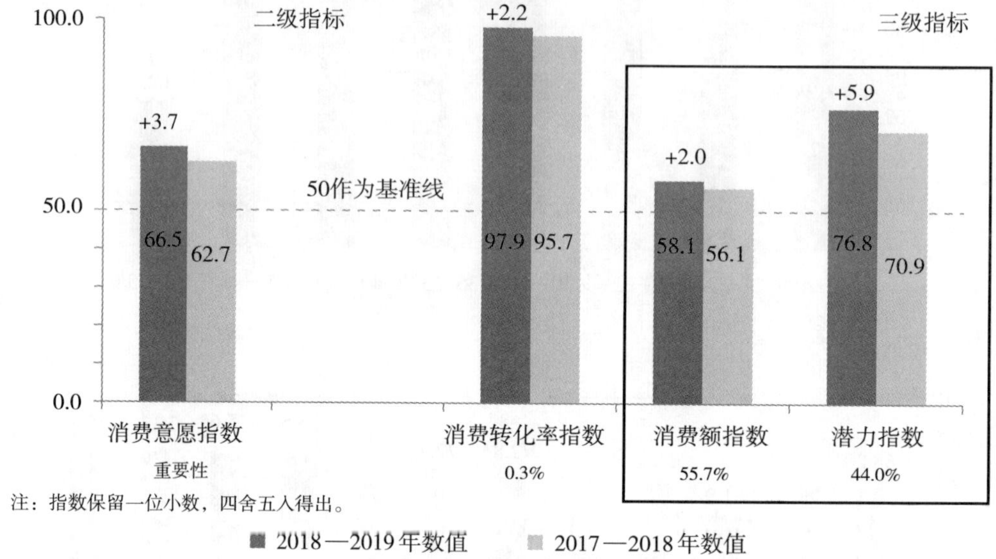

图 5　消费意愿指数

2. 从不同维度解读购物中心消费意愿指数

（1）西南地区消费者消费意愿高；零售类消费是大头，亲子类消费品吸金能力强

从全国看购物中心消费者的消费品类，零售类依然是大头。调研显示，在最近一次购物中心消费中，消费者平均每人零售类花费达 2215 元，占总消费额近六成，连续两年为消费额最高品类；亲子类消费品吸金能力强，花费达 667 元，为各品类消费额第二名，有力提升客单价。

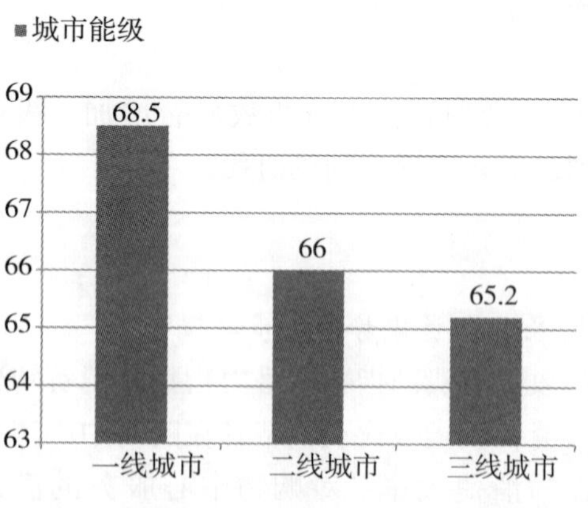

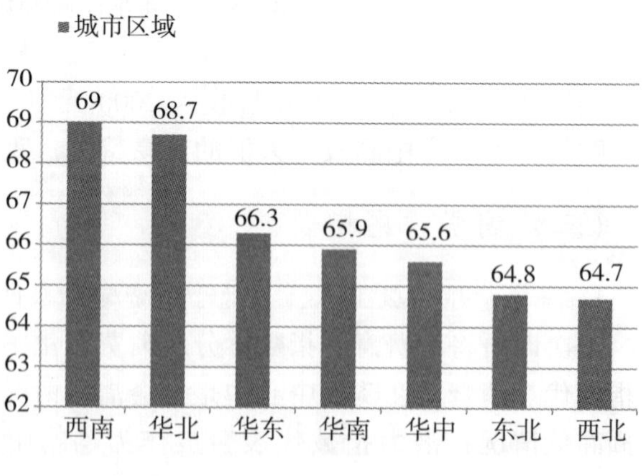

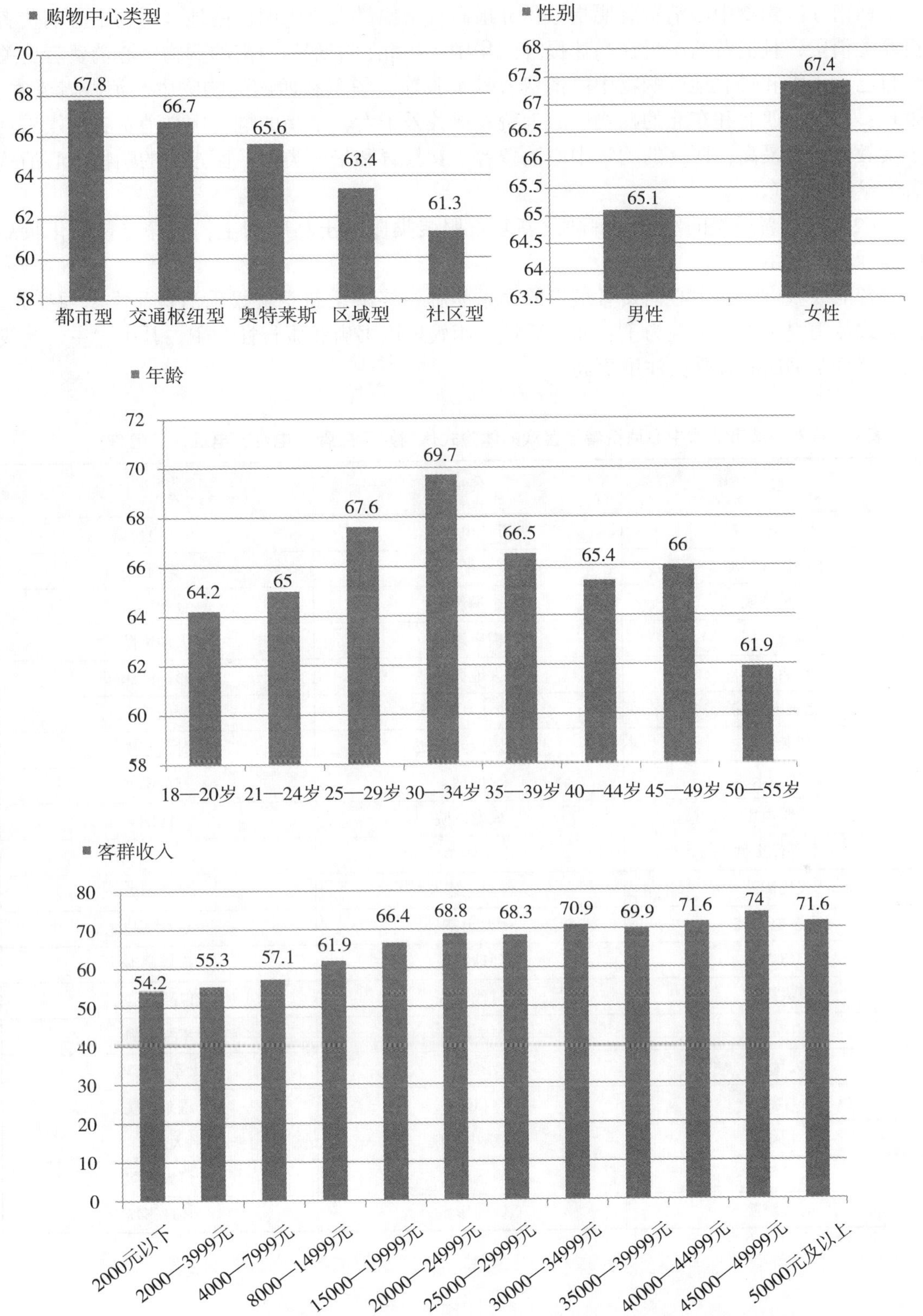

图 6　从不同维度理解购物中心消费意愿指数

西南片区购物中心消费意愿指数得分最高且增幅最大，表明西南地区购物中心消费者更愿意消费，且消费情况仍在高速提升。华中、华北、华东和西南的购物中心消费者更关爱自己，华中和华北地区购物中心消费者爱买服饰，华东和西南的购物中心消费者爱吃、爱玩；华南、西北和东北的购物中心消费者更关爱子女，华南的购物中心消费者爱娱乐且子女教育花费最高，西北的购物中心消费者子女教育和华南类似，而东北的购物中心消费者爱给孩子买东西。

（2）消费者最爱的娱乐品牌缺乏新意；服装类以本土品牌为主，而珠宝首饰化妆品以国际品牌为主

各能级城市购物中心消费者最爱的娱乐品牌始终缺乏新意，娱乐消费品类亟须扩充。体验式休闲娱乐以电影院为主；而实质性休闲娱乐以书店和旅行社为主。其中，一、二线城市复合型书店品牌受关注度更高。

表 2　各能级城市购物中心消费者最喜欢的体验式休闲娱乐品牌（电影、电玩、酒吧等）

一线城市	二线城市	三线城市
万达电影院	万达电影院	万达电影院
中影国际影城	奥斯卡	奥斯卡
大地影院	金逸影城	金逸影城
金逸影城	横店影城	大地影院
横店影城	大地影院	中影国际影城
星美电影院	UMB	CGV
耀莱影院	中影国际影城	时代影院
奥斯卡	博纳	万象影城
猫眼电影	成龙影院	博纳
太平洋影城	太平洋影城	星美电影院
飞扬影院	红星电影院	成龙影院
国泰电影院	大玩家	菲林酒吧
CGV	环球影城	横店影城
恒大影院	时代影院	红星电影院
UMB	恒大影院	幸福蓝海
大玩家	汤姆熊	太平洋影城
环球影城	CGV	耀莱影院
博纳	星美电影院	大玩家
成龙影院	幸福蓝海	恒大影院
时代影院	银河影城	环球影城

表 3 各能级城市购物中心消费者最喜欢的实质性休闲娱乐品牌（图书、音像、旅行社等）

一线城市	二线城市	三线城市
新华书店	新华书店	新华书店
中青旅	中青旅	中青旅
中国国旅	西西弗	去哪儿
广之旅	中国国旅	中国国旅
西西弗	途牛	西西弗
春秋旅游	北方图书城	途牛
深圳书城	去哪儿	康辉旅游
友谊书城	中华书店	南湖国旅
去哪儿	康辉旅游	教育书店
大众书局	南湖国旅	大众书局
三联书店	教育书店	广之旅
钟书阁	春秋旅游	
途牛	三联书店	
康辉旅游	钟书阁	
中华书店	言又几	
南湖国旅	方所	
言又几	大众书局	
北方图书城		
教育书店		
方所		

各能级城市购物中心消费者最爱的服饰类品牌以本土品牌为主，而珠宝首饰类、化妆品类品牌以国际品牌为主。

表 4 各能级城市购物中心消费者最喜欢的服装类品牌

一线城市	二线城市	三线城市
优衣库	优衣库	优衣库
Nike	adidas	Nike
adidas	Nike	adidas
Zara	李宁	Zara
H&M	Zara	以纯
only	H&M	安踏
李宁	only	李宁
海澜之家	海澜之家	森马
森马	森马	361 度

续表

一线城市	二线城市	三线城市
以纯	太平鸟	only
七匹狼	安踏	H&M
361 度	361 度	海澜之家
太平鸟	美特斯邦威	美特斯邦威
欧时力	以纯	七匹狼
特步	欧时力	特步
香奈儿	七匹狼	拉夏贝尔
波司登	拉夏贝尔	艾格
哥弟	彪马	太平鸟
杰克琼斯	特步	欧时力
真维斯	花花公子	真维斯

表 5　　各能级城市购物中心消费者最喜欢的珠宝首饰品牌

一线城市	二线城市	三线城市
周大福	周大福	周大福
Casio	Casio	Casio
周生生	浪琴	浪琴
浪琴	天骏	天骏
暴龙	周大生	周大生
天骏	老凤祥	暴龙
劳力士	卡地亚	周生生
金六福	暴龙	老凤祥
DW	劳力士	DW
潘多拉	周生生	中国黄金
卡地亚	潘多拉	六福
周大生	施华洛世奇	施华洛世奇
西铁城	DW	卡地亚
周六福	香奈儿	劳力士
CK	大光明	天王
六福	精工	精工
香奈儿	飞亚达	西铁城
蒂芙尼	金六福	欧米伽
老凤祥	西铁城	周六福
施华洛世奇	六福	蒂芙尼

表 6　　各能级城市购物中心消费者最喜欢的化妆品品牌

一线城市	二线城市	三线城市
欧莱雅	欧莱雅	欧莱雅
兰蔻	雅诗兰黛	雅诗兰黛
资生堂	兰蔻	兰蔻
屈臣氏	玉兰油	自然堂
玉兰油	资生堂	玉兰油
雅诗兰黛	大宝	大宝
香奈儿	自然堂	屈臣氏
大宝	屈臣氏	资生堂
自然堂	妮维雅	百雀羚
曼秀雷敦	百雀羚	相宜本草
SKII	Dior	韩束
妮维雅	韩束	香奈儿
相宜本草	香奈儿	妮维雅
Dior	相宜本草	悦诗风吟
悦诗风吟	悦诗风吟	倩碧
倩碧	曼秀雷敦	科颜氏
美宝莲	雪花秀	兰芝
百雀羚	佰草集	娇兰
佰草集	倩碧	美宝莲
MAC	美宝莲	曼秀雷敦

（四）受欢迎指数

1. 受欢迎指数显著提升

本次调研将受欢迎指数拆分成满意度指数、吸引指数和推荐指数三个维度。满意度指数代表购物中心客群对到访的购物中心的满意程度；吸引指数代表购物中心客群对到访的购物中心的再次到访意愿；推荐指数代表购物中心客群将去过的购物中心推荐给他人的意愿程度。

总体上，2018—2019 年度购物中心受欢迎指数较 2017 年度上升了 7.1，受欢迎指数的上升表明消费者对购物中心更满意，更愿意再来。三级指标也均有提升，其中，满意度指数由 82.5 上升到了 93.4，吸引指数由 89.3 上升到了 92.8，推荐指数由 35.5 上升到了 42.5。推荐指数增幅虽在三级指标中较大，但未突破 50 分基准线，仍有较大提升空间。

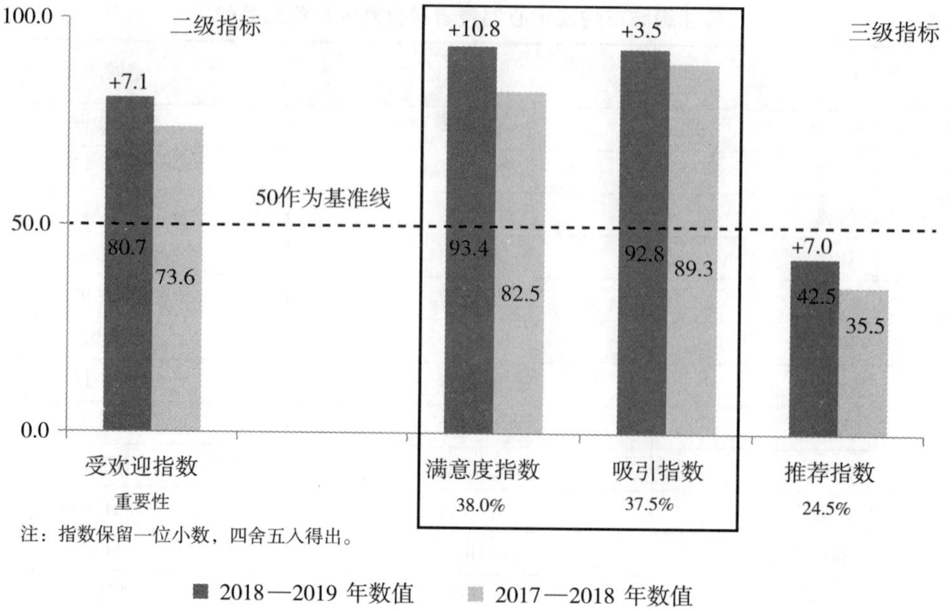

图 7　受欢迎指数

2. 华北地区购物中心受欢迎情况好

一、二线城市满意度指数和吸引指数得分较高，而三线城市增幅较大；三线城市推荐指数得分和增幅略优于一、二线城市。分区域来看，华北地区购物中心受欢迎情况较好，且分数增幅较高，华北地区和上年一样，受欢迎指数各区域排名第一，说明消费者对购物中心总体较为喜欢，愿意再去也较愿意推荐给他人。同时，满意度指数和推荐指数增长较快。华北地区消费者受欢迎指数各项三级指标得分全面上升，其中满意度指数和推荐指数增长显著。满意度得分达到 95. 7，较上年上升 26. 4；吸引指数得分达到 94. 4，较上年上升 3. 5；推荐指数得分 48. 9，较上年上升 18. 6。华北消费者对购物环境、餐饮业态、娱乐业态和亲子业态最满意，对品牌、零售与超市以及各类服务也很满意。北京、太原和呼和浩特是购物中心最受欢迎的城市。

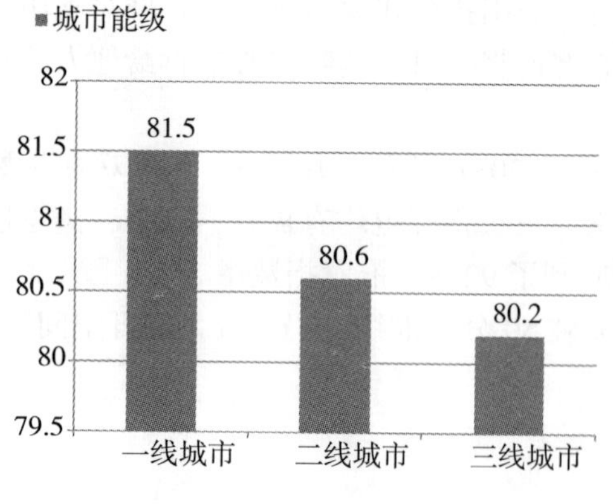

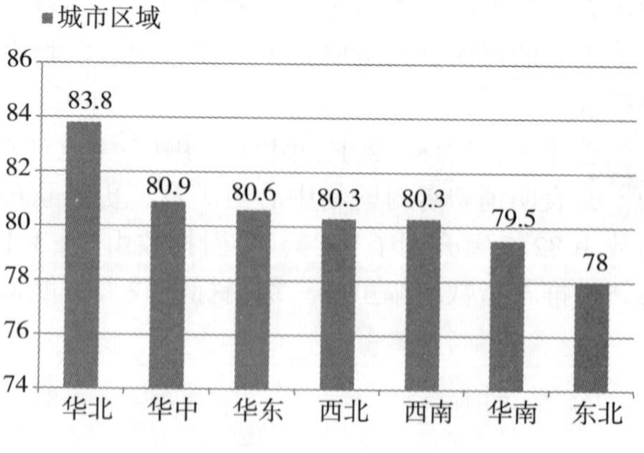

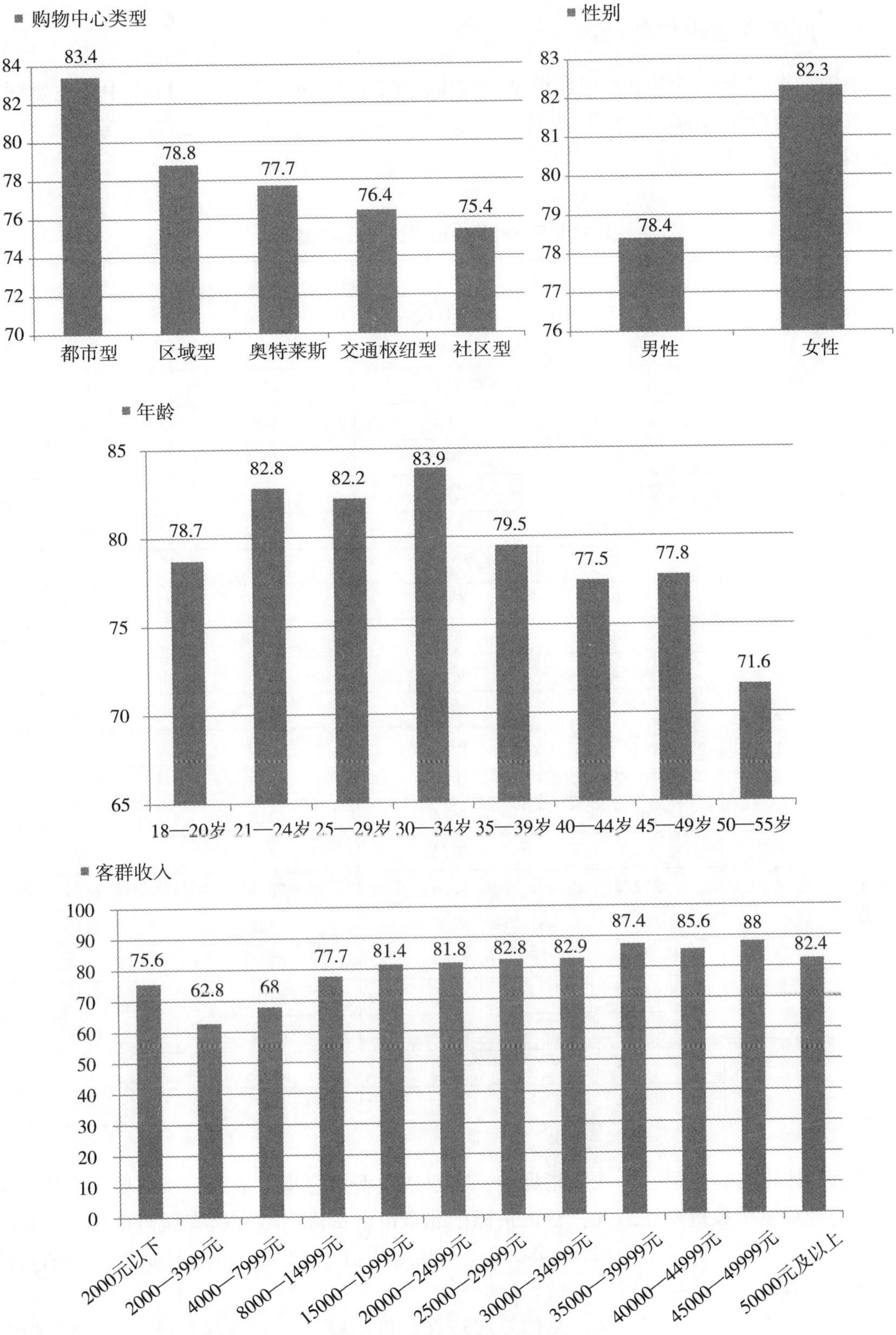

图 8　从不同维度理解受欢迎指数

（五）城市总体指数情况

根据本次购物中心消费者指数模型评测得出的结果显示，2018 年 44 个中国主要城市中，总体指数前 5 名的城市为北京（73.7）、长沙（72.9）、成都（72.7）、苏州（72.5）和昆明（72.4）。

表 7　　分城市考察购物中心消费者总体指数

一线	北京	上海	广州	深圳
	73.7	71.1	70.3	68.4
二线	长沙	成都	昆明	贵阳
	72.9	72.7	72.4	72.0
	银川	兰州	福州	南京
	70.9	70.5	70.4	70.2
	呼和浩特	济南	武汉	沈阳
	70.1	69.9	69.9	69.6
	太原	石家庄	杭州	南昌
	69.0	68.8	68.7	68.3
	郑州	长春	天津	重庆
	68.2	67.8	67.6	67.6
	哈尔滨	合肥	乌鲁木齐	青岛
	67.6	67.0	67.0	65.8
	西安	大连	南宁	
	65.5	65.4	63.5	
三线	苏州	厦门	宝鸡	洛阳
	72.5	72.0	70.4	69.4
	岳阳	东莞	宁波	常德
	68.6	67.9	67.7	67.7
	襄阳	嘉兴	南阳	衡阳
	66.5	66.0	65.5	65.3
	无锡			
	64.4			

北京总体排名高居第一。二级指标中，北京市消费意愿指数最高，所有城市中排名第一，而消费意愿指数重要性最大；三级指标中北京市消费额指数在所有城市排名第二。北京购物中心消费者三个月平均消费 8480 元，高出平均值 2042 元。北京消费者的高消费使其购物中心消费者总体指数居于首位。

值得注意的是，二、三线城市总体发展较好，进步较快，部分甚至已超过一线城市。尽管一线城市消费者经济实力总体更强，人流客流更密集，总体上得分依旧具备优势，但长沙、成都、苏州和昆明表现亮眼，超过了广州、深圳和上海。

四、多元数据消费者洞察及未来展望

（一）购物中心可借鉴百货商场的优点

目前，购物中心仍是受消费者喜爱的商业形式。而近几年，随着百货的重新发力，出现了一批优质的百货商场。购物中心可借鉴优质百货商场的优点，获得进一步发展。百货商场扎根零售，通过完善的会员服务和差异化的定位，重新俘获了部分购物中心消费者。百货商场通过完善的会员服务打动消费者。百货商场的会员卡在同一百货所有连锁店均通用，一张会员卡全国皆可用，方便了消费者；此外，百货商场通过供应链，将成本降至最低，用更优惠的价格回馈忠实会员；不仅如此，百货商场还进行差异化定位转型，获取独特专属性。部分百货商场通过打造买手店、精品店的高端品牌定位，吸引追求鲜明个性的挑剔消费者，创造出时尚的属性。

（二）家庭型消费者是重点客群

家庭型消费者是购物中心的重点客群。一方面，他们有能力、有意愿在购物中心消费。家庭型消费者的家庭月收入和三个月消费金额都远超全国平均水平；另一方面，他们身处青壮年，育儿是生活重点。家庭型消费者年龄集中在25—39岁，小孩的年龄阶段集中在小学及以下，有面临育儿需求。

值得注意的是，二、三线城市家庭型消费者提升空间更大，让父母和孩子都能享受娱乐和餐饮服务是关键。相比于一线城市，二、三线城市有孩家庭在购物中心的餐饮和娱乐比例较低。二线城市（85%）和三线城市（88%）家庭型消费者娱乐类消费的占比低于一线城市（91%）；二线城市（79%）和三线城市（72%）家庭型消费者中，餐饮类消费的占比远低于一线城市（94%）。实现父母与孩子共同娱乐和用餐将有助于吸引更多家庭消费者来购物中心。

亲子业态在购物中心有很强的吸金能力，是购物中心有孩客群的重点消费品类。其中，亲子教育类的消费占到亲子类消费的三成，因此可以带动客群的整体消费。着力发展购物中心的亲子教育业态和服务，同时也能够为购物中心客群带来综合便利的附加价值，父母可以在等候时逛逛其他业态，打发无聊时间；此外，亲子教育中，国学等气质、素质培育未满足需求。父母普遍倾向在购物中心内的儿童教育或培训机构，亲子教育是带动购物中心亲子业态，乃至整体消费最为重要的方面。另外，业态形式上，业态融合、品类创新的亲子一体店成为未来差异方向。随着多元需求的提升，父母开始追求集合教育、餐饮、娱乐、零售等多种功能的大型亲子一体店。提升亲子业态的差异感，进一步增加亲子活动的便利性，如倡导一站式亲子购物的“孩子王”就是目前亲子业态融合的成功案例。

（三）银发客群潜力巨大

全国老龄工作委员会预测到2050年，我国60岁以上人口将达到4亿，中国将成为老龄化程度最高的国家。2018年，50—55岁购物中心消费者人气更高，客群人气指数上升

2.4，上升最快；他们更愿意花钱，消费意愿指数上升 7.1，上升最快；但他们目前对购物中心不够满意，受欢迎指数得分 71.6，排名最后。未来，银发经济值得期待。

银发客群对购物中心的硬件需求、业态与品牌需求以及活动需求没有得到很好的满足。硬件上，考虑到老年人的身体状况，银发客群对购物中心的硬件细节有更高的需求，如招牌指示牌字体更大、更明显，座位等公共休息区域更多、室内采光更好等；同时，也需增加必要的健康保健设施，如紧急医疗室等。业态与品牌上，购物中心应增加和银发客群高相关性的业态，如健康业态，包括体检机构、健康管理咨询、心理疏导机构等，全身心关爱老年人身体、心理健康；同时，考虑到银发客群对品牌忠诚度高，其消费行为也受到求实心理的影响，购物中心也应多引入名气较大、声誉较好的成熟品牌。活动上，购物中心应建立社交属性，通过各种活动给银发客群提供社交平台，将有效增加其客群黏性。考虑到银发客群的生活方式，可增加清晨晨练、书法字画鉴赏、棋牌娱乐比赛等活动。

（四）有温度的差异化空间是消费者的期待

在消费升级的趋势下，消费日趋高品质化，购物中心的消费者也日益追求有温度的差异化空间。购物中心可以从商场 IP 打造、业态与品牌、营销活动和商场硬件四个角度进行升级改造，提升消费者的购物体验。

在 IP 打造上，购物中心可以通过寻找自身的特质，开发属于自己品牌特有的文化定位，打造自己的专属 IP。

在业态与品牌上，购物中心可以跨界整合零售、餐饮业态和休闲场景，如“阅读+轻食”的综合书店、“家居+设计+饮品+展览”的综合生活馆，塑造购物中心的人文场景和人文关怀。通过增加本土知名品牌、加入当地特色餐饮等进行本土化改造。通过网红品牌和网红热点等形式，借助营销造势和网络传播，联动效应明显，能够快速提升购物中心的知名度，满足消费者的社交需求，提升购物中心社交属性。

在营销活动上，购物中心可以举办电影节、艺术沙龙、书画展览等文艺活动，较好地为客群提供精神支持，与其产生情感共鸣。结合传统节日，购物中心可举办一系列活动来增强客群到访的意愿，赋予生活仪式感，将节日与商场打折让利有机结合，打造富有人文气息的差异化空间。

在商场硬件上，购物中心可以塑造主题式 IP 场景布置营造网红打卡地、开放空间的艺术展览、屋顶花园、室外观景台等，聚集流量，帮助形成市场名气。

2020年中国城市便利店指数报告

为了推动中国便利店行业进一步发展，了解目前便利店行业在国内各区域市场发展的程度，截至2020年，中国连锁经营协会已连续7年调查并发布“中国城市便利店发展指数”。

本次调研的城市共计36个。指数的核心数据为各城市便利店的饱和度、门店总量的增速、24小时便利店的比例及营商环境情况；在此基础上，计算出了各城市的便利店发展指数。其中，厦门、太原、东莞、长沙、北京的便利店发展指数名列前五位。

通过调研发现，中国各城市便利店行业的发展呈现出以下几个特点。

一、全国各城市之间便利店发展速度差距拉大

从本次调研结果来看，绝大多数城市的便利店都比上年有了不同程度的发展，但各城市间便利店的发展情况各不相同。由于地理位置、气候条件、经济发展、消费习惯等多方面因素的影响，各城市的便利店发展存在着较大的差异性，呈现出各自的特点。

2019年便利店增长率超过10%的城市占到所调研城市总数的55.6%，大部分城市便利店保持了较快的发展速度。其中，西安市的便利店增长率达到了24.6%，是所有城市中发展最快的，其次是北京和厦门。而大连、兰州、哈尔滨的便利店发展与上年相比出现了一定程度的下滑。

二、便利店发展出现市场下沉，二、三线城市发展空间较大

从全国范围来看，由于一线城市房租、人力成本的持续高企，便利店的经营压力空前巨大，而随着二、三线城市消费水平的不断提高，便利店市场存在着较大的发展空间，但市场发展的潜力也存在着较大的地域差别。

从本次调研结果来看，一线城市上海、广州、深圳的便利店市场发展已基本成熟。随着门店资源逐渐稀缺，竞争压力逐渐增大，市场发展空间越发有限。但一线城市北京仍然保持了较快的增长速度。另外，在西北地区城市中，西安便利店保持了较快的发展速度。

三、全国24小时营业便利店的比例整体有待提高

从全国范围来看，24小时营业便利店的比例整体仍然不高。影响各城市24小时营业便利店占比的因素主要是地理位置和气候，所以24小时营业便利店占比较高的城市南方相对较多，而北方的气候条件成为阻碍24小时营业便利店发展的首要因素。突破气候因

素的限制更多的需要城市当地经济的发展、居民消费的驱动。从便民利民的角度来看，提高 24 小时营业便利店的比例是提升城市居民服务的一个有效途径。

四、全国范围的便利店支持政策已经颁布，各城市需进一步落实配套政策支持

2020 年 1 月，商务部等 13 部门联合印发了《关于推动品牌连锁便利店加快发展的指导意见》（以下简称《意见》）。《意见》中的 18 项政策措施明确并细化了如何优化便利店营商环境，推动便利店品牌化、连锁化、智能化发展，这将进一步促进便利店的发展。因此，从地方层面上，各级城市也需要根据《意见》陆续出台相关配套政策措施，将《意见》中的政策进一步细化，把支持便利店的发展落实到实处。

其中，北京、西安等针对便利店的配套政策极大地保证和促进了便利店的健康快速发展。也为各城市制定相关便利店的配套政策提供了借鉴。城市配套政策的支持将为便利店提升服务水平提供有力的保障。但从全国范围来看，各城市针对便利店的政策支持差异较大，仍需进一步深化和落实。

备注：

1. 调研范围

本次调研的城市共计 36 个，包括 26 个省会及首府城市、4 个直辖市、4 个计划单列市和 2 个其他城市。

2. 调研方法

本年度在对各城市便利店门店总量的调查方法上与上年相比进行了相应的调整。采用了企业反馈的调查问卷与高德地图搜索相结合双向验证的方式。因此，对各城市的便利店门店总量又做了一次重新梳理和调整，例如东莞、南宁、成都、长沙等地。

3. 计算方法

总指数=增长率指数×30%+饱和度指数×40%+24H 指数×10%+营商环境指数×20%

增长率=（2019 年门店总量÷2018 年门店总量-1）×100%

饱和度=该城市总人口数÷2019 年该城市门店总量

24H 比例=该城市 24H 总量÷该城市门店总量

4. 赋值方法

增长率指数：按照调查计算出的增长率从高到低排序，降序赋值 100—65；

饱和度指数：按照调查计算出的饱和度从高到低排序，降序赋值 100—65；

24H 指数：按照调查计算出的占比从高到低排序，降序赋值 100—65；

营商环境指数：按照调查出的好、良好、一般、没有、限制，降幅赋值 100、80、60、40、20。

城市发展指数

城市	指数值	排名
厦门市	93.0	1
太原市	90.2	2
东莞市	90.1	3
长沙市	89.4	4
北京市	89.1	5
福州市	89.0	6
西安市	88.3	7
广州市	88.0	8
成都市	86.9	9
深圳市	86.5	10
呼和浩特市	85.4	11
杭州市	84.8	12
南宁市	84.1	13
天津市	84.0	14
海口市	84.0	15
乌鲁木齐市	82.6	16
温州市	82.3	17
武汉市	82.2	18
长春市	82.1	19
南昌市	81.8	20
上海市	81.7	21
贵阳市	81.3	22
南京市	81.1	23
沈阳市	79.2	24
青岛市	79.2	25
济南市	78.3	26
银川市	77.4	27
合肥市	76.8	28
郑州市	76.6	29
重庆市	76.5	30
昆明市	76.3	31
大连市	76.2	32
石家庄市	75.0	33
西宁市	73.6	34
兰州市	69.5	35
哈尔滨市	64.6	36

增长率（权重30%）

城市	比率
西安市	24.59%
北京市	21.62%
厦门市	21.02%
福州市	16.67%
武汉市	15.38%
青岛市	15.00%
南宁市	14.29%
贵阳市	13.71%
合肥市	10.91%
济南市	9.50%
天津市	9.38%
呼和浩特市	9.33%
长春市	9.33%
昆明市	9.09%
重庆市	8.53%
海口市	8.33%
温州市	8.33%
乌鲁木齐市	7.53%
深圳市	7.49%
杭州市	6.65%
广州市	6.34%
太原市	6.00%
南昌市	5.77%
东莞市	5.28%
西宁市	4.76%
长沙市	4.17%
成都市	4.17%
南京市	4.00%
沈阳市	2.94%
银川市	2.78%
郑州市	2.00%
上海市	1.40%
石家庄市	0.76%
大连市	-2.10%
兰州市	-6.67%
哈尔滨市	-9.31%

饱和度（权重 40%）

城市	人/店
东莞市	1242
长沙市	1409
太原市	1586
深圳市	1731
广州市	2803
南京市	3079
乌鲁木齐市	3110
厦门市	3114
海口市	3148
成都市	3266
郑州市	3383
杭州市	3547
上海市	3769
呼和浩特市	4370
沈阳市	4632
福州市	5082
银川市	5387
贵阳市	5433
长春市	5851
天津市	5941
西安市	6581
温州市	7017
青岛市	7578
石家庄市	8234
南宁市	8327
北京市	8889
南昌市	9168
合肥市	9348
武汉市	9458
大连市	9558
西宁市	10040
济南市	10371
昆明市	10720
兰州市	12915
哈尔滨市	14101
重庆市	16812

24H（权重 10%）

城市	比率
成都市	80.00%
福州市	78.57%
上海市	77.76%
海口市	76.92%
广州市	75.23%
南宁市	75.00%
北京市	71.11%
长沙市	64.00%
南京市	61.54%
温州市	61.54%
东莞市	61.38%
杭州市	61.15%
南昌市	54.55%
重庆市	54.20%
天津市	53.33%
武汉市	53.33%
厦门市	52.91%
西安市	52.63%
贵阳市	50.25%
乌鲁木齐市	50.00%
合肥市	49.18%
呼和浩特市	38.11%
石家庄市	37.59%
大连市	35.71%
郑州市	35.29%
青岛市	34.78%
济南市	30.44%
太原市	30.19%
沈阳市	28.57%
深圳市	26.58%
昆明市	25.00%
兰州市	21.43%
西宁市	18.18%
哈尔滨市	15.58%
长春市	15.24%
银川市	10.81%

营商环境（权重 20%）

城市	程度
太原市	好
南昌市	好
大连市	好
北京市	好
成都市	良好
长沙市	良好
东莞市	良好
厦门市	良好
西安市	良好
福州市	一般
上海市	一般
广州市	一般
南宁市	一般
温州市	一般
杭州市	一般
重庆市	一般
天津市	一般
武汉市	一般
呼和浩特市	一般
石家庄市	一般
济南市	一般
沈阳市	一般
深圳市	一般
昆明市	一般
兰州市	一般
西宁市	一般
长春市	一般
银川市	一般
海口市	没有
南京市	没有
贵阳市	没有
乌鲁木齐市	没有
合肥市	没有
郑州市	没有
青岛市	没有
哈尔滨市	没有

2019年中国便利店景气指数报告

一、基本情况说明

（一）指数定义

此次发布的为2019年中国便利店景气指数报告。

（二）样本范围

2019年便利店景气指数的样本选择以中国连锁经营协会便利店委员会的65家企业为主，在每家样本企业中抽取10家门店作为研究对象，样本门店数量共计650家。本次在统计年度指数时，对问卷结构及问题进行了重新设计调整，保证样本问卷的回收率在85%以上，有效问卷在95%以上，并以此作为制作便利店景气指数的基本条件。

样本企业包括了中国全部标杆型及龙头便利店企业，范围涵盖了中国大陆除拉萨市以外的30多个一线城市，以及部分二、三线城市。

（三）计算规则

将问卷中设置的指标分成5个量级，对每个指标赋予不同的权重，并将最终调查结果与权重相乘得到最后指数。

某项指数=A÷问卷总量×100%×100+B÷问卷总量×100%×75+C÷问卷总量×100%×50+D÷问卷总量×100%×25+E÷问卷总量×100%×0

权重量级：100、75、50、25、0。

二、2019年中国便利店景气指数洞察

（一）2018年便利店行业保持着较为稳健的发展速度

2018年中国便利店的发展经受住了市场的考验。作为近几年零售业中发展速度较快的业态，2018年资本P2P爆雷引发的一系列便利店企业关店危机，无人店及无人货架的退潮等都给行业的发展带来一定的负面影响。但在零售业整体增幅放缓的背景下，作为小业态的连锁便利店的发展未来仍然可期。

1. 便利店行业各项指数表现良好

本次调研结果显示，2018年便利店企业发展指数为65.0，营商环境指数为54.0，市场竞争指数为80.6，人才储备指数为54.4，均高于荣枯线50.0。中国便利店头部企业以

及区域龙头便利店企业仍然保持着较为稳健的发展速度。

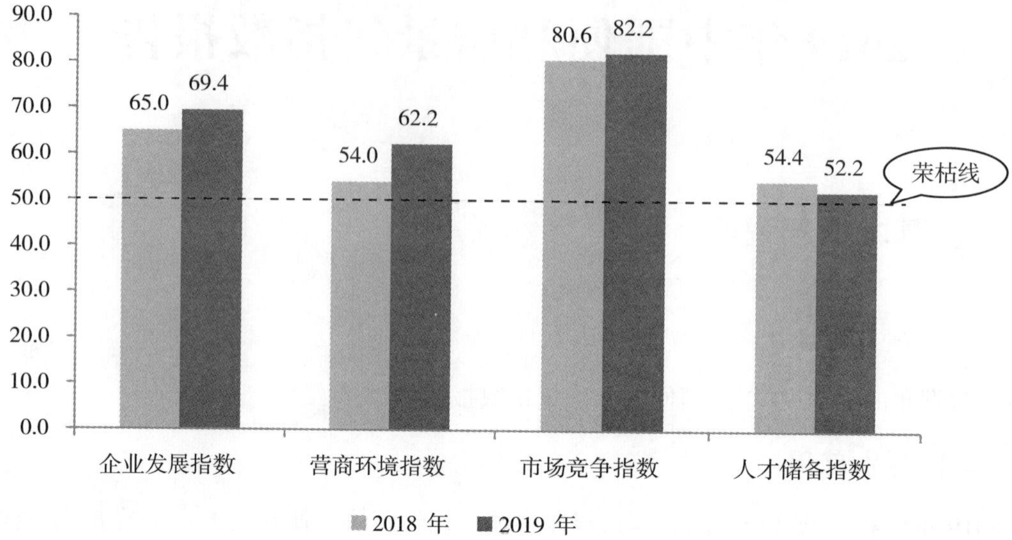

图 1　2018—2019 年便利店行业各项指数情况

2. 门店主要指数均高于荣枯线

本次调研结果显示，2018 年便利店门店销售指数为 60. 3，竞争环境指数为 72. 6，客单价指数为 62. 9，客流量指数为 53. 8，店租指数为 35. 4，用工费用指数为 29. 3，门店招工指数为 29. 6，配送指数为 60. 9。

其中，四项高于荣枯线 50. 0。便利店门店虽然身处较为激烈的竞争环境当中，面临着店租、用工费用高及招工难等各种压力，但大部分门店仍然实现了销售额不同程度的提升。

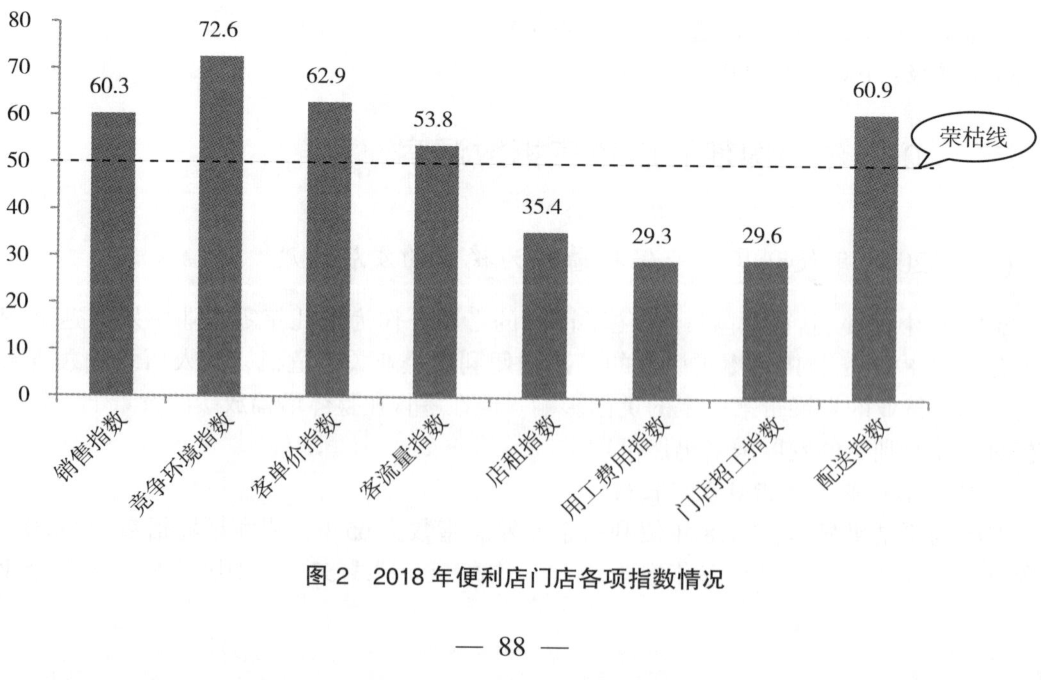

图 2　2018 年便利店门店各项指数情况

3. 门店销售同比上年大部分有提升

门店销售情况方面，2018 年多数门店的销售额同比上年实现了不同程度的增长，占比 61. 1%。门店销售额的增长更多的是基于门店商品结构的调整、运营能力的提升、配送效率的提高等内部因素。门店的外部竞争环境变得更加激烈。

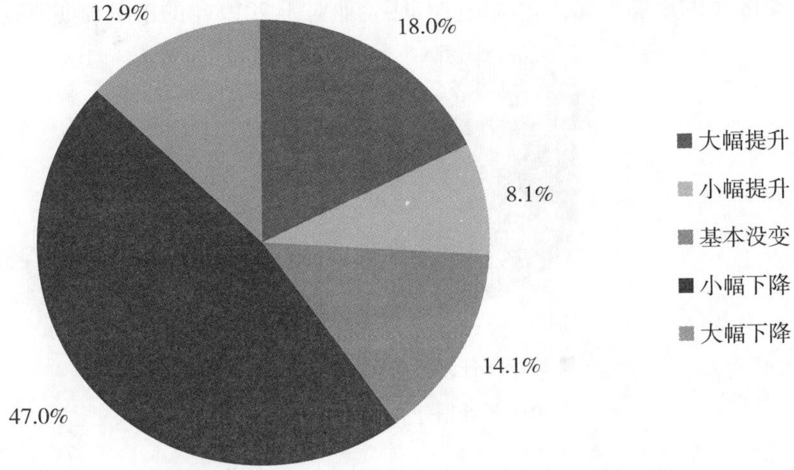

图 3　2018 年便利店门店销售同比上年情况

4. 门店客单价与客流量实现不同程度提高

门店客单价方面，2018 年绝大多数门店的客单价同比上年实现了不同程度的提升，占比 78. 2%。门店客流量方面，调查结果显示 2018 年 52. 1%的门店的客流量实现了不同程度的增加。

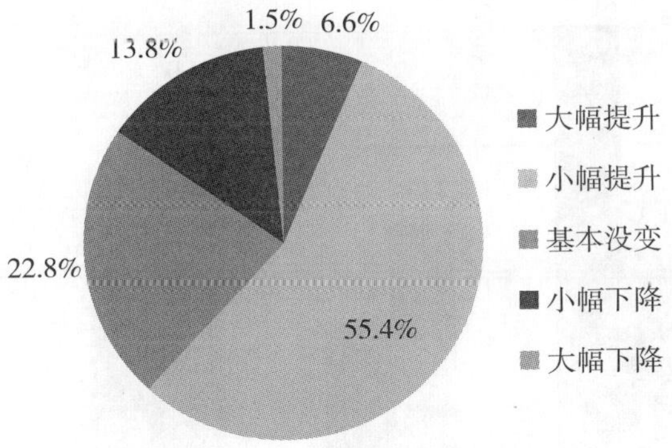

图 4　2018 年便利店门店客单价情况

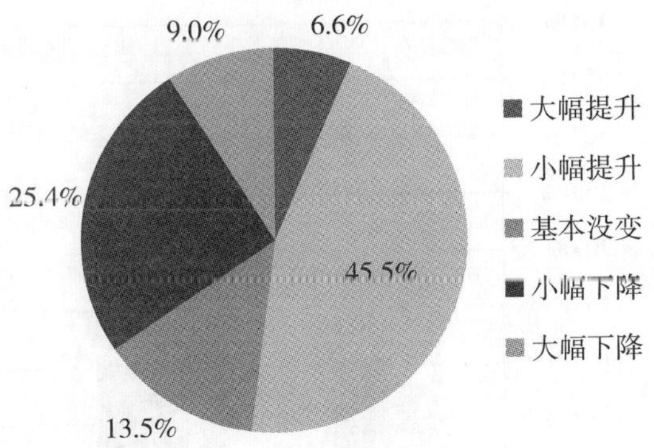

图 5　2018 年便利店门店客流量情况

（二）2019 年便利店行业发展预期将会继续提速

2019 年虽然外部环境还存在不确定性，但便利店行业整体信心饱满，预期向好。

1. 多数企业 2019 年计划开店数量高于 2018 年

调研显示，2019 年计划开店数量多于 2018 年开店数量的便利店企业占到了本次调研的 80.9%。基于 2018 年的市场情况，大多数便利店企业对于 2019 年的市场预期要高于上年。

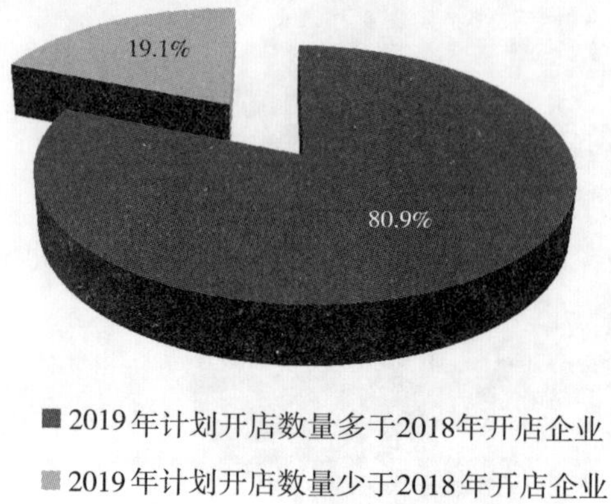

图 6　2018—2019 年便利店开店数量企业对比情况

2. 2019 年计划开店数量集中度高于 2018 年

从开店集中度来看，2018 年开店数量集中在 0—49 家的企业较多，占到 34.0%，而 2019 年开店数量集中在 100—299 家的企业较多，占到 40.4%。同 2018 年相比较，2019 年开店数量明显提升。

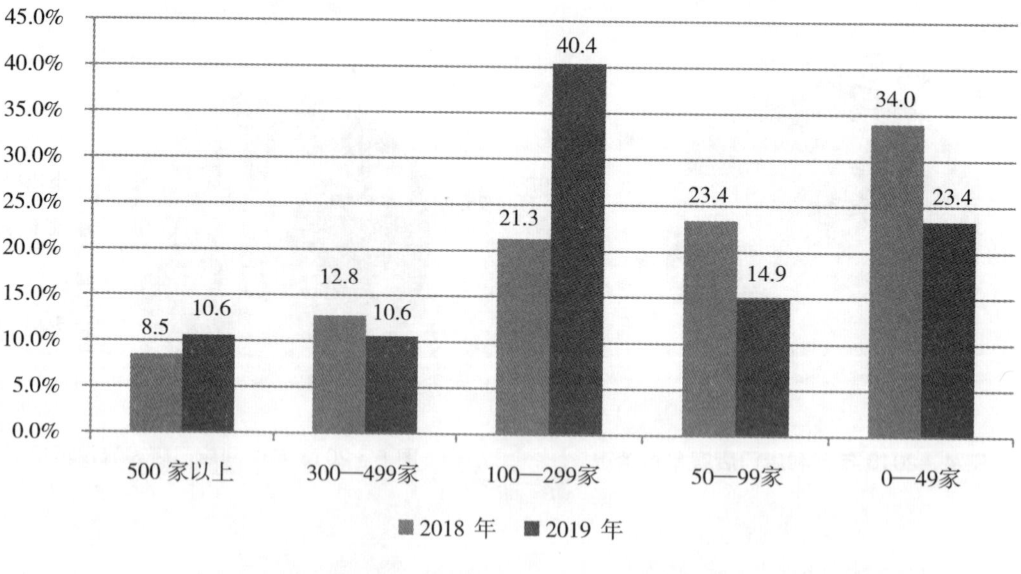

图 7　2018 年便利店开店数量与 2019 年计划开店数量集中度对比

3. 多数企业对2019年的发展保持较高预期

企业发展情况方面，2018年大多数便利店企业的发展情况良好，占比62.3%；在此基础上，对2019年企业发展情况预期保持乐观态度的企业占比明显增加。

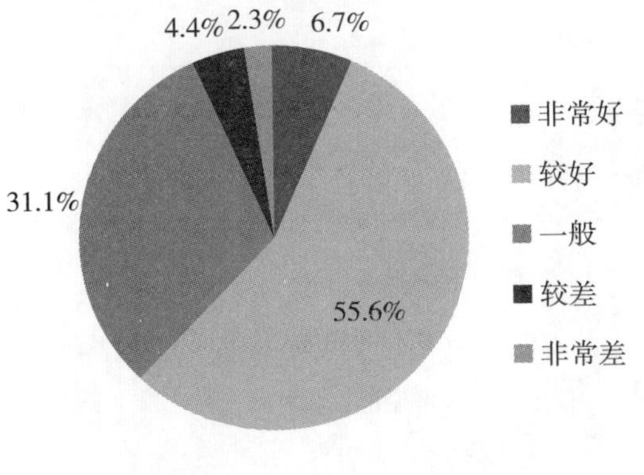

图8　2018年便利店企业发展情况

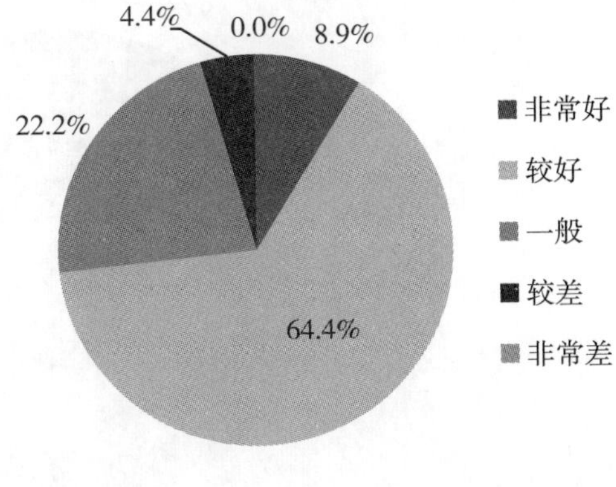

图9　2019年便利店企业发展情况预期

（三）便利店外部环境分析

1. 市场方面

（1）全国便利店市场差异性较大，市场发展空间在逐级下沉

从全国范围来看，国内各级便利店市场因消费水平的差异而呈现出各自特点，但每级市场都有其发展空间。目前国内便利店的主要战场集中在一、二线城市。无论是门店数量还是运营水平等都要高于其他几线城市，但是同时也面临着高房租、高人工、高费用的压力。随着店址资源的逐渐稀缺，市场空间被进一步压缩。

三、四线城市因店址资源相对丰富市场空间更大一些。作为基层的县域级城市，便利店也有适合的发展空间。在城市化进程以及消费分级的大趋势下，便利店的市场空间在逐级下沉。

（2）2019年便利店市场竞争将进一步加剧

本次调研显示，在市场竞争方面，绝大多数便利店企业认为2018年的便利店市场竞争激烈，占比84.5%；并且认为2019年的便利店市场竞争情况不会有所改善，将会越发激烈。

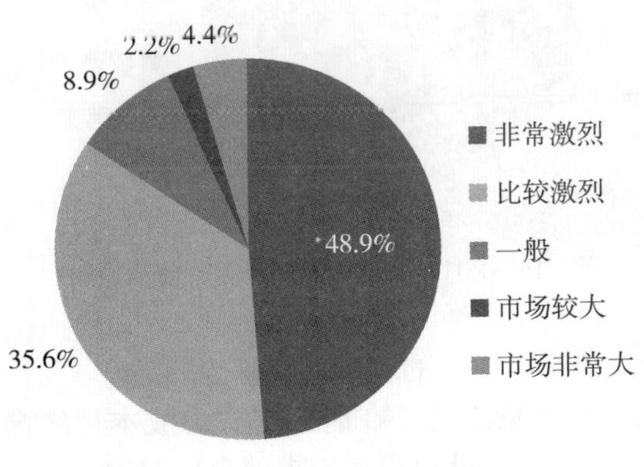

图10　2018年便利店市场竞争情况

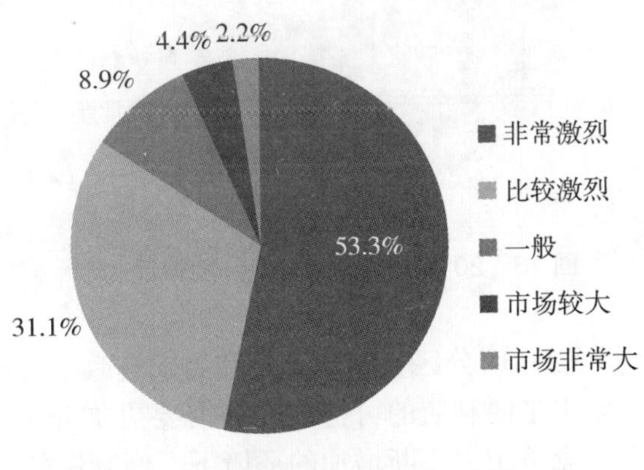

图11　2019年便利店市场竞争情况预期

门店周边市场竞争环境方面，2018 年绝大多数的门店都面临着激烈的市场竞争，占比 83.3%。激烈的市场竞争对门店的运营带来了巨大的压力。

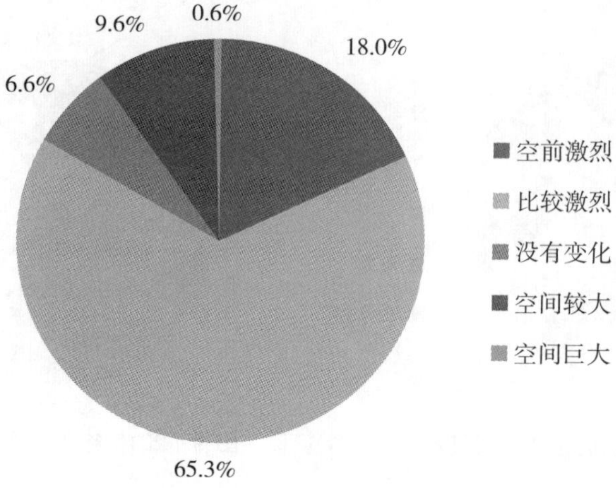

图 12　2018 年门店周边市场环境情况

2. 政策方面

（1）便利店市场营商环境有待进一步改善

本次调研结果显示在营商环境方面，多数便利店企业认为 2018 年的市场营商环境一般，占比 46.7%；对 2019 年的市场营商环境提出了较高的预期，认为 2019 年市场营商环境会有所改善的企业占比明显增多。

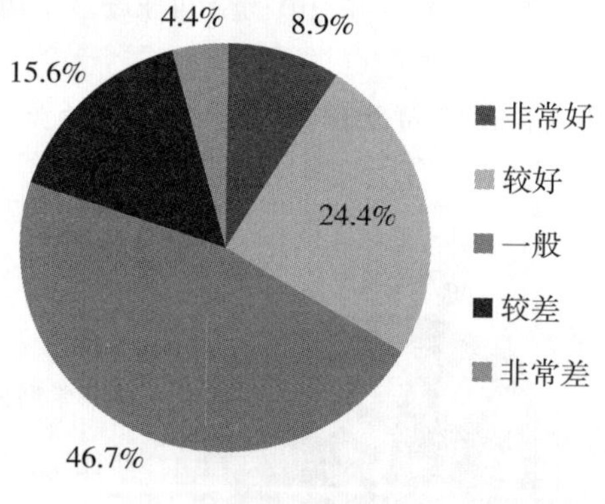

图 13　2018 年便利店营商环境情况

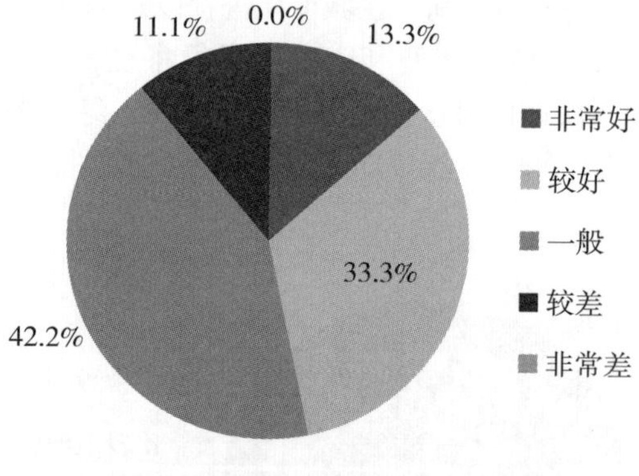

图 14　2019 年便利店营商环境情况预期

（2）部分区域实现了便利店配套政策支持，但全国范围的政策瓶颈有待突破

未来便利店的可持续发展需要更加完善的配套政策支持。在店租与人力成本持续高企，竞争压力不断增加的环境下，便利店的发展依靠的仍然是市场需求的自发驱动，在一定程度上受政府的关注度比较低。

地方政府政策的支持为便利店提升服务水平提供了保障。2018年北京市商委联合市六部门，印发《关于进一步促进便利店发展的若干措施》，推出19条支持政策措施。

北京市针对便利店配套政策的出台在区域内实现了突破，但从全国来看，各地区针对便利店的政策尺度差异很大，政策瓶颈需要从全国范围内做进一步突破。

3. 资本方面

理性对待便利店行业风口，合理地利用资本助推企业发展

便利店行业的升温受到了资本的关注，大量资本开始进入便利店行业。更多资金的注入在一定程度上助推了行业发展，但同时也催生了一些行业泡沫。由于便利店企业估值的提高，造成一些便利店企业制定了非理性发展规划。较弱的运营管理及资金抗风险能力无法匹配企业门店的快速扩张，最终导致企业陷入发展困境。

调查结果显示，2019年便利店对于资本的理解更加理性。对于是否引入资本主要取决于企业发展的实际需求。

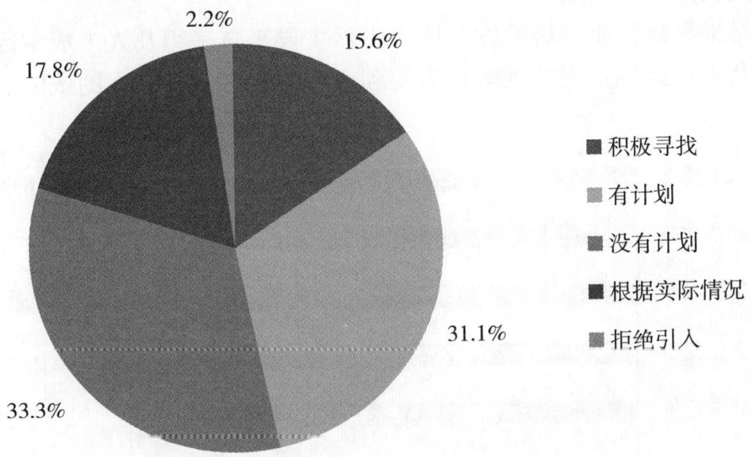

图15　2019年便利店企业资本引入计划情况

（四）便利店内部管理分析

1. 运营管理

（1）新零售推动便利店行业经营模式不断迭代创新

新零售赋予了便利店加载更多服务内容的可能。从门店新零售业务开展情况来看，2018年开展线上订单业务的门店占比72.5%，开展送货到家业务的门店占比60.5%，开展线上引流业务的门店占比68.0%。

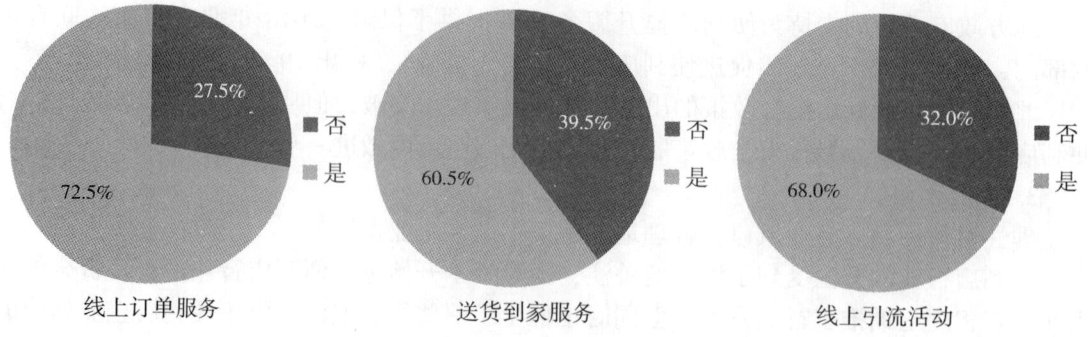

图 16　2018 年便利店门店新零售业务开展情况

（2）便利店固有运营难点仍然较为突出

经营模式的创新不仅为便利店实现了消费引流，还为门店贡献了销售增量。但便利店固有的运营难点仍然比较突出。

本次调研结果显示，便利店的发展压力仍然主要来自房租及人工成本因素。同时，新品牌的进入以及来自跨界企业的竞争也为便利店的发展带来了较大的威胁。

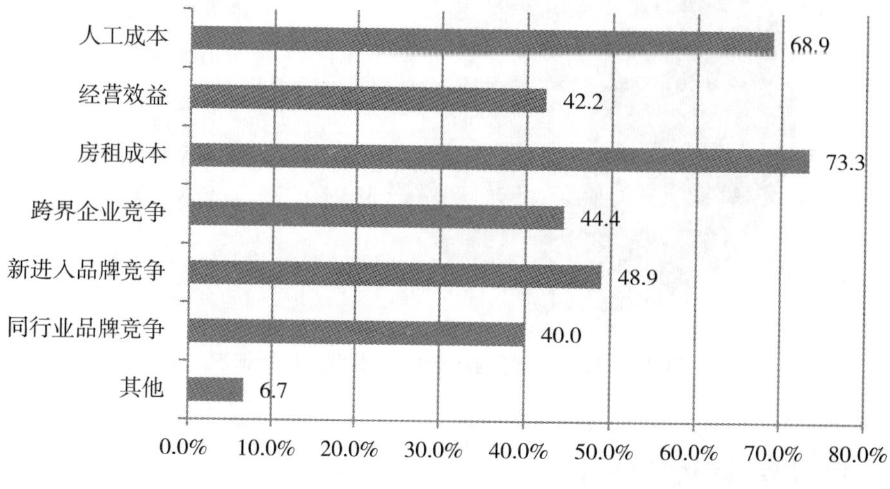

图 17　2018 年便利店发展压力来源情况

在门店经营压力方面，同行竞争表现得更为突出。本次调查结果显示，影响门店运营的最大因素主要来自同行竞争及消费者变化，其次是政策环境、人工费用、店租等。

门店店租方面，2018 年 46%的门店店租出现了不同程度的上涨，店租的上涨给门店的可持续运营带来了极大的威胁。有些门店会因为租房合同到期，店租的过度上涨而闭店。

门店用工费用方面，2018 年 56. 3%的门店用工费用小幅上涨，17. 1%的门店用工费用出现了大幅上涨。便利店属于劳动密集型行业，用工费用的上涨，会进一步挤压盈利空间，进一步加大门店运营的压力。

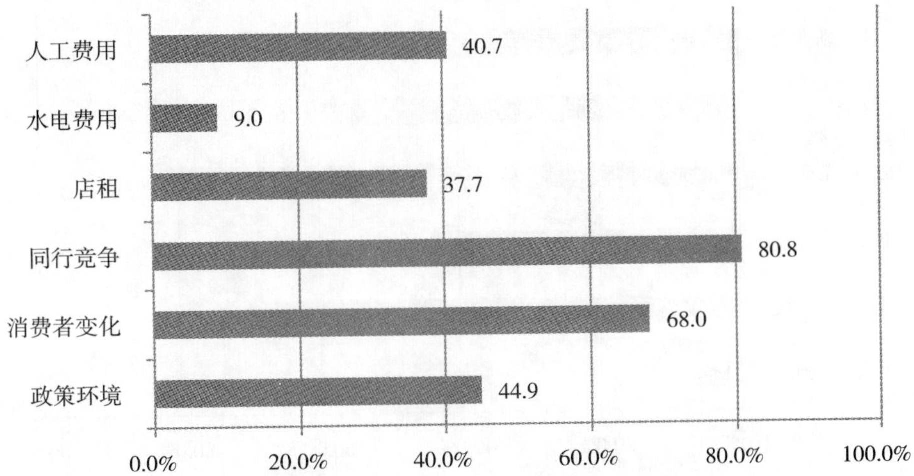

图 18　2018 年影响便利店门店运营最大因素情况

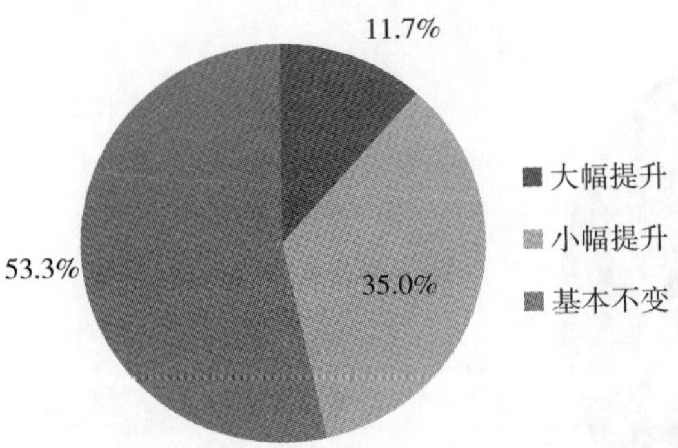

图 19　2018 年便利店门店店租情况

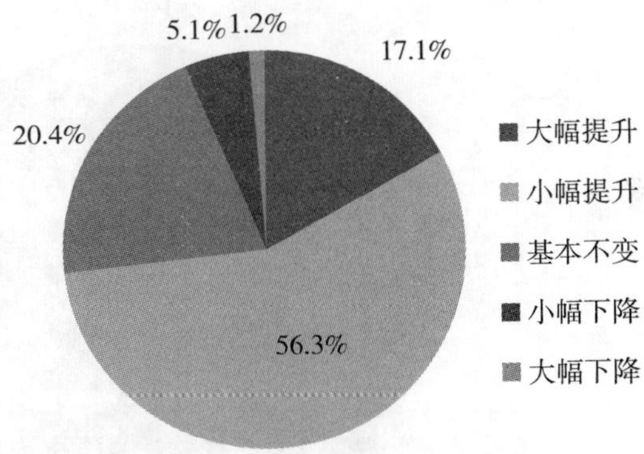

图 20　2018 年便利店门店用工费用情况

2. 数字化转型

提高企业自身运营管理水平，积极拥抱数字化变革。

便利店需要精细化运营，其经营的本质不会因新技术和新理念的产生而发生改变。企业需要在商品开发、系统技术、会员管理、供应链建设等方面打好基础。同时，积极拥抱数字化变革，通过数字化技术赋能门店，提升门店价值。本次调研结果也显示，62. 2%的企业将数字化变革列入了 2019 年企业发展战略规划当中。其中，有 66. 7%的企业表示 2019 年将会在数字化转型中继续加大投入。企业的数字化转型已经成为大势所趋。

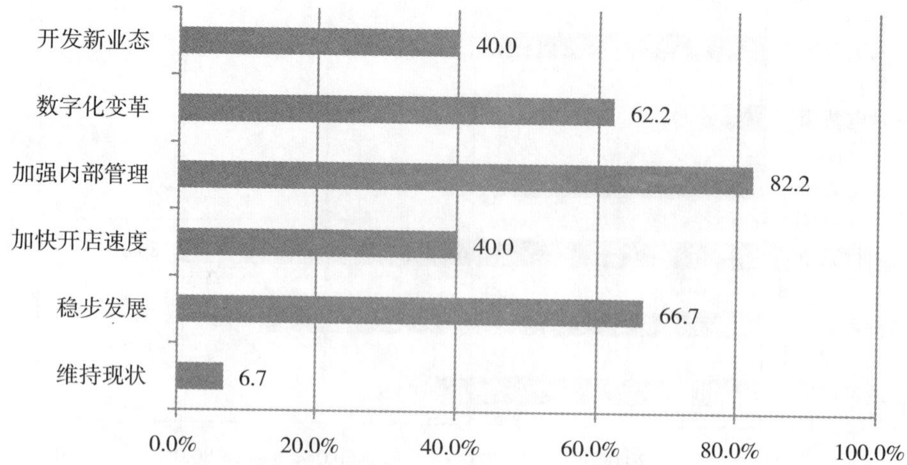

图 21　2019 年便利店企业发展战略规划情况

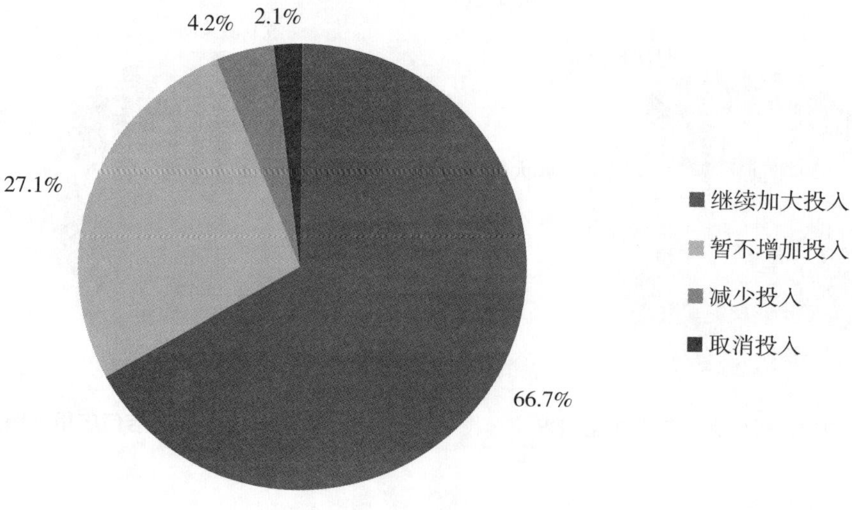

图 22　2019 年便利店企业数字化转型计划情况

3. 人才储备

便利店人才储备情况不容乐观。

多数便利店企业认为 2018 年企业的人才储备情况不容乐观，占比 60. 0%；并且认为 2019 年的人才储备情况将会越发紧缺。

在门店招工方面，2018 年 51. 2%的门店招工比较困难，16. 2%的门店招工非常困难。

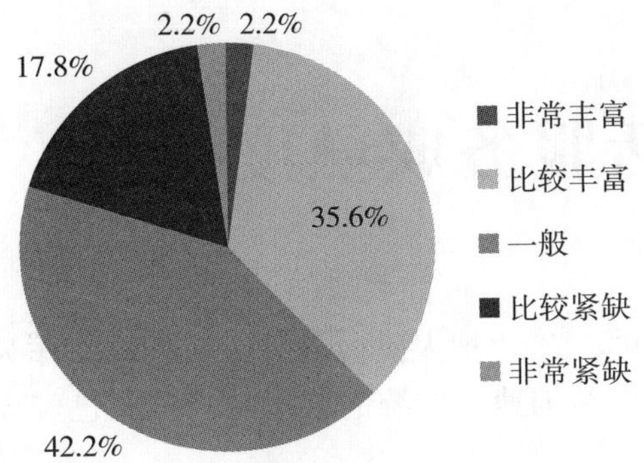

图 23　2018 年便利店企业人才储备情况

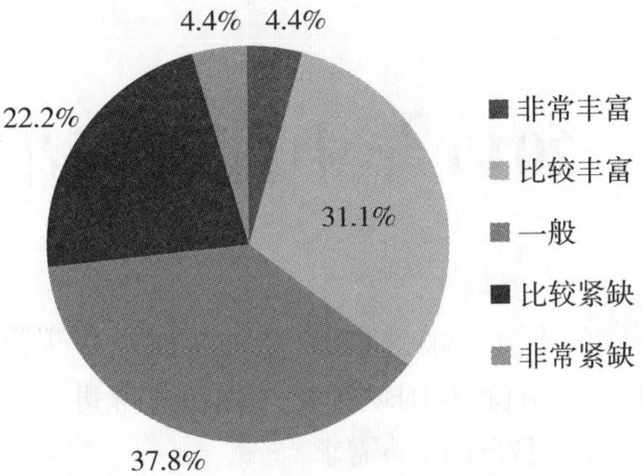

图 24　2019 年便利店企业人才储备情况预期

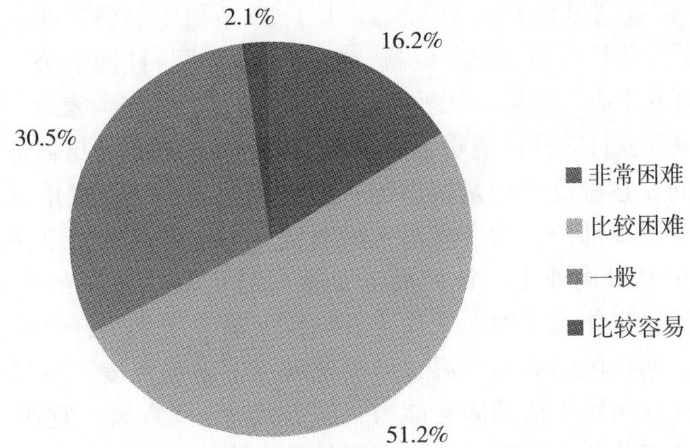

图 25　2018 年便利店门店招工情况

4. 商品结构

多数企业已引入鲜食品类，对生鲜品类态度仍较为谨慎。

本次调研结果显示，在商品结构方面，2018 年商品品类包含鲜食品类的门店占比 74.0%，包含生鲜品类的占比 36.8%。说明绝大多数门店比较重视鲜食品类的引入；而对于生鲜品类，多数门店仍然保持较为谨慎的态度。

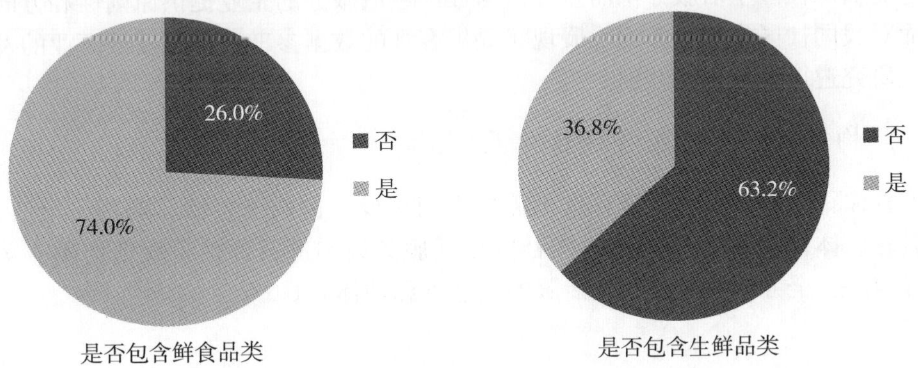

图 26　2018 年便利店门店商品结构情况

2019 年中国社区生活服务成熟度报告

党的十九大报告指出，“必须坚持以人民为中心”，“把人民对美好生活的向往作为奋斗目标”。随着我国城镇化进程快速推进，城市更新加速，传统的城市生活空间已经无法满足人民美好生活的需求。

为更好满足人民群众消费需求，发展社区商业成为加快流通、优化消费环境、促进商业消费、激发国内消费潜力的重要环节。国务院办公厅印发了《关于加快发展流通促进商业消费的意见》（以下简称《意见》）。《意见》提出了 20 条稳定消费预期、提振消费信心的政策措施，其中包括了优化社区便民服务设施，打造“互联网+社区”公共服务平台，新建和改造一批社区生活服务中心，统筹社区教育、文化、医疗、养老、家政、体育等生活服务设施建设，改进社会服务，打造便民消费生活圈等，进一步明确了社区商业的发展方向。

社区生活服务的发达程度是衡量城市综合竞争能力的一个新视角，社区生活服务将是城区经济发展的重要组成部分。为了满足人们对美好生活的追求，重任之一就落在了定位为“最后一公里”的社区商业上，社区商业是衡量社区宜居水平的重要因素。同时，社区与商业的融合发展，也体现了商业现代化和城市经济发展水平，是构建完整的城市商业生态圈的关键所在。而社区商业的发展程度，即社区商业成熟度，不仅体现了社区周边各类配套设施对不同社区居民生活的服务能力与服务效率，“宜居、宜业、宜商”的社区及周边微环境，也是城市公共服务能力建设水平的综合表现，为城市持续发展提供原动力。

一、目标及思路

零点有数联合中国连锁经营协会在社区商业方面已经连续进行了三年系统研究，不断完善数据、优化模型。通过参考社区生活服务的分类及服务标准，完善相关评价指标，统一描述社区生活服务形态，以社区生活服务评价体系识别中国社区生活服务的发展及需求水平，进而明确社区生活服务供需差异，为社区生活服务的企业提供原则性和方向性的指导，从而对我国社区生活服务的发展现状提供客观的数据参考，推动社区商业的发展。具体而言，研究遵循以下思路开展。

（一）构建社区生活服务评价体系

从衣食住行娱等与百姓生活息息相关的方面出发，遴选了餐饮、购物、生活、健康、娱乐、教育、体育等共 7 大功能 35 类社区生活服务设施进行评估，囊括物质、文化、生活等多样需求，全方位构建社区生活服务成熟度评估体系。

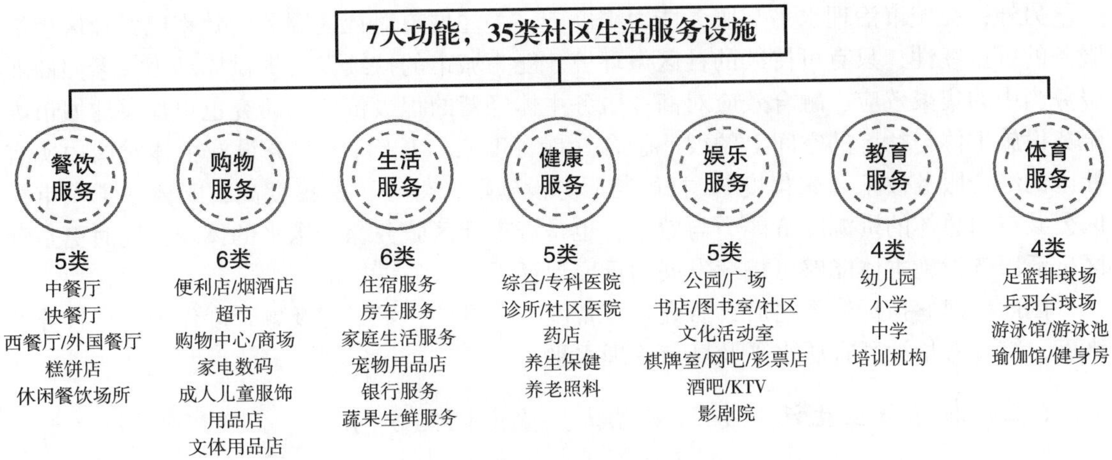

图 1　社区生活服务评估体系

（二）衡量社区生活服务成熟度

结合社区生活服务承载的功能，研究社区生活服务成熟度，需要立足社区，着眼城市。在微观社区的视角上，社区 15 分钟生活圈内生活、商业配套设施有没有（齐备度）、选择多不多（丰富度）综合反映了社区生活服务便利与丰富程度，反映了社区配套体系对不同社区居民不同需求的综合服务能力。

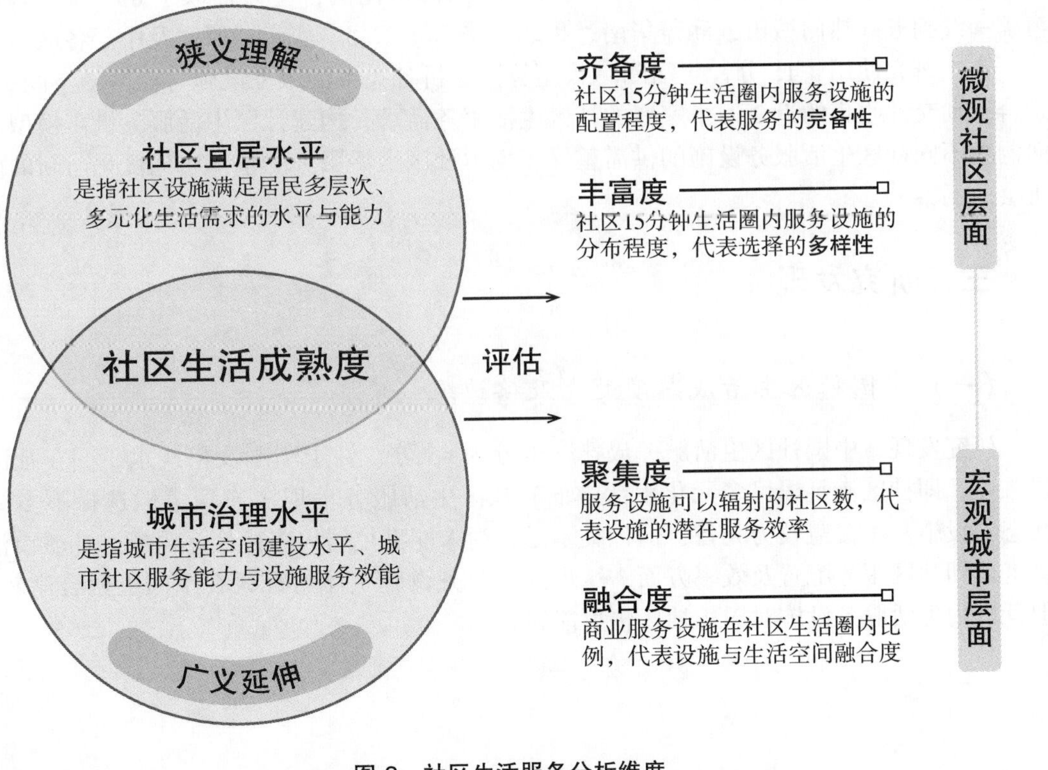

图 2　社区生活服务分析维度

另外，在城市治理水平与服务能力维度上，关注城市对社区服务的效率以及社区生活服务的可持续性，只有可持续的社区微环境才能为城市的持续发展提供原动力。参照商业服务当中的集聚效应、融合效应对商业服务主体经营的积极价值，研究也更加关注城市内服务设施主体与社区的空间上的彼此融合（融合度），以及特定服务设施主体对周边所有社区的综合服务效率（聚集度）。社区与服务设施融合得好、聚集度高，既体现了城市社区公共空间总体的资源配置能力与效率，也是城市社区服务综合水平的体现，同时更是社区生活服务设施主体能够可持续发展的重要保证。

因此，建立指标体系之后，研究将齐备度、丰富度、聚集度及融合度作为指标打分的维度，综合考量社区宜居水平及城市治理水平。

（三）揭示社区生活服务供需现状，量化优化方向

社区是居民的家园，是居民与社区生活服务供应发生商业交易的物理场所。社区也是城市社会的基本构成单元，社区商业发展水平与城市管理息息相关。因此对社区生活服务成熟度做出基本评价后，研究着眼于社区、城市、居民、商业经营者四大相关利益方，试图深入洞察社区生活服务供需现状及背后的原因，并对相关主体提供指向性建议。

二、研究方法

按照分层随机抽样的原则，遵循一线城市100%、新一线城市100%、二线城市50%、三线城市30%、四线城市20%、五线城市10%的抽样比例，一共抽取了83个样本城市，覆盖一线到五线热门城市，涵盖华南、华北、华东、东北、西南、西北及中部各区域。

本次研究使用“15分钟生活圈”模型算法分析各类生活服务设施与社区的空间关系，结合移动交互收集的近2万个家庭的社区生活服务需求，构建社区生活服务供需模型，进而洞察不同社区生活服务设施的供需差异，助力社区生活服务的整体布局优化与新的商业机会的洞察。

三、研究发现

（一）中国社区生活成熟度处于及格边缘

研究发现，中国社区生活服务成熟度得分为65分，处于刚刚及格线水平。在社区宜居维度，即社区满足居民多元化生活方面，社区生活服务呈现“有覆盖但选择不多”的状态，设施基本覆盖较为完备，但种类不足，尚未能满足居民多样生活需求。在城市治理维度，即社区服务配置及效率方面，城市内部服务设施主体与社区在空间上融合度较高，但社区内生活服务设施对周边社区辐射能力较弱。

全国得分 65.0

齐备度 83.9　丰富度 43.2

聚集度 47.1　融合度 86.9

	城市	总分	齐备度	丰富度	聚集度	融合度
1	深圳市	84.5	90.4	58.8	93.1	98.4
2	成都市	84.4	88.5	58.3	99.8	94.1
3	广州市	83.3	89.5	59.9	91.2	94.8
4	兰州市	81.4	89.2	52.0	96.6	91.2
5	郑州市	81.4	88.8	52.7	96.4	90.7
6	福州市	81.3	88.5	54.0	94.6	90.9
7	武汉市	80.8	88.6	52.2	91.8	93.7
8	上海市	80.3	89.0	48.7	96.7	90.8
9	太原市	80.0	87.8	46.6	95.1	95.2
10	厦门市	79.2	91.3	59.6	74.9	91.2

图 3　中国社区商业服务成熟度水平

（二）教育、运动、文娱设施是社区生活服务短板

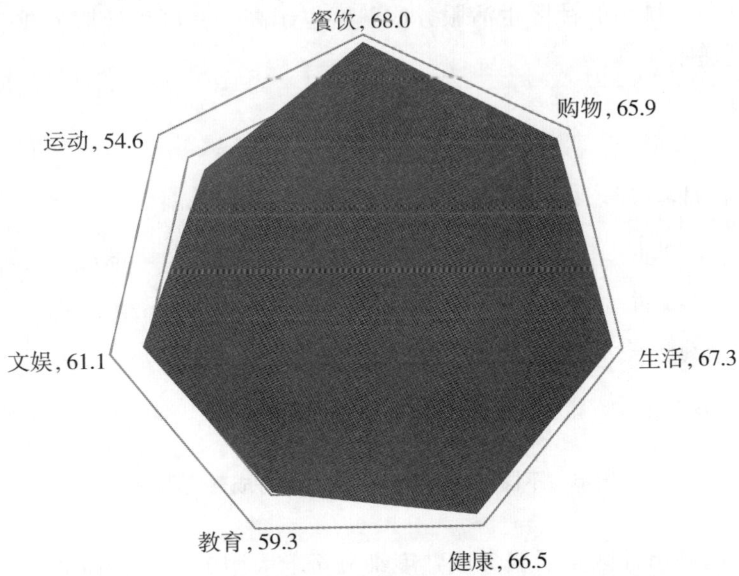

图 4　中国 7 大类社区生活服务成熟度平均得分

社区生活服务总体成熟度有待提升，社区商业在各类生活需求下的表现又如何呢？立足衣食住行娱，研究不同生活场景，我们发现餐饮、生活、健康、购物等常规的社区生活服务设施成熟度相对领先，但文娱、教育、运动这些精神文娱类社区生活服务子项目存在缺失问题，特别是小学、中学、球类（足排篮）运动场地、游泳池、公园广场等设施，发展还不充分。

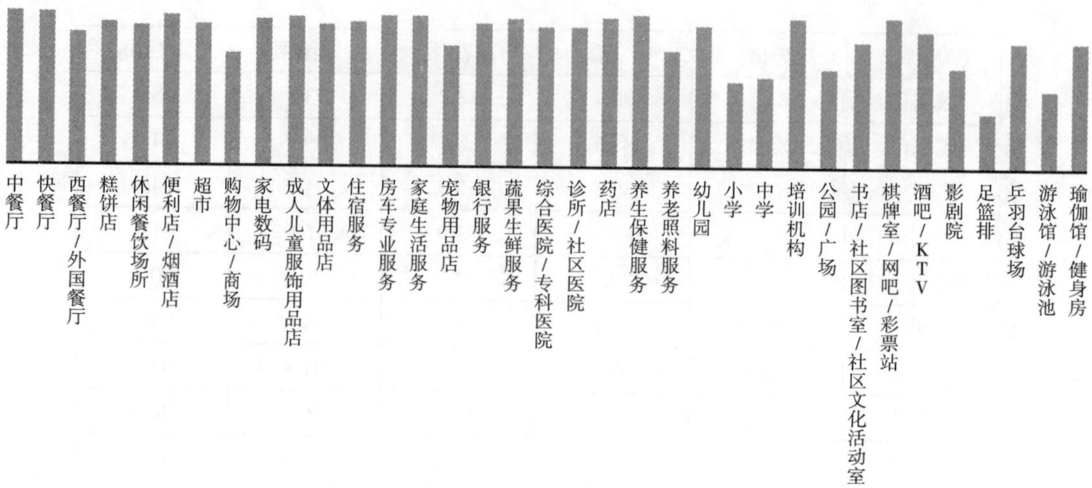

图 5　中国 35 项社区生活服务设施成熟度平均得分

（三）社区生活服务成熟度与城市、社区发展紧密相关

在城市层面，不同发展阶段的城市社区在生活服务水平上存在梯度差异。城市级别与宏观经济指标越高，城市的社区生活服务成熟度也越高。社区生活服务成熟度从一线至五线城市依次梯度递减。

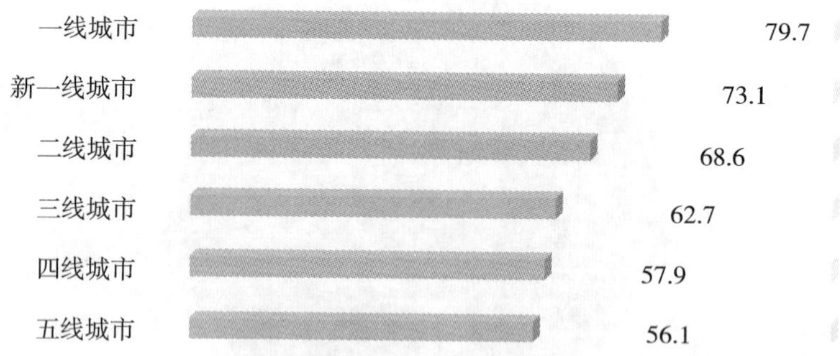

图 6　不同等级城市社区生活服务成熟度得分

进一步将不同城市社区生活服务成熟度细分至七大服务维度，研究发现教育及运动两类服务设施是城市间拉开核心差异的敏感点。在各服务维度纵向比较中，一线城市相较在健康、文娱两类设施中表现欠佳，未与其他城市拉开明显距离。

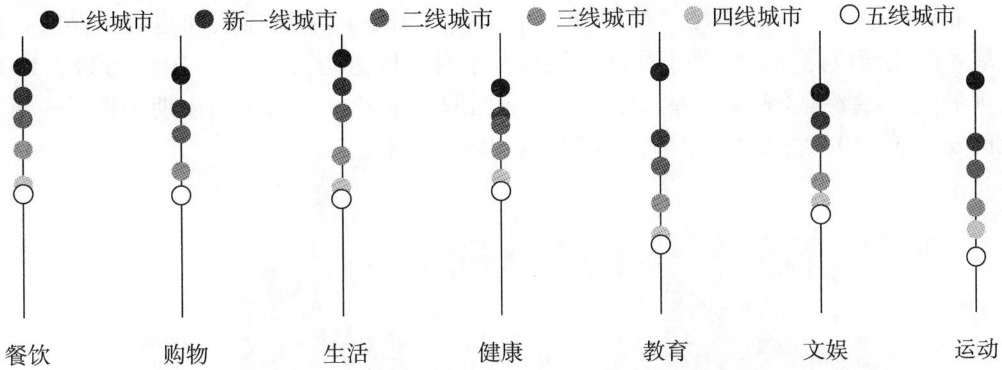

图 7 不同等级城市在 7 大类社区生活服务成熟度得分

此外，根据城市发展阶段的不同，社区生活服务驱动力呈现差异化。通过市级财政支出、房地产开发投资完成额、年末金融机构贷款余额、新设企业数量等城市发展指标实施聚类分析，我们发现以成熟度水平为衡量标准，共可划分 3 个组群，表明了社区生活服务的三大阶段。

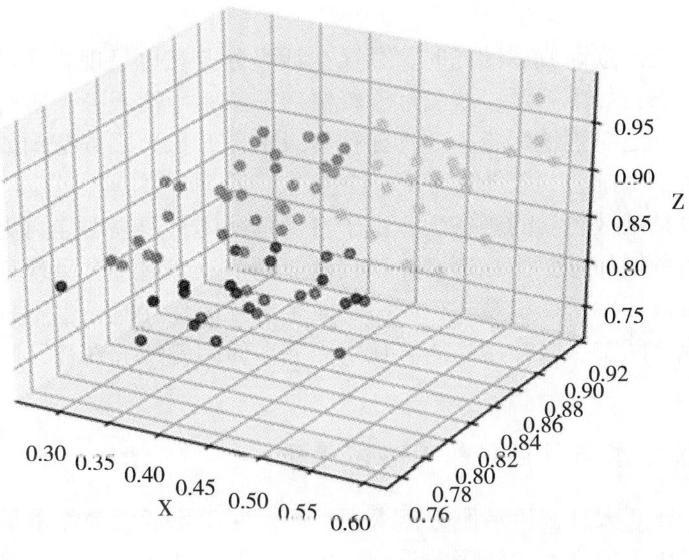

图 8 城市社区生活服务聚类结果

第一阶段，社区生活服务成熟度处于初级状态，发展受到房地产开发投入的拉动明显。步入第二阶段，社区生活服务成熟度表现中等，发展主要受政府财政支出的拉动，特别是有公共服务性质的生活设施，如公园、运动场所、医院、教育、养老等，拉动明显。社区生活服务日益成熟，走向第三阶段，社区生活服务表现与得到金融贷款的支撑、新设企业数量密切相关，呈现为市场活力的拉动作用。

在社区层面，研究发现社区的生命周期与社区生活服务水平密切相关。社区生活服务发展并非一蹴而就，并不遵循“短平快”的节奏，需要持续地投入和建设，伴随社区同步发展才能逐渐成熟。研究基于社区的发展水平对社区进行分级，共 10 个等级，10 级社区表现最优，1 级社区表现最差。联动社区生活服务水平及社区生命周期关系后，研究发现社区发展 5—10 年，社区生活服务相对达到较好水平。

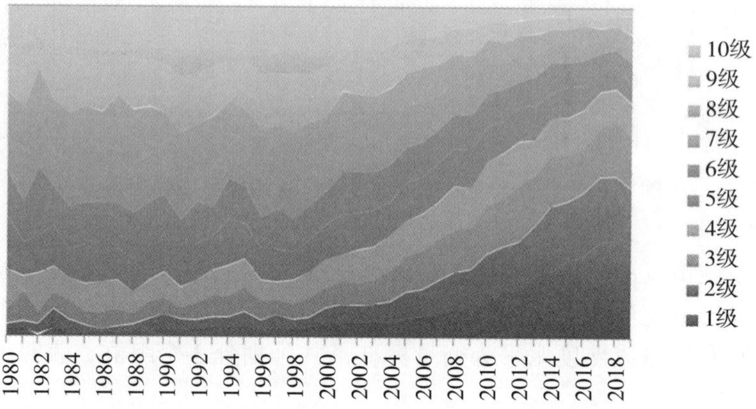

图 9　城市社区生活服务与社区生命周期关联关系

在社区等级提升逐渐成熟的同时，社区生活服务业态也呈现着递进式的发展轨迹。对于商业竞争类业态，如中餐厅、快餐厅、糕饼店、家庭生活服务、银行、超市、便利店等设施会在社区建立之时落地配备，并伴随社区级别提升扩大服务范围或增加设施，呈现持续增长状态。对于基础公共服务类业态，如养老、小学、中学、公园/广场、文化、体育场馆等设施，也是社区建立的必备项，由于自身容纳体量及辐射能力更强，在后续服务范围扩大或设施数量增加方面边际递增量相较商业竞争业态更小，呈现稳步增长模式。而其余业态多采用阶段性跳跃增长模式，既不是诞生于社区建立时，也不是产生在社区发展的不同阶段，如综合医院、服饰用品店、住宿服务、休闲餐饮等在社区高等成熟阶段才会应运而生。

（四）居民需求与社区供给存在不平衡

研究发现，在 7 大社区生活服务需求中，居民对于生活服务需求最为突出，包括洗衣店、快递、理发店等的家庭生活服务设施在生活类及全部指标中需求最大。

位居需求第二的是对蔬菜生鲜采购的诉求。除生活服务需求外，居民表达了对购物的旺盛需求，其中超市是购物核心关注点，服饰用品店与购物中心/商场紧随其后。

在其余需求中，数据显示中餐厅、快餐厅和休闲餐饮是餐饮类需求中的最大主体。在教育类需求中，小学和中学需求最大。在健康类需求中，药店和养老保健服务拔得头筹。在运动类需求中，游泳馆提及最多。在文娱类需求中，书店和公园/广场是最大的需求。

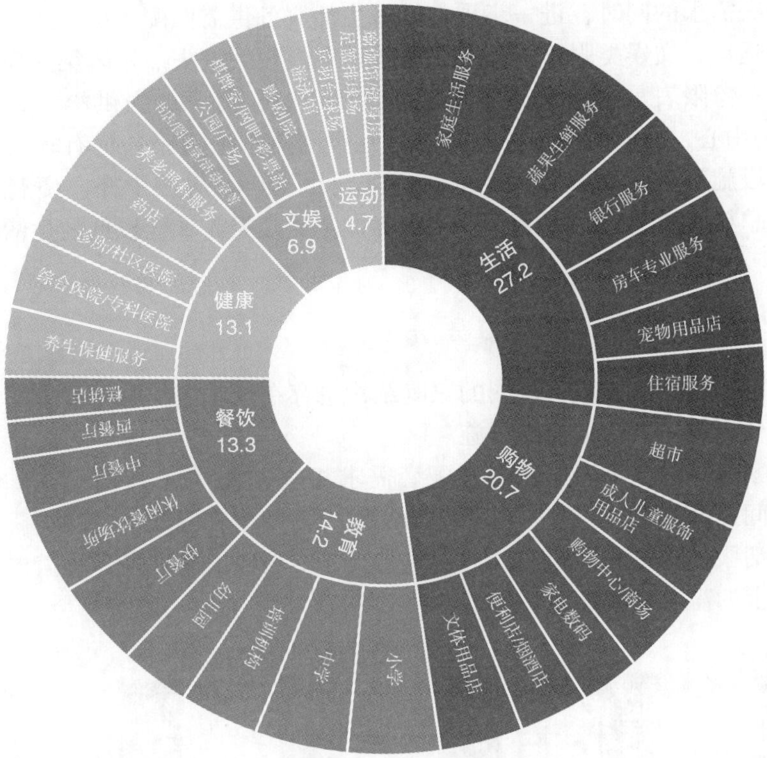

图 10 7 大类社区生活服务需求强度

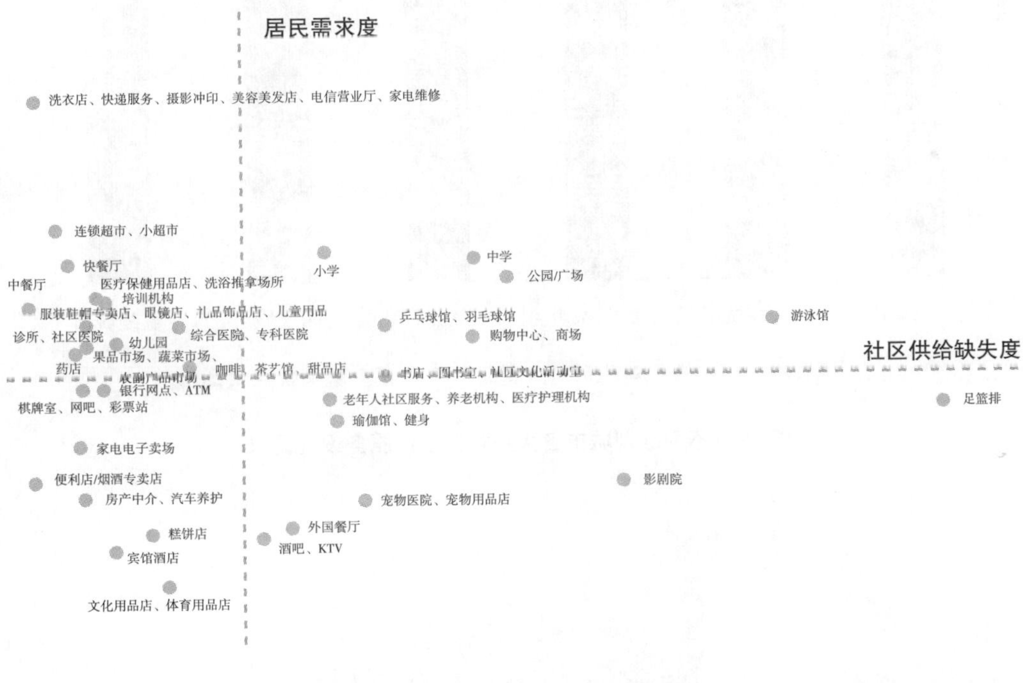

图 11 社区生活服务供需模型结果

在了解居民需求的同时，进一步评估社区生活服务供需匹配程度。通过供需模型，研究发现教育、运动、文娱类服务错配，服务供给存在较大缺失。矩阵第一象限及第三象限值得关注，第一象限表示服务设施需求高但供给不足，需要加强供给。如小学教育、公园/广场、购物中心，以及游泳、乒羽球馆这几类高需求生活服务仍有较大缺失。而第三象限表示服务设施需求弱而服务供给充分，如宾馆酒店、房产中介、便利/烟酒专卖店、家电电子卖场、糕饼店、文体用品店、汽车养护，这几类需求度较低的生活服务，供给都较充分。

（五）社区生活服务需求存在差异

研究发现不同级别的城市、不同的家庭结构也存在社区生活服务需求的差异，如一线和新一线城市会更关注餐饮和购物设施。

针对不同家庭结构，年轻人对餐饮配套需求相较更大，而“小太阳”家庭由于照料幼童，存在时间及金钱上的压力，对于购物的投入程度相较偏低。同时，研究表明有孩家庭十分关注生活服务和教育培训，在上述两类服务上表现了非常强劲的需求。中年之家对于健康和运动上的需求更加强烈。

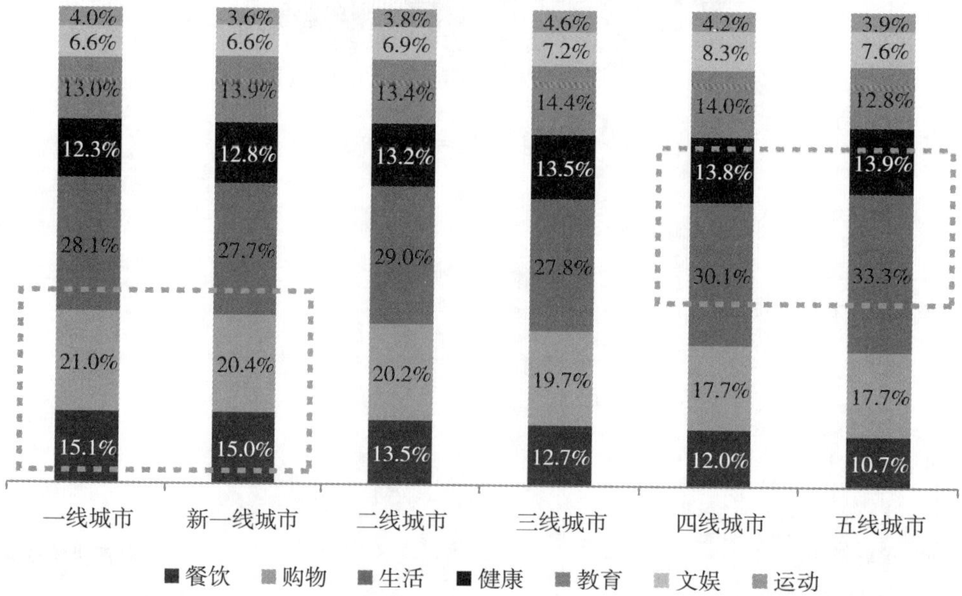

图 12　不同级别城市各大类社区生活服务设施需求

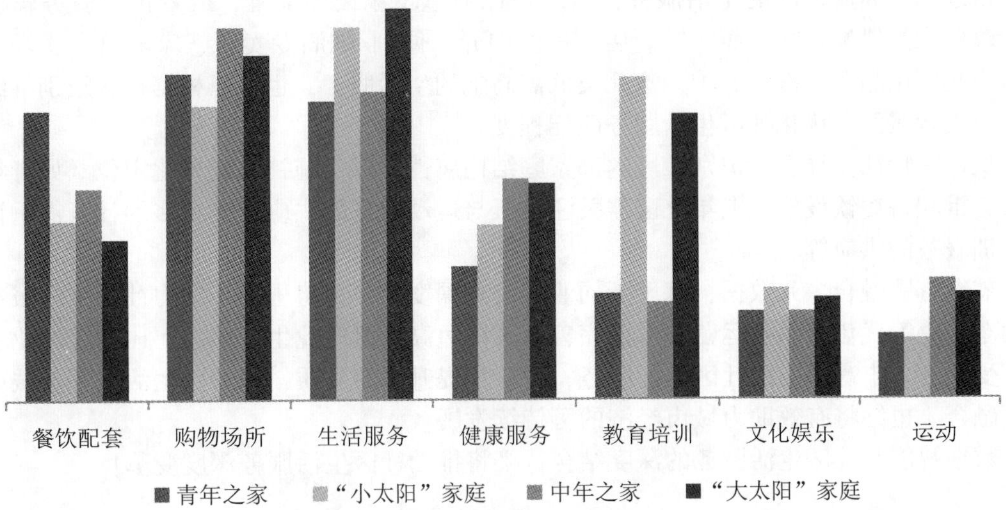

图 13　不同家庭结构各大类社区生活服务设施需求

四、研究结论

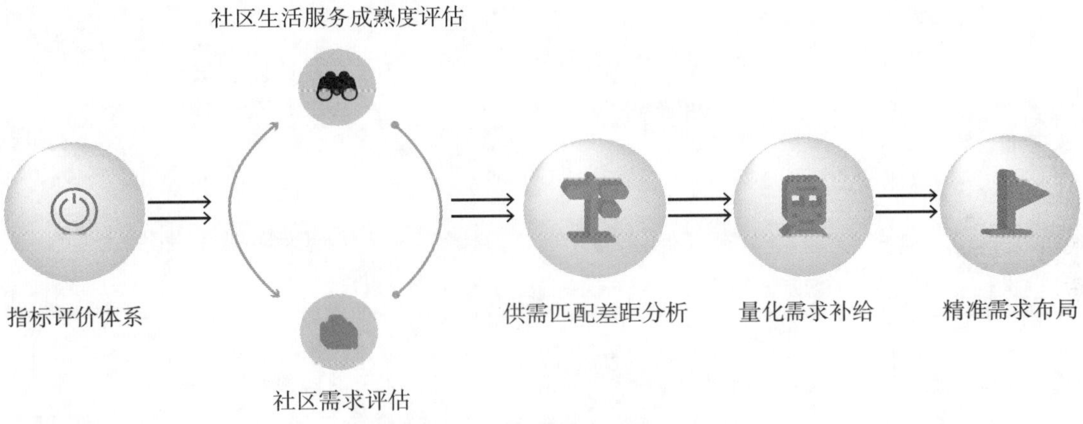

图 14　社区生活成熟度评估模型

数据智能驱动量化社区生活服务优化方向。

从总体需求看，可以顺应市场变化组合社区商业业态。目前，社区生活服务设施在齐备度及融合度方面表现较好，但在丰富度及聚集度方面表现欠佳，意味着社区商业需要加强业态组合、选址精准、辐射多个社区，以提升社区生活服务成熟度，带动城市治理水平及社区宜居水平。

从供需匹配矩阵看，通过识别高需低配、低需高配的社区生活服务措施，可以有针对性地根据供需洼地合理规划设施配置。小学教育、公园/广场、购物中心，以及游泳、乒羽球馆这几类高需低配的生活服务，后续可以通过增添设施配置，或者扩大服务辐射范围，改变供需错配现状。而宾馆酒店、房产中介、便利/烟酒专卖店、家电电子卖场、糕饼店、文体用品店、汽车养护，这几类低需高配的生活服务，也可以根据社区级别继续维持供应或者减配，优化社区生活服务匹配程度。

从社区特征差异看，识别社区内部家庭结构属性，以实施社区差异化定位。如青年社区需着重配备餐饮设施，老年社区需关注健康与运动服务的供应，儿童多的社区需重视教育培训服务的供应等。

零点有数融合多元数据，基于不同业态特点深度建模，将进一步助力社区生活服务企业的布局决策优化与精益运营，进而完善社区周边高质量商业生态体系，让社区的业主能够享受到更为丰富多彩的社区生活服务，进一步提升生活品质，而社区生活服务与城市的深度融合，也终将有效助力城市经济的可持续发展。

数据智能与社区生活服务的深度结合，必将推动社区生活服务深度变革！

2019年中国零售行业企业供应链KPI[1]对标研究报告

2018年我国社会消费品零售总额达到380987亿元，进一步缩小了与美国之间的差距，预计2019年我国有望突破40万亿元大关，超过美国总体规模。进入2019年以来，中国零售消费市场总体发展平稳，深耕低线城乡市场，持续优化消费结构，线上线下加速融合，新零售保持强劲势头仍是主要趋势。在欣欣向荣的行业背景下，我们看到整体行业集中度仍较低，国内前五大超市企业的市场份额仅为27%，国内零售企业之间的竞争也日趋激烈，行业巨头们动作频频，如苏宁国际在2019年6月收购了家乐福中国80%股份，成为国内最大线下连锁零售企业。打造竞争力的背后，离不开卓越的供应链能力以应对消费者不断变化的需求。零售行业企业纷纷意识到，想要在日新月异的零售市场中多分一杯羹，提升自身的供应链管理能力无疑是超越对手、赢得市场的关键一环。

普华永道管理咨询服务于中国消费品零售行业多年，对中国和欧美零售行业均有洞见。普华永道管理咨询零售业务板块联手中国连锁经营协会，针对行业企业在供应链管理方面成熟度普遍偏低，管理水平参差不齐，且缺少标准化的KPI绩效管理体系等现状，展开系统化的调研工作，一方面理解中国零售行业企业的供应链运营现状，与欧美零售行业在多项绩效指标上进行对比分析，发掘零售行业发展趋势，另一方面为后续建立标准化的零售行业供应链绩效评估体系奠定基础，为广大行业参与者提供行业对标和优秀实践积累，从而作为企业自身优化和业绩提升的重要参考。

通过收集42家在中国市场经营的消费品零售企业和品牌制造商企业的供应链运营KPI数据，对经营不同业态、不同品类的企业在供应链可靠性、响应速度、资金效率、成本、复杂度等方面的绩效水平进行分析和解读，对比中美行业的差距，探索零售行业企业在供应链管理中的挑战及背后原因。报告最后从订单履行、库存管理、供应链成本等多个方面对零售企业和品牌商企业提出建议。

一、供应链KPI管理的价值

有效的KPI体系是供应链管理的利器，对企业发展具有重要意义。一方面，供应链KPI管理可以帮助企业评估运营效率，反映供应链运营中存在的问题，为企业在如何提升运营效率，如改进业务模式、优化运营流程等方面提供建议；另一方面，将供应链KPI与财务目标关联，对于支撑公司战略落地，达成战略目标有重要指导作用。

① KPI，即Key Performance Indicators，关键绩效指标。

二、中国零售行业供应链 KPI 管理现状

中国零售行业企业在供应链 KPI 管理上面临着企业自身和行业整体的双重挑战。

从企业自身看，中国零售企业的供应链 KPI 管理成熟度普遍偏低且管理水平参差不齐，难以支撑业务长远发展。具体存在的问题有：

· 指标选取缺乏合理性，选取的指标过于单一或者过于繁多，往往因脱离企业实际情况，而不具有实操性和指导性，难以执行落地。

· 指标的计算方式不完善，存在过于简化计算过程，或选取不恰当系数等问题，导致计算结果难以解读，无法识别问题点。

· 统计的颗粒度过粗或缺乏一致性，导致计算结果无法反映企业运营深层次问题，降低参考价值。

· 手工操作过多，缺少数字化工具支持，导致效率低下且易产生错误，指标结果的可靠性降低。

· KPI 数据监控缺乏持续性，因而难以长期有效地监控及改善企业在相应方面的运营效率。

从行业整体看，目前国内零售行业仍欠缺供应链 KPI 体系的行业参考框架和标杆，无法为企业提供指引，以帮助企业了解自身在行业中所处的水平及与行业领先企业实践之间的差距。

（一）调研方法

1. 调研目的

通过收集消费品零售企业和品牌制造商企业的供应链运营 KPI 数据，对经营不同业态、不同品类的企业在供应链可靠性、响应速度、资金效率、成本、复杂度等方面的绩效水平进行分析和解读，对比中美行业的差距，探索零售行业企业在供应链管理中的挑战及背后原因，并提出相应建议。

2. 调研对象

该研究主要针对覆盖多种业态的零售企业（以超市、便利店为主）和提供商品的品牌商企业。

3. 调研内容

该研究涉及供应链可靠性、响应速度、资金效率、供应链成本、复杂度等五个维度的信息。商品品类包括生鲜、冷冻、食品饮料和非食品四大类。

4. 数据收集

收集 2019 年上半年数据（2019 年 1 月至 2019 年 6 月），借鉴美国零售企业 KPI 体系和供应链运营参考模型®（SCOR®）KPI 体系，并结合对国内零售行业的深入观察，我们提炼出适用于中国市场的零售企业和品牌商企业的供应链 KPI 体系框架，以此作为衡量企业供应链管理效率与水平的关键指标。

表 1　　供应链 KPI 一览表

KPI 分类	KPI 指标	指标含义	KPI 适用性	
			零售企业	品牌商企业
供应链可靠性	R1 – 客户完美订单履行率（%）	所有订单按时足量无损交货的比例（零售企业针对线上业务）	√	√
	R2 R3 – 客户订单按时满足率（%）	所有订单按承诺时间交货的比例，无足量要求（零售企业针对线上业务）	√	√
	R4 – 客户退货率（%）	在售后服务规则内，发生退货的的退货金额占总销售额的百分比	√	√
	R5 R6 – 仓库缺货率（%）	针对仓库和 DC，因缺货导致的未能按时足量交付的订单的比例	√	√
	R7 R8 – 供应商采购订单满足率（%）	门店或 DC 下达的供应商采购订单的按时交付的比例	√	
响应速度	L1 – 订单履行周期（days）	订单从下单至收货所需的时间（零售企业针对线上业务）	√	√
资金效率	A1 – 库存周转天数（days）	包括 DC/仓库，门店等成品库存（品牌商企业还应包括原料和半成品））	√	√
供应链成　本	C1 – 销货成本占比（%）	销货成本（COGS）占收入的比重（含采购、生产加工成本+正常退货或损耗带来的成本）	√	√
	C2 – 仓储物流费用占比（%）	仓储和物流费用占收入的比重	√	√

表 2　　参与调研的企业一览表

零售企业（31 家）					
企业名称	主营品类	企业名称	主营品类	企业名称	主营品类
厦门见福	食品饮料	山西美特好	综合	麦德龙	食品饮料，冷冻
北京超市发	综合	宁夏新华百货	综合	浙江联华华商	综合
山东全福元	综合	lotus	综合	三胞（零售企业）	3C，家电
凤凰优选	食品饮料	三江购物	综合	SPAR China	食品饮料，生鲜
步步高	食品饮料，生鲜	京东	3C，百货	人人乐	综合
浙江万客隆商贸	食品饮料，生鲜	北京华冠	综合	天虹股份	综合
浙江海港超市	综合	永辉	综合	百果园	生鲜
美菜	生鲜，食品饮料	湖南新佳仪	食品饮料，冷冻	美宜佳	食品饮料
通程	百货，食品饮料	贵州合力超市	综合	钱大妈	生鲜
合肥百大合家福	综合	广东天福	食品饮料	中百控股	综合
家家悦	综合				

续表

品牌商企业（11 家）	
企业名称	主营品类
青岛北洋佳美	冷冻
亿滋	食品饮料
中粮	食品饮料
可口可乐	食品饮料
来伊份	食品饮料
欧莱雅	非食品（洗护日化）
宝洁	非食品（洗护日化）
伊利	食品饮料
三胞（品牌商企业）	非食品（3C，家电）
益海嘉里	食品饮料
鲁花	食品饮料

（二）数据收集

企业数据反馈情况：参与本次调研的 42 家企业中，数据填写完成度在 70%以上的企业占总数的 50%，整体完成度较高。

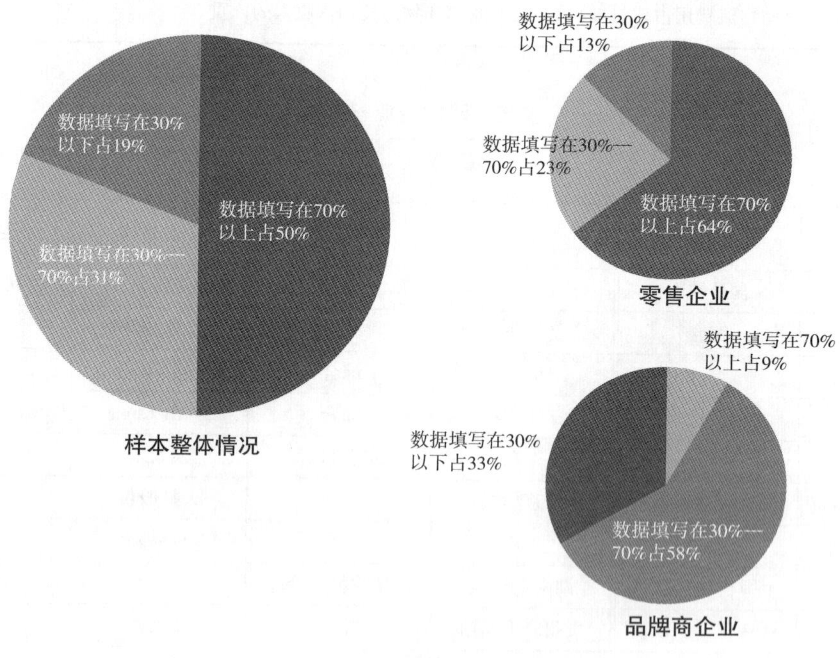

图 1　企业维度数据收集情况

表 3　　KPI 维度数据收集情况表

KPI 分类	数据项	样本整体	零售企业	品牌商企业
基本信息	按品类销售占比	4	4	3
	按业态销售占比	3	4	/
供应链可靠性	R1 – 客户完美订单履行率（%）	3	3	2
	R2 R3 – 客户订单按时满足率（%）	3	3	2
	R4 – 客户退货率（%）	3	4	2
	R5 R6 – 仓库缺货率（%）	3	3	2
	R7 R8 – 供应商采购订单满足率（%）	4	4	/
响应速度	L1 – 订单履行周期（days）	3	4	2
资金效率	A1 – 库存周转天数（days）	3	3	1
供应链成本	C1 – 销货成本占比（%）	3	3	3
	C2 – 仓储物流费用占比（%）	3	3	3
供应链复杂度	M – 门店数量，仓库数量，供应商数量等	3	3	3

（三）关键发现

1. 零售企业

（1）订单履行

多数零售企业以订单履行周期衡量企业线上服务水平。此次研究结果发现，中国零售企业整体订单履行周期为 2.1 天，较美国同行业企业快约 0.2 天。而订单履行，即线上服务水平是本次研究四个维度中，中国零售企业唯一优于美国同行业的指标，表明随着中国市场电商业务的蓬勃发展，对线上业务的服务水平要求与能力也随之提高。

（2）库存管理

本次研究的样本零售企业库存周转天数中位值为 33 天，而美国同行业库存周转天数为 28 天，整体来看，中国零售企业库存周转速度较慢，效率较低。其中以大中型超市业务为主的企业，受需求波动及产品类别覆盖等原因，整体库存管理挑战较大。相较其他业态，电商企业由于其业务特性，仓库库存周转率最高，而整体门店周转速度慢于仓库。

（3）缺货管理

中国零售企业平均缺货率水平为 2.3%，较美国同行业相比略高 0.3%。其中以大中型超市业务为主的企业缺货率最高，达 5.0%。便利店缺货率最低，为 1.3%。深入分析发现，我国零售企业缺货率略高，除需求端因素外，供应商体系复杂度和供应商管理水平直接影响缺货率。

（4）供应链成本

美国同行业平均仓储物流费用占比为 2.7%，中国零售企业平均仓储物流费用占比为 3%，略高于美国。其中不同类别企业受其运营模式影响，仓储物流费用占比呈现不同趋势：以电商为主企业由于其及时性配送需求较高，因此整体仓储物流费用占比最高，中位值达 7.5%；而以大中型超市为主企业的仓储物流费用占比仅为 2%；以社区便利店及专门店为主企业的中位值为 5%。具体分析发现，门店数量的规模效应直接影响社区便利店及专门店企业的物流费用占比。

2. 品牌商企业

（1）订单履行

作为最直观的外部客户服务水平指标之一，中国品牌商企业订单履行周期为 3.2 天，较美国同行业企业快约 1 天。主要归因于近年来经济发展及消费水平的不断提升，行业内竞争激烈，行业企业为抢夺市场，有更高意愿投资于提升客户服务水平。在对各品类品牌商企业研究中发现，不同品类及产品细分类别的订单履行情况存在差异，生鲜及液态乳品的交付周期还有待提升。

（2）库存管理

本次研究的样本品牌商企业库存周转天数中位值为 32 天，而美国同行业库存周转天数仅为 9 天，整体来看，中国品牌商企业库存周转速度较慢，效率较低，企业的平均仓库数量偏多。主要由于企业缺少需求端的预测机制，需求预测准确率较低，同时未设立库存计划及相应的预警机制，产销两端沟通不及时，跨部门的沟通机制有待建立。

（3）缺货管理

缺货造成直接的销售损失，是重要管理指标之一。中国品牌商企业的平均仓库缺货率水平为 1.7%，较美国同行业相比略高 0.2%。经调查发现，中国品牌商企业与经销商的协同较差，渠道进销存数据可视性较低，在应对热销商品及促销活动时无法保障货源，缺货率较高。

（4）供应链成本

美国同行业平均仓储物流费用占比为 3%，中国品牌商企业平均仓储物流费用占比为 5%，高于美国。另外，中国品牌商企业的销售成本占比为 80%，显著高于美国的 50%。国内企业供应商数量众多，缺乏整合，增加了供应链的复杂程度，导致企业内部管理难度增加，成本上升。而为应对下游的需求波动，国内品牌商企业广泛布局仓储物流网络堆积库存，造成仓储物流费用较高。

三、零售企业供应链 KPI 对标发现

（一）研究范围及样本

本报告选取了 31 家中国零售企业作为样本，进行供应链 KPI 研究。

从规模来看：样本企业的规模分布较为均匀，不同规模的样本企业在品类和业态上有所差异。

样本企业在规模上分布：

·规模在 50 亿元以下及 51 亿—100 亿元之间的企业为 10 家，占比为 32%。

·规模在 100 亿—200 亿元之间的企业有 5 家，占比 16%，规模在 200 亿元以上的企业有 6 家，占比 20%。

·50 亿元以上的企业主要是大中型超市为主的综合性业态，多品类经营，品项齐全。

·50 亿元以下的企业中社区便利店和专门店业态占比较高，主营品类多为食品饮料、

生鲜等。

从业态分布来看：多数样本企业布局两到三种业态，其中布局最多的为超市业态，其次为便利店和电商。

样本企业经营业态的数量：

· 约四分之一的样本企业涉及全部四种业态。

· 经营三种业态的企业中，其主要经营模式为“超市+便利店+电商”。

· 只经营一种业态的零售企业中，60%为超市业态。

各零售业态的企业数量：

· 样本企业中，超过70%的企业涉及超市业态，68%的企业涉及便利店，61%的企业涉及电商。

· 专门店是样本企业中布局较少的业态，占比仅45%。

从品类分布来看：多数样本企业覆盖了全部四大品类产品。

样本企业经营品类的数量：

· 接近90%的样本企业其经营品类覆盖了全部四种品类，均为综合型零售商。

· 经营单一品类的样本企业均为非食品类。

各品类的企业数量：

· 样本企业在四大类产品中分布差距较小，每一品类均有超过90%的样本企业经营销售。

· 其中非食品类是最多样本企业经营的品类，其次为冷冻和食品饮料。

（二）样本企业规模分布

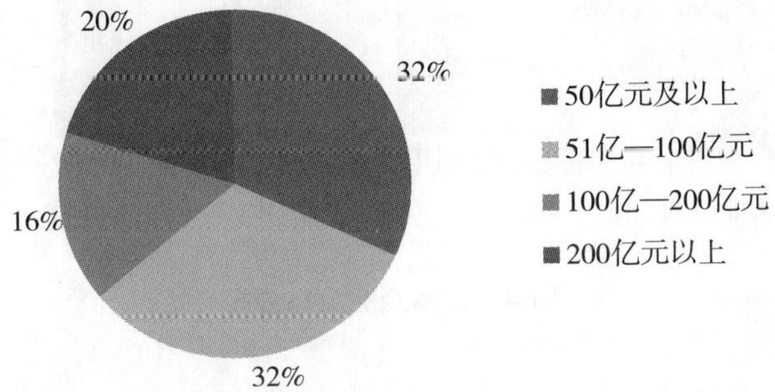

图 2　样本企业规模分布

（三）样本企业品类分布

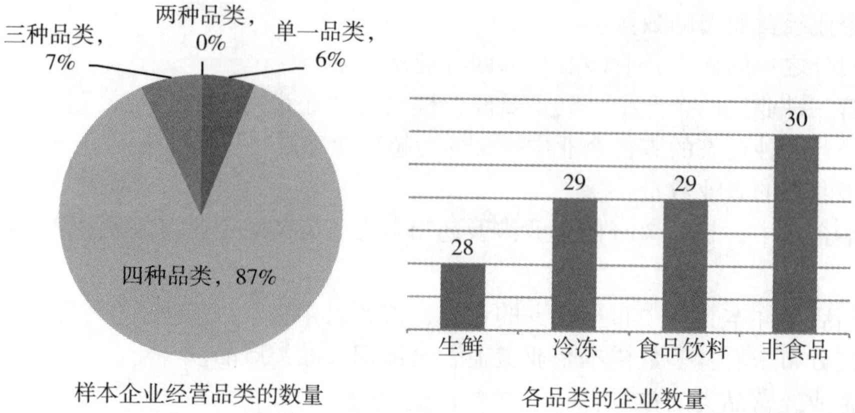

图 3　样本企业品类分布

（四）样本企业业态分布

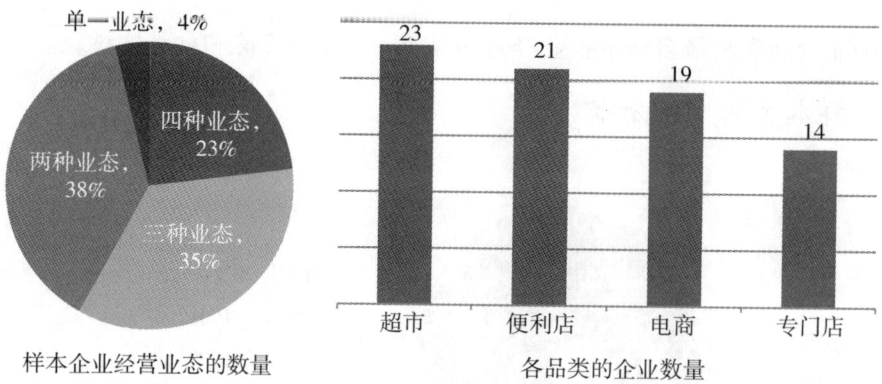

图 4　样本企业业态分布

1. 线上订单履行周期

针对线上业务，订单履行周期整体好于美国同行业水平，生鲜及冷冻食品的订单履行周期普遍较短，非食品订单周期最长，成熟度较低企业的订单周期偏长。

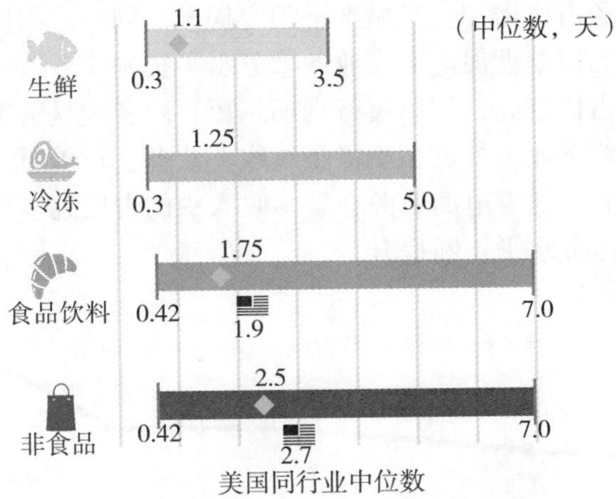

图 5　样本零售企业线上订单履行周期分布

生鲜类产品的订单履行周期最低值为 0.3 天，最高值为 3.5 天，中位值仅 1.1 天，86%企业集中于 1 天左右交付。生鲜类尤其鱼肉类受保质期及新鲜度要求影响，客户对订单送达的即时性需求很高。

冷冻产品需要全程低温环境，尽量避免多次搬运和转移，因此多为中央冷库直接配送到家模式，中位值为 1.25 天。样本中 20%的企业订单周期大于 2 天，其余多数企业周期在 1—2 天左右。

食品饮料类产品的线上订单周期中位值为 1.75 天，比美国同行业水平少 0.2 天。通常不需要特殊配送设施，但仍有保质期要求，订单周期长。样本企业中仅 20%超过 3 天，最高值受企业成熟度影响。

非食品类美国同行业水平为 2.7 天，样本企业的交付水平（2.5 天）略好于美国。由于非食品类对于运输条件及自身保质期无严格要求，紧急性较低，整体订单周期在所有产品类别中最长。

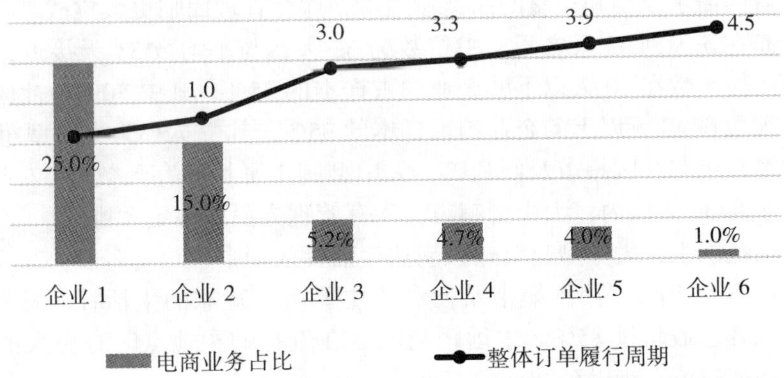

图 6　零售企业电商业务占比与订单履行周期的相关性分析

零售企业随电商业务占比增加，交付水平随之提升。同时，门店及仓库的覆盖度也影响线上线下融合能力，高覆盖度促进电商业务服务水平提升。

零售企业电商业务占比越高，订单履行周期越短，两者成显著负相关关系。

样本中零售企业除线下业务外也在积极拓展线上业务，订单履行周期反映了其线上业务的服务水平。可以看到，随着电商业务在整体收入中的占比逐步增加，其受重视程度也相应增加，电商业务的服务水平不断提升。

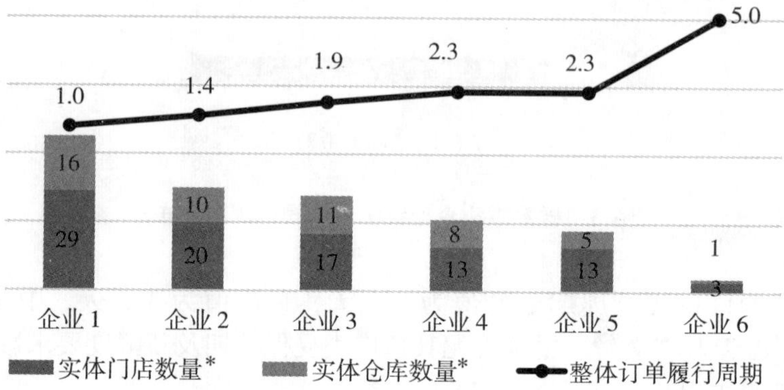

图 7　门店及仓库数量与订单履行周期的相关性分析

*注：门店数量指标 = 该企业门店数量/（销售额/10 亿元人民币），数值代表每 10 亿元人民币销售额需多少门店贡献；仓库数量同上。

分析发现，零售企业门店数量及仓库数量与订单履行周期成显著负相关关系，线下门店网点及仓储网点的数量增加，其线上订单履行周期随之缩短。

在开展电商业务的企业中，借助实体门店及仓库的覆盖范围，线上线下融合的服务能力提高，大大缩减订单周期。

2. *库存周转天数*

与美国企业对比，中国零售企业的库存周转速度较慢，尤其大中型超市业态，受限于来自终端消费者的需求波动和完整的品类覆盖度，库存管理面临更大挑战。样本企业的库存周转天数分布在 5 天到 63 天之间，中位数为 33 天，与平均数 31 天接近，整体分布较为均匀：库存周转天数在 20 天以下的企业约占样本的 35%，其中 50%为社区超市和便利店；库存周转天数在 40 天以上的企业约占样本的 35%，其中 72%为大中型超市。

对比大中型超市与社区超市及便利店，大中型超市平均库存天数在 37 天以上，社区超市及便利店多在 30 天以内，大中型超市在库存管理方面面临更大挑战。

在服务覆盖范围上，大中型超市兼顾周边生活社区和中远距离客户，2km 范围内的客户仅占客户总数不到 50%，社区超市及便利店主要服务背靠的生活社区或写字楼，2km 范围内客户占顾客总数超过 85%。中远距离顾客在选择购买地点时有更大的随意性，不利于锁定稳定的客户流，难以精准预测需求。

在购物行为上，选择大中型超市的客户中有相当比例为低频高客单价购买（如周末批量储备性采购，周末客流约为工作日客流的 1.5—2 倍），且时段上更容易受到节假日和促销的影响；相对的，社区超市及便利店更多为周围居民客户提供每日所需（如生鲜、食品饮料等)，多为高频消费且流量稳定，基本不受促销等影响，这便于社区超市及便利店作出更准确的库存计划。

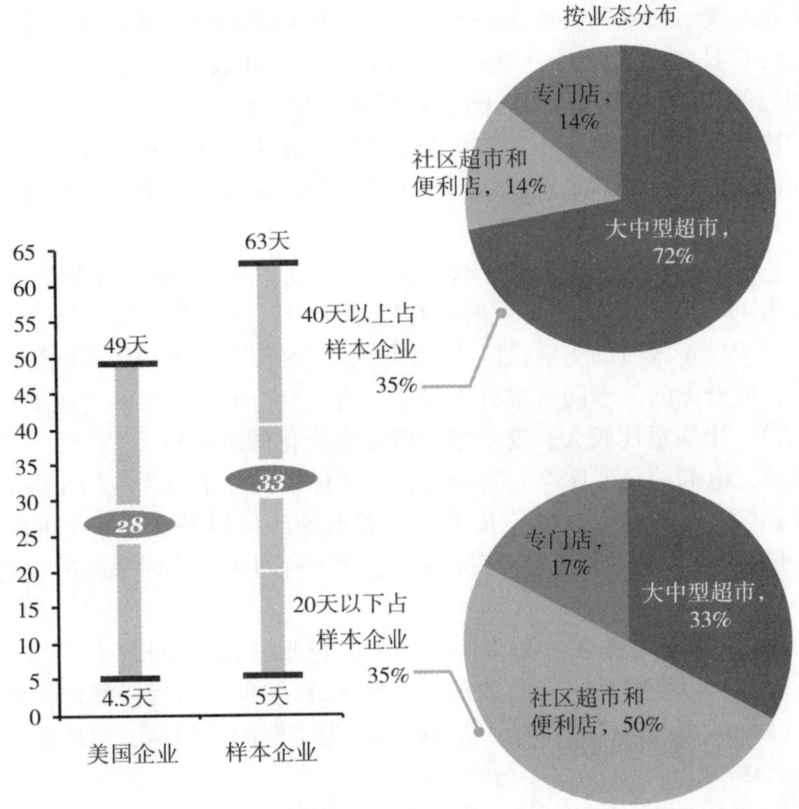

图 8　库存周转天数分布

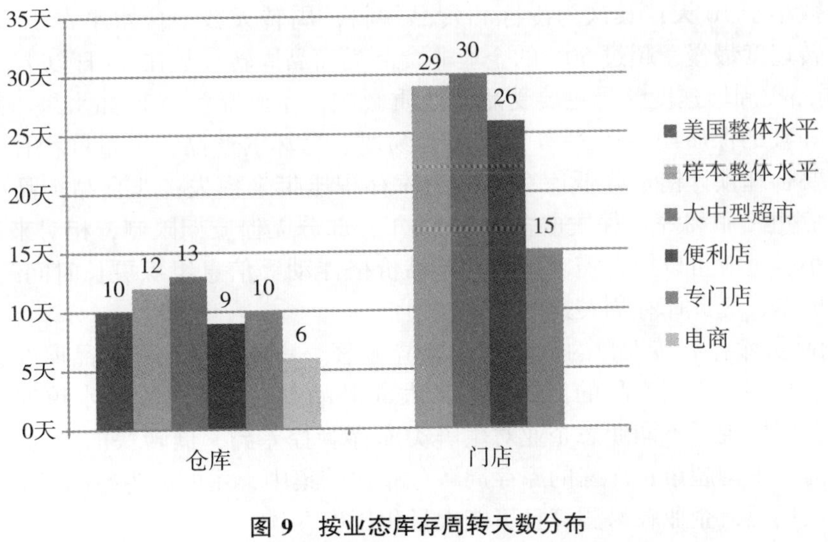

图 9　按业态库存周转天数分布

在运营品类上，大中型超市品类更为齐全（大中型超市的 SKU 一般在 8000 以上），既包含高频消费的食品饮料、应季节热销品，也包含低频次消费的电器、家具等品类，对于低频次及滞销品类，仍然需要准备一定的库存以应对不稳定需求；社区超市及便利店在选择品类上以每日日常需求为主，多为食品饮料、生鲜和及日用品，品类更为精简（社区超市及便利店的 SKU 大多低于 1000），在管理库存方面，大幅降低了复杂度。

从仓库的库存周转速度看，中国零售企业的整体水平慢于美国企业的整体水平；在各业态中，电商的仓库库存周转最优；从门店的库存周转速度看，其周转普遍慢于仓库库存周转速度。

总体来看，门店库存周转普遍慢于仓库，门店平均库存周转天数为 29 天，仓库平均库存周转天数为 12 天，门店面临更大的库存管理压力。这主要因为：与仓库相比，门店的需求主要来自于特定区域的生活社区或商圈等，受客流和社区等因素的影响大，需求稳定性相对较差；而仓库的需求同时来自于多家门店（参与本次调研的企业平均每家仓库服务约 11 家门店），出库量比较大，受单家门店需求变化的影响较小。

从业态来看，电商的仓库库存周转最优，主要体现在以电商为主的企业利用先进技术提升预测的准确性，如利用大数据等技术进行需求预测可提升准确率至 80%以上；且多采用领先的仓储管理技术，如分类库存标签、定义库存级别、实时跟踪等，对库存精细化管理。

从门店的库存周转水平来看，以专门店为主的企业门店库存水平优于以大中型超市和便利店为主的企业：以生鲜为主营品类的专门店 SKU 较少，出货量稳定，每天上架的货物趋于可控，甚至可实现当日零库存；以 3C 产品为主营的专门店，门店库存集中在热销款和新品，流转速度快。

从品类来看，生鲜类产品的特性决定了其库存周转最快，非食品类由于产品品种范围广泛，整体分布最为分散。

· 不同品类库存周转天数存在明显差异。生鲜周转速度最快，超过 75%的企业生鲜商品周转天数小于 10 天；其次为冷冻和食品饮料，周转天数中位水平在 16 天和 30 天；非食品类周转速度最慢，超过 50%的企业非食品类商品周转天数在 30 日以上。

· 不同品类周转速度差异主要受品类性质影响。生鲜品类（比如水果、蔬菜、新鲜肉品、乳品等）的保质期多在 3—7 天，多为易腐、易坏的产品，大量堆积存货会降低产品质量，需要合理预计销量降低库存以避免库存积压带来损失；非食品类品项（如洗护日化、3C、家电、服装等）保质期多在 2—3 年，部分无保质期限制，相对来讲，库存报废的压力较小，企业可以结合需求预测和产品价格浮动等信息组织更长时间跨度的库存，以降低采购成本，因此库存周转速度相对较慢。

· 不同品类库存周转天数的分布范围差异显著。食品饮料和非食品库存天数分布范围广，涵盖品种多，不同产品的保质期差异大（乳品多在半年内，酒水粮油大于一年）；生鲜库存分布广体现了不同业态企业对生鲜类库存管控差异，周转快的多为专门生鲜店，周转慢的多为大中型超市；冷冻的库存周转分布比较集中，主要因为冷冻类品项相对单一和固定，保质期短，企业较易测算且不能大量积压库存。

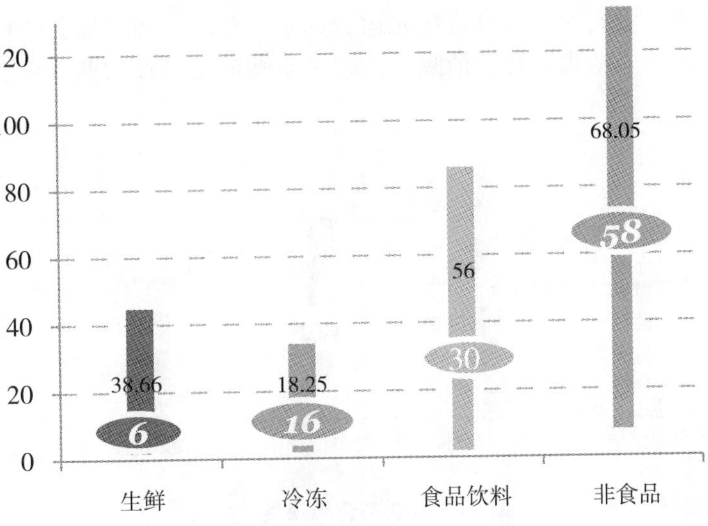

图 10　按品类库存周转天数分布

开市客（Costco）是美国最大的连锁会员制仓储量贩店，是会员制仓储批发俱乐部的创始者，自 1976 年成立以来即致力于以可能的最低价格提供给会员高品质的品牌商品。目前，Costco 在全球七个国家设有超过 500 家的分店，其中大部分都位于美国境内。

Costco 集团基于对客户群体的精准定位，精选商品设置极致低价，严控成本降低费用，打造了高效运营模式，实现库存周转天数 30. 5 天，远优于行业整体水平。

其高效的库存周转能力与会员制、极简的 SKU、按需求导向分批生产、成熟的供应链仓配网络等运营举措密不可分。

· 依托会员制。Costco 实行完全会员制，定位年收入 8 万—10 万美元的中产阶级，在会员门槛之上，圈定了较为准确的客户群体，建立完善的会员消费信息数据库，拥有清晰的用户画像。依托会员信息大数据库，以会员消费需求为导向，由 CEO 为首的采购团队，对采购商品品类进行严选精挑，保证产品与客户需求精准对接，降低无效需求，提高库存周转。

· SKU 极简化。Costco 仅提供约 4000SKU（相对于活跃 SKU10 万的沃尔玛），每类品牌下最多提供 1—3 个火爆 SKU 商品，降低了库存管理的复杂度。单个 SKU 高进货量一方面形成供应链上的规模效应，单个 SKU 商品可以由多个供应商共同生产、快速完成，提高产品的供货能力；另一方面高进货量可以提高 Costco 对供应商的议价能力，进而压低销售价格，刺激消费者购买欲望。

· 需求导向的分批生产。通过对销售数据的监测和商品陈列展现方式的操作，及时刷新需求预测，调整商品采购数量，1 个 SKU 会分配给若干供应链企业负责生产。Costco 采用按市场需求分批生产的策略，使得库存始终保持在较低水平。当某产品销售超出预期，再由多个供应链企业共同加工，快速完成。

· 成熟的供应链仓配网络。30%货品直接由生产厂商送至门店，70%送至中心库，商品尽量不再拆包，仓储式陈列的卖场布局、大包装的整包售卖、高速运转的库存，摊薄了库房费用。为配合 Costco 库存高速运转的需求，公司设有成熟的物流系统，通过建设中转仓储，完善货物运输流程。部分货物先运送到中转仓库，通过加工、包装等处理后，转送到各仓储店，这种一站式中转，消除了传统多步骤输送导致的低效率。

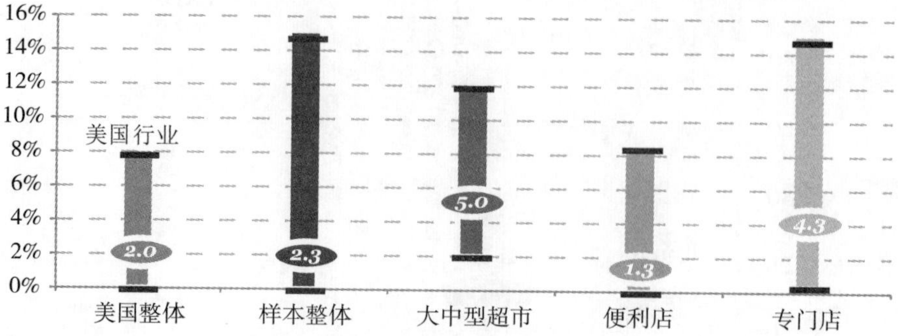

图 11　按业态仓库缺货率分布

样本企业的整体仓库缺货率为 2.3%，高于美国行业水平 2.0%，仓库缺货直接影响门店 OSA，造成销售损失。

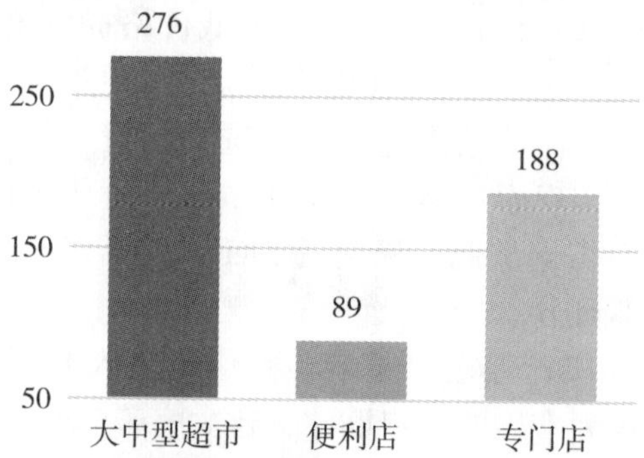

图 12　按业态每 10 亿元对应供应商数量

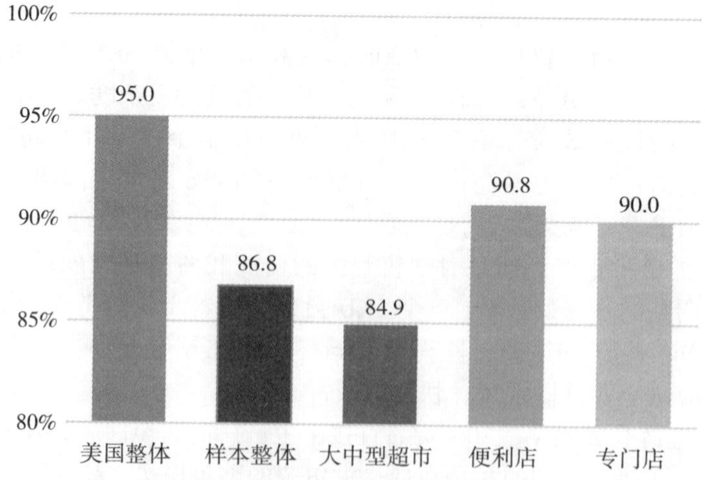

图 13　按业态供应商订单满足率

3. 仓库缺货率

与美国企业相比，中国零售企业仓库缺货率略高。不同业态的仓库缺货率差异明显：便利店较低，大中型超市较高。除需求端因素外，配送频率、供应商管理水平等也与缺货率息息相关。

不同业态仓库缺货率差异显著，便利店仓库缺货率中位值在1.3%，而中大型超市缺货率中位值在5.0%，主要有以下几个原因。

购物需求和方式不同：中大型超市会有大宗采购，团购、促销打折带来的市民抢购情况出现，导致超市不能及时作出采购补货反应；相对的社区超市和便利店多为高频消费且流量稳定，打折促销的商品多为特定品牌（如品牌推出的季节限定及新产品促销），数量较少，因此采购预测准确性较高，可有效避免缺货现象。

配送频率和细化程度不同：中大型超市的配送频率较低，多数商品配送频率为一周一次左右，且多以箱为单位配送；相对的小业态的社区超市和便利店配送频率较高，且多能细化到件数，配送更为精细，更能匹配其销售情况，仓库缺货率整体较低。

供应商管理水平不同：缺货率与供应商数量及供应商订单满足率负相关，以便利店为主的零售企业供应商数量最少，供应商订单满足率最高超过90%，供应商管理水平较高，降低了仓库缺货的风险；而大中型超市的供应商数量多，管理复杂度高，订单满足率不足85%。

销售与库存信息更新频率不同：大中型超市规模较大，SKU数量较多，销售和库存信息的更新周期较长，存在库存盘点不够及时现象；而小型超市和便利店可以做到每日更新销售和库存信息，及时补货。

从品类来看，品类特性影响需求端的稳定性和供应端的订单满足水平，导致不同品类的仓库缺货率差别明显，供应商管理仍是缺货率管理的重要一环。

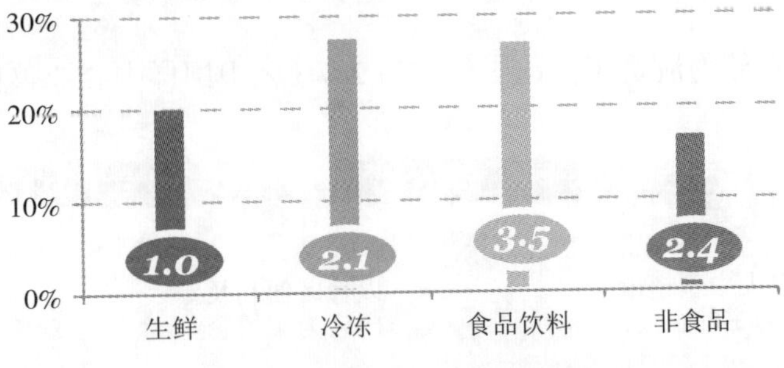

图14 按品类仓库缺货率分布

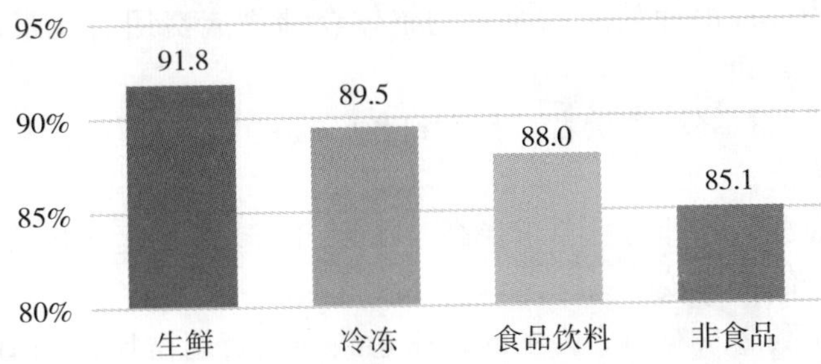

图15 按品类供应商订单满足率

不同品类仓库缺货率差别明显，食品饮料最高，中位值为3.5%，生鲜类最低，中位值为1.0%，主要受品类特性影响。

从需求端分析：食品饮料整体仓库缺货率最高，主要是因为消费者对于食品饮料日常消耗较大，且由于食品饮料本身品类和品牌众多，消费者对于不同品类和品牌的需求度与品牌忠实度准确计量和推测的难度较大，易导致食品饮料类在及时供给问题上存在困难；生鲜类整体仓库缺货率最低，主要由于生鲜的消费频率比较稳定，企业可以根据其服务覆盖范围内居民每日家庭正常生活生鲜需求量及其消费频率（如大约有33%居民每周购买新鲜蔬菜的次数会超过3次，而有22%居民表示一周只会采购1次新鲜蔬菜）的相关信息对采购量和上架量做出相对合理、准确的判断。

从供应端分析：生鲜品类的供应商订单满足率最高，中位水平在92%，超过80%的企业供应商订单满足率超过85%；其次是冷冻品类，其缺货率与供应商订单满足率负相关；食品饮料供应商的订单满足率约为88%；非食品类虽然供应商订单满足率低（85%），但一般保质期长，可准备适当库存（非食品的库存水平为四种品类最高），因此仓库缺货率（2.4%）在四种品类中处于中间位置。

4. 仓储物流费用占比

中国零售企业仓储物流费用占比略高于美国，不同类别企业受其运营模式影响，占比呈现不同趋势，以电商为主的企业由于即时性配送需求占比较高，大中型超市最低。

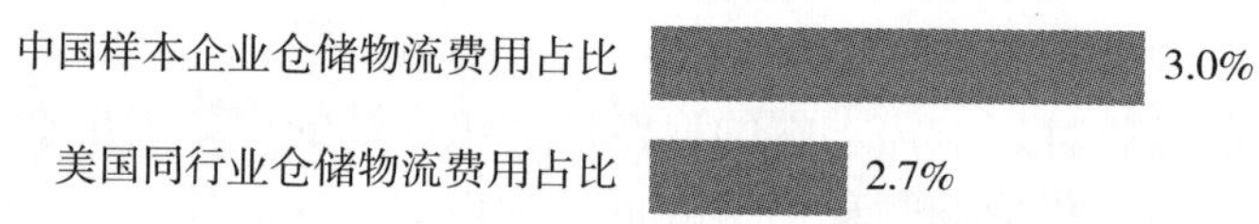

美国零售企业仓储物流费用占比中位数为2.7%，中国样本企业整体略高，达3.0%。

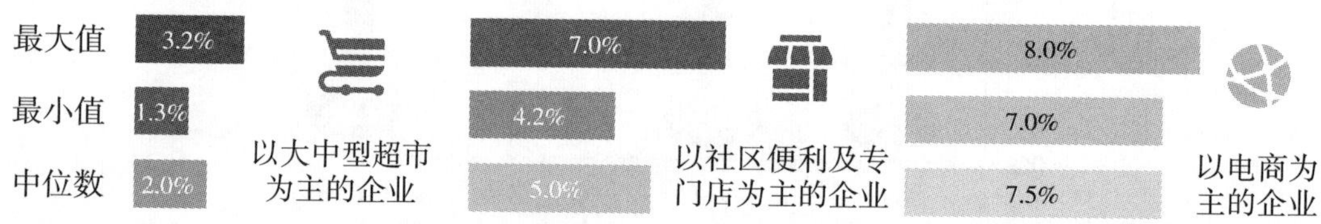

三类零售企业中，以电商为主的企业的整体仓储物流费用占比最高（7.5%），整体分布在7.0%—8.0%之间。

· 电商业务直接对接终端消费者，仓库到客户的城市配送是主要运作方式，因此物流费用显著高于其他两类。

· 消费者对电商配送的即时性要求提高，在无门店支撑的运作模式下通常需要多级仓储网络支持，因此仓储费用较高。

以社区超市、便利店及专门店为主的企业仓储物流费用占比最高值为7.0%，最低值为4.2%，中位数为5.0%。由于社区超市及便利店普遍分布分散且门店库存较低，需要进行频繁补货，配送费用相比大中型超市略高。企业仓储物流费用同时受到电商业务影响，在高于中位数的企业中电商业务占比超过 15%，在低于中位数的企业中电商业务占比低于 2%。

以大中型超市为主的企业整体仓储物流费用占比中位值仅为 2.0%，最高值也仅为 3.2%。该类企业整体门店规模较大，配送频次低，仓储费用有一定优势。高于中位数的企业中，从事电商业务的占比高于其余企业。

以社区便利及专门店为主的企业随门店数量增加，物流效率提升。以大中型超市为主的企业因单次配送量大，其物流费用随门店数量增加而提高。

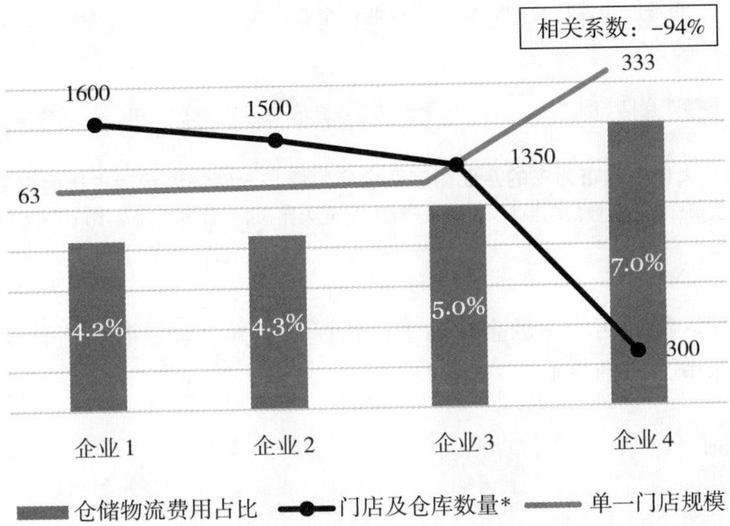

图 16　社区便利店及专门店为主的企业门店及仓库数量与仓储物流费用占比的相关性分析

＊注：门店数量指标＝该企业门店数量/（销售额/10 亿元人民币），数值代表每 10 亿元人民币销售额需多少门店贡献；仓库数量同上。

以社区便利店及专门店为主的企业，其仓储物流费用占比与其门店及仓库合计数量成负相关，即门店与仓库合计数量越多，仓储物流费用占比越低。门店数量与企业物流费用占比的相关系数为-86%，即门店数量越多，其物流费用越少。

以社区便利店及专门店为主的企业的单店规模通常较小，单次配送量主要受单店体量限制，而非车辆运力限制。因此门店较少的企业，其配送无法形成规模效应，配送效率较低，门店数量多的企业可通过路径规划，最大化配送效率。

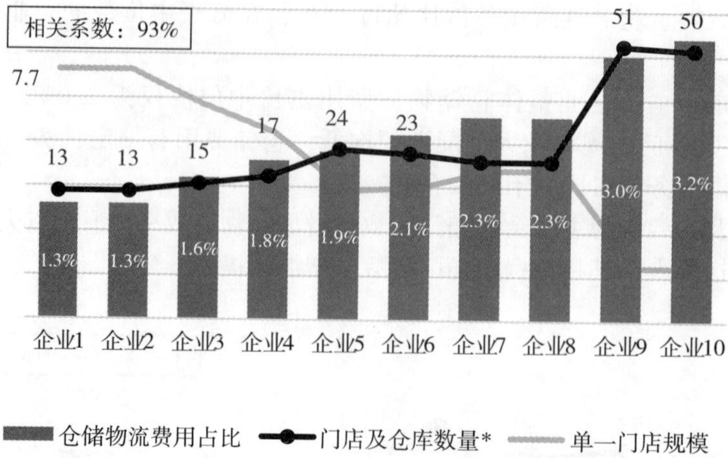

图 17　大中型超市为主的企业门店及仓库数量与仓储物流费用占比的相关性分析

＊注：门店数量指标＝该企业门店数量/（销售额/10 亿元人民币），数值代表每 10 亿元人民币销售额需多少门店贡献；仓库数量同上。

以电商及社区便利店为主的企业由于运营模式差异，仓储费用占比及物流费用占比均高于以大中型超市为主的企业。

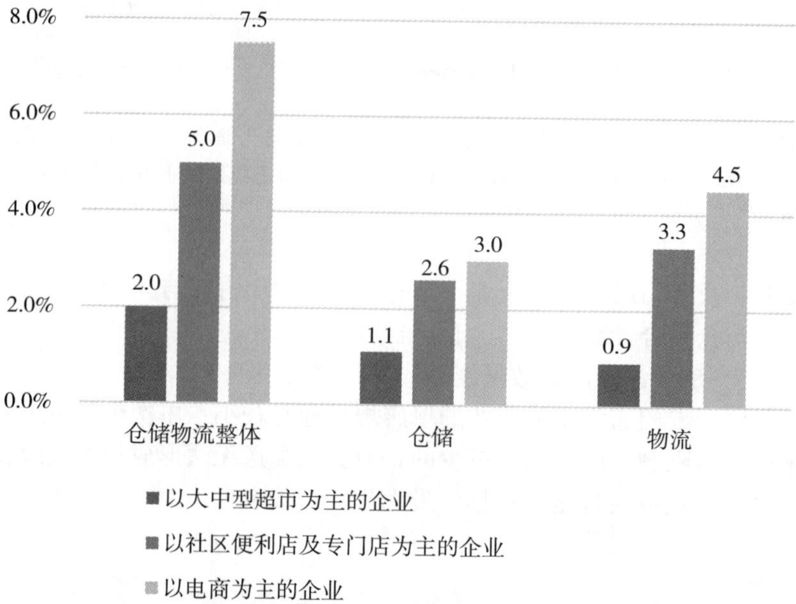

图 18　各类企业仓储及物流费用占比分布图

以大中型超市为主的企业的仓储（1.1%）和物流（0.9%）费用占比分别远低于以社区便利店为主的企业（2.6%，3.3%）和以电商业务为主的企业（3.0%，4.5%），低频配送和自带仓储空间是其费用率低的主要原因。

从仓储费用占比看，以社区超市及便利店为主的企业（2.6%）与以电商业务为主的企业（3.0%）比较接近，两者都依赖多级仓储网络触及消费者。

从物流费用占比看，以社区超市及便利店为主的企业（3.3%）低于以电商业务为主的企业（4.5%）。社区超市、便利店及专门店的门店数量较多且分散，受限于门店仓储能力，其物流配送频次高，电商类零售企业终端配送的即时性需求导致其物流特点为小量高频，致使物流费用占比更高。

管理实践——永辉超市

永辉超市成立于2001年，是中国企业500强之一，位居2018年中国连锁百强企业6强、中国快速消费品连锁百强4强，是国家级“流通”及“农业产业化”双龙头企业，是中国大陆首批将生鲜农产品引进现代超市的流通企业之一，被国家七部委誉为中国“农改超”推广的典范。

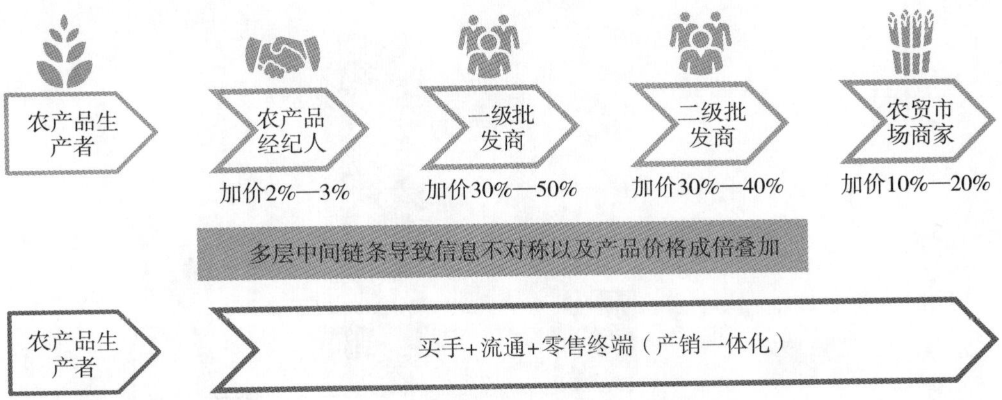

传统生鲜供应链体系从生产者到终端商家整体链条较长，中间参与者较多，且各层级均产生不同程度加价。长链条的生鲜供应链体系不仅降低整体效率，同时造成较严重的信息不对称，产品价格成倍叠加。

而永辉超市采用的自采直营模式将中间各环节省略，将买手、流通环节以及终端零售环节自主运营，不仅通过整合中间环节削减信息不对称以及价格叠加，更对绝大部分流通环节有直接掌控，因此为后续各流通环节内部资源优化、高效整合打下了坚实的基础。

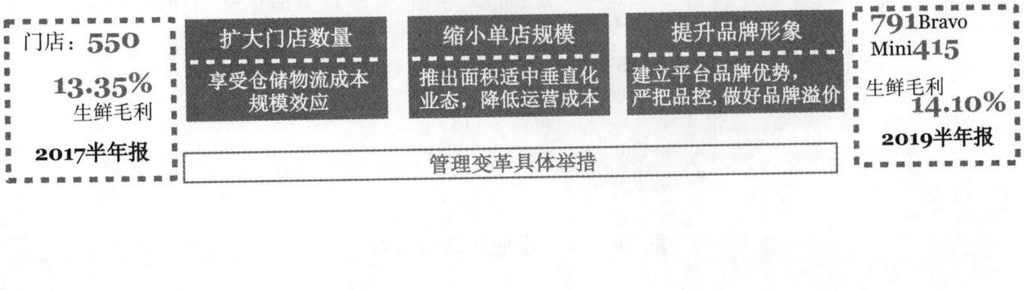

永辉超市 2017 年拥有门店 550 家，生鲜毛利率为 13.35%。在两年内，通过不同方式进行管理变革：扩大门店数量基数，通过增加门店数量充分利用生鲜专卖店仓储物流的成本规模效应；同时缩小单点规模，推进面积适中的店面业态进而降低运营成本；另外，通过建立平台、严把品控提升品牌溢价，初步建立品牌形象优势，到 2019 年永辉拥有 791 家 Bravo 门店，415 家 Mini 门店。基于以上三大变革举措，其毛利率攀升至 14.1%。

四、品牌商企业供应链 KPI 对标发现

（一）研究范围及样本概览

本次调研样本涵盖 11 家品牌商企业，其中年营业收入在 50 亿元人民币以上的企业占比为 73%，超过 82%的企业销售单一品类，且集中布局在食品饮料行业。

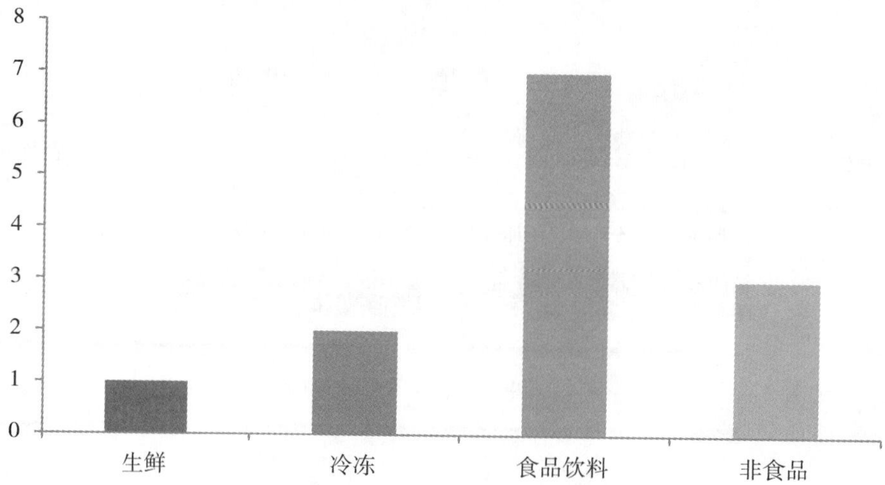

图 19　样本企业按品类分布

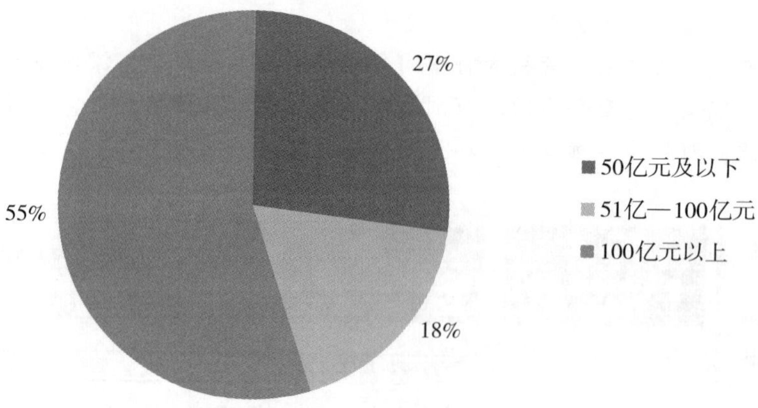

图 20　样本企业按规模分布

规模大于50亿元人民币的品牌商企业以食品饮料为主；在规模大于100亿元人民币的企业中，67%的企业为食品饮料企业，33%的企业为非食品企业；在规模为50亿—100亿元人民币的企业中，全部为食品饮料企业。规模小于50亿元人民币的企业，销售品类较为分散。

11家样本企业中超过82%（9家）仅销售单一品类，18%（2家）销售两种以上品类。销售单一品类的企业中，67%的企业属于食品饮料类，剩余33%的企业属于非食品类；2家销售两种以上品类的企业分别为冷冻类与生鲜类、冷冻类与食品饮料类的搭配方式。

四大品类中，样本企业在食品饮料类布局最多：11家样本企业中有7家在食品饮料类布局，3家布局非食品类（洗护、3C、小家电）。

1. 完美订单履行率

本次调研显示，中国品牌商企业订单交付水平较高，但不同品类之间差距明显，同一品类内部交付水平比较分散，生鲜类产品及液态乳品的交付仍有改善空间。

中国零售行业品牌商企业订单交付平均水平优于欧美。样本企业的完美订单履行率中位值为95%，相较欧美89%的交付水平略高。这主要归因于国内近年来经济发展及消费水平的不断提升，行业内竞争激烈，零售行业品牌商企业为抢夺市场，有更高意愿提升客户服务水平。

不同品类订单交付情况差异显著。生鲜类产品的完美订单履行率中位值为82%，低于行业整体中位水平95%。相对于其他品类而言，生鲜类产品的完美交付受制于产品时效性，对整个供应链的生产、储存、运输、销售等环节要求更高，但当前国内保鲜、冷藏运输载体及全程物流体系仍在完善之中（流通环节较多，冷链建设落后，水产品冷链覆盖率仅为23%），损坏（50%）、腐败过期（30%）及缺货（20%）是导致交付率下降的主要原因。

同一品类内部交付情况分散。以食品饮料类分布为例，60%的品牌商企业完美订单履行率大于中位数，最高水平可达99.97%，20%的品牌商企业完美订单履行率低于80%。相较于食品饮料类中的小食类产品（保质期>18个月），液态乳品等保质期短的产品（保质期<15天）的交付水平较低。消费者对液态乳品质量要求较高，包括健康度及新鲜程度，当前运送过程中易出现破损，以及因保质期限较短导致缺货的情况。

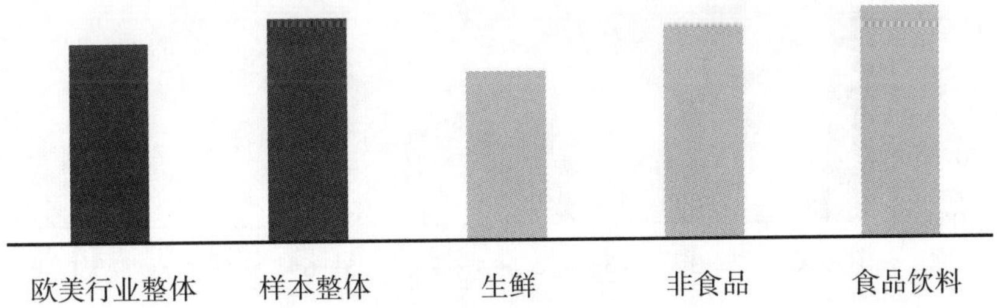

图21　品牌商企业完美订单履行率

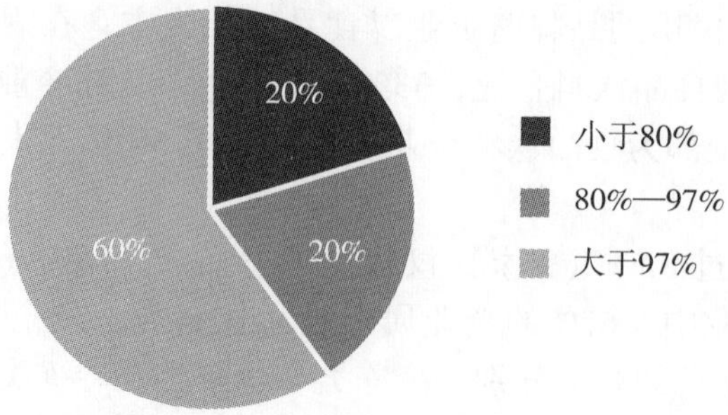

图 22 食品饮料类完美订单履行率分布

我国品牌商企业整体订单交付周期优于美国同行业水平。样本企业的订单履行周期中位值为3.2天，相对美国中位值4.2天较短。下游企业对于订单的即时送达提出了更高要求，品牌商企业通过缩短交付周期提升竞争力。

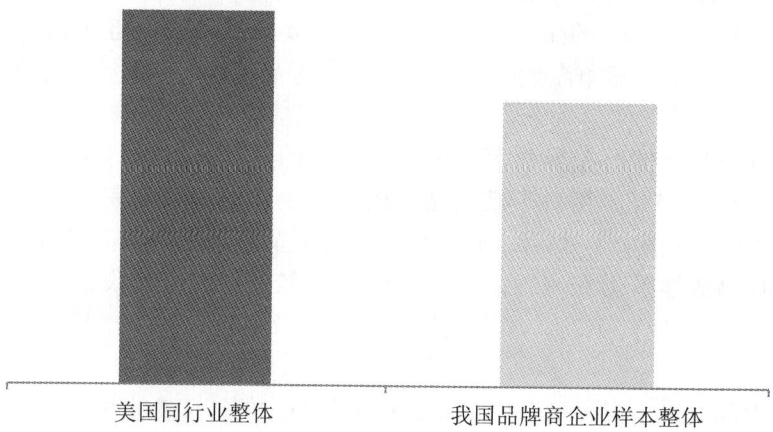

图 23 订单履行周期

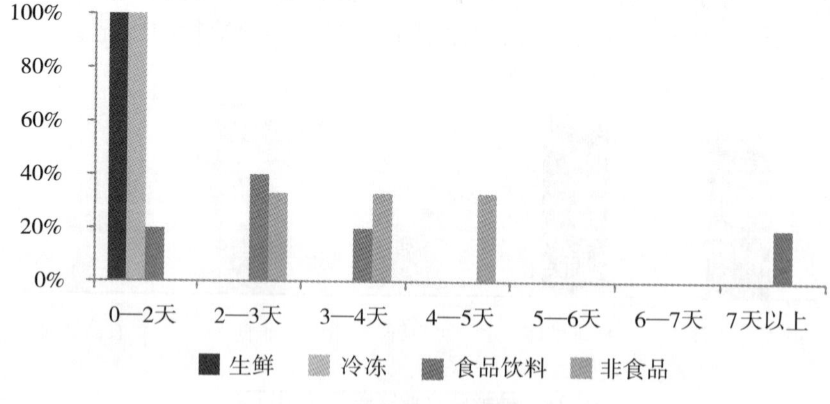

图 24 订单履行周期按品类分布

产品性质影响订单交付周期。相较非食品及食品饮料类，生鲜及冷冻类产品的订单履行周期较短，且分布较为集中，100%的样本企业可在2天内交付订单。此类产品由于易腐败、运输易损等特性（80%产品需在2—3天内食用），相较其他品类交付时效要求更高，订单履行时间更短。

食品饮料内部细分领域交付期存在差异。食品饮料类60%企业订单履行周期小于中位水平，但仍有20%的企业超过7天（食用油类），乳制品订单交付时间明显短于油类、面粉类产品。

2. 订单履行周期

本次调研显示，中国品牌商企业订单履行周期好于美国行业水平，生鲜冷冻类产品的订单履行周期最短，且集中在2天以内。食品饮料类产品因细分品项众多，订单履行周期较为分散。

管理实践——蒙牛

蒙牛乳业（集团）股份有限公司（以下简称蒙牛）于1999年8月成立，总部位于内蒙古呼和浩特市，是国家农业产业化重点龙头企业、乳制品行业龙头企业。作为中国领先的乳制品供应商，蒙牛专注于研发生产适合国人健康的乳制品，已形成了拥有液态奶、冰淇淋、奶粉、奶酪等多品种的产品矩阵系列，拥有特仑苏、纯甄、优益C、未来星、冠益乳、酸酸乳等产品。2019年上半年，蒙牛实现销售收入398.572亿元，同比增长15.6%，实现净利润20.769亿元，同比增长33%。

为加快建设数字化能力，依靠智慧供应链系统，缩短供应链链条，冲击“2020双千亿”的目标，蒙牛从四个方面入手，提升整体服务水平，缩短订单履行周期。

需求预测：基于阿里云大数据平台，在CRM系统上根据线上线下的实际销量建模，改变原有基于历史订单人工预测的方法，由实际销量智能预测。

精准排产：与西门子等外企合作，建立LIMS系统，应用于蒙牛33个生产基地的质检设备上，打造智慧化工厂；同时，在销量预测结果上，根据实际订单对排产计划进行实时迭代，排产周期至少缩短一倍以上。

完善布局：转变配送模式，使用菜鸟提供全国分仓的解决方案，并通过菜鸟为零售通开设前置仓，爆款尚品可快速、最短距离送店，省去经销商环节，缩减管理成本。

物流规划：利用天猫超市与菜鸟联盟直送服务，线上全平台订单可以在24小时内送达，较2018年提升80%；应用阿里云优化调拨路线，考虑整车发运的情况针对蒙牛原奶调拨线路进行组合优化。

3. 仓库缺货率

相较欧美消费品企业，中国品牌商企业的缺货率普遍较高，与下游经销商及零售商协同不足、渠道数据可视度差是缺货的主要原因。

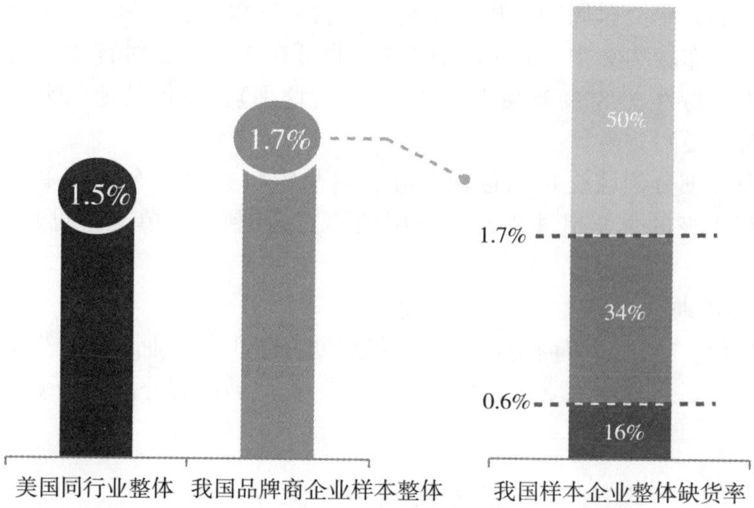

图 25　仓库缺货率及分布

美国同行业整体缺货率为 1.5%，我国样本企业整体缺货率为 1.7%，略高于美国。

在样本企业中，50%品牌商企业缺货率高于 1.7%。经调查，该类企业行业规模较大，主要营业收入皆大于 100 亿元，覆盖的品项及 SKU 数量较多。而 16%的品牌商企业缺货率低于 0. 6%，该类企业的业务及产品相对较为单一。

与美国同行业水平相比，中国品牌商企业缺货率较高，原因有以下几点：

· 与经销商协同较差，热销商品缺货率高。品牌商与经销商/零售商之间缺少协同机制，建立协同补货机制（CPFR）的品牌商不足 5%，在应对热销商品及促销活动时无法保障货源，40%商品在促销期间供应不及时，导致缺货率较高。

· 库存管理缺乏计划性，可视度有待提升。库存缺乏计划性及预警机制，近六成企业管理层认为库存计划不准确是导致缺货或库存积压的主要问题之一。目前企业缺少对渠道进销存数据的可视性，无法建立可信赖的库存计划，经常出现安全库存设置缺乏合理性，且未根据季节波动进行调整、库存盘点不够及时的情况。

· 企业产品较多，订单覆盖多个品项及 SKU 时易出现缺货。在缺货率高于行业整体水平的企业中，85%企业所覆盖的品项大于 60 个，SKU 数量大于 300 个，提升了库存管理难度。在非热门类商品采用按订单生产的运营模式下，将影响整张订单，导致缺货率较高。

4. 库存周转天数

国内品牌商企业库存周转天数中位水平为 32. 1 天，约为欧美食品饮料行业周转速度的 3. 7 倍，存货变现能力较低。

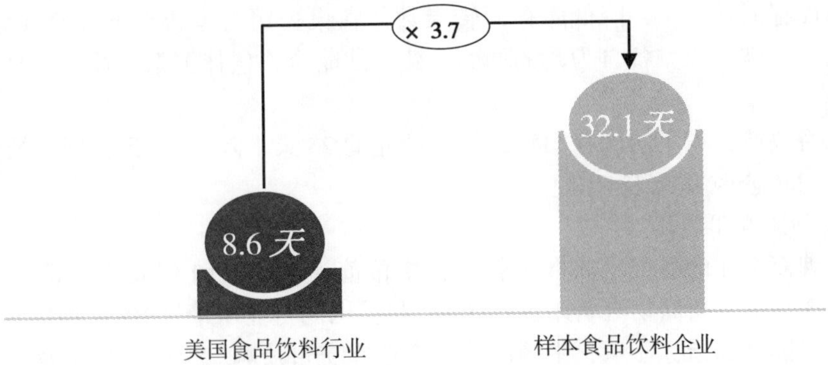

图 26　食品饮料库存周转天数

管理实践——雀巢

雀巢公司于 1867 年创办，总部设在瑞士日内瓦湖畔，在全球拥有 500 多家工厂，为世界上最大的食品制造商。公司最初是以生产婴儿食品起家，以生产巧克力棒和速溶咖啡闻名遐迩，2019 年 10 月，Interbrand 发布的全球品牌百强榜中排名 60。雀巢发布的 2019 年上半年财报显示，上半年净销售额同比增长 3.6%，达到 455 亿瑞士法郎，其中亚太及非洲市场收入 107 亿法郎，同比增长 3.3%。从业务来看，所有产品类别均呈正增长，最大贡献来自宠物食品、咖啡和婴儿营养品业务。

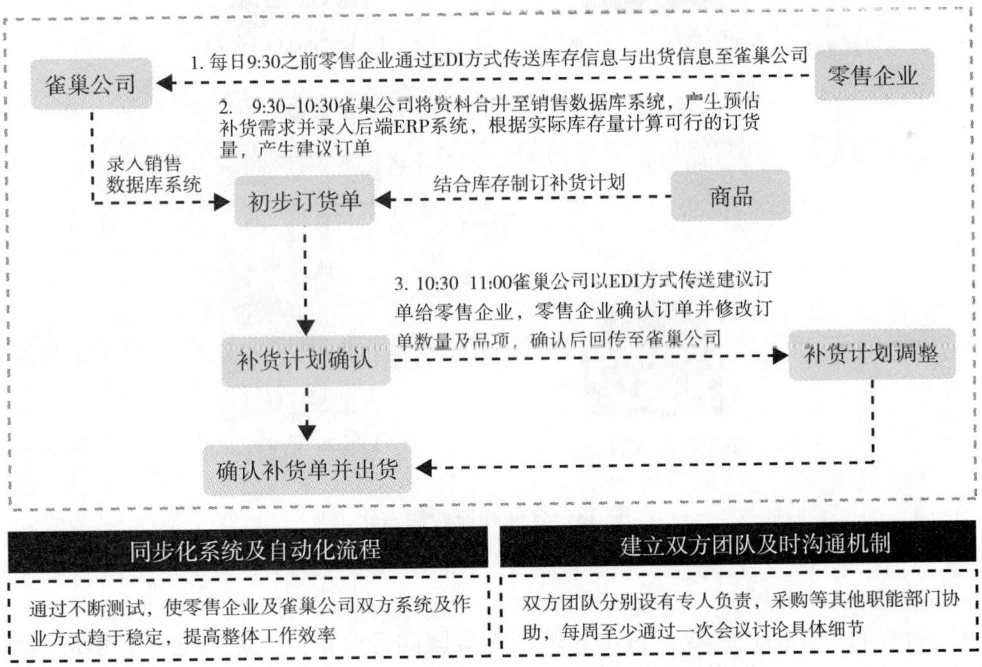

为提高库存周转水平，降低库存周转天数，雀巢公司与零售企业建立 VMI 供应商管理库存模式，打破了双方各自为政的局面，建立战略合作伙伴关系，彼此共享库存计划下达补货订单。

通过此番改革，雀巢的库存周转天数由原先的 25 天下降至 14 天，同时缺货率较之前下降 75%，订单修改率低于 10%。

5. 仓储物流费用占比

中国品牌商企业的各类仓库数量较多，中位值为 16 个/10 亿元人民币，是欧美企业平均水平的 3.2 倍。仓储物流费用占比 5%，与美国同行业水平（3%）相比差距明显。

虽然供应链外部指标显示，中国品牌商企业在交付及响应速度上处于较高水平，但由于缺乏上下游协作和数据透明度，中国品牌商企业主要以高库存和广泛布局仓储物流网络应对下游的需求波动。60%以上企业目前尚未建立销售与运营计划（S&OP）机制，采购、销售与库存管理部门未形成良好的沟通机制，缺乏对需求和供应计划的平衡机制支持库存管理。

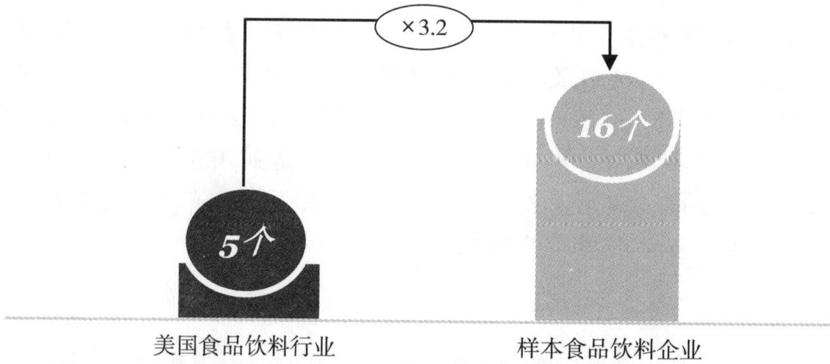

图 27　每 10 亿元人民币对应仓库数量

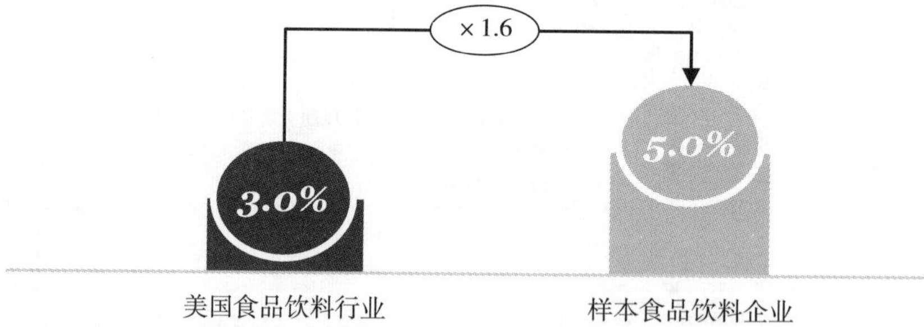

图 28　仓储物流费用占比

6. 销售成本占比

中国品牌商企业的销售成本占比显著高于美国同行业企业，原因之一是供应商数量众多，未形成采购的规模效应，同时也增加了企业内部管理的复杂程度。

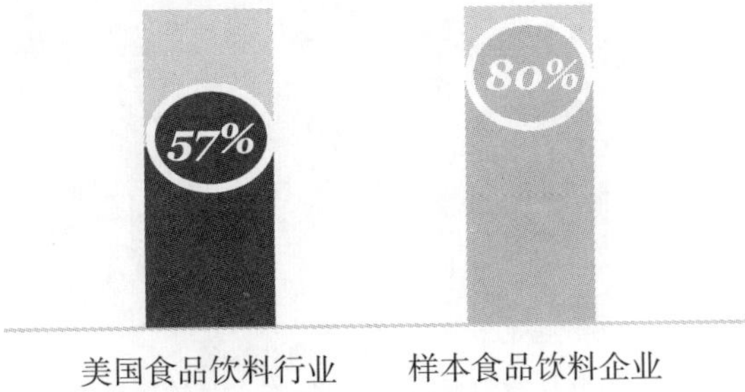

图 29 销售成本占比

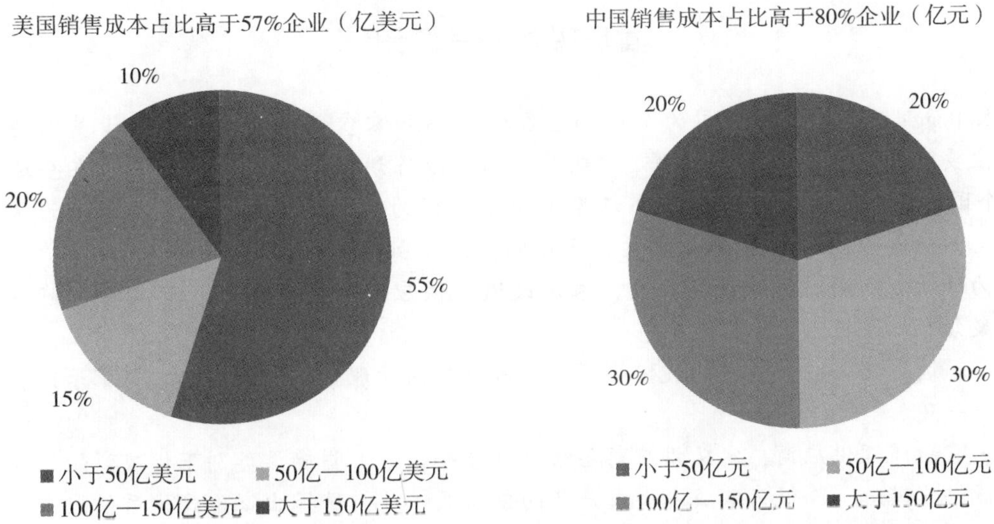

图 30 销售成本高于中位水平的企业按规模分布（食品饮料）

根据样本计算，我国食品饮料企业的销售成本占比为 80%，与美国（58%）相比较高，其中高于平均水平的品牌商企业在规模上较为分散。每 10 亿元营业收入对应的直接物料供应数量为 53 家，多于美国企业。

供应商数量众多，缺乏整合，增加了供应链复杂程度，企业内部管理难度增加。超过 45%企业并未根据企业战略对供应商进行分级管理，多以成本优先为导向，出现“哪家便宜买哪家”的局面，供应商结构不合理。同时供应商考核制度有待完善，七成以上企业缺乏供应商的全生命周期管理。

中国品牌商企业规模效应尚不明显，销售成本差异不大。年营业收入大于 150 亿元的企业与少于 50 亿元的企业在销售成本上差异不大，未充分利用集中采购或战略采购等方式节约成本。根据调研，80%以上企业运营人员表示对于供应商成本报价构成缺乏清晰概念，无法对成本分拆以及对细项成本进行优化，内部成本管理较为薄弱。

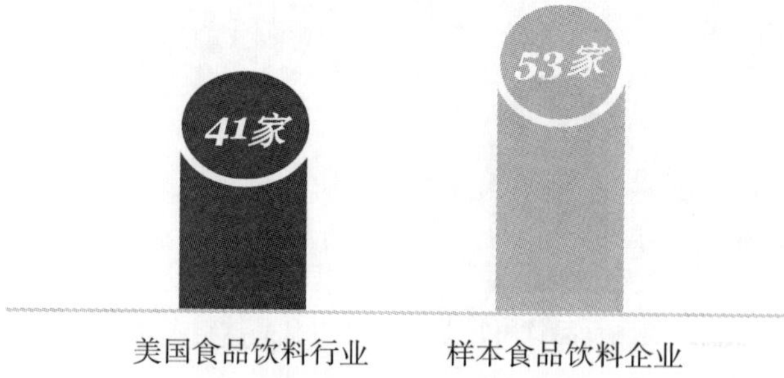

图 31　每 10 亿元对应供应商数量

管理实践——家乐氏

Kellogg's（家乐氏）公司为全球知名谷物早餐和零食制造商，总部设于美国密歇根州。主要产品包括谷物早餐、饼干、烘烤点心、冷冻烘饼及冰激凌筒，目前在全球超过 200 个国家和地区销售。2019 年第二季度净销售额为 34.61 亿美元，上年同期为 33.60 亿美元，当季净利润为 2.86 亿美元，上年同期为 5.96 亿美元。

为降低成本同时提升产品品质，家乐氏通过供应商全生命周期管理改善当前运营现状，聚焦在以下五点：

·通过定义供应商管理的关键事项，明确供应商管理目的以及战略，与家乐氏整体战略保持一致。

·重新梳理供应商，定义供应商层级，细分并筛选，明确该类别下供应商的管理目的为降低供应风险、降低采购成本，或产品的创新及保质，选择出家乐氏优质供应商。

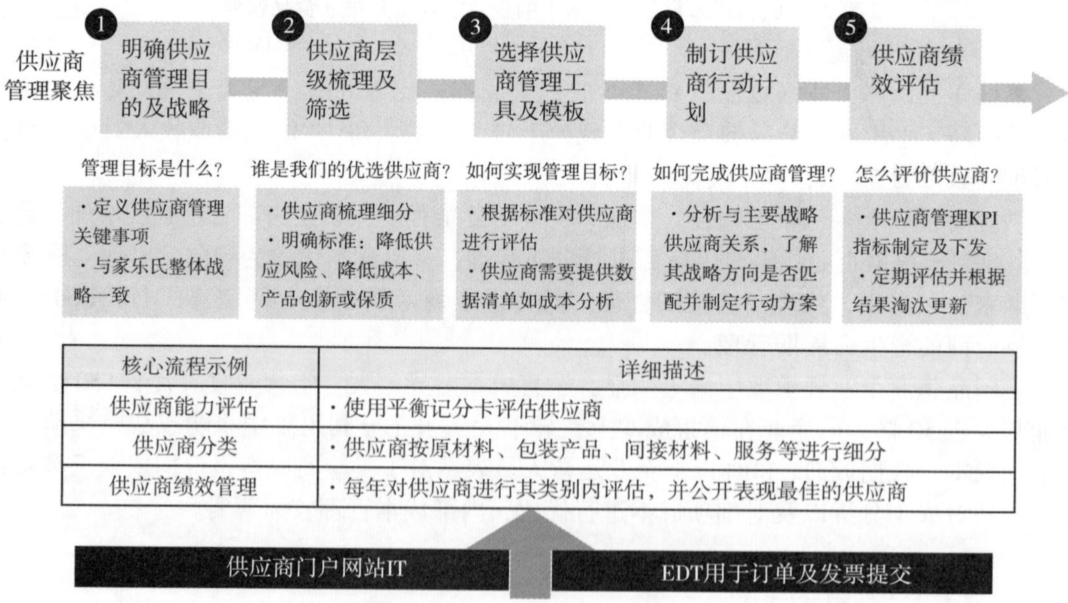

·根据不同层级下供应商需要提供的清单，如成本分析等信息对供应商进行评估，选择供应商管理的工具和模板。

·分析与主要战略供应商、优选供应商的关系，制订供应商下一步的行动计划。

·制定供应商管理 KPI 指标并下发，对供应商进行定期的绩效评估，根据评估结果淘汰或更新供应商的层级。

五、中国零售行业企业供应链 KPI 对标研究建议

（一）给零售企业的建议

依托当前新零售发展趋势，逐步加大电商业务占比，整合优化仓储物流网络资源，同时加强上下游合作，打通各环节信息壁垒，从而提升服务水平，加速库存周转。合理布局门店数量及门店规模，降本增效，依托科学规划布局，高效健康发展。

1. 重视电商业务发展，整合优质物流资源，提升订单服务质量

从企业战略角度确定大力发展电商业务路线，加大电商业务占比，提高电商业务的重视程度，进而主动监控并优化线上交付水平，提升订单履行周期水平。

依托当前物流网络资源，结合成熟物流配送企业，尤其以冷链物流为主，培育高效冷链配送能力，进而满足生鲜冷冻产品及时性配送需求，保障各类产品订单周期要求。

2. 打通信息壁垒，健全计划体系，建立成熟库存管理模式

零售企业应加强针对产品销售的信息系统应用，建立各类产品基于销售统计而生成的客观合理的需求预测模型，从而指导货架、门店库存以及仓库库存水平管理。

打通与供应商之间的信息屏障，互通即时库存及消耗信息，引入供应商参与补货决策，并适当应用 VMI、JIT 等高成熟度库存管理模式，指导企业从内部整合向外部整合的道路上逐步发展。

3. 合理规划门店布局，优化门店数量和规模，增强成本竞争力

以社区便利店及专卖店业务为主的企业应充分应用该业务模式下门店数量对仓储物流费用的规模效应，适当铺设有利于整体物流网络布局的门店资源，优化配送路线。从而提升仓储及物流配送效率，降低仓储物流成本。

大中型超市业务为主企业应合理规划门店数量，精简收益较低且不利于整体物流网络效益的门店。

（二）给品牌商企业的建议

依托大数据时代背景，建立智慧化供应链，加强上下游之间的信息透明度，加快库存周转水平，降低供应链成本，在提高服务水平的同时保证整体运营效率。主要从以下几个方面入手。

1. 加强物流体系建设，缩短订单履行周期

当前零售行业每年的增速平均在 7%，其中生鲜类消费占比为 55%，为最高频的消费品类，市场空间大。但与欧美等国家相比，我国生鲜冷冻类企业的物流体系尚不完善，冷

链硬件设施依然缺乏，设备分布不均，冷链物流的成本相对较高，一般高于普通物流50%左右。

在当前情况下，为使商品快速送达消费者手中，降低生鲜类产品的破损率，冷链物流体系建设亟待加强。也就是说，应完善基础设备，减少冷链物流成本，提高冷链物流技术，并加强监管工作。

2. 提升产品计划准确率，改善库存管理现状

零售行业品牌商企业与下游信息不对称，协同性有待提升，后续应加强与分销商和零售商之间的信息沟通，对渠道的库存水平进行监测，建立协同补货机制（CPFR），根据对渠道进销存数据的分析，制订可信赖的库存计划。

对于产品品类较多的企业，可按重要性将产品进行分类管理，更好地平衡热销产品的库存水平，能够有效缓解在促销时出现的供应不足情况。

3. 优化供应商管理，降低供应链成本

加强供应商全生命周期管理，适当整合供应商，利用规模效应寻找最优价格，降低供应链的采购成本。同时合理化仓储布局，明确仓库合理合适的服务半径，优化平衡装载量及卸载费用，缩短运输路线，从而降低仓储物流费用。

六、附录

KPI 指标及计算公式

供应链可靠性	R1 – 客户完美订单履行率% – 按订单数量计算	R1＝完美客户订单数量/总客户订单数量
	R2 – 客户订单按承诺时间满足率% – 按订单行数计算	R2＝24 小时内发货的客户订单行数/总客户订单行数
	R3 – 客户订单按承诺时间满足率% – 按订单金额计算	R3＝24 小时内发货的客户订单金额/总客户订单金额
	R4 – 客户退货率%	R4＝退货订单金额/总订单金额
	R5 – 缺货率% – 按订单行数计算	R5＝因缺货导致的未能按时足量交付的订单行数/总订单行数
	R6 – 缺货率% – 按订单金额计算	R6＝因缺货导致的未能按时足量交付的订单金额/总订单金额
	R7 – 供应商采购订单满足率% –按订单行数计算	R7＝按时交付的采购订单行数/总采购订单行数
	R8 – 供应商采购订单满足率% –按订单数量计算	R8＝按时交付的采购订单箱数/总采购订单箱数
供应链响应速度	L1 – 订单履行周期 days	L1 订单履行周期＝Avg（客户验收时间–客户订单下达时间）

供应链资金效率	A1 – 库存周转天数 days	A1＝各库存点库存金额汇总后的月度平均值×183/该品类 2019 上半年销货成本
	A1. 1 – DC/仓库库存周转天数 days（零售商填写）	A2＝各库存点库存金额汇总后的月度平均值×183/该品类 2019 上半年销货成本
	A1. 2 – 门店库存周转天数 days（零售商填写）	A2＝各库存点库存金额汇总后的月度平均值×183/该品类 2019 上半年销货成本
供应链成本	C1– 销货成本占比%	C2＝2019 上半年销货成本/2019 上半年营业收入
	C2 – 仓储物流费用占比%	C3 ＝ C3. 1+C3. 2
	C2. 1 – 仓储费用占比%	C3. 1＝2019 上半年仓储费用/2019 上半年营业收入
	C2. 2 – 物流费用占比%	C3. 2＝2019 上半年物流费用/2019 上半年营业收入
供应链复杂度	M1 – 实体门店数量（零售商填写）	M1＝该业态门店数量/（2019 年上半年营业收入×2/10 亿元人民币）
	M2 – DC/干仓/定温仓/变温仓/前置仓数量	M2＝仓库数量/（2019 年上半年营业收入×2/10 亿元人民币）
	M3 – 直接物料供应商数	M3＝对应品类的供应商数量/（对应品类 2019 年上半年营业收入×2/10 亿元人民币）
	M4 – 活跃 SKU 数	M4＝对应品类的活跃 SKU 数量/（对应品类的 2019 年上半年营业收入×2/10 亿元人民币）
	M5 – 工厂/生产加工场所数量	M6＝生产场所数量/（2019 年上半年营业收入×2/10 亿元人民币）
运营品类总销售收入（不含税）占比 %	S1–运营品类总销售收入占比 %	零售产品中生鲜、冷冻、食品饮料、非食品品类占总销售收入的百分比

第二部分

专题报告篇

第三代数字化特许经营报告

随着大数据、人工智能、物联网、区块链、社交化媒体、云计算等数字技术的扑面而来，是否进行数字化变革，已经不是一道选择题而是一道必答题，如何进行数字化变革才是当下最应该思考的问题。

数字化浪潮正深刻地改变着我们原有的思考方式、学习方式、生产方式，并已经在一定程度上改变了我们的消费方式和生存方式。在这个第四次工业革命迅猛推进的过程中，特许连锁企业如何理解、拥抱、利用数字技术，将成为企业是否能顺应时代趋势，创造竞争优势并领先同行的关键所在。

众多中国特许企业都在谋划和推进数字化转型升级，通过调整自己，让企业能身处趋势变革的前沿，获得先发优势，让自己的企业在产品、技术、品牌、市场等全面超越竞争对手。它们把数字化与特许经营进行高度结合，构建全新的数字化特许加盟管理和运营体系，以闭环体系为核心特征的第三代数字化特许经营的时代已经到来。

一、数字化特许改变特许体系的基本架构

按照国际通行的观点，现代特许经营起源于美国，胜家缝纫机和可口可乐通过产品和商标授权，建立分销网络，成为第一代特许经营的代表。

麦当劳借鉴工业流水线的方法，建立了标准化的餐厅经营模式，通过授权加盟商，实现了“万店一面”。以麦当劳为代表的特许经营模式开启了第二代特许经营。

与第一、第二代特许经营相比，第三代数字化特许经营最根本的改变是特许体系架构的重构：由多层的线性构架转化为单层的平台型构架。特许总部—加盟店—消费者（B-B-C）的连接模式，演化为特许总部—消费者（B-C）的直接连接。

通过日益普及的社交网络平台，包括微信服务号、App、小程序等社群营销工具，特许总部可以跨越加盟商，（部分）独立地与消费者建立连接。同时，移动支付形成的链接机会、其他流量平台以及门店线下流量的转化，也为特许总部建立会员系统和客户管理系统提供了低成本、高效率的工具和途径。此外，特许总部可以利用数据挖掘等消费者洞察工具，开展精准营销。

在建立线上流量平台的基础上，特许总部可以把线上流量分配给加盟商，增加其生意机会。同时，特许总部可以导入 O2O 业务，利用加盟店实体网络，直接为最终客户提供产品和服务。

特许企业将自己的服务平台化，借助信息技术和数据技术，为特许总部和加盟商、加盟商和加盟商之间，提供精准匹配，从而提高服务或交易效率，降低成本。这种数字化服务平台以开放合作的态度，通过对数字化资源的共享，联通供需两端，为特许总部、加盟

商赋能。特许企业对具备这样功能的第三方数字化服务平台的需求会越来越大，这将催生更多的针对特许经营的第三方数字服务机构。

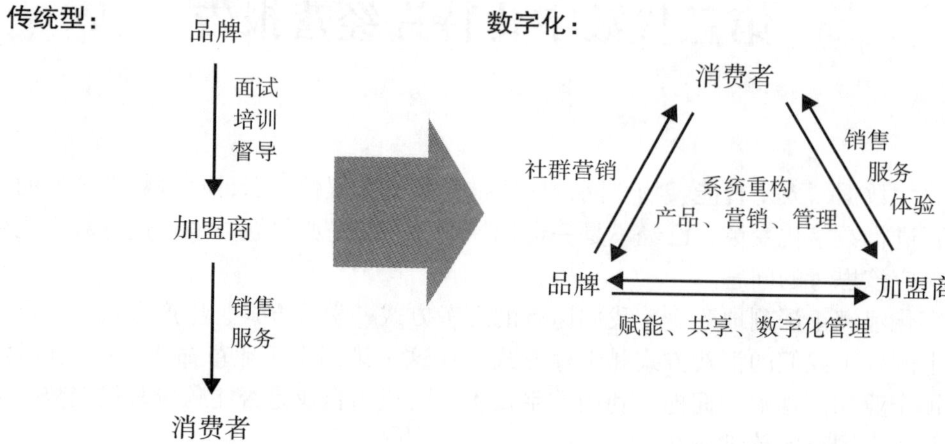

图 1　特许经营系统重构：由线性向平台转型

（一）21 世纪不动产：从线性结构向平台转型

21 世纪不动产率先致力于互联网科技系统的研发，深入探索科技系统与房地产行业的融合，以精尖技术构建前沿的 O2O 房产交易服务平台，促进体系内门店服务品质及作业效率的提升，引领房地产行业的变革和发展。

在平台整体策略上，21 世纪不动产根据区域、门店、消费者三大板块，自主研发 5 大科技系统，提供近 80 种功能服务，完成了房地产经纪行业全流程信息化建设。

21 世纪不动产历经调研立项、设计研发、测试上线、迭代优化、持续创新、多城市部署等系列过程，完成了整体系统搭建。目前 C21 在线高效稳定运行，拥有自己的三大核心引擎系统和业主报盘项目，并实现了国内版图的迅速拓展。经过 1 年的深度运营，C21 在线已覆盖全国 76 个城市，线上拥有 630000 套真实房源，用户访问量超过12000000 次。

21 世纪不动产打造互联网科技系统体系的战略初衷，源自对互联网未来发展趋势的深刻预见，对自身特许加盟模式与发展需求的清晰审视，以及对中小中介经营痛点的全面洞悉。

1. 传统行业面临危机，产业互联网悄然开启

在经济新常态下，21 世纪不动产所属的传统房地产行业，不可避免地遭遇到市场环境、营销环境、消费者结构、传播形态等系统级、生态级的危机。围绕流量和平台之争的消费互联网时代已然结束，而围绕各大传统产业的产业互联网时代正悄然开启，“传统行业+互联网”将成为企业品牌化解危机、自我进化的钥匙。

2. 消费结构升级+大数据时代，企业向数字化转型

在“消费升级+大数据”背景下，用户诉求从单纯功能性需求向更加高效便捷、个性

化及独特体验化演进，企业必须以客户为导向，积极拥抱数字经济带来的机遇与挑战，充分发挥自身优势，捕获并满足消费者需求。

3. “M+”战略的“共享经济”需要资源与效率助推

“M+”战略很成功的一点在于房源公盘机制，也就是房源共享，很多加盟商加入正是看中这一资源保障。而“房地产+互联网”的科技系统创新，正是资源共享理念模式的升级与深化，系统预期通过资源供给驱动规则建立，通过规则建立驱动效率提升。

4. 加盟商在经营中面临很多难题，都亟待解决

互联网时代，客户增长基本都是通过经营优质的 C 端客户网站和多渠道集中化的网络投放来实现的，而中小公司在这方面往往资源匮乏，难以为继；经纪人获客过于依赖第三方端口网站，具有垄断优势的端口企业一旦肆意、变相涨价，将直接缩减经纪人收入，大大增加房地产中介的压力，其地位被动；门店持续获取房源的能力较弱，能够为客户提供选择的产品有限，难以形成规模效应，无法挽留用户，造成商机流失。

正是基于以上考虑，21 世纪不动产于 2016 年年底做出重大战略决策，进行产业互联网变革，历经调研立项、设计研发、测试上线、迭代优化、持续创新、多城市部署等系列过程，完成了 C21 在线、酷经纪、酷 BOSS 等全信息化的产品建设，并制定了 O2O 线上线下一体化实施策略与方法进行全国推进。具体如下：

· 在房客管理工具 SIS PLUS 的基础上，研发并投入使用了经纪人的移动作业工具——酷经纪。酷经纪具有移动管理房客源、个人业务数据分析等功能，使经纪人作业更高效，用户体验更佳，大大提升经纪人的作业效率，助力经纪人快速成交。

· 搭建高效智能 C 端网站——C21 在线。C21 在线打造了全新的人机交互模式、清新简约的用户界面，业务覆盖二手房买卖、房屋租赁、海外房产，更开发了地图找房、地铁找房、我要卖房、全球找房等智能模块方便用户找房。简洁友好的 UI 界面、强大完善的数字化找房功能，赢得了 C 端用户的青睐。C21 在线具有以下几大特色：

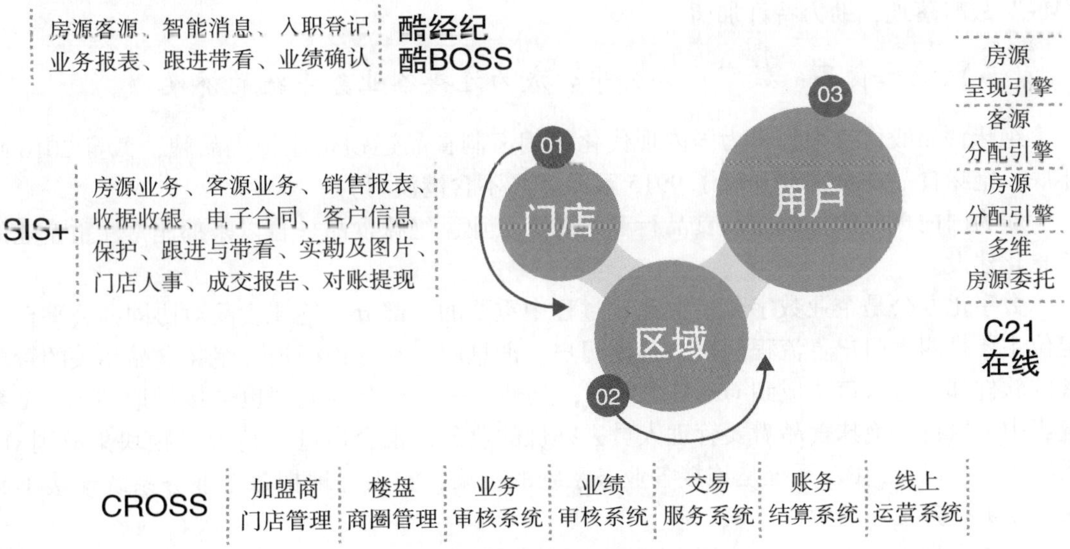

图 2　C21 互联网产品概览图

房源数据同步 SIS PLUS，对假房源说“NO”：C21 在线展示的全部房源、楼盘信息均实时对接自 SIS PLUS 系统，并通过算法过滤价格、面积失真房源，以实现真委托、真实勘、真带看、真价格。

房源排序引擎：系统根据用户画像，应用大数据把不具象的需求漏斗不断收缩，通过最优的房源排序算法为客户优先呈现他们最喜爱的房源，系统直推，精准高效。

房客源分配引擎：根据系统大数据算法，为房源匹配最优质的经纪人，促进转化和快速成交；客户可以通过 PC 端、移动端选择合适的经纪人，同时二次分配机制提升商机的流转效率，使客源利用率最大化。

VR 看房的投入使用打破了传统的看房限制，沉浸式体验助力房源的快速成交。

开发房源收集利器——业主报盘：业主报盘能够通过做大房源数量，解决经纪人的房源供给问题。业主报盘获取的房源入库后会拥有全新的流转抢单系统，通过系统的收集、审核与分发，驱动经纪人作业规范化，提升业务收益与业务效率。

打造百万门店孵化器——酷 BOSS。酷 BOSS 是一款门店管理者的“商海利器”，通过最先进的管理理念及大数据分析，为门店提供最科学精细的管理方法。帮助“M+”店主及门店经理清晰地掌控门店的资源和人员作业状况。进行高效的培训指导，提升成交效率。

积极与第三方机构合作：公司通过和微软云、阿里云合作，降低成本，规避技术带来的风险，在数字化推进的过程中结合自身特点，形成特色和优势；此外，C21 在线通过和 58、京东、阿里等第三方流量平台合作，为门店和经纪人带来巨大的房、客源商机。一个入口，多平台呈现，经纪人录入的房源会自动同步至各大平台。

经过两年时间的快速蜕变与成长，21 世纪不动产科技系统重新定义了资源与效率，流量获取、资源分配、房客源管理、店间合作、门店管理等一系列管理动作，通过互联网化的策略，促进了规则的建立，规则的建立则直接促进了效率的提升。随着网站的不断进化以及愈加成熟的数字化应用，21 世纪不动产科技系统必将更好地赋能经纪人，协助“M+”战略落地，助力特许加盟。

（二）绝味食品：数字化办公平台成为连接各业务系统的桥梁

绝味食品股份有限公司为国内现代化休闲卤制食品连锁企业领先品牌，截至 2018 年年底，绝味食品在全国共开设了 9915 家门店（不含港澳台）。

作为国内现代化休闲卤制食品行业的龙头企业，绝味食品一直以来都非常注重企业的信息化建设。

数字化办公是企业数字化转型建设过程中重要的一部分。绝味食品对协同办公平台的定位主要是四大门户：流程门户、移动门户、消息门户和知识门户。绝味食品相关的管理端的软件都会将入口集成到 OA 系统当中；此外，一些复杂的流程也会尽量地纳入 OA 系统当中去执行；绝味食品需要管理人员去办理的业务，也会通过“待办”模块集成到 OA 系统中。可以说，OA 系统是连接各业务系统的桥梁，它很好地把各个业务系统连接了起来，帮助提升工作的效率。

绝味食品数字化办公的价值主要体现在 3 个层面：

1. 扩大业务管理面

绝味工厂、营销公司分布在全国多个区域，在协同上存在着地域、时间上的限制。OA 系统上线之前，很多业务难以按标准化的流程去执行，所以集团总部在非结构化数据这块能够管理到的业务是有限的。OA 系统上线后，所有业务全部按标准化流程去执行，扩大了非结构化业务的管理范围。

2. 提升管理效率

以前，绝味食品一个工厂做基建改造的项目，相关的报告在工厂层面签完以后，还要提交到总部的相关中心去签，而报告涉及法务、财务、基建等多类事项，需要在相关部门都进行签批。在签批过程中，可能会有人外出、出差，非常影响签批效率。在上线 OA 系统之后，能够打破时间和空间的限制，灵活地做会签、转办，很好地解决了问题。

3. 让整个的组织战略，尤其是非结构化数据的组织战略能够切实落地

公司每年都有相应的战略目标和方向。战略方向制定之后，公司会由总经办运营管理部门分解出每个业务单元需要去执行哪些业务，相应的业务流程也要进行匹配与调整。通过 OA 系统，公司可以快速地变更组织架构，并同步上线与战略匹配的相关流程，保证公司的战略能够从公司的“大脑”到执行层面得到有效的落实。

此外，对于员工而言，OA 系统还执行了一部分培训的功能。以往，新员工入职后，需要学习相关的流程如何进行。OA 系统上线之后，申请相关的流程，系统都会自动流转到相关审批人那里。对员工来说，可以节省很多学习的时间，让他们有更多时间专注于自己的业务。

绝味食品下辖多家子公司，且分布在全国的各个区域，总公司与子公司之间跨组织跨地域的信息互通、工作协同是怎样来实现的？数字化办公在其中起到了怎样的作用？

首先，绝味食品结合蓝凌移动办公平台做了一些个性化的定制，打造了“绝微”App，解决了即时通信的问题。

其次，在流程层面，OA 系统解决了各子公司之间的数据、信息交互难题。同时，通过总部到子公司的一体化流程管控，也提升了集团的管理效率。

最后，在信息共享方面，通过公司的 OA 系统门户，集团和各子公司员工都可以在第一时间知晓公司内外大小事。

绝味是业内较早上线 ERP 系统的企业，系统建设多而全，实现了数据的集成与共享。ERP 系统更多地解决的是结构化数据之间的交互，包括进销存、成本管理等。ERP 所不擅长的是复杂流程的支撑，而这正是 OA 系统的优势所在。绝味食品将 ERP 等系统当中复杂流程的审批通过 OA 系统来实现，这样做有以下几个好处：

审批入口一致。审批人不需要在多个系统多个 App 之间进行切换。

拥有强大的移动端。审批人随时随地可以进行相关业务流程的审批，而很多 ERP 系统并不具备移动办公的功能。

节省一定的费用。通过集成，很多的许可证（license）不再需要使用，节省了相关的费用。

图 3　绝味食品 OA 系统

二、数字化特许改变加盟授权及管理模式

数字化赋能特许经营的过程，也是改变总部和加盟商伙伴关系及利益分配关系的过程。以合作分享的理念为基础，围绕两个闭环建立新型利益分配关系势在必行。

一是流量闭环。总部通过社群营销和线上引流形成的增量流量，以及门店的客流与会员导入线上形成的存量流量，在交易达成后，如何公平地将利益分享给加盟商？由于总部开发的线上流量和线上业务给加盟店创造了新的盈利空间，而加盟商靠自身能力很难实现数字化转型，因此，在建立流量闭环的过程中，居于主导地位的总部应充分考虑加盟商利益，探索建立一个持续改善的、利益分配合理的流量红利共享机制，线上线下流量闭环才能真正建立起来。

二是业务闭环。传统的特许业务基本上立足线下，加盟店依托总部提供的产品、品牌和经营模式拓展市场。数字化特许把线上线下业务逐渐打通，加盟店成为全渠道业务不可或缺的一环，也成为落地线上业务最有价值的资源。因此，特许双方在建立流量闭环的基础上，应抓紧建立和发展新的业务能力，包括产品和服务的数字化、人员和场景的数字化，把特许品牌打造成全渠道的服务品牌。

对加盟店的开发与管理，从信息化到数字化，未来提升到智能化，将大大降低加盟店开发和管理的复杂度。对潜在加盟商的筛选、签约、开店及店铺支持，数字化将极大提高这一过程的效率；对加盟店后续营运、支持也可以通过数字化手段完成，对加盟商的个人能力和经验的依赖性显著下降。这样总部可以服务于更多的加盟店而不会明显地增加成本。

现在，数字化特许使得工作的各个环节可以用数据而不是经验说话，经验会随着外部环境的巨大变化而过时。只有通过即时的数据采集、数据分析及决策，才能让企业做到即时应对市场和消费的变化。这使特许经营的业务模式和业态迭代速度加快，而伴随业务模式和业态的不断迭代，加盟店的投资不再是一次性的，而是持续性的。

（一）百果园：加盟招商数字化

百果园公司于2001年在深圳成立，次年在福田区开设首家水果专卖店，至今已进驻了全国80多个城市，开设了4000多家门店。自全面开放加盟以来，本着与加盟商形成“事业共同合作伙伴”的目的按各自资源不同进行职责分工与合作。

成为百果园的加盟商的条件为：

- 加盟商需要自己经营管理门店
- 具有创业者奋斗精神与投资风险承担意识
- 年龄45周岁以下，身体健康（具有行业经验者可适当放宽）
- 提供征信报告，个人无不良信用记录
- 认可百果园公司企业文化、经营理念及经营模式

1. 招商数字化

（1）前期招商端口（微信公众号）

全国唯一官方加盟申请入口为“百果园加盟”微信公众号，且将官网与微信公众号后台数据库打通。以微信公众号为载体，开发自有平台，打造意向加盟商流量池，统一管理、强化管理。

从加盟商申请加盟到成为正式意向加盟商（加盟申请—加盟预约—签到—素质评估—意向金），全流程数字化，实时监控各环节数据转化率。

搭建后台服务终端，总部掌握全国各区域加盟申请情况，了解各区域投资说明会开展情况，采取智能客服与人工客服相结合的形式，让各环节数据化、可监控、可溯源。

（2）加盟商管理系统

以加盟商交纳意向金为关键节点，微信公众号后台终端数据库对接自主研发的“加盟商管理系统”。将已经交纳了意向金的加盟商作为正式的意向加盟商，在系统内把控、管理加盟商在各环节中的进程、转化、完成率等。

通过“加盟商管理系统”分享各业务部门了解到的加盟商信息，以达成各部门信息共享功能。

2. 加盟店选址数字化

智能选址App将门店拓展人员线下实地考察获得的信息进行线上数据化，并辅助地图数据，为门店拓展业务提供全面的分析，提高拓店、开店业务的效率与成功率。

智能选址App目前主要的几大功能：

· 拓店任务：可快速提交拓店线下考察数据，并根据划定的商圈数据，形成分析报告。

· 意向店：可在 App 内记录线下实际考察过程中有意向转让的商户，记录对应的沟通信息，进行拓店任务的备忘。

· 地图总盘：可在 App 内地图总盘功能查看所有拓店任务的坐标，方便更合理地实现拓店任务。

（1）拓店选址

在 App 内输入或选取具体门店位置信息（同时可以搜索附近的坐标，方便定位不熟悉的位置）；根据实际考察情况，将主要商圈范围划定选取出来（划定后可获得小区、办公楼、学校、引流商超、地铁、公交等信息）；根据实地考察的情况，填写门店及周边的信息（随时保存，方便在弱网络或碎片时间输入信息）即可生成报告，辅佐评判（系统内部打分大于 85 分，可申请商圈画像分析）。

（2）意向店记录

通过 App 内意向店专属窗口，可在对应的门店列表内进行意向门店信息编辑，随时记录可能的意向门店，及时、准确地丰富门店信息储备。

（3）地图总盘

通过 App 地图总盘功能，实现区域内意向门店、商圈、购买能力等诸多信息的预估、预览。

3. 加盟门店数字化

百果园门店已有传统的水果专卖店转变为智能会员销售管理前置仓。全店实现以会员为中心的线上线下一体化经营。用户线上下单，并自由选择提货方式，仓库发货到百果园社区门店（门店此时仅作为提货站点，系统通知用户到店自提或通过第三方物流配送到家）。以门店为根基，全渠道、高黏度、分场景聚合消费者，提高门店销售。

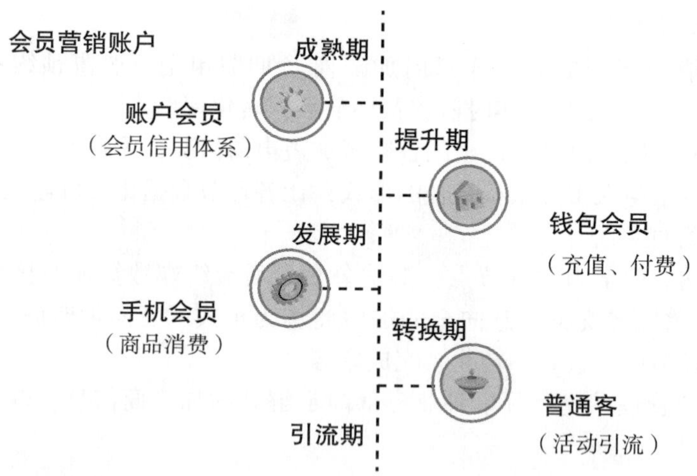

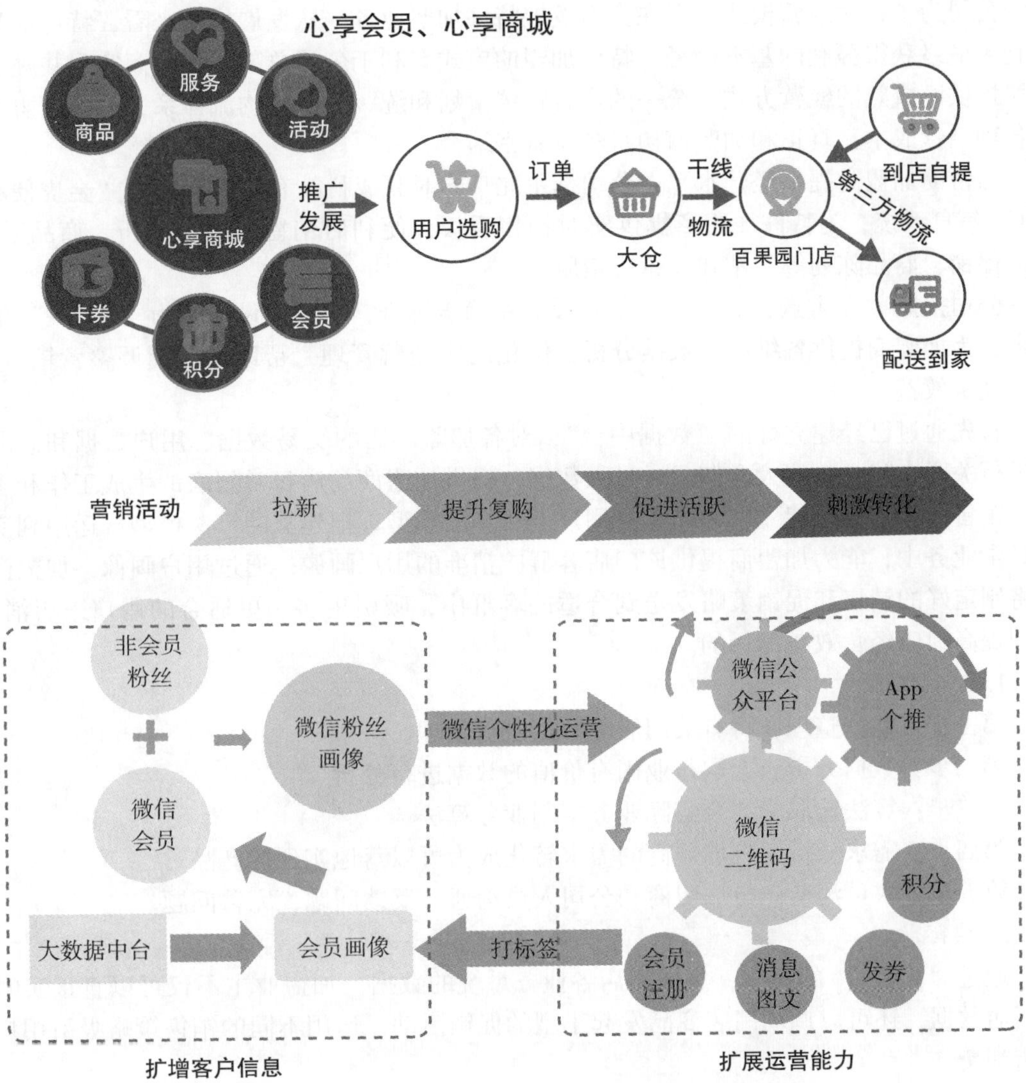

图 4　百果园门店数字化流程

4. 数字化赋能加盟店

百果秘书：为加盟商门店养店期内提供资金支持，如门店智能锁。

智能订货分货：第一步，确认天气节假日——异常天气告警，节假日提醒；第二步，确认来客数——结合影响因素，预判来客数；第三步，品类分析——检查各品类是否都有商品，避免缺货。检查各品类的商品价格带分布是否合理。

(二) 金虎便利："V 盟+" 模式

金虎便利的管理模式由总部"统一管理"改为"共同管理"，打造特许加盟的良性生态圈。与阿里钉钉应用的业务结合，实现了提升加盟门店销售额、提高加盟业主对门店的管理水平、为加盟业主决策提供有力的数据支撑。

公司为了扩大经营模式，正在大力发展特许加盟业务。从发展模式来看，特许加盟是便利店最终获得赢利的基本途径。特许加盟的模式有利于公司总部和加盟商实现共赢。总公司提供已成熟的经营方式、统一的广告宣传策划和统一的供应物流体系，为各加盟商降低各种经营成本，真正和加盟商切身利益紧密结合。

为帮助加盟商提高经营水平，公司携手北京君时慧成科技有限公司建立“金虎便利V盟+”信息系统，为特许加盟商提供实时销售看板，便利店销售和商品分析、商品采购、商品促销、商品陈列等一站式经营决策服务。

公司按照“先重点，后全面”的建设思路稳步推进，主要建设目标为“V盟+”信息平台，为加盟商提供各维度大数据分析，优化门店经营管理，帮助加盟商调整营销策略，提高经济效益。

首先通过已经建立好的“数据中台”，对各加盟门店的交易数据、用户数据和商品数据进行关联，建立数据大仓储。通过大数据，提供加盟商门店日常报表的生成工作和多维度的销售分析，同时建立较为简单的用户消费算法模型。把建立的算法模型，运用到实际的日常业务中，能为加盟商提供该门店客群的精准的用户画像，通过用户画像，加盟商可以将制定好的销售和促销策略发送到合适的客群中，吸引更多、更适合的用户来店消费，达到提高门店经营效益的目的。

1. 实施流程

第一步：数据整理，将有关门店的数据进行整理。

第二步：数据分析，选取行业内有价值的数据进行分析。

第三步：算法选取，结合实际业务定制业务算法。

第四步：需求分析，将加盟商的需求转化成为可以落地实现的产品。

第五步：人员沟通，与加盟商和公司人员沟通，反馈问题，完善问题。

2. 实际收效

通过“V盟+”的建立，集成门店各业务系统的数据，加盟业主不仅可以直接实时查看门店数据，还可以调动门店商品发起小型的促销活动，运用不同的销售策略吸引用户在门店消费。

通过门店培训服务，提升加盟业主和工作人员的经营水平和服务水平。通过商品数据销售分析，提升门店的整体销售额。

通过巡店管理数据分析，提高门店的整体运营管理水平。

通过物流管理数据分析，提高门店的配送率、准点到达门店的时间。通过信息提醒功能，提醒门店临期和过期商品。

3. “V盟+”功能

（1）销售商品数据透明化

通过在数据中台对门店数据的梳理，可以实时查看门店经营的各类数据。各类以前需要通过POS查询的非实时的数据，“V盟+”可通过手机实时查看。并且数据全部直接来自于业务前端，避免了中间环节。

（2）销售商品数据分析中心

通过各类大数据算法模型对销售、会员、库存等数据进行数据分析，一方面，发现门店经营中的问题，提升管理水平；另一方面，发现门店会员与门店商品的关系，实现精准营销。

（3）商品提醒中心

在门店经营中，有关商品的临期和过期是最令加盟业主头疼的，也是最难觉察的信息。通过“V盟+”对门店销售的全部商品包括库存商品进行全生命周期监测，及时提醒门店哪些商品即将过期，哪些商品已经过期，哪些商品的食品许可证有问题等。对于临期商品“V盟+”会指导加盟业主发起促销活动，并将促销活动通知按照条件发送至可能需要此商品的会员用户中，吸引这些用户到店消费购买，同时拉动其他商品的销售。对于过期商品，“V盟+”会指导加盟业主申请退货单，退回到公司总部，由公司总部统一和供应商进行协商处理。

（4）日常经营中心

根据门店的日常经营，结合天气、交通、季节、补货频次等参数，自动为门店生成每日的补货策略，加盟业主可以参考补货策略为门店进行智能补货。

针对滞销商品加盟业主可以发起小型的门店促销活动，加盟业主可将这些商品的优惠券发送至门店顾客的会员中心，吸引会员到店消费，同时也能拉动其他商品的销售。

（5）商品陈列和巡检中心

每个门店在经营过程中，商品陈列的效果都会有所下降。“V盟+”会为加盟业主提供商品陈列帮助。“V盟+”会记录每个门店开业时，总部根据门店综合属性调整的适合该门店的商品陈列图，加盟业主可随时拍照对比某个货架的商品陈列问题，并进行修正，让门店每天都以最好的陈列服务顾客。

（6）服务培训中心

除正常的加盟培训服务之外，在门店经营过程中会有各种各样新型的服务模式需要给加盟业主和其员工进行培训。总部会定期通过“V盟+”的培训服务小课堂模块发送各种服务培训小视频，加盟业主可以通过小视频进行学习，而且也可以拍学习小视频发送给总部，总部工作人员帮助加盟业主规范服务要领，同时也可以将自己的学习视频分享给其他加盟业主，形成服务培训的小型生态圈。各加盟业主相互促进学习，相互提高门店经营水平。

（三）智美：数字化重构美妆加盟流程

智美科技是一家聚焦于美妆市场的智能化、数字化应用开发，打造全球领先的基于美妆AR智能虚拟体验、AI智能检测场景，以线上、线下融合数字化运营为基因的智能美妆全域零售渠道平台企业。

国家统计局的数据显示，中国美妆人均消费额仅为欧美，日本、韩国等发达国家的1/3，未来市场潜力巨大。但是主流行业媒体跟踪发现，现有美妆产业链上，无论是消费者、代理商，还是终端门店，都存在各种困扰及痛点。

以彩妆为例，彩妆属于色彩体验型消费，随着消费群体日趋年轻化、专业化，传统门店依靠人工推销等陈旧的服务及产品体验模式，已经无法满足顾客的需求。顾客在线下消费时体验差、效率低，而电商虽然产品丰富，但是基本无服务体验感知。

对于CS门店，“有门店缺客流、有粉丝无转化、有会员难互动”，缺乏有效的管理，导致库存、会员、运营、数据等割裂，无法形成有效的服务能力。

针对美妆行业渠道各层级及消费者的痛点，智美科技以“智能数字化体验+新零售”的创新理念，以“线上线下融合的全域零售基因”重构美妆渠道模式，并结合智能美妆等新技术，重构“人、货、场”零售服务场景，给消费者创造全新的消费体验；同时打破固有层级，借助新技术重构美妆渠道价值链和供应链，打造更加高效的新一代美妆渠道模式。

1. 围绕消费者需求创新方案赋能，提升行业服务能力

针对传统品牌门店服务能力欠缺、消费体验差等问题，智美科技从“引流与沉淀消费者资产”“消费者链接与运营”“交易转化”“数据赋能”四大维度切入，基于商家经营需求提供品牌智能体验及全域消费者运营赋能方案。

这套创新方案融合了“智能入会派样引流”“人脸识别”“智能推荐”“AR 虚拟体验及 AI 智能检测”“查看产品列表”“扫码购买”“移动端分享及云店营销”“个性化产品及服务”“数据沉淀及挖掘”等技术及管理流程，为商家提供“引流+转化+复购+洞察”全流程打包的商业服务能力。

为了更好地支撑整套服务体系，智美科技基于多项人工智能技术，构建了一套自成体系的美妆数字化智能产品生态矩阵，涵盖 AR 智能试妆镜、AI 智能测肤镜、纹绣、彩瞳等一系列的智能硬件、云店商城和大数据平台，为消费者全域运营提供有力的支撑保障。

整套方案有效地提升消费者体验及商家服务能力，对门店销售转化、零售坪效、人效有明显提升。以智美 AR 智能试妆镜为例，作为目前市面上虚拟试妆效果最为真实的商用虚拟试妆设备，该产品虚拟试妆真实效果还原度达 95%；在加盟美妆店的实际日常应用中，相比传统人工服务成交转化率提升 1.8 倍，客单价是传统美妆零售的 2.7 倍，连带销售也提升超过 2 倍以上，有效提升了美妆零售的效率。

对于消费者，加入 AR 虚拟体验及 AI 智能检测的门店，变得更加有吸引力，整个进店消费过程变得智能、客观且有趣，产品都是基于自身的肤色、肤质情况决策，不再盲目消费。

2. “数字化连锁+全域运营”，重构美妆新零售渠道模式

面对互联网的冲击，传统门店客流日益被挤压，而门店租金及人工成本高企，经营越来越难；而多层级、臃肿的分销体系，也不断地蚕食渠道及门店的利润。

因此，智美科技率先提出“数字化美妆连锁模式”，一台智能数字化体验终端等同于一家（数字化）连锁体验店，打破了传统门店的固有形态，规避了传统门店布点难的局限性。

在具体的实施路径上，智美科技融合应用了多种方式：

· 数字化智能体验终端小巧轻便，广泛铺设到美容服饰等女性消费跨界场所，解决了现有美妆店客流不足、拓客难等问题；

· 运用人工智能体验终端，解决消费者产品体验及销售转化问题；

· 运用线上云店商城，解决全域零售成交问题；

· 大数据平台沉淀会员数据，线上深度运营解决复购、进店和合作店流量分发的问题。

基于“数字化连锁+全域运营”，智美科技打通传统渠道的壁垒，重构美妆产业价值链和利益链，有效提升了产业运营效率，降低流转成本；有效解决了门店线上线下“店铺通”“产品通”“库存通”“会员通”“数据通”等传统问题，真正实现消费者及渠道的

全域运营，提升渠道运转效率。

充分利用数字化终端及技术应用，大大缩短品牌厂家到消费者的渠道传递链条；消费者直接在智能终端上进行虚拟体验，选品下单，厂家发货、店铺提货，大大缩短供应链层级及渠道终端库存；渠道利润及消费者性价比均得到较大提升。

会员通让线上、线下渠道不再对立，价值流转更加通畅。线下智能终端、无人终端引流入会，终身为渠道终端运营者捆绑会员从属关系，后期消费者纯线上消费也能为终端做消费分佣，重构了渠道的价值链。线下连锁店终端流量沉淀到线上平台，顾客不到店消费，线下店也能得到消费分佣，而线下流量在线上平台沉淀，带动线上自然流量的增长。会员在线上的沉淀，通过数字化BA导购通及线上运营，实现线上、线下复购，消费者全域运营。

2018年，智美在现有2500个美容连锁门店导入数字化全域运营模式，实现店铺通、产品通、会员通、BA通、数据通多维度融通。整个门店体系在14天实现新增120万名会员，在2018年“双十一”当天实现线上云店下单量1.3万单，让消费者到店，实现精准的引流拓客及客户运营效果。

三、数字化特许提升特许体系管理效率

特许总部的服务和管理在以前仅限于加盟体系内的业务。随着数字化特许的发展，特许总部一方面通过平台化运作，抽取共性职能到总部，取消特许体系内重复部门与环节，减轻加盟商运维压力，通过提高标准化程度提升效率；另一方面，在输出品牌和模式的职能外，也增加流量输出的职能，不仅参与门店的运营，也参与客户的运营。特许总部利用自身的平台优势，一方面赋能加盟店、行业内中小企业，将平台服务延伸到社会；另一方面逐渐引入与业务相关的产业环节，在体系内提供更加丰富多样的体验。

组织架构和运营管理系统的数字化转型，不会自然发生，需要主动创新、不断升级。因此，总部必须加大数字化人才的引进和培养；充分利用社交网络触达和链接更多消费者；做好流量的生产与维护，强化SCRM系统、DMP系统的建设等。

同时，特许总部升级运营管理系统和业务模式，既包括培训督导系统、拓展和营销系统、数据安全系统，也包括业务模式的迭代。比如，如何面向数字化客群延伸产品和服务，为加盟商创造更多收益。

（一）DQ：数字化时代的督导体系建设

“DQ（冰雪皇后）”是一家主营软体冰激凌的全球连锁餐饮企业，在25个国家拥有7000多个连锁店。China F&B Group（以下简称CFB）作为DQ在中国的特许加盟商，近几年逐步推动DQ在数字化运营方面完成转型，项目于2018年6月成功上线，为企业带来显著的降本增效，其中对于总部的提升主要集中体现在督导体系中。

在数字化体系建设完成后，经过一年时间的人员结构优化，DQ在2019年稳步扩张，新开了120家门店，督导人员却减少了30%，职能部门助理岗位减少了80%，年人力成本减少约300万，督导效率、准确率均得到提升，可谓卓有成效。

1. DQ 督导管理存在的问题

（1）连锁运营管理的“离散性”

连锁企业的门店通常遍布全国，而 DQ 在中国近 800 家门店，其门店地域离散所带来的问题在传统的管理方式中只能依靠增加人力成本进行管理，以保证门店标准化运营水平。但随着全国性拓展，人力成本的增加与门店数量的增加绝非线性相关。对于 DQ 来说，如此庞大的门店基数，每新开一家店对于他们的督导团队都是一种挑战。能否合理排兵布阵，能否有充足的时间精力来保证近 80 年的 DQ 品牌形象不受损害，是他们的重任，也是他们亟待解决的一大问题。

（2）信息流转留存

传统的管理方式依靠纸质表单与邮件流转，信息的流转效率慢，留存归档难，经常需要安排专人做整理、校对。而对于 DQ 这个国际化品牌来说，门店数量多，检查体系标准高，因此必须在多层级多线条的管理中，找到一种更加高效的管理方式，来解决信息的流转效率，以及各部门之间配合的问题。并且在日常的管理中，对于考核与加盟管理的信息存证，尤为重要。

（3）数据统计分析

为了保证 DQ 每家门店的标准化运营，CFB 有多个部门对门店进行督导，并且督导的频率非常高。由此产生的大量数据，汇总分析就成为了一个难题。实时并且真实的数据，对于总部的决策是起到至关重要的作用的。

2. 数字化督导体系建设

2018 年，CFB 与亦墨携手实施了“CFB 督导巡店系统”项目，利用数字化系统实现督导流程自动化（RPA）。建设数字化时代的全新督导体系，解决了门店离散、信息流转与留存、数据统计与分析几大痛点，大大提高了总部对连锁门店的标准化运营管控能力。

（1）设计思路及项目实施

项目组在调研传统的督导方法及一些工具软件（各类打表工具）时，发现现有的巡店流程缺乏规范化、标准化、自动化。

① 巡店计划

传统的巡店督导需要事先做大量的计划工作，才能将近 800 家门店的巡店工作安排得井井有条。但如果没有量身定制的数字化系统来完成这件事，无论是制订还是修改、实施计划，都会变得难上加难。在一个巡店周期后，CFB 想要对比计划与实际实施之间的差异，也变得很困难。因此项目组设计了巡店计划模块，可以在系统中维护各个部门的督导人员的巡店计划，随时查看、修改。

② 检查表配置

在巡店中，项目组预先设定好检查表的题目与规则，巡店过程中，督导人员只需要在手机上进行点击操作，系统就可以根据预先设定好的规则自动计算出相应的分数，并且在最后进行统计。系统的规则引擎是非常强大的，支持自定义表单规则，包括各类分数规则设置、抽样检查得分设置、重点关注得分设置、N/A 项设置等。这让系统能够支持绝大多数检查表的配置，在检查表需要调整和更改时，方便快捷。在数字化时代，唯一不变的就是“变化”，“CFB 督导巡店系统”必须适应不断变化的运营督导要求，才能真正为企业赋能。

③ 报告与整改单

当巡店完成、报告形成后，系统会自动根据设置的流程节点进行转发与抄送。不需要督导人员再手动选人发送。RPA 帮助 CDB 的督导人员提高了工作效率，减少了工作失误，让他们能够把精力集中在专业方面，更能体现出员工价值。

项目组还将巡店督导产生的整改单生成一系列改善任务，由系统根据规则自动推送给门店的店长，提醒和督促店长进行整改，从而让繁杂的运营工作变得井井有条。

④ 项目实施

a. 线下督导线上化，有效提高督导工作效率

原先 CFB 采用传统纸质表单打表巡店的方式，督导到店需要携带大量纸质表单，不仅携带不便，而且有遗失、遗漏的情况发生。现在将巡店表单放在手机上，巡店只用携带手机，不需其他多余物品即可完成巡店打表流程。

使用前：督导巡店使用纸质表单，出行需携带多张表单。

使用后：巡店不需携带其他物品，一部手机解决问题。

b. 计划管理，提高员工工作效率

在原先督导管辖门店较多的情况下，时间管理显得尤为重要，督导需要合理分配时间和节奏安排巡店计划，事务繁忙的情况下，可能产生遗漏或者没有在预定日期内完成巡店的情况。

现在由于亦墨预设巡店计划的功能，每个阶段督导可提前预设好所有门店的巡查计划，预定巡店时间和提醒时间，系统能够提前自动弹出通知提醒，帮助督导把控工作节奏。

使用前：管理门店过多，计划安排不妥当，影响工作效率。

使用后：合理安排巡店计划，系统预设提醒，把控工作节奏。

c. 查看历史巡店记录，及时找到问题点

由于纸质打表、管理门店较多等原因，督导仅凭借记忆发现某门店重复出现的问题，难以找出门店运营实际痛点。

通过亦墨实现线上打表后，督导可以随时查询打表历史记录，每次巡店时可以着重解决重复出现的问题，有效帮助门店提升服务生产质量。

使用前：历史巡店记录查阅困难，难以找到门店实际痛点。

使用后：随时查看历史记录，找到重复性出现的问题，针对问题着重监管，有效帮助门店进行提升改善。

d. 数字化报告，减少人工制作成本

原先 CFB 采用手工统计数据报告的方式，员工需要手动录入数据并统计分析，耗时耗力，报告样式也是传统 PPT 汇报的方式，不够直观、简洁。

亦墨作为一套完整的智能化系统，除了手机端的操作管理，还具有数据分析报告模块，通过手机端的数据收集，自动在报表中心生成实时报告，省去人员录入和统计时间，减少冗余工作步骤。公司管理层查看报告方便，可随时知晓基层的经营状况。

使用前：人工统计形成报告，耗时耗力。

使用后：系统根据终端数据收集，自动生成报告，实时更新。

（2）实际收效

① 解决了督导巡店管理难的问题

督导数据统计智能化、便捷化，原先督导到店打表需携带纸质表单，管理门店较多的时候，纸质表单整理、保存、携带都给督导带来不少麻烦，而亦墨的线上督导巡店功能有效解决了这一问题，所有结果存储于手机，方便携带、储存和后期整理分析，减少督导工作中的冗余环节。自 2019 年 7 月使用系统以来，CFB 督导巡店完成率由 43.99%提升至 88.26%，门店平均得分由 136.49 提升至 159.61 分。

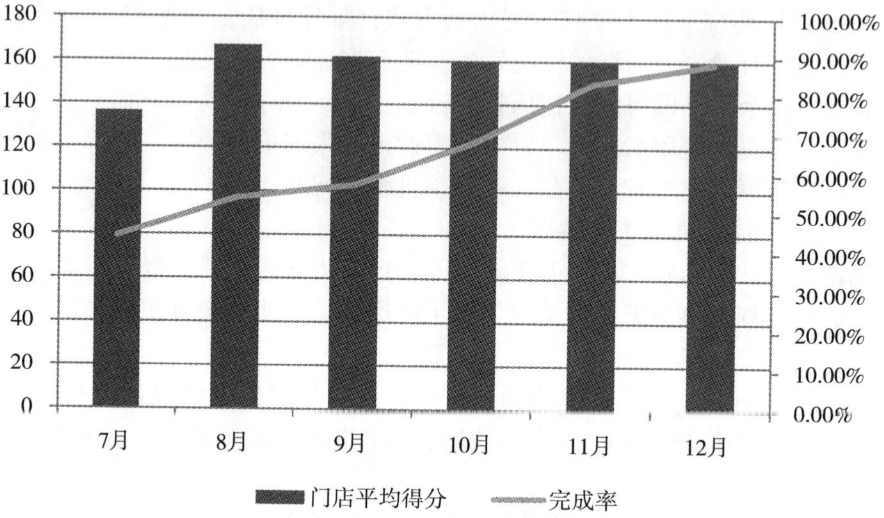

图 5　CFB 督导巡店完成率

② 解决了数据统计效率低的问题

以往督导巡店后的结果由人工手工统计，花费时间较长，亦墨的报表中心为 CFB 定制专属报表模板，督导巡店打表后，系统自动对报告进行分析处理，实时呈现打表结果，原先需要 3—4 天完成的工作，如今实现“0”耗时，实时更新，自动生成，有效减少时间、人力支出。

对于一个国际化品牌来说，要想在不断拓展中稳步提升管理水平，必须利用新时代的力量进行创新。DQ 的案例无疑是将传统的督导体系进行了数字化重构，新的门店不断扩展、管理水平不断提高、人力成本逐渐下降，充分证明了 DQ 与亦墨在数字化巡店督导项目中的成功。

（二）嘉和一品：体系穿透，用人赋能

“嘉和一品”是一家中式快餐企业，秉承着“持续对支持部门进行降本增效”战略指导，公司坚持巩固自身的核心竞争力，升级产品、升级服务，持续为员工赋能。公司于 2018 年下半年开始利用数字化技术实施“体系穿透，用人赋能”项目，收效明显：从执行情况来看，门店的工作效率（工作完成率、合格率）从实施初期的 47%增长到近 100%；从顾客评价来看，堂食评价指数增长 2 个百分点，外卖好评数增加 47%，差评数

降低28%，营收同步持续稳定增长。

1. 项目背景

（1）“降本增效”任务艰巨

受人口红利消失、房租持续上涨、外卖平台抽成提点提高等因素的影响，餐饮行业人力、房租、食材、营销等几大成本持续上升。降本增效成为企业经营管理的重中之重，而传统的方法已无法满足今天企业对降本增效的要求。

（2）“消费升级”形势严峻

随着主力消费群体的年轻化，消费者的消费需求和习惯发生了巨大的变化。在线消费、关注体验、朋友圈分享、点评等消费行为成为常态。这倒逼作为服务供给侧的餐饮业要改革以往对“顾客满意”的关注度和关注点。

（3）“价值重构”机不可失

数字化新技术的广泛应用，对各行各业产生了巨大的颠覆性，也为各行业重构价值链提供了机会。

（4）以人为本，管理赋能

嘉和一品认为：无论是守成，还是创新，其关键点都是“人”。而数字化技术的发展，可以给人赋能。因此，2018年下半年，嘉和一品借助亦墨连锁企业门店运营管理解决方案，实施了“体系穿透，用人赋能”项目。

2. 产品设计思路（使用场景）

（1）赋能一线，让员工“全副武装”

公司把原来厚厚的纸质“手册”，改编成数字化系统的碎片化“任务”，将任务定时、定向地发送到员工的手机或PAD上，提示他们什么时候“做什么”“怎么做”。这些任务包括新品促销执行、外卖差评管理、废弃物处理、新员工培训追踪、验收货反馈、财务稽核、产品抽样检查、食品安全上报、营销方案落地执行、加盟商沟通活动、加盟店反馈等诸多场景。由此，一线员工就由原来的“赤手空拳”变成“全副武装”。

员工通过手机或PAD获得提示进行操作后，将操作结果继续通过手机或PAD报告给区域经理或督导，并且获得他们及时的反馈和指导，以此提高工作效率（任务的完成率和合格率）和个人能力。

（2）数据驱动，让管理“直中要害”

公司将一线员工的工作效率数据（任务完成率和合格率）、管理支持部门的支持服务数据（报告审核率、改善指导率）、神秘顾客调查数据（暗访发现的问题）、顾客满意数据（好评与差评）、经营业绩数据（销售额、订单数等）导入系统的数据分析平台，以可视化看板的方式，让问题及时直观地暴露在所有人的面前，让所有人关注数据，从中找到问题所在与改善的方法。

① 数据呈现创新——打通信息屏障，让隐藏问题实时可视化

使用前：公司有厚厚的工作手册和管理制度，但是在一线具体执行得怎么样，老板和高层并不清楚。只能从每个月一次的督导和神秘顾客调查中获取信息。但这些方法既低频，又不及时。

使用后：数据看板将每天一线门店的执行情况实时展示，一目了然地看到整体、部门、区域、门店不同层级的数据，作为管理者，只需要关注红色的区域和门店，就可以发

现以前看不到的具体问题。

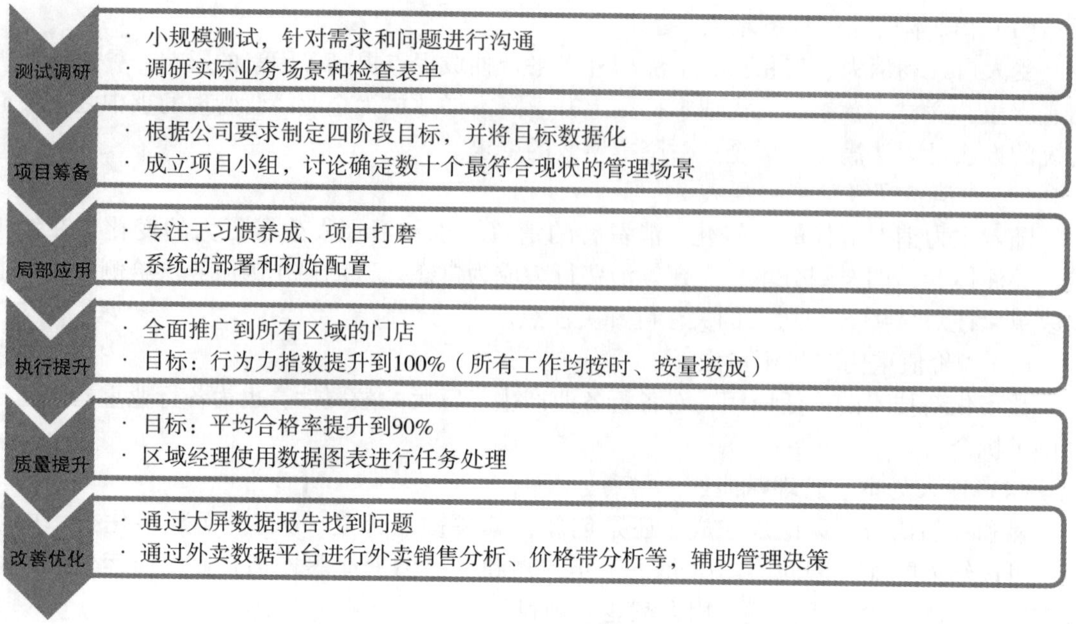

图 6　可视化管理

② 管理通路创新——聚焦各个职能部门的“管理目标落地”

使用前的落地流程：首先，职能部门通过微信、邮件、钉钉将任务发给门店，门店说“收到”；其次，职能部门不知道门店做没做，或者职能部门忘了检查执行情况，又或者职能部门觉得这是门店自己的事，仅仅关注阶段性最终结果就可以；最后，只有部分门店做了，这其中又只有一小部分达标了，当看收效时，职能部门非常不满意，却也找不到办法解决问题。

使用后的落地流程：首先，财务、培训、市场、运营、线上运营等职能部门根据本阶段的目标，将管理要求以任务的方式给门店；其次，门店定期反馈执行结果，比如针对外卖评价处理的回复；再次，不同职能部门看到每天自己主管的任务执行情况，还可以对发现的问题通过审批、圈阅点评等形式进行处理；最后，职能部门还可以对一个阶段的任务执行结果与实际业务进行对比分析，总结提升。

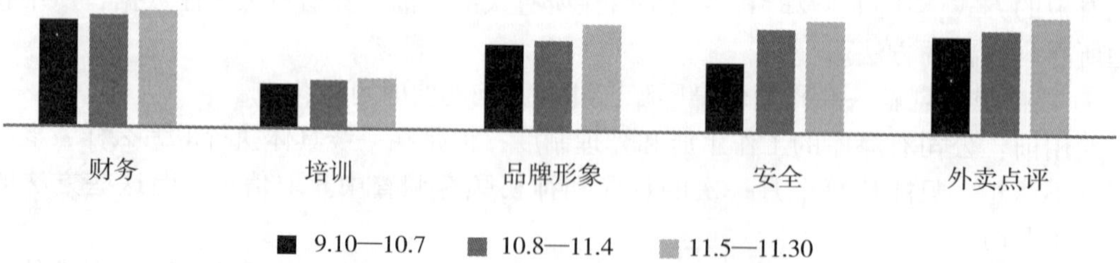

图 7　不同职能部门的管理任务对比

③ AI 技术赋能创新——顾客反馈智能处理

表 1　顾客反馈

产品					
中类	数量	占比	小类	数量	占比
出品标准	196	35.96%	出品温度不够	103	18.90%
			估清	40	7.34%
			量太少	38	6.97%
			退菜	15	2.75%
出品味型	181	33.21%	味道不好	69	12.66%
			咸	42	7.71%
			油腻、肥	37	6.79%
			淡	19	3.49%
			甜	7	1.28%
			不入味	3	0.55%
			腥	2	0.37%
			辣	2	0.37%
品质与口感	95	17.43%	硬、难嚼	24	4.40%
			不新鲜	18	3.30%
			不熟	18	3.30%
			口感差	11	2.02%
			煮太久	10	1.83%
			品质差	7	1.28%
			厚	4	0.73%
			老、柴	3	0.55%
产品定位	73	13.39%	价格贵	71	13.03%
			菜品种类少	2	0.37%
总计	545	100.00%		545	100.00%

④ 工具应用创新——管理追踪，创新提效

嘉和一品采取线上线下“双管齐下”的管理模式。除了线上行为力之外，系统把传统的线下纸质打表单变成多种类型和格式的电子表单，即刻巡店、即刻报告，提高督导效率。

针对巡店过程中门店出现的问题，可以通过手机，立刻给门店发送一个整改任务，直到这个问题得到改善为止。传统方式从督导制订计划到问题改善，至少需要填写 5 张表、打 10 个电话、耗费半个月的时间，现在由于数据集成到云端，实时共享，将督导改善的效率提高了一倍。

⑤ 数据运营创新——数据模型辅助决策

外卖专题可视化报表，打通不同外卖平台数据，使用多个专业模型从不同角度发现外卖运营的增长和问题，辅助管理者进行外卖促销活动、分组定价、品类分析、辅助选址等方面的有效决策。

3. 实际收效

（1）行为力指数及督导分数提升

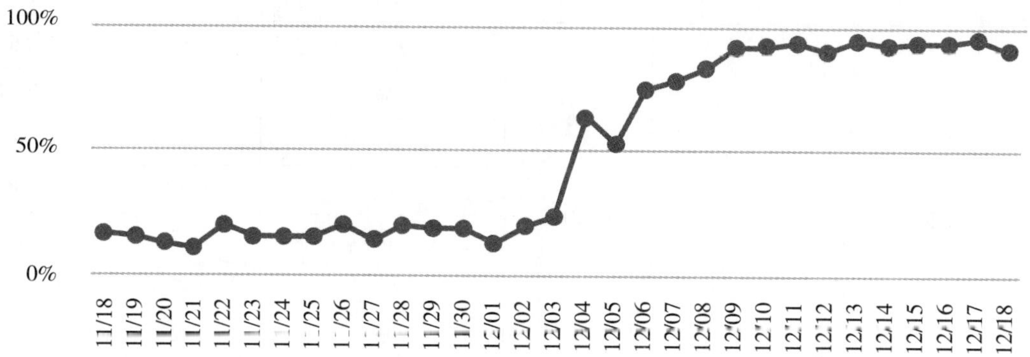

图 8　行为力——执行趋势

上图是嘉和一品的行为力趋势图，从刚开始的不到 20%，到一个月后的接近 100%，员工的执行能力从不可见、不重视，到有了很大幅度的提升。

随机抽取 5 家门店，通过使用软件前后督导对门店的得分进行对比，使用软件后，门店的督导得分率有了明显的提升。

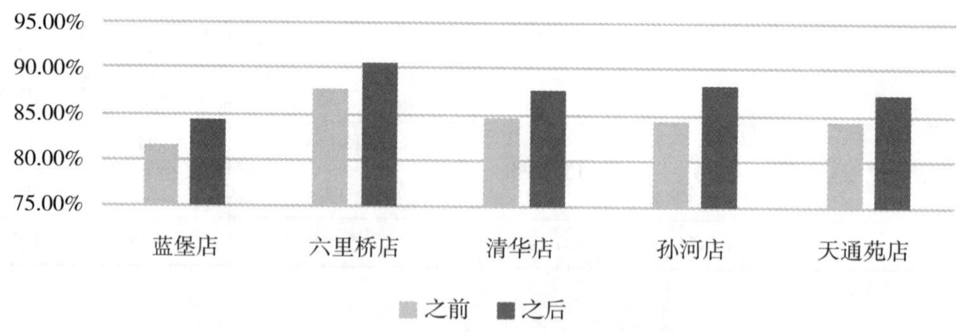

图 9　门店督导得分率变化

（2）顾客评价提升

堂食服务：在餐饮堂食中，口味、环境和服务三大指标均有大幅度的提升。

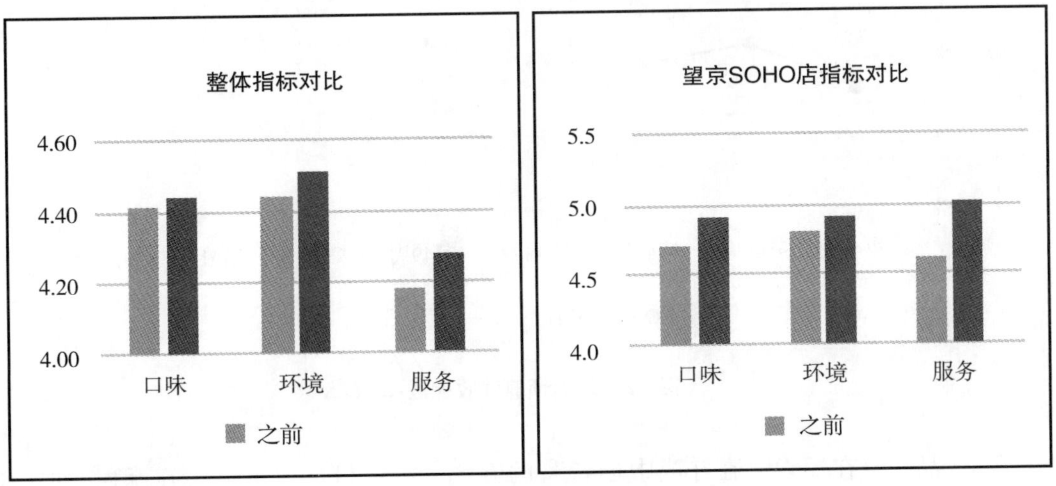

图 10　堂食服务指标对比

外卖服务：外卖平台上比较重要的参考指标是口味和包装，基于这两点，顾客对店铺进行评分，其中顾客好评的上升和差评的下降会十分明显。

（3）营收稳定增长

以外卖营收为例：项目实施前，营收预算完成率起伏不定，一直在100%上下徘徊。项目实施一段时间后，管理者把“外卖开档准备”“外卖差评管理”“顾客满意”这些最基础的工作做到实处（任务完成率接近100%），在提升客户满意度的同时，营收预算完成率也有了稳定增长。

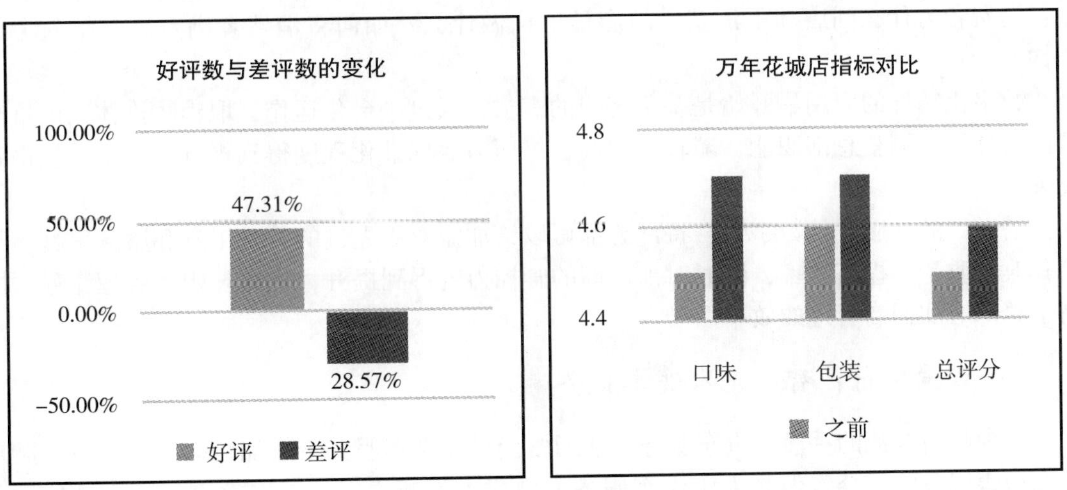

图 11　外卖服务指标对比

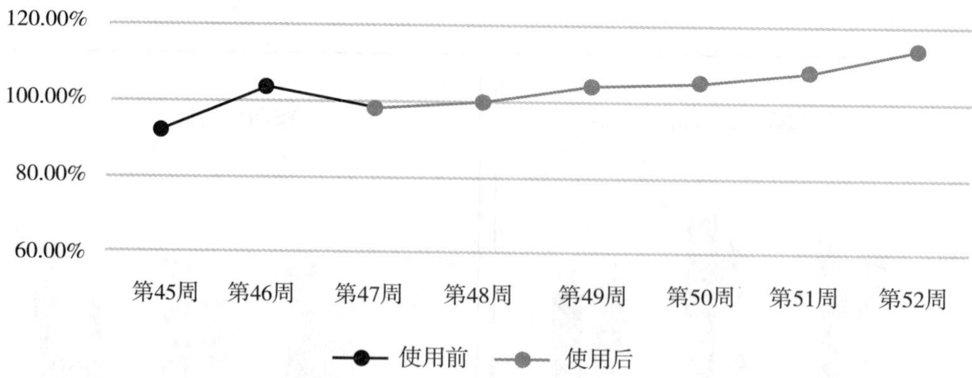

图 12 外卖预算营收完成率

嘉和一品一直在探索“在守成中创新”的方法。本项目从目标、实施流程、项目成本、收效等方面，都是一个明显的代表性案例。

四、数字化特许重塑产品与服务

目前，市场环境和消费习惯的变化越来越快，这就要求企业能够敏捷地应对。只有不断升级认知，提高特许经营和管理决策的精准性，随着外部环境的变化持续并快速调整自己的方法和方案，做到业务模式和产品的快速迭代，才能让企业在激烈的市场竞争中处于有利位置。

数字化的基础是有效数据。首先数据要共享，打通各个节点的信息孤岛；其次数据分析、使用要及时，能够解决消费者的痛点；最后，数据要能够对决策和行为提供帮助，比如：消费者为什么到店却不消费？门店员工该做什么？如何将消费者满意度与绩效考核挂钩？

数字化特许的应用最开始是基于客户的需求，通过平台化运作，取消特许体系内重复部门与环节，调整总部职能，减轻加盟商运维压力。标准化程度得到提升，效率自然得到改善。

借助产品和服务的数字化，特许总部可以给加盟商更先进的管理工具和服务工具，帮助其改进质量，提高效率，同时对加盟商的管控力度得到提升，优化加盟商管理流程，提高了总部对加盟商管理的效率。

（一）爱义行：智能无人洗车服务

作为吸引客流的手段，汽车服务企业通常会设立洗车服务，增加顾客到店频率，提升潜在销售服务的机会。但是人工洗车服务人力成本不断增高，工作效率低下。另外，自2015 年国家实施新的环境保护法后，人工洗车引起周边环境的“脏乱差”问题引起了整个社会的重视。为响应国家提倡的环境保护，减少污染政策，北京爱义行作为汽车后服务领域的优秀企业，将智能技术应用在洗车环节，自主研发了智能无人值守洗车系统，优化大量洗车工人，节省企业经营成本。

智能无人洗车服务，对于有车一族而言，起到了省时、省力的作用，5 分钟洗一辆车，无须长时间的排队等候；对于国家而言，减少了水资源的浪费，同时减轻了城市管理执法者的工作难度。

无人洗车的操作非常简单、便利，车主用微信扫描洗车机上的二维码，通过微信、爱义行会员卡来完成支付，支付成功后启动洗车机。刷洗和吹干过程不需人工参与，完全由系统来引导机器完成。无人洗车服务，24 小时运行，延长了经营时间，提高了营业收入，同时降低了人工成本，最终提升了利润空间。

为支撑多个无人洗车站点的稳定运营，除扫码程序外，爱义行还开发了洗车机远程监控后台、经营管理后台，以及大数据可视化监控平台，由总部的经营管理中心、客服中心远程监管与调度。远程监控后台可实现对洗车机进行远程启动、停止、复位的操作，读取各洗车房内温度、洗车机的洗涤液和脱干剂剩余量、用水和用电量。当洗车机出现故障时，安排当地维护人员现场处理。经营管理后台可查看各店洗车详情、客户服务评价、经营统计数据、广告推送配置等功能。

智能洗车推进门店的新零售服务场景的升级。整套无人洗车系统与企业原有 ERP 系统完全打通，客户资料数据与洗车服务订单与 ERP 实时同步；同时为提升用户体验、扩大客户来源，又与有赞商城、中石化系统打通，增加了电商平台、加油站客户的渠道。

无人洗车服务实现了业务全流程的线上化、客户数据的精准化。将原有的人对人的营销模式，变成系统对人的方式，通过微信、短信的推送，实现千人千面的精准营销，将客户真正需求的服务，用线上的方式触达到位。特别是车险到期提醒推送、保养到期推送，又促进了维修、保险业务版块的转化提升。

1. 结合社交电商工具，提升洗车业务增长

利用有赞商城搭建了爱义行易购商城，销售洗车用品、保养、美容等服务项目。洗车系统利用有赞商城的 API 接口，打通有赞商城的业务订单。当用户在商城上购买洗车服务后，可直接扫码核销，启动洗车机。

借用有赞商城自有的分销员体系，将几百名客户发展成兼职分销员。每销售出一张洗车订单，分销员可自动得到 2 元奖励。分销员在微信朋友圈及微信群进行推广，促进洗车业务的增长。

无人洗车机都分布在各加油站内，每位加油员都有自己的洗车推广码，直接向加油的车主推荐无人洗车。车主先通过扫描加油员的二维码购买后，在洗车机上可直接扫码进入。

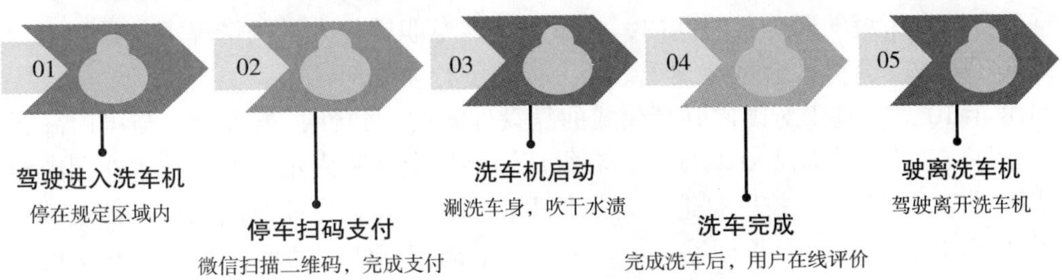

图 13　智能无人洗车服务流程

2. 结合保险公司接口，提升车险业务增长

在洗车机入口都设有车牌识别摄像头，自动读取每台进店车辆的车牌号，在扫码后获取真实的车主手机号与微信号。

无人洗车系统与各大保险公司后台打通，通过用户数据查询车辆的保险到期日期，如果车辆保险快到续保期，则直接在扫码程序中向用户推送车险提醒，展示来年的车险优惠政策。

同时将车主信息推送到保险业务后台，由总部电销团队接收到，再以电话方式跟进车主，达到成单目的。

3. 结合门店 ERP 系统，提升门店业务增长

无人洗车系统获取到车牌号后，与门店原有的 ERP 系统打通，查询此车辆的消费记录，结合车型保养周期查询，判断是否保养到期，如果到期，则将本次应该做的保养项目信息推送给车主，同时推送到员工使用的移动端 App 上。

门店服务接待人员收到信息，主动联系车主，有针对性地解释车辆保养服务，达成促单目的。

同时，结合 ERP 系统，查询客户之前的美容项目是否到期，在接触客户过程中有针对性地营销。

智能无人洗车项目，24 小时运营，不仅促进了洗车业务的增长，同时结合数字化、在线化的技术手段，也促进了汽车保养、保险、美容、轮胎等各条业务线的增长，值得大范围的推广。

（二）英睿健康：健身行业数字化转型

传统健身行业在目前已经进入调整演变的拐点期，越来越突出的滚雪球式的单店预付费日益增高、单纯以销售为导向的经营方式饱受诟病，结合新零售消费形式下的消费升级，健身行业面临着不进则退、不变则衰的境地。

基于对传统健身行业运营模式的深刻理解以及快而新的智慧健身模式的研究，同时参考了在欧美、新加坡较为成熟的共享健身俱乐部运营模式，英睿健康在 2017 年年底，联合深圳高新技术企业桥通物联，启动共享健身模式的技术应用及 SAAS 系统开发、俱乐部硬件设备物联网研发工作。双方联合成立深圳菲特科技，致力于共同打造基于“App+SAAS+物联网技术”的解决健身行业核心经营短板的跨品牌服务平台。

2018 年 7 月，菲特平台及健身俱乐部物联网技术应用于英睿健康体系首家智慧共享健身俱乐部——青岛奥克斯共享健身馆。利用共享模式的创新性经营模式和技术支撑，首家共享健身馆在短短的两个月时间内，在没有一名专职销售人员的情况下，采用平台流量及在线推广方式，会员入会量达到千人以上，开创行业先河。

2018 年 10 月，基于对国内共享模式的复盘理解的一致性，英睿健康与国内高新技术企业灯影科技牵手，在原 1.0 基础上，获得灯影科技全球室内定位专利技术在国内健身行业的使用授权，使菲特科技所打造的跨品牌平台如虎添翼，在原有的三位一体基础上，又增添了“室内定位技术+电子标签展示”的两项数据交互使用功能，为智慧共享俱乐部运营升级为 2.0 模式奠定了科技基础。

英睿健康率先在行业推出智慧共享健身智能数字化升级转型，同时联手高新技术企业

灯影科技、桥通物联，全部自主研发集客户端“App+SAAS+智能物联网+室内定位技术+电子标签展示”的健身智慧共享解决方案，打造跨品牌的共享服务平台，借鉴新零售服务模式，深挖消费升级后客户追求“价值≥价格”的服务需求，用技术赋能，重新定义健身行业的“共享经济”。智慧共享馆摈弃传统健身行业预收客户长期卡的经营模式，而选择采用客户依据自行健身习惯的“随心选”的单次单项目精准消费模式，客户无须为了自己不确定的消费频次而提前交纳会员费用，同时也无须为了每一次到健身房后不一定会去使用的区域或服务而支付了无形的消费成本。客户只需要通过手机 App 上的“随心选”模块，即可预约或只为自己即将消费的健身项目支付单次的或单项目的消费费用。真正做到“消费得明明白白”，理性而精准。

1. 全球专利室内定位技术

通过灯影科技行业专属授权全球专利技术——室内定位，取消会员卡、手环等外部设备，全部采用手机方式进行身份识别及控制。

2. 电子标签技术

采用亚马逊 KINDLE 电子油墨显像技术，有效告知消费者预约信息的核对及超时提醒。

3. 蓝牙锁技术（国内专利）

通过与室内定位技术、电子标签等互联的蓝牙锁，有效控制场馆内各设备、设施的智慧物联（门禁系统、闸机系统、更衣柜、跑步机等）。

4. U-FIT 系统+客户端 App

自主研发整体 SAAS 数据系统平台并设置在云端，通过手机 App、微信小程序、PAD 设备、一体机等交互使用。在未来有望实现健身俱乐部的前台无人化。

智慧共享健身模式实施流程如下：

· 采用智能化物联网技术获取数据标签；

· 采用全球专利蓝牙定位技术及电子标签实现数据交互；

· 智慧共享数据流量采集模式；

· 实施场景。

与传统健身模式相比，智慧共享健身具有不可比拟的流量优势：

· 营销措施吸引流量。采用价格吸引、裂变式营销、整合线上到线下营销等组合方式，最大限度地进行会员流量的积累。使用移动互联推广技术，而非主要依托传统预售地推形式。

· 固定 App 客户带来流量池。共享健身馆客户需要通过 App 获得门店各项后续服务，如团课、单车课预约（提前在 App 缴纳履约押金后即可约课）、积分兑换、购卡消费、网上商城等。

· 资源整合提高增量。流量池带来庞大的可利用资源，而通过联盟渠道整合后，俱乐部成为提供生活化需求的出口，包括健康餐、咖啡饮品、运动用品、健康保险等均可带来收益增量。

· 会员生活习惯数据标签。通过智能化技术，简化现场员工的门店服务量，如前台不再进行刷卡、查询等工作，而由平板电脑取代。客服主要工作职能转为对数据标签的准确性进行核查、审核和补充。

· 数据标签精准需求。会员数据标签越完善，系统分析生活轨迹越清晰，对应需求的提供越精准，进而带来更大的增量空间。

高流量必定带来高收益。初步预估，共享健身模式经济收益会比传统健身模式收益提高 40%以上。此外，智慧共享健身模式将高科技运用渗透到会员健身体验中的每个细化服务流程中，节约会员等待和选择项目的时间，有效提高会员健身时间 20 分钟以上，大大提高了会员满意度和复购率。

2018 年，英睿借助科技赋能，开启了智慧共享健身俱乐部转型的新篇章，但是在自有品牌内进行推广和复制不是最终目的。2019 年，英睿借助菲特科技的智慧平台，有效结合并创新平台加盟合作的方式，将共享服务平台提供给更多跨品牌健身俱乐部使用，推动整个健身行业的健康发展。

（三）乂学教育—松鼠 AI：智适应教育产品的打造

不管是传统的线下培训，还是现在流行的在线教育服务，都有三个问题亟待解决：缺少稳定品质的教学产品输出、缺少学习过程管理、没有个性化的针对性辅导。

作为推动培训教育产品更新的主要因素，人工智能技术让教育领域再次产生了新的跃迁。基于大数据和人工智能技术，拍照搜题、分层排课、口语测评、组卷阅卷、作文批改、作业布置等智能产品能够辅助学习过程；把人工智能技术渗透到教学的核心环节中，人工智能智适应教育，更是能从根本上改进学习的理念和方式，直接带来教学质量和效果的提升。

乂学教育—松鼠 AI 教育公司将人工智能智适应学习技术应用于 K12 教育，为培训教育业解决以上问题取得实质性突破。具体说来，松鼠 AI 利用 AI 技术颠覆了传统教育模式，通过其由人工智能智适应系统主导、真人老师辅助的双师模式，可以完成“教—学—评—测—练”的教学全流程，并且做到全流程数据的收集。在课程内容上，松鼠 AI 提供包含小学、初中、高中的语文、数学、物理等全部学科的课程内容，不但打造了教师与 AI 智适应学习系统协作教学的全套标准体系，还能为学生提供 MCM（学习能力、思想、方法）素质能力培训。

1. 产品：70%AI 授课+30%老师辅导，用新双师教学模型升级传统教育

在教育行业，老师是核心生产资料，但优秀老师需要十年甚至几十年的成长、成熟周期，因此优质老师非常稀缺，也极大限制了高质量教学的供给。从理论上讲，一位优质的老师可以通过互联网同时面对无限数量的学生，从而解决优质师资稀缺的问题，但这个过程缺乏有效的师生互动，而且老师分配给每个学生的个性化服务时间极少。此外，由于目前的教育对学生数据掌握仅仅是成绩，太过单一，即使是经验丰富的名师，针对每个学生进行的个性化辅导及能力培训也十分有限。

基于对目前教育行业发展的了解，乂学教育—松鼠 AI 将最先进的 AI 技术结合中国国情，打造出一款适合中国学生的 K12 教育（中小学基础教育阶段）学习产品。在乂学教育的 AI 系统中，教学步骤主要分为五步：第一步是 AI 检测，系统会先对学生做一个拆分到“纳米级”的知识点的全面扫描，定位学生的问题；第二步是设计个性化学习路径，系统还要始终保持“贴着学生的知识边界”教学，实时自动规划以适合该学生的学习难度和顺序，让学生的体验最好、成就感最强；第三步对知识点盲区做视频讲解，时长、训

练量、训练难度由AI算法决定；第四步战略放弃，传统的授课老师所有知识点都要讲到，但AI会根据孩子的学习时间做最优的选择判断，让孩子在最短的时间内学到尽可能多的知识；第五步追根溯源，一个知识点可能有30多个前序知识点，在传统教育中很难梳理清楚并且应用。

松鼠AI的智适应教育系统，不但能极大程度地节约名师培育成本，还能够将学习变成一个动态的、不断博弈的过程，为孩子提供最精细化、最优质的个性化教育。区别于其他教育产品，松鼠AI智适应教育系统，主要具备四大特征：

· 全知全能：松鼠AI教学机器人可以对每一个学生去进行用户画像扫描、海量知识点扫描，精准知道他哪个知识点掌握了，哪个知识点没掌握。

· 见微知著：通过知识点的扫描可以进行个性化的知识点匹配，直到学生掌握知识点为止。

· 无尽算力：通过超纳米知识点拆分和AI扫描能够帮助学生找到合适的起点，让学生非常容易切入学习，非常容易获得掌握知识的成就感，一点一点往上走。

· 自我进化：AI老师能够发现传统老师不能发现的问题，自动帮助学生查缺补漏，进行知识点的补充，AI已经产生了更有效的学习路径。

不仅如此，松鼠AI还将K12教学辅导从“知识传授”型学习，转变为“能力养成”式学习。乂学教育—松鼠AI的另一大特色系统是MCM系统，是对学习思想、能力、方法的拆分。在传统的授课中，学生学到的只是一个个的知识点，而在MCM系统中，可以检测出人的思维模式、学习能力和学习方法。对于相同分数的学习者，MCM系统都可以分析出其不同的学习能力、学习速度和知识点盲点、薄弱点，从而精准刻画出学习者的用户画像。例如，通过数学知识的学习可以培养建模思想、数感、力推法等能力。

尽管有强大的AI老师，但是为了能够提升学习效率、增强学生的学习体验，提高客户转化率，松鼠AI创新性地采用了70%AI老师授课+30%真人老师辅导的双师模型。其中线上的AI系统或真人老师负责教学，线下老师负责监督指导、考核和训练，以及维护课堂秩序、课后答疑、微信群维护等。

通过线上的课程学习和复习巩固与线下老师的监督指导相配合，这种线上线下联动的模式能够帮助学生更好地掌握在线上课程中学到的内容，更大程度地保障了教学效果。此外，因为真人老师主要担任的是助教角色，相对于名师的培训成本会更低，并且由于学生只有30%的时间和真人老师交流，每个老师有更多的时间和精力去培育更多的孩子。

2. 业务：推行线上线下并举路线，开创教育新零售领先模式

在循序渐进地推进商业化道路的过程中，乂学教育更是设计了线上和线下的两个路径，打破传统的教学模式壁垒。在线下，可以到线下学习中心学习接受AI教学系统和老师混合授课。乂学教育已经开设了超过2300家授权连锁学校，授课模式是松鼠AI智适应系统为主、真人老师辅助，虽然实体教室比线上多了房租成本，但“70%AI老师授课+30%真人老师辅导”的双师模型，仍然可以节省大量老师的成本。而纯线上的学习模式，则是通过“松鼠AI智适应系统+老师直播监控”的方式完成，让学生可以在家在线学习。

松鼠AI利用人工智能的技术实现个性化教学，以线上教学和线下辅导的模式实现对传统教育的升级。其中在线教育是以学、培、知为目的的知识传授，线下教育则是以监督辅导和情绪化疏导为目的，帮助学生提高教学效率、优化线上教学效果。总的来说，松鼠

AI 的商业模式为，To C 端主要是通过在线智适应课程辅导收取费用，To B 端则是收取线下学校授权费用并提供教学系统来创造营收。

松鼠 AI 这种教育行业与新零售模式的结合，实现了“人”“货”“场”三个环节的教育升级。

五、数字化特许赋能加盟连锁店铺营运

由于加盟店里的几乎所有营运活动都可以以数据的形式通过信息系统第一时间传回总部，总部对这些数据进行及时分折和挖掘，并形成决策用以指导加盟店，提升加盟店服务的水平以增加其收益，这样，加盟店的管理变得越来越直营化。加盟总部承担更多标准化的管理职责，加盟商参与管理的复杂程度大大降低。在此之前，加盟商的企业家精神和团队建设是决定加盟店能否成功的基本条件，而这些具有很多不确定因素。

加盟店的运营管理由追求千店一面向追求千店千面转化。以前的千店一面的原因是受限于总部的数据处理能力及成本，而事实上，由于每个加盟店所在的地区不同、地段不同，所以客户加盟有很大的差别。现在，利用大数据和人工智能的高效，总部变成智慧型的“大脑”，有能力对每个加盟店的选址、选品、人员、服务方式等都进行个性化设置，让每个加盟店都能向客户提供更有针对性的产品或服务，从而实现店铺利益最大化。

翰皇伟业．数字化销售创新

北京翰皇伟业从事皮革护理加盟连锁 18 年，是中国皮革护理行业领导品牌，在全国 400 多个城市拥有 2000 余家门店，为终端消费者提供生活洗护服务及洗护产品销售。

通过数字化产品销售平台的创新，终端门店产品销售知识普及得以有效落地，并为企业带来显著的降本增效，服务专员人力减少 40%，但进货数据环比却有 18%左右的增长。

1. 如何快速有效满足终端需求

庞大的门店数量，分布广泛的市场区域以及终端产品需求量的扩张，导致订单量不断加大，需要解决从下单到处理、发货再到库存管理整个进销存各环节的便捷，利用互联网工具实现数字化。

定位搭载平台的依托体，App、小程序和店面管理系统，三个平台依托，解决移动端及 PC 端双重操作习惯的便捷性。终端门店可视板块简化清晰，数据报表一键生成，动作能效去繁从简。

2. 如何保证产品零售价格的统一性

移动互联时代的到来，让消费者信息获取渠道变得更加多样，各大线上电商线下代理商层出不穷，终端门店销售渠道多样化，需要一个官方平台为消费者提供产品价格参照和正品识别。

开设两种视图窗口，面对消费者提供终端零售价格，面对门店提供进货价格。会员卡二维码扫描，消费者随时随地查询价格明细，产品介绍加入识别正品扫描。数字化产品销售平台提供消费者留言区及经销商留言区。

3. 如何杜绝渠道内门店采购外货

连锁行业高速发展，竞争愈演愈烈的同时，管理加盟商更需要从源头控制其门店的经

营行为。

单店月度订单报表数据与店面系统报表数据匹配，按照服务的标准产品用量累计核算进货量占比，利用 SQL 编辑核算，差异在 5%—10% 内为正常，大于或小于此区间均会提示为问题门店，需反馈给区域代理了解详情进行处理。

表 2 实体商品与虚拟卡商品统计信息对比

实体商品统计信息		虚拟卡商品统计信息	
商品总数	990	商品总数	0
库存警告商品数	99	库存警告商品数	6
新品推荐数	17	新品推荐数	0
精品推荐数	51	精品推荐数	0
热销商品数	63	热销商品数	0
促销商品数	0	促销商品数	0

4. 如何通过数据分析有效解决门店存在问题

个别终端门店销售业绩不理想，需要通过一个数字化平台统计销售数据变化，推算门店服务项目品类的各项占比，从而整理经营者人物画像，进行定点培训。

通过 SQL 设计门店销售任务，当月任务完成差距提供单品差距报表，反馈门店在某项服务上存在的问题，进行区域反馈沟通，定点对服务或此项技术课程进行邮件转发或现场培训。

5. 如何了解消费者需求开发新产品，如何远程对终端经营者进行产品知识的培训

需要通过数字化平台增设经销商及消费者产品评论区，了解市场需求，解决产品不足，根据需求开发新产品。提供产品学习板块，有助于终端门店学习产品知识，了解产品性能，增大产品销售成功率。

增设留言功能，解决消费者及经销商对产品问题反馈，同类意见整合排行，有针对性进行新品开发。

6. 如何解决企业降本增效的问题

近几年，面对日趋增长的人力成本，企业最头疼的事情就是如何降本增效。需要通过数字化平台，利用互联网的高速发展替代人力劳动，增加效能减少成本。找到业务流程中制式环节，开发替代工具。

寻找在下单—订单处理—物流运输—门店库存管理中的制式项，下单时数字化平台记录客户常用行为，自动推荐；订单处理可批量添加，转库房打单发货；物流通过物流方平台链接，可查看订单运送详情，全程无须信息电话确认、数据提醒服务。减少中间环节的各项人工处理。

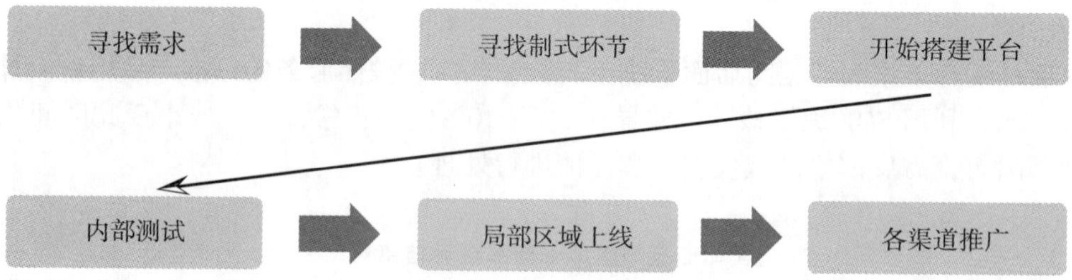

图 14　企业降本增效路径

翰皇伟业和其他特许连锁老牌企业一样，积累了无数 ERP 系统的相关大数据，互联时代如何整合这些零散的大数据碎片从而达成企业管理时效，是数字化发展的一个初衷。翰皇伟业数字化销售平台是一项很好的利用企业现有共性数据进行整合，实现互联互通为企业赋能的创新举措，希望给众多特许企业伙伴提供参考价值。

六、数字化助力消费者触达

随着应用的扩展，消费者的直接触达、会员精准营销、跨界合作为企业带来新的增长空间。比如，总部通过线上引流，增加了新的消费群体，通过将这些客流导入相应的加盟店，为加盟商带来新的客源，从而增加销售机会，做增量市场。

效率提升仅是物理反应，只有与消费者联系起来，增加流量，才能发生“化学反应”，使体系规模爆发性增长成为可能，从而极大地提高收益水平。

数字化为解决顾客痛点提供了更高效、更便捷的途径。数字化可以简化、优化门店的服务流程，改善顾客的到店体验，丰富加盟店的服务功能（如提供更多的产品选择、到家服务、O2O 业务），让顾客享受线上线下、随时随地的产品和服务。提升消费者体验是特许企业数字化的终极目标。

（一）福奈特：顾客价值挖掘

移动互联网时代呼啸而至，顾客对于洗涤服务的需求在不断地发生变化。福奈特为了更了解顾客，巩固市场份额，增加顾客数量，增强顾客的黏性，扩大互动交流，在深度挖掘顾客价值上寻求切入点，创造企业竞争优势。近年来，公司在管理规范化创新、加盟模式创新和信息化、数字化技术应用创新方面取得了一些成效。在此基础上，福奈特人努力进入到深挖顾客价值的新赛道。

- 将以往难以衡量的顾客需求进行量化设计，使改进空间明确细化；
- 以数字化、移动互联网工具为载体，调研顾客需求，使信息获取更及时、高效；
- 利用大数据分析顾客信息，为顾客提供“私人定制”式的营销服务。

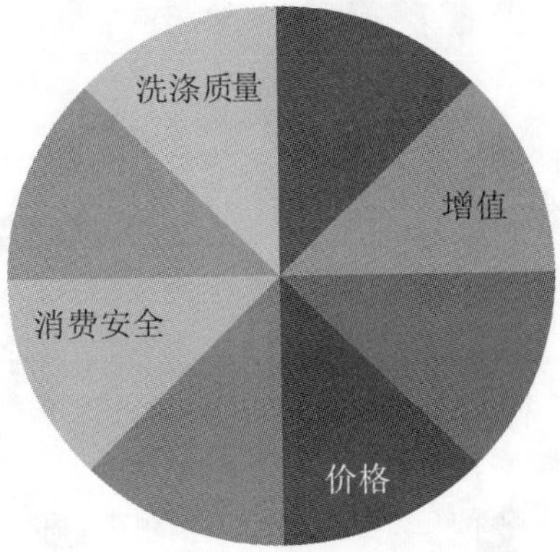

图 15　福奈特顾客价值点分析

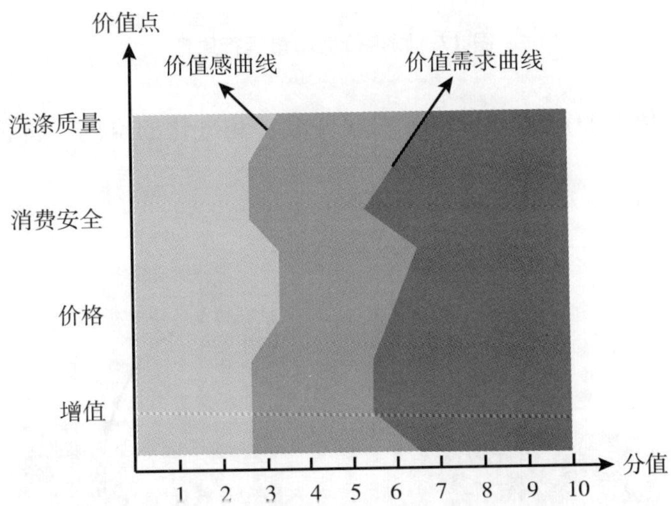

图 16　顾客价值需求分析模型

顾客对洗衣服务价值感的衡量基于质量、服务、安全、环境、增值服务、便利、价格、速度等方面，称为顾客核心价值点。福奈特的经营目标是，通过不断洞察、满足顾客的需求，让顾客期望区域和感知区域无限靠近。

福奈特顾客价值曲线是以顾客需求为导向，基于对顾客需求的深度调研，挖掘福奈特顾客感知与顾客期望之间的距离，实现价值增量，从而获得经营提升。主要原理如下：

- 福奈特的运营标准依据顾客价值期望进行不断完善，体现以顾客需求为导向；
- 门店运营改善，贴近福奈特运营标准，体现企业进化方向；
- 顾客感受最终贴近顾客的期望，体现顾客体验。

福奈特顾客调研系统采取一衣一码、一店一码、神秘顾客调查三种形式，获取顾客对质量、产品、服务等维度的即时感知评价。

顾客调研结果展示如下：

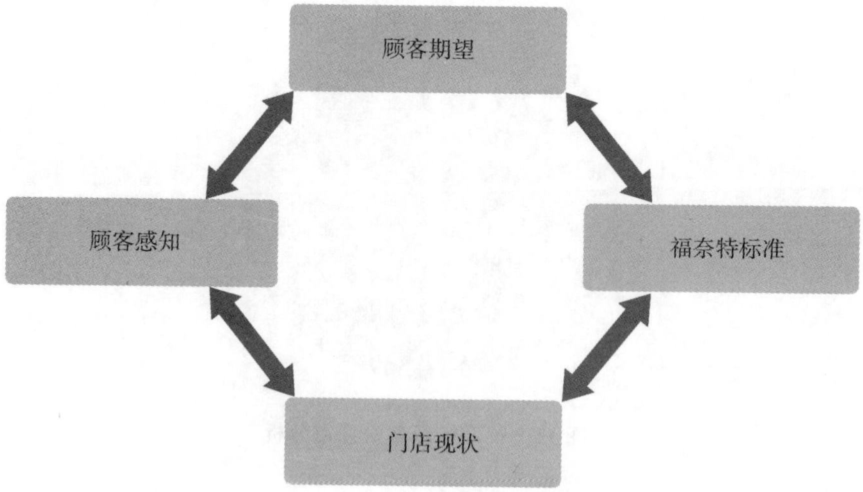

图 17　顾客价值增量运行原理

依据对各个价值点的得分分析，寻求服务改善和进化的空间。价值感增量实现路径如下：

◆ 数字化系统力

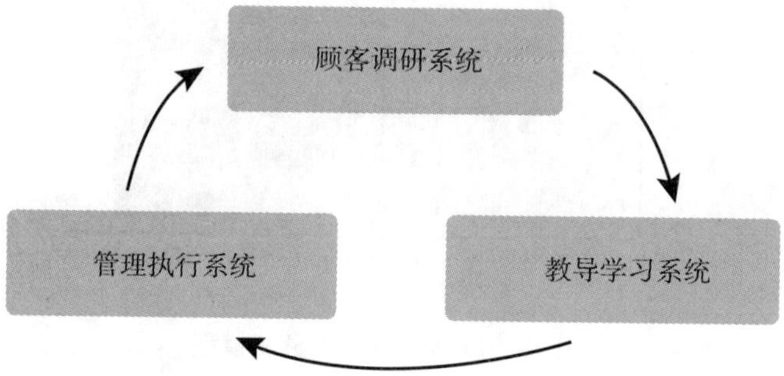

图 18　福奈特数字化系统力

数字化系统力的运行逻辑是，通过调研系统定期、及时地获取顾客的价值需求，由福奈特总部通过福奈特教导学习平台，高效快速地为终端店铺运营赋能，并通过管理执行系统监督终端执行，确保此系统良性循环，从而不断提升满足顾客需求的能力。

◆ 数字化营销力

数字化营销旨在通过营销创新，建立一套顾客开发与维护的良性循环体系。一方面，商圈营销可以精准对接新顾客，扩大新顾客体量；另一方面，店铺的精准营销增强老顾客的顾客满意度，进而增加老顾客黏性。正是基于对顾客价值的挖掘，使新、老顾客群体不断壮大，形成福奈特在顾客需求领域的核心竞争力。

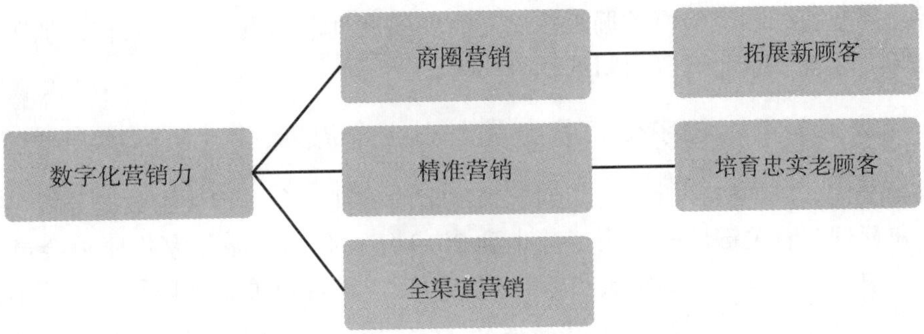

图 19　福奈特数字化营销力

◆ 商圈营销

移动互联网技术使企业收集信息的能力大幅增强，福奈特的全渠道营销战略进入快车道。基于强大的终端数量和良好的品牌认知，福奈特的商圈营销更具优势。首先，在顾客集中度高的社区进行社区、社群营销，获取新顾客，匹配自助取衣柜和收衣点，实现一个核心、多点布局的渠道下沉；其次，数字化商圈调查工具把传统商圈分析时存在的漏点重新挖掘出来，可以为特许加盟业务提供信息数据支持和顾客投资决策；最后，顾客分布的热力图大数据可以更好地定性店铺适合的营销活动或定量分析精确顾客群。

◆ 精准营销

精准营销旨在精准分析顾客价值需求，对老顾客增大黏性，加强互动。维系好核心顾客，挖掘更多的消费潜能，致力于提升店铺经营 KPI。终端店铺通过数据分析将消费顾客分层为忠实顾客、边缘顾客和潜在顾客，依据发展现状，运用福奈特数据管理系统，精准筛选目标顾客群消费数据，通过精准分析洞察，设计“量身定制”式的精准营销活动，借助全渠道营销网络的信息传递，精准激发目标客群回店消费，最终促使终端店铺达成预期目标。

◆ 全渠道营销

移动互联网带来了多种数字化营销渠道，为顾客提供便利、快捷的价值体验。福奈特的全渠道包含门店、收衣点、自助取衣柜、App、小程序、第三方平台……

自 2018 年 7 月开展顾客价值挖掘至今，新增会员数量同比增长高于 5%；店铺客单价提升高于 15%。

首先，福奈特商圈营销帮助加盟商构建了一套涵盖市场环境、竞争对手、店铺现状、顾客分布的商业分析系统，提升了市场掌控力。经营理念也从“顾客引进来”向“走出去开拓”转变，形成了一个个终端营销小组，不断推进自助取衣柜、福奈特 App 和小程序的应用，全渠道营销全面发展，构建了“终端强则品牌强”的活力发展局面。

其次，利用福奈特的数字化系统力工具，完成顾客满意度调查、神秘顾客调查、线上学习以及线上管理执行系统几项工作，明确顾客的需求点和终端服务现状之间的差异，价值点得到挖掘，特许终端获取了大量提升的空间，线上线下完美互动。对核心顾客的满意度调查也是精准营销的契机，帮助特许加盟商稳中有升地获取市场份额。

再次，以挖掘并实现顾客价值为目的的福奈特营销项目组和全渠道项目组的建立，开展精准营销、商圈营销、全渠道营销工作，使得福奈特数字化营销力的作用逐步显现。

最后，福奈特的顾客价值挖掘工作是对企业发展理念的贯彻，是对特许加盟伙伴的支持，对市场大环境下企业价值回归的积极思考。

（二）首旅如家：数字化运营会员大小生命周期

大数据时代，数据的分析应用受到越来越多的重视。会员相关的数据分析，对于指导酒店经营和管理有着关键性的作用。截止到 2019 年 6 月，首旅如家集团总会员人数已超过 1 亿，其中，铂金以上高等级会员超过 100 万人。其客户关系管理及会员营销体系通过多系统、多业务的多源数据整合关联，建立统一的数字化营销平台，立足于企业自身数据，加强数据整合，深挖数据价值，扩大数据的场景化应用，提升整体精准化营销能力。会员营销体系以客户为核心，以营销为手段，以数据为驱动，围绕客户体验，打造线上线下一体化、覆盖会员全生命周期的会员生态，构建了智慧化的会员营销管理体系，加速了首旅如家集团会员生态圈的发展进程。

1. 数字化运用 1.0：首旅如家跨界会员管理及数据运营平台

首旅如家会员管理体系已形成以现有会员消费行为，基本画像等基础数据采集的运营及营销分析管理平台，以门店、移动端（App、微信）、官网的线上线下多平台会员拉新、转化、促进活跃整合平台；与阿里、腾讯、滴滴等互联网平台形成权益合作共享机制，打造开放式会员互通模式，并快速进行双方会员的相互引流，基于双方现有平台打造会员跨界服务体验，最大化核心会员价值。

2. 数字化运用策略

（1）大生命周期会员运营管理模式

客户在进入如家后，将经历培育、转化、忠诚、维系、挽回这 5 个周期。随着市场客户增长趋近饱和，获客成本越来越高，留住一个老客户的成本远比获取一个新客户的成本低，这使客户的留存就显得至关重要。而按照客户生命周期来划分客户，能够帮助我们了解不同生命周期的客户需求，开展运营策略，从而减少客户流失。

· 培育阶段：让潜在顾客对于如家进一步了解与认知，通过了解他们的需求与兴趣点以活动体验刺激第一次转化与消费。

· 转化阶段：通过体验与个性化活动策略和新客培育计划，让会员与如家接触的频率增加，提升会员到店入住的概率。

· 忠诚阶段：让会员及时了解如家的会员关怀与权益活动，持续在特定接触点个性化沟通，建立对如家的忠诚并提高入住频次与客单价。

· 维系阶段：识别沉睡会员，通过更切合其需求的活动及奖励，对于即将流失的客户进行预警关怀。

· 挽回阶段：识别流失会员，通过更切合其需求的活动及奖励，逐渐重新唤醒会员对如家的关注，尽可能引导回店。

（2）小生命周期会员运营管理模式

通过小生命周期将客户细分成不同的客群，并制定个性化的营销方案，提高客户的客单及频次。在客户与品牌不断互动的过程中，增加客户黏性。反复推敲每个节点给客户的体验，不断调优并进行迭代。

· 预订阶段：在客户预订时给予激励，促使客户转化。

· 入住阶段：在客户入住时，通过活动激励客户重复消费，提升客户入住时的体验。

· 维系阶段：增加客户的黏性，并提高其消费价值。

· 流失阶段：提高客户对品牌的满意度，并唤醒沉睡客户。

(3) 客户关系管理系统全功能介绍及运用

① 数据预览

运营状况，模块下页面分为四部分，从上往下依次是运营概况、会员发展、消费贡献占比和离店客史。其中，运营概况主要展示会员总数，会员储值金额沉淀、积分沉淀和券沉淀；会员发展分为三个标签页，依次是会员发展、积分发展和储值发展；离店客史主要统计的是首旅、如家和联盟的客史总数及同比、环比数。

会员概况，该模块分为两个标签页区域分布和会员画像。区域分布以中国地图的形式展现各省市在所选日期区间内的会员新增量。会员画像主要展现性别，年龄，加入渠道和级别四个画像。

复购忠诚，该模块包括会员分析、十分位、会员价值和创利能力。会员分析，含会员消费状态分布、会员复购率、会员分类；十分位，主要包含了会员总人数、平均流失率及第一分位至第十分位的消费贡献度、平均消费额、间夜数、客总消费额、流失率的统计信息；会员价值和创利能力主要展示了会员总人数、0 次客人数/占比、不同消费期间及消费次数的信息统计。

② 数据洞察

复合属性管理，展示目前所有的符合属性列表，并可对每个复合属性进行“开启”“关闭”“暂停”“运行”操作。在搜索框输入属性名称可进行搜索，支持模糊查询。还可根据对复合属性的状态进行过滤。

顾客标签管理，操作员可以选择标签自定义分组，并进行相关数据计算及报告分析。

③ 营销管理

事件营销，可展示不同渠道进行中的事件/总的事件的数量、事件查询列表，也可点击新增事件。

差异化营销，首页主要展示营销活动列表，活动状态数量统计及追踪分析，详情，删除及新增功能入口。

精细化营销，包括精细化营销新建活动及精细化营销追溯分析。

④ 系统管理

系统管理包含管理员管理和角色管理、系统日志。

3. 数字化运用 2.0：首旅如家会员生态圈及社群、多维大数据营销互动运营平台

首旅如家基于现有会员管理及 CRM 体系的不断优化扩展，未来将打造“会员生态圈”模式，推出多种形态会员基础及增值权益卡，涵盖会员周边生活各个方面，如吃、住、行、旅游、购物、娱乐等。通过生态圈的打造，进一步采集会员周边生活大数据，跨越现有会员业内数据运营框架，正式进入大数据运营 2.0 时代。在此基础上，增加移动端、全生态圈链路的客户行为轨迹标签体系、多维度客户生命周期价值等数据分层模型，以及客户大数据标签精细化分析模块，将整体会员管理运营带入大数据应用及深耕营销管理模式上，通过不断的数据化运营测试，再反推大数据模型的优化迭代，打造良好的大数据运营闭环模式。

未来，首旅如家将在会员生态圈的基础上，培养每位会员成为“意见领袖”，打造会员全社交平台，运营多维度大数据标签体系，进行个性化身份识别，为每位会员定义专属人群类别，进行社群化、互动化营销模式，由单个会员影响周边相似类别人群，扩大分享模式，打造会员群体中的明星，为会员创造自己的品牌形象，将会员管理及运营带入 3.0 时代，结合多媒体线上互动、分享直播等形式，让平台更年轻化、动态化，更具有传播性，让每位会员自愿、自发地互动起来。

（三）良品铺子：会员系统精准分类，精准推送，精准服务

随着新零售的迅猛发展，消费者对于线上线下体验的一体化、一致性的要求越来越高，整合运营效率并对消费者的行为更加精准地洞察，从而实现渠道打通和终端协同成为企业占领头部的核心能力。

良品铺子的信息化建设和会员运营的核心，一致致力于帮助企业提高消费者运营效率，对消费者行为进行更加精准的洞察与触达，并通过对全域会员购物行为的分析及洞察，对会员进行全生命周期分级运营、精准营销，个性化的服务和推荐提升顾客的活跃度，通过多渠道、多通路与消费者进行沟通、互动，最终实现消费者人均多渠道、购买贡献的提升。通过不断完善数字化通路建设，为运营人员提供用户信息管理、忠诚度管理、用户资产管理、用户营销管理等多功能、多渠道、多场景覆盖的能力，并为企业各层级业务部门提供用户营销“圈人—营销—触达—分析”的全链路营销闭环。

目前良品铺子结合阿里系、腾讯系，以及良品铺子全新会员中台的搭建，已实现了门店、外卖渠道、App、微信、天猫、京东等全渠道用户数据及消费数据的打通，并基于用户基础信息、行为信息和消费信息，通过 100 多个标签的更新维护，对用户进行 360°全生命周期的画像，并通过阿里系、微信系和自营渠道多渠道、全方位实现更加精准有效的触达。

为了维护用户的忠诚度健康状态，会针对合适的人群，结合日常活动及大型活动，对不同的用户设置合适的目标及合适的营销触达链路，并通过标签中心及四大忠诚度模型对不同的用户进行需求洞察分析，设置合适的沟通话术来吸引更多更适合的用户来店消费，达到提高门店日均销售和用户的人均消费贡献的目的。

第一步：人群圈选，从现有的标签库中，将有关用户的数据进行整理分类，定义精准人群包。

第二步：数据分析，根据标签体系进行人群洞察分析。

第三步：营销设置，结合实际业务活动方案、活动形式进行营销活动设置。

第四步：营销触达，根据不同人群的渠道偏好选择不同的触达方式。

第五步：营销分析，通过多个关键指标数据进行活动分析，形成精准营销闭环。

良品铺子依据会员渠道偏好和消费时段偏好，在合适的时间、合适的渠道给予会员合适的内容和合适的话术，以达到精准营销、提升转化率的目的。

1. 阿里系触达

手淘（智能导购）：为用户在手淘中配备了专属导购，通过手淘消息盒子一对一实现与用户互动，通过高频的沟通交流，拉近导购与用户之间的距离，真正做用户的朋友，并基于日常沟通，分析阅读率及销售转化率。

支付宝消息：通过支付宝消息对用户进行服务及品牌资产提醒，通过阿里系渠道吸引用户关注会员状态及会员权益，加深会员与品牌之间的联系。

2. 微信系触达

朋友圈广告：针对人群是全域会员，重点针对潜在顾客，利用顾客地域标签、基础属性标签、行为标签、消费标签定义触达人群包，然后在微信后台配置朋友圈广告投放活动，并基于活动，分析累计曝光量、点击率及销售转化率。

微信图文：针对所有关注微信公众号的粉丝，每月定期推送图文消息，首焦和副焦会分别推送焦点节令信息、线上线下活动信息、新品介绍等，增强粉丝点击率、互动效果及销售转化率，然后从微信运营后台获取数据复盘分析。

微信模板消息：针对有消费、有互动的活跃会员，触发事件营销消息提醒（如积分提醒、升降级提醒、会员入会提醒等）和小程序服务通知（如拼团成功、订单购买成功、退款成功、发货通知等）。

个人微信/微信群：通过门店与老客户沟通交流的重要渠道，店员主动推送活动信息、新品信息、节令问候以及小程序的裂变分享。

3. 自营渠道触达

H5 互动触达：系统中提供分数类、抽奖类、通关类、测试类、助力类和生成类这 6 大类 800 多个模板。可在日常活动及大型节令活动配置不同的 H5 游戏，生成二维码投放到线上或门店进行粉丝传播裂变，提升品牌曝光量和潜在顾客拉新的转化效率，进而提升门店销售转化率。

App 站内信和 App Push 触达：针对有安装良品 App 的用户，通过 App 站内信（消息功能）和 App Push（应用弹窗）两个渠道进行消息触达，触达人群支持定向人群包精准推送，触达内容中可灵活设置变量，提升用户的点击率，及 App 的 PV 和 UV。

4. 主要创新点

（1）自动化触发的事件营销

目前良品铺子会员中台的事件拥有 7 大类、20 多种事件，针对事件能配置触发方式、适用店铺、事件触发后动作等内容；同时事件之间可串联组合触发；配置完成后自动判断执行，与主动营销结合能很方便地为会员设计一整套营销自动化流程。

（2）精准分群推送的主动营销

目前良品铺子会员中台的主动营销按照指定人群、指定等级来适配不同的营销方案（发通知、发券、推送 H5 活动），营销推送方式支持指定时间点、设置周期循环推送；触达渠道支持阿里系、微信系、自营渠道多渠道自由选择，最终形成主动营销的闭环。

（3）营销防骚扰机制

为避免反复多次给客户发送营销信息，系统能配置各渠道对单个客户的周期触达上限次数；配置短信、微信、App 站内信、App Push 每天、每月和每年的触达次数上限。

通过数字化会员运营，环比提升新增用户数量 16%，环比提升用户人均购买贡献 25%，单店店均销售额平均增长 1%。

七、数字化特许经营面临的挑战

（一）企业面对内外部关系的挑战

特许企业内部存在总部与加盟商、加盟商与加盟商、总部与消费者之间的合作服务关系，外部存在原材料供应商、生产商、品牌分销商等交易关系。在特许企业数字化转型过程中，必然会触动多年来形成的相对平衡的权属关系及利益分配关系，如何建立转型下的新的利益分配机制和组织架构，重归平衡状态，是数字化特许能否更深入应用的基础，也是对特许企业管理智慧的挑战。

比如在企业内部，线上渠道销售占比的提升及作用的增强，打破了线下独大的状态，如何划分渠道权利、匹配人员职务职责、设计相应的运营管理系统和组织架构，是数字化特许企业无法回避的问题。外部关系上，产业链上下游都在数字化改造，如何将自身体系与合作伙伴有效对接、发挥资源整合优势，不仅挑战多方智慧，也是资金、技术及人才的博弈。

（二）标准化与个性化相统一的挑战

消费者需要的是品牌运营下的统一的商品、统一的价格、统一的服务以及个性化体验，根本不在意背后的运营逻辑。因此，如何通过特许总部的平台，将标准化运营落实到门店，千店一面，提供消费者统一的品牌认知与服务水平；同时，通过数字化的会员营销，加盟店的个性化服务与当地环境相结合，赋予每个消费者个性化的体验，达到标准化与个性化的统一，是数字化特许经营必须具备的能力。

（三）总部模式变重的挑战

特许经营模式之所以产生，其中一个重要原因是以尽量轻的自有资产，利用加盟商的力量快速扩张。随着数字化特许的发展，总部被迫承担数字化改造任务，搭建数字化会员体系，重构运营管理系统，赋予加盟商数字化运营能力，投入大量的资金、技术和人员，这无疑加重了总部负担，弱化了加盟商的经营作用，加盟模式与直营模式的运营区别日渐模糊。加盟商在很大程度上充当了投资人的角色，获得的收益变成了投资收益。如此一来，加盟的轻资产优势被弱化。

（四）行业格局和政策监管面临的挑战

数字化特许是以消费者数字化为基础，以全渠道无缝对接为手段，以消费者需求为中心，从数字化角度重构产品、运营、利益分配机制。消费需求的多样性及消费升级，已经推动定制化、个性化产品的兴起，制造业的柔性生产已经成为发展趋势，原来的行业格局、行业运营模式和利益分配惯例必然会被打破。谁会成为数字化时代的领先者，还需要市场的验证。

随着行业的变化，相关政策的制定及监管手段都需要发生变化。随着数字化特许的快速发展，业务运营更加复杂，一笔交易的完成需要的协同方、利益参与方和环节更多。在监管中，参与方责任的划分、监管机构的业务范围、数字化平台因资源快速集聚可能造成的垄断经营都会对监管及相应政策的制定带来挑战。

目前，特许企业在数字化转型过程中，普遍面临人才短缺、企业基础信息管理薄弱等难题。同时，企业的线上流量严重依赖第三方平台，随着线上流量成本提高，特许企业的数字化转型也受到流量垄断的制约。因此，转型之路还存在一定的不确定性。要成为第三代特许经营的领跑者，企业一方面要继续强化产品和服务品质，积极探索新的业务模式，顺应消费升级的市场趋势；另一方面要抱持开放心态，与第三方平台合作，确保技术应用快速迭代，数字化应用水平快速提升。数字化将渗透到特许体系的每个神经末梢，成为决定一个特许体系是否更具竞争力和可持续发展能力的关键因素。

中国的特许企业将有机会成为第三代特许经营的领跑者，因为我们拥有全世界最多的特许体系，拥有最具创新活力的数字化经济生态。

表 3　　案例品牌一览

序号	企业名称	行业/业态	成立时间	门店总数（个）	直营门店数（个）	加盟门店数（个）	LOGO
1	北京埃菲特国际特许经营咨询服务有限公司	房屋中介	2000 年	6718	12	6706	Century 21
2	绝味食品股份有限公司	休闲食品	2008 年	10598	—	—	绝味食品
3	深圳百果园实业发展有限公司	水果专卖	2001 年	3911	5	3906	百果园
4	山西金虎便利连锁股份有限公司	便利店	2005 年	1315	9	1306	金
5	智美科技有限公司	化妆品	2015 年	1100	10	300	iMAY 智美·科技
6	上海适达餐饮管理有限公司	休闲饮品	2005 年	739	441	298	DQ
7	嘉和一品餐饮管理有限公司	快餐	2004 年	124	71	53	嘉和一品 PORRIDGE JIAHE
8	北京爱义行汽车服务有限责任公司	汽车养护维修	1995 年	300	300	—	爱义行 AIYIHANG
9	英睿健康科技有限公司	健身	2013 年	53	34	19	
10	上海乂学教育科技有限公司	教育培训	2015 年	2300	4	2296	松鼠AI 智适应教育
11	北京翰皇伟业品牌管理有限公司	洗染	1999 年	3742	11	3731	北京翰皇伟业

续表

序号	企业名称	行业/业态	成立时间	门店总数（个）	直营门店数（个）	加盟门店数（个）	LOGO
12	北京福奈特洗衣服务有限公司	洗染	1997 年	1575	196	1379	FORNET 福奈特
13	上海如家酒店管理有限公司	酒店住宿	2002 年	3961	886	3075	首旅如家
14	良品铺子股份有限公司	休闲食品	2010 年	2264	712	1552	良品铺子 BESTORE

注：数据截至 2019 年 6 月底。

2019年中国便利店发展报告

毕马威通过与中国连锁经营协会合作，对全国范围内的便利店企业状况以及市场未来趋势进行了深入分析，以探究中国便利店行业的发展现状并展望未来的成功之道。

我们对84家便利店企业（含石油系）进行了调研，对包括销售表现、运营成本、关键指标、数字化发展以及资本合作等方面做了量化分析。同时，我们对毕马威在往年业务中积累的文献、案例以及市场数据等信息进行了相关话题的整理与总结，旨在更加全面、更加深入地掌握中国便利店行业当前的情况和未来发展的关注点。

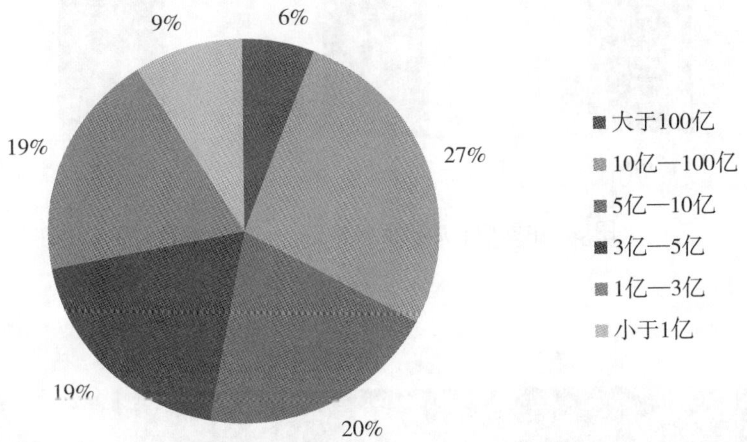

图1　调研样本企业年销售额分布（元人民币）

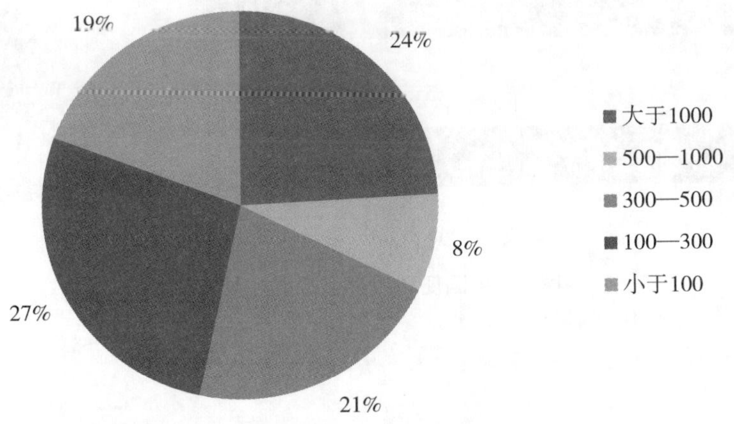

图2　调研样本企业门店数量分布（家）

一、现状综述

2018 年中国便利店行业呈现出九大发展现状。

2018 年中国便利店实现销售额 2264 亿元，门店数量达到 12 万家，行业增速达到 19%。

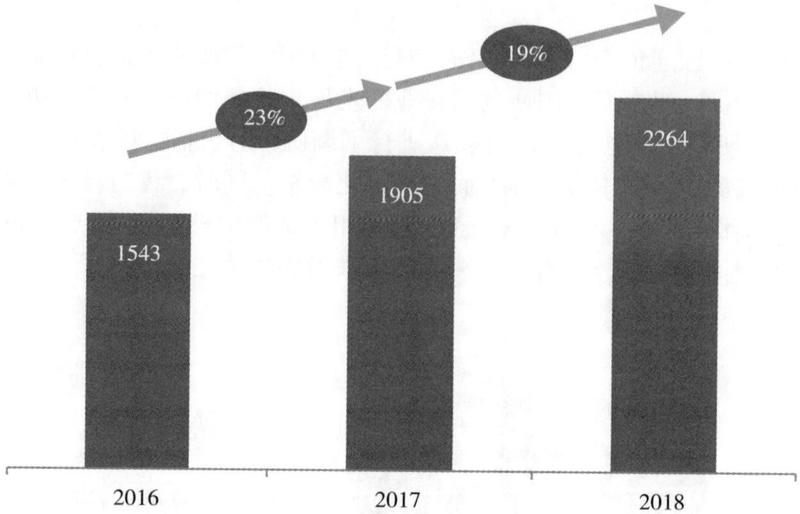

图 3　中国便利店行业销售额（亿元人民币）

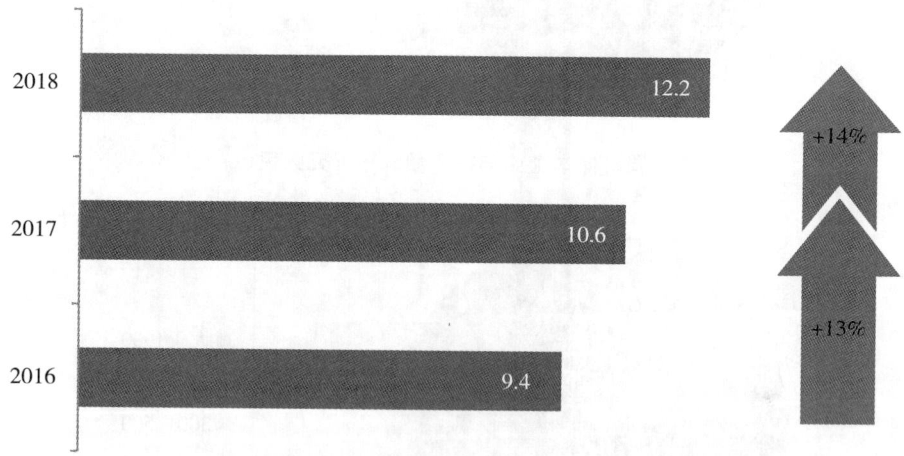

图 4　中国便利店门店数量（万家）

信息来源：2018 年 CCFA 便利店调研。

单店日均销售额接近 5300 元人民币，较上年同期增长约 7%。

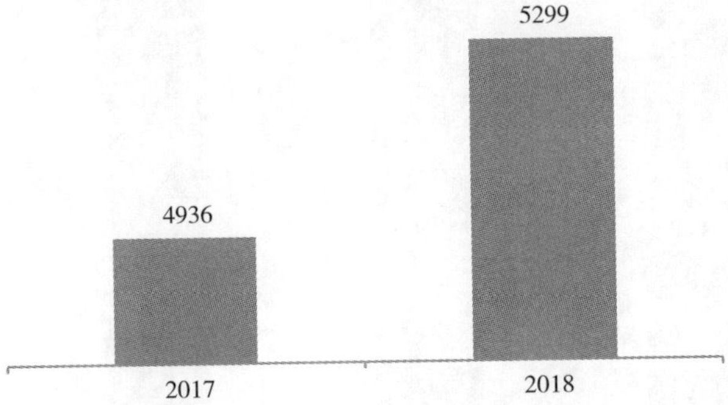

图 5　2018 年样本企业平均单店日销售额（元人民币）

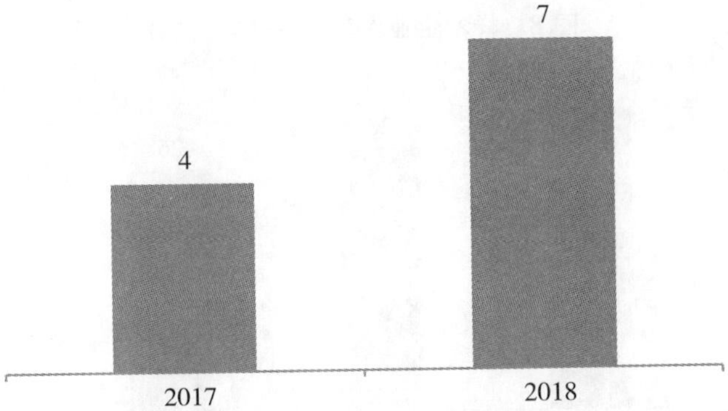

图 6　2018 年样本企业平均单店日销售额增速（%）

信息来源：2018 年 CCFA 便利店调研。

盈利能力略有改善，但运营能力和供应链效率仍需加强。

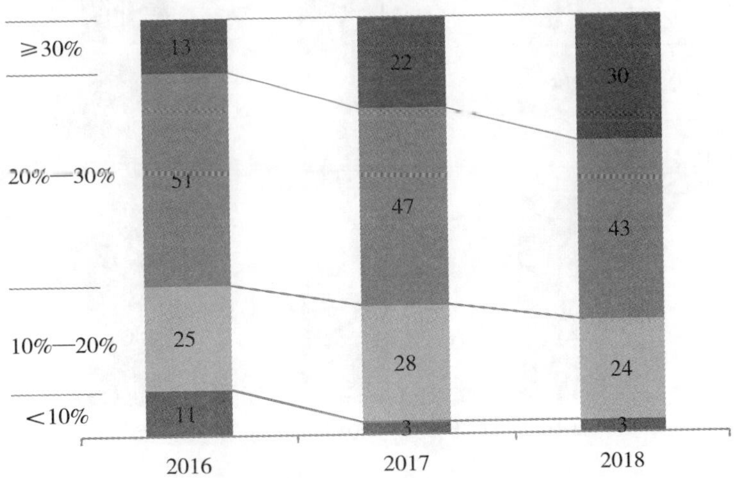

图 7　样本企业毛利率分布（%）

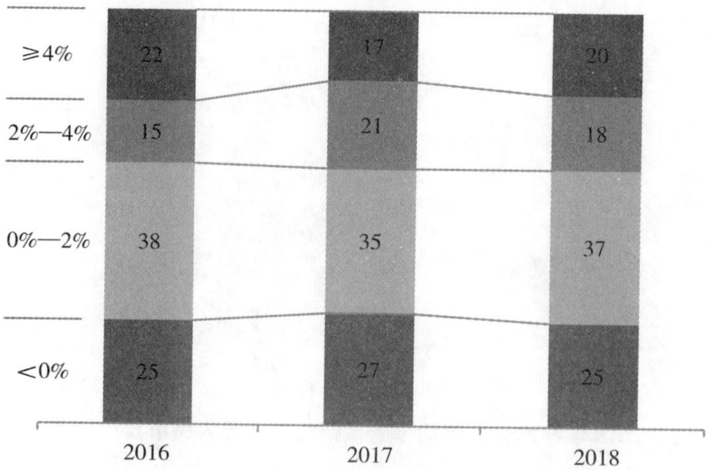

图 8　样本企业净利润率分布（%）

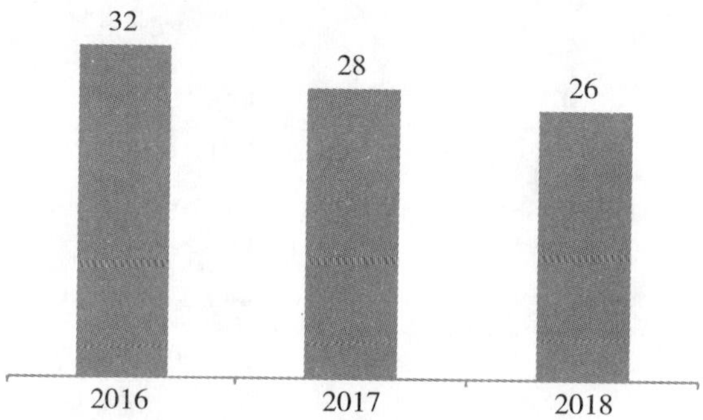

图 9　样本企业库存周转天数（天）

便利店商品结构进一步优化，自有品牌占比有所提高。

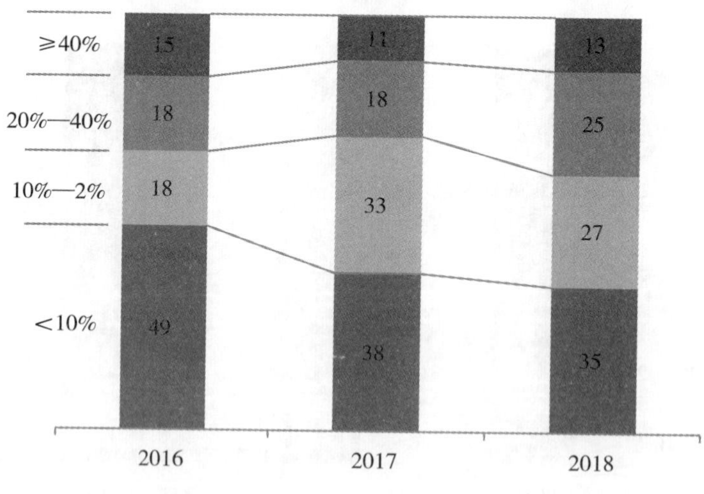

图 10　样本企业即食食品销售额占比分布（%）

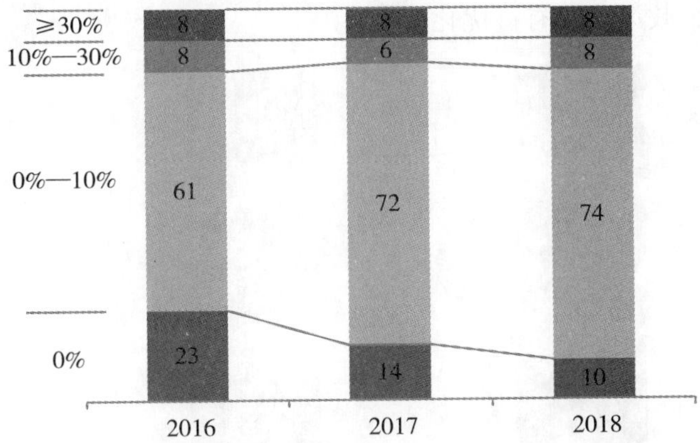

图 11 样本企业自有品牌占比分布（%）

便利店加盟体系在逐步改善，加盟店比例达到 46%，头部标杆企业示范作用明显。

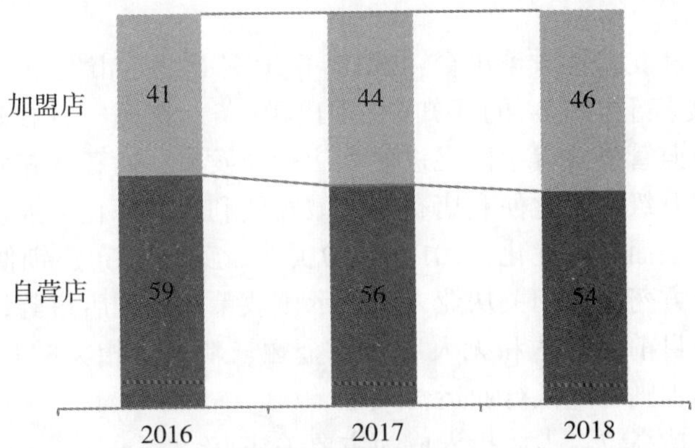

图 12 中国便利店加盟比例（%）

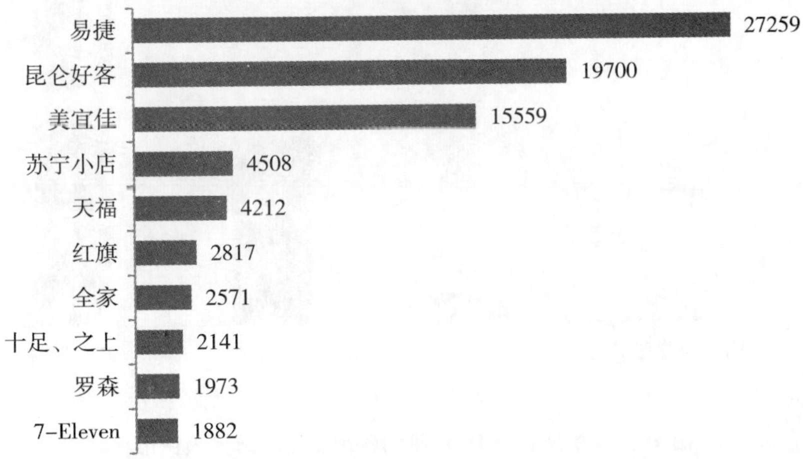

图 13 2018 年中国便利店品牌店数量前十（家）

信息来源：2018 年 CCFA 便利店调研，毕马威分析。

政策形势整体趋好，政策细则有待优化。

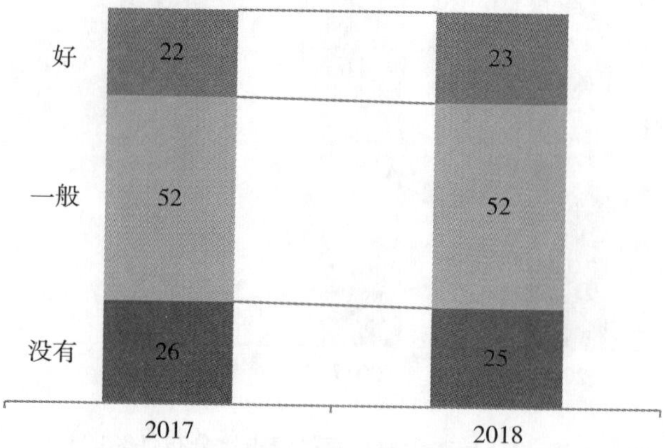

图 14　样本企业评价本市政府对便利店政策支持（%）

信息来源：2018 年 CCFA 便利店调研。

更多政府指导性和支持性政策出台：2018 年 10 月，北京市发布《关于印发〈关于进一步促进便利店发展若干措施〉的通知》，推出 19 条新措施，旨在通过明确政策导向、加强资金支持、改革监管模式等手段促进便利店行业发展；商务部在两会期间提出要提升城市消费，促进消费升级，优化便利店布局，鼓励便利店品牌化、连锁化发展的方针。

政策细节在实施层面有待优化：2018 年 10 月，北京市宣布连锁便利店可按有关标准申请零售经营乙类处方药，但相关从业人员表示该政策对便利店售药设置的门槛过高，实际实施中存在难度；目前，P2P 和无人店等新金融、新零售相关的政策监管体系尚未成熟，有待进一步明确细则以降低行业运营风险。

门店运营成本保持高位，人才投入成为主要关注点。

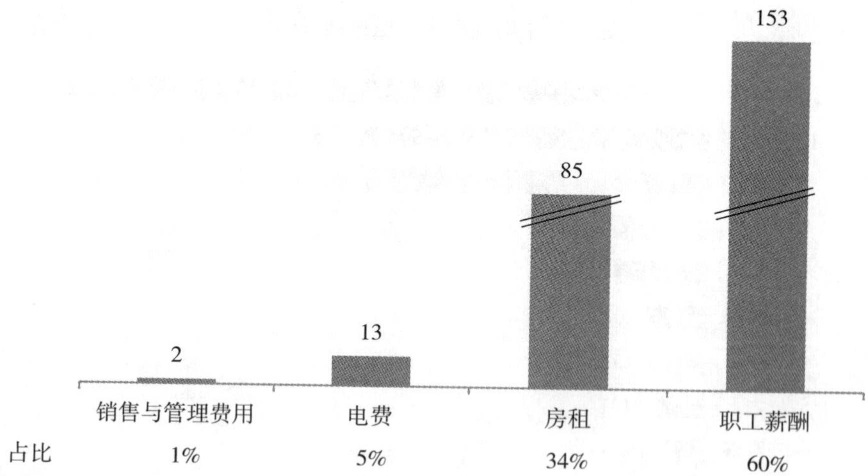

图 15　样本企业 2018 年平均费用支出（万元人民币）

信息来源：2018 年 CCFA 便利店调研。

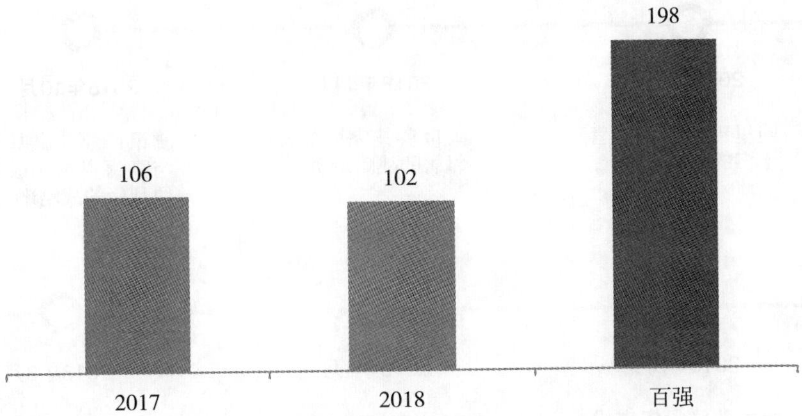

图 16　样本企业人效（万元）

注：百强指 2018 年百强便利店企业。

信息来源：2018 年 CCFA 便利店调研。

资本合作潜力巨大，但行业心态趋于理性。

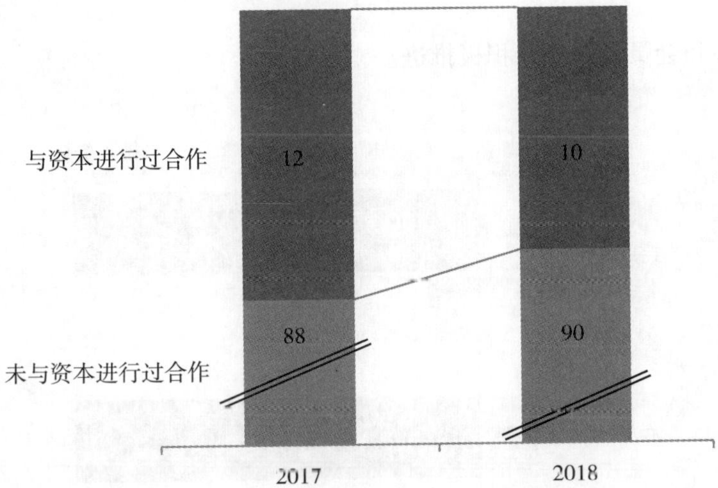

图 17　样本企业与资本进行过合作比例（%）

信息来源：2018 年 CCFA 便利店调研。

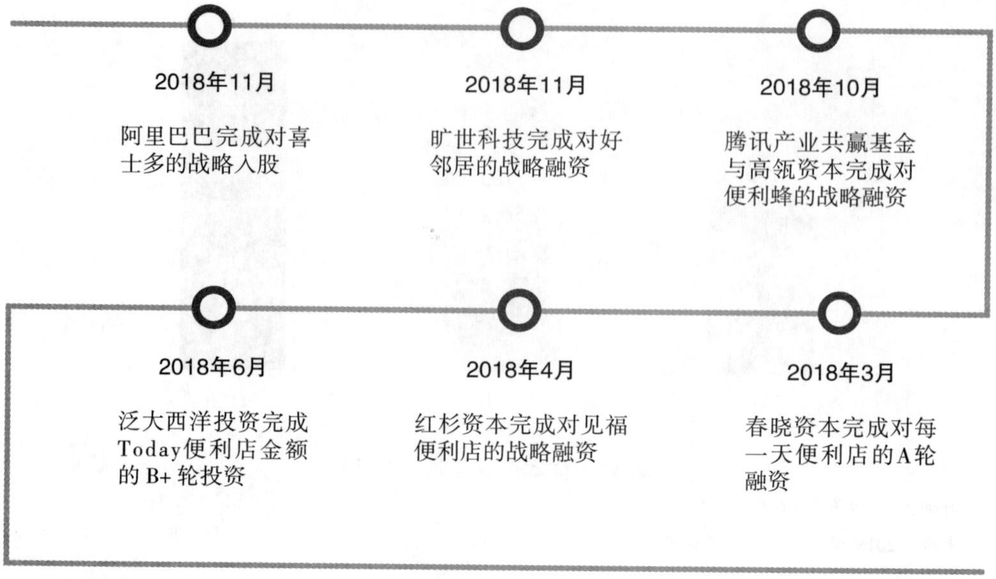

图 18　近期资本合作案例

信息来源：2018 年 CCFA 便利店调研。

数字化转型和会员管理体系积极推进。

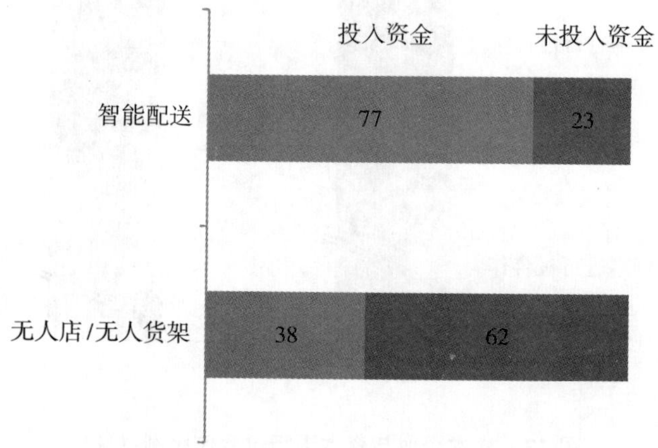

图 19　样本企业数字化技术投入比例（%）

信息来源：2018 年 CCFA 便利店调研。

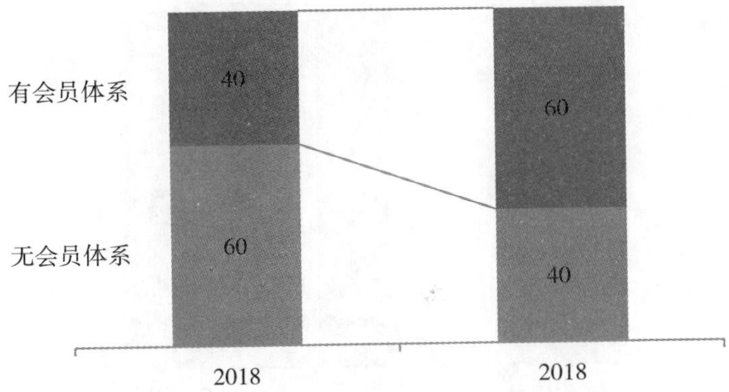

图 20　样本企业有会员体系占比（%）

信息来源：2018 年 CCFA 便利店调研。

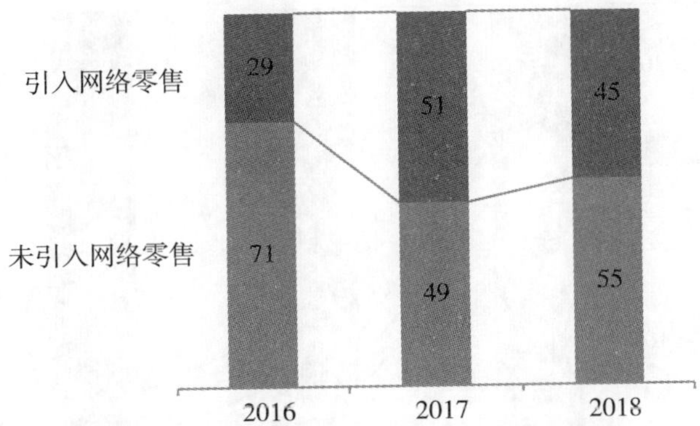

图 21　样本企业引入网络零售比例（%）

信息来源：2018 年 CCFA 便利店调研。

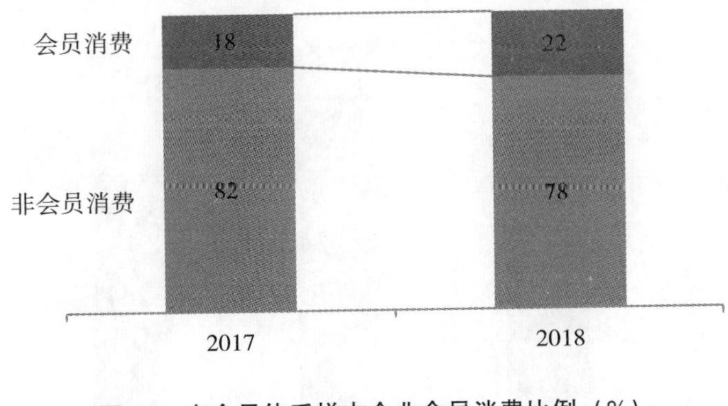

图 22　有会员体系样本企业会员消费比例（%）

信息来源：2018 年 CCFA 便利店调研。

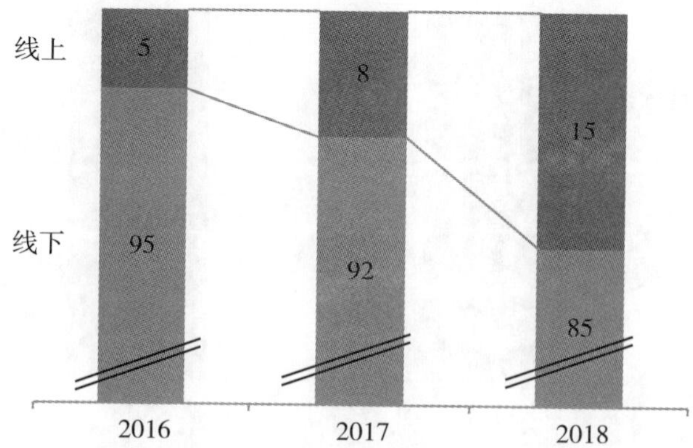

图 23　样本企业引入网络零售比例（%）

信息来源：2018 年 CCFA 便利店调研。

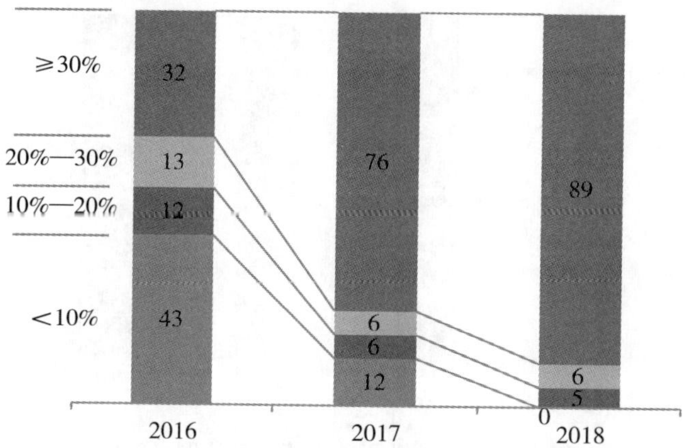

图 24　样本企业移动支付金额占比（%）

信息来源：2018 年 CCFA 便利店调研。

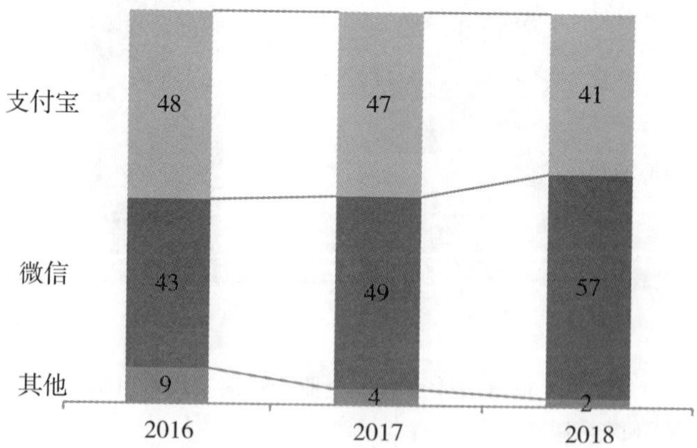

图 25　样本移动支付方式金额占比（%）

信息来源：2018 年 CCFA 便利店调研。

二、超势展望

便利店行业在中国经历了多个发展阶段，当下受到互联网时代的影响正在经历新的蜕变。

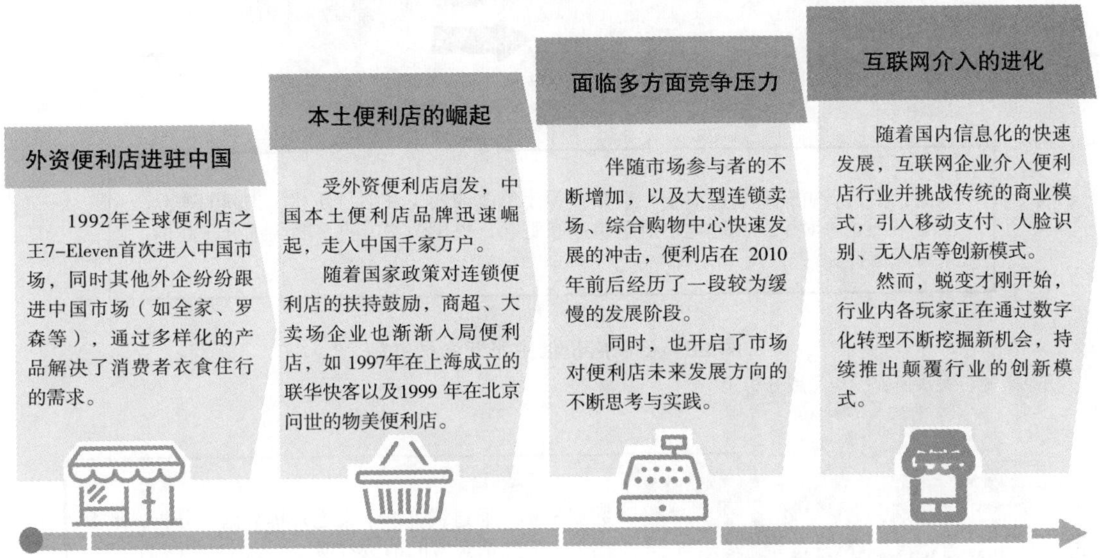

图 26　便利店发展历程

便利店在实体零售整体环境增速放缓的背景下仍然保持高速增长。

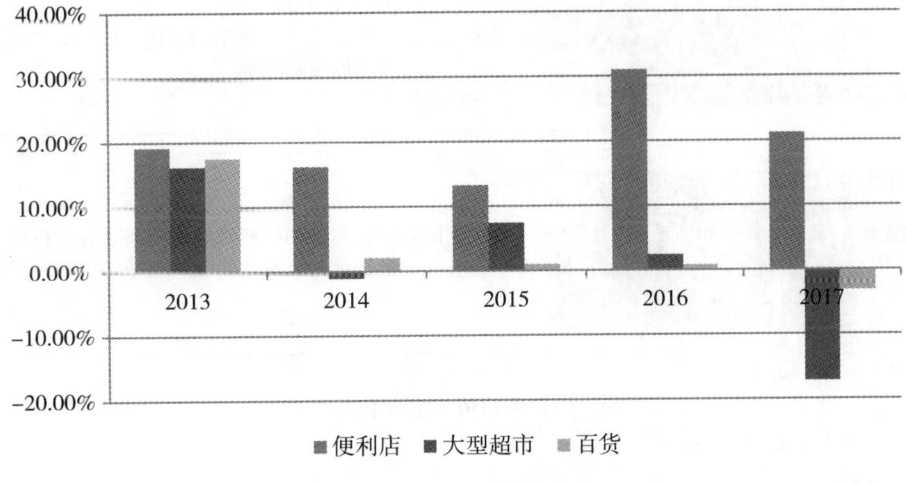

图 27　中国实体零售销售额增速（%）

信息来源：2018 年 CCFA 便利店调研，国家统计局，毕马威分析。

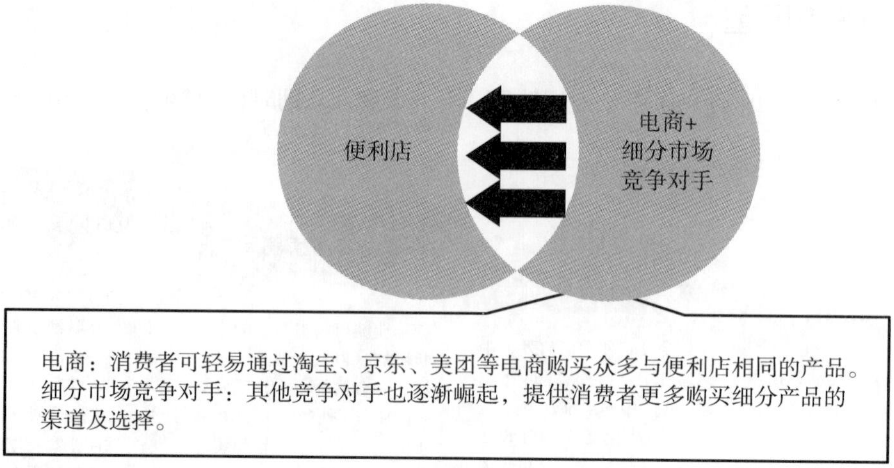

图 28　便利店价值主张逐渐被占领

信息来源：案头研究，毕马威分析。

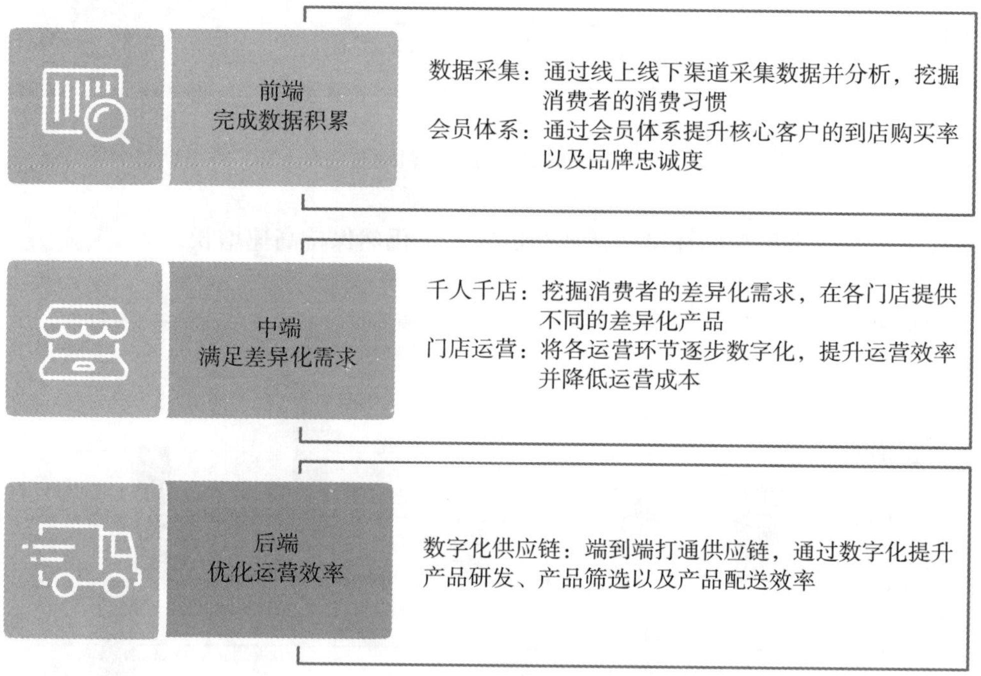

图 29　便利店价值链数字化转型趋势

信息来源：案头研究，毕马威分析。

（一）前端：通过线上引流和线下数字化改造完成数据采集和积累

线上平台搭建：通过自建平台或第三方平台获取线上消费者数据。

案例

7-ELEVEN	2018年8月7-Eleven北京所有门店已全部接入美团外卖
美团外卖	此举在增加线上销售渠道的同时也拓展了消费者数据的采集渠道

图 30　线上平台搭建

线下门店数字化改造：通过门店数字化改造获取线下消费者数据。

案例

鲜生活	2018年5月鲜生活与旷视科技达成战略合作，共同打造全新的数字化门店
旷视科技	通过智能摄像头、智能货架、Iot 传感器采集消费者线下门店购物数据

图 31　线下门店数字化改造

【案例】全家（Family Mart）

全家的顾客洞察及管理体系

全家有三大会员管理体系：顾客忠诚管理（CRM）；铁丁粉丝经营（Fans）；顾客终身价值（CLV）。

通过大数据分析会员 RFM 值：

R：多久没来 Recency；

F：来几次 Frequency；

M：花多少钱 Monetary。

准确锁定客群年龄层次和消费习惯，寻找“90 后上帝”。

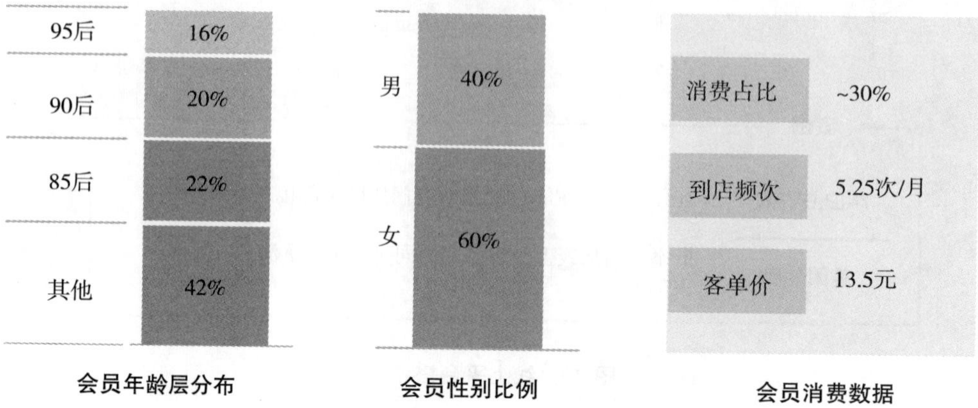

图 32　不同年龄层次客群的消费习惯

全家结合会员体系及大数据分析，通过积分、造节、线上电商三大举措精准定位“90 后”客户，实现快速扩张。

积分：采用消费满一定金额赠送积分的方式。积分制既提高了客单价，也催化了顾客到店消费频次，明显提升了全家会员的黏性；实施半年内会员消费占比上升到 23.5%，会员客单价高于非会员客单价 2.1 元。

造节：通过“活动策划+商品选择+店铺全动员”，发动店员及店长针对“90 后”客群，定制 IP、电影相关的主题活动，刺激消费者购买只有在全家才能买到的“好玩产品”。

电商：通过收取 100 元的会员年费，为尊享会员提供低价线上精选商品，并鼓励线下提货，同时促进线下消费；尊享会员客单价高于普通会员客单价 10.5 倍，到店频次提升了 2.33 倍。

【案例】美宜佳

美宜佳通过会员精细化运营策略，实现对会员不同生命周期的精准洞察与运营，成功唤醒与激活睡眠期会员。

美宜佳会员中心通过门店数据的监控与分析，发现部分高价值的会员活跃度下降，需要做出及时的唤醒与激活。

通过 RFM 模型分解会员生命周期的不同阶段，进行及时的追踪与分析，实现精准营销投放和提升盈利能力。

两周内通过 8 折券等形式触达、唤醒与激活 15 万名沉睡期会员，在活动期间产生销售 118 万元。

实际收效：

产品层：通过美宜佳优惠券、美宜佳会员、美宜佳外卖等小程序搭建完善的会员产品矩阵，全方位连接2300多万消费者，积累了多场景下的消费行为数据。

平台层：通过美宜佳会员精准服务平台，实现了“人”的可识别、可洞察、可预测及精准推荐的基础能力。

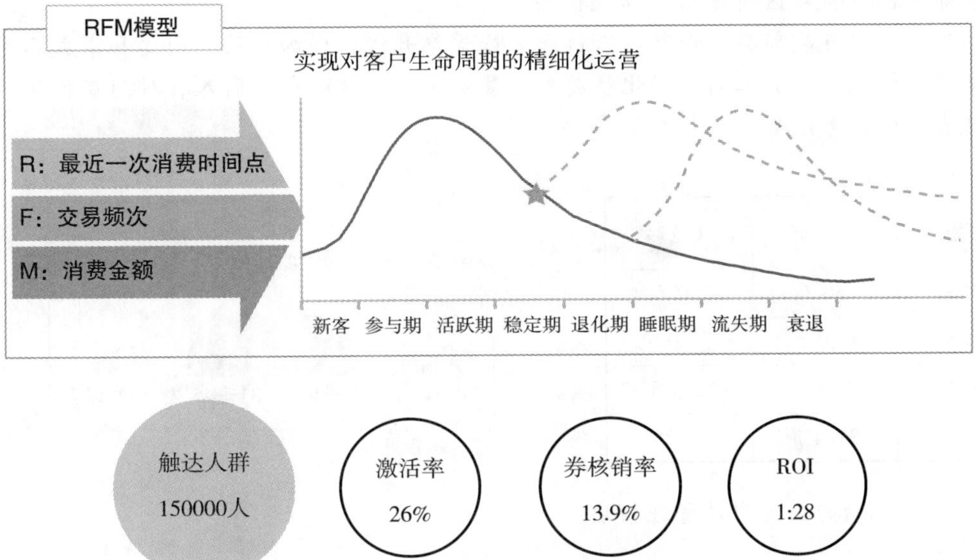

图 33 RFM 模型

（二）中端：基于大数据分析满足周围消费者的差异化需求，实现千店千面

1. 通过商圈大数据实现不同门店的针对性商品布局

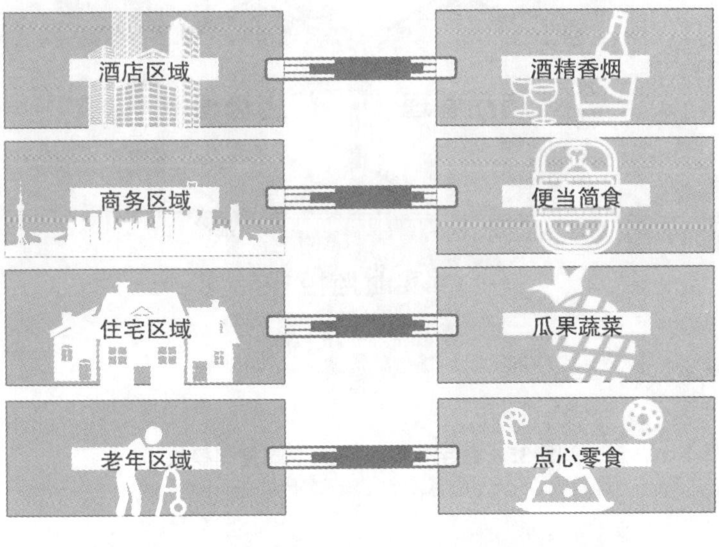

图 34 通过大数据实现不同门店的针对性商品布局

【案例】好邻居

好邻居改造成为新一代“绿标店”，以满足消费者多样化的消费需求并成功提升营业额。

好邻居车公庄西口店为既存店改造，是典型的街流为主的社区型“红标店”门店。

好邻居力求在客户画像中挖掘需求场景，通过品牌形象和体验、消费者需求洞察、商品组合等方面，将社区消费需求彻底挖掘。

通过四改造点翻新品牌形象：冷链和装修形象升级；增加蔬菜、肉类和半成品等家庭餐桌商品；增加热食加工间，强化早餐、晚餐加工加热等服务；引入各种门店物联网设施和智能自助收银等设备。

实际收效：

平均每日	改造前	改造后
客流量	550 人	950 人
销售额	9600 元	21000 元
客单价	17.5 元	22.5 元
毛利率	31.4%	33. 8%

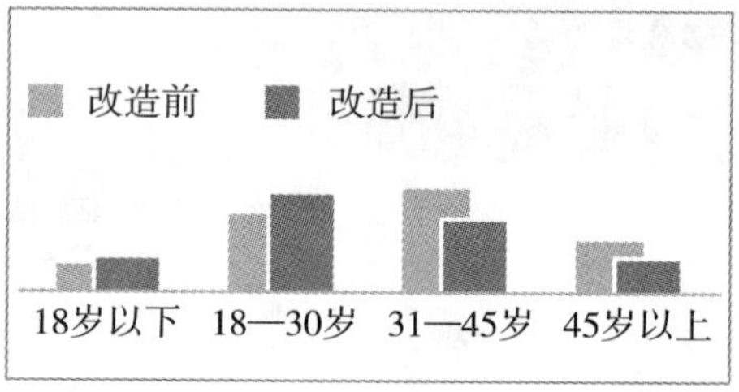

2. 数字化助力三大中端管理模块

图 35　数字化助力三大中端管理模块

【案例】LAWSON 罗森

LAWSON 罗森通过推广“自助扫码”、研发“结算机器人”，在非高峰时间段推出“无人收银”，大力发展无人门店，节省人力成本。

【案例】易捷

易捷与京东合作，通过“京东新通路”网络终端实现线上线下价格同步更新，仓库智能选货、订货、补货。与雅量科技合作，通过雅量 IP 远程摄像机在手机 App 中实现对实体门店的远程巡店管理，减少差旅费用与时间成本，提升效率。

（三）后端：打造以需求为驱动的数字化供应链，通过数据提升产品研发能力及配送效率，实现“对的时间、对的门店、对的产品”

图 36 数字化供应链

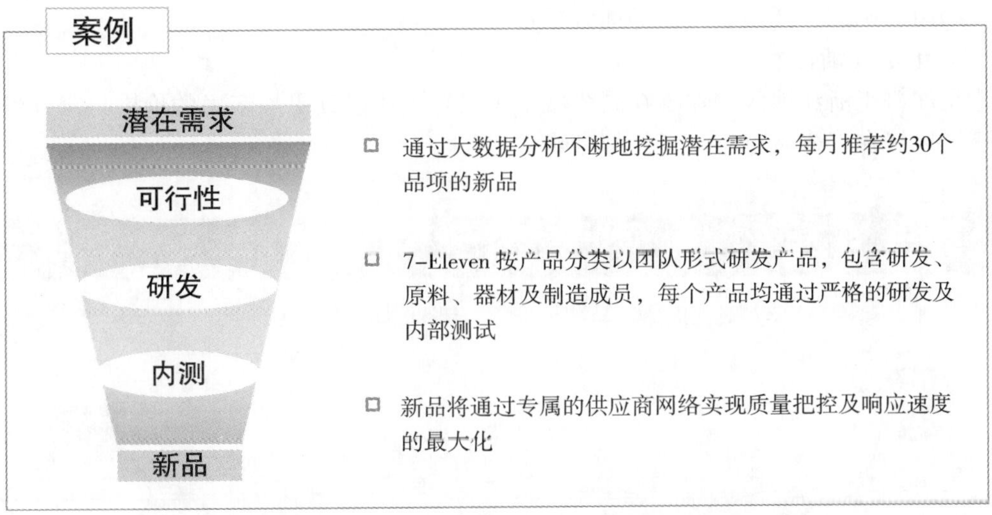

1. 海外品牌进一步加强本土化合作以谋求在中国市场的长远发展

（1）LAWSON 罗森

加强本土合作：采用包括拓展加盟商数量、与本土商超合作、收购本土品牌等多种形式深化罗森的本土化合作，以加快罗森的便利店布局。

区域下沉：罗森加快进入 50 万人口级县级市的步伐，并采用与当地企业合作的方式获取当地最佳店铺位置，如医院、学校等，同时也确保了快速获取当地消费习惯等信息。

（2）7-ELEVEN

开放加盟：通过区域授权的形式，吸引了众多新地区的本土企业加盟便利店运营。

本土合作：与南京本土零售企业金鹰商贸达成 20 年江苏地区合作经营协议，共同长期发展区域内零售业务。

2. 本土品牌致力于在区域内深化发展并逐步辐射周边市场

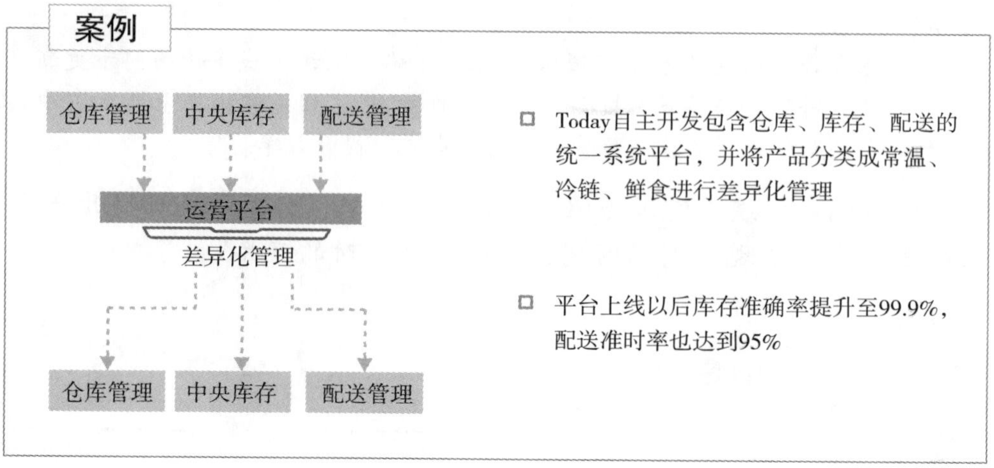

（1）美宜佳（广东）

美宜佳以广东为核心，根据主要消费群体外来务工者的家乡情况，逐步向广东周边的福建、湖南、湖北、江西、广西等地区扩张。

（2）十足（浙江）

十足深耕于浙江地区，除了在高线城市布局外，还以其更加亲民的价格与兼具当地风味的店铺风格在三线城市奠定了品牌影响力。

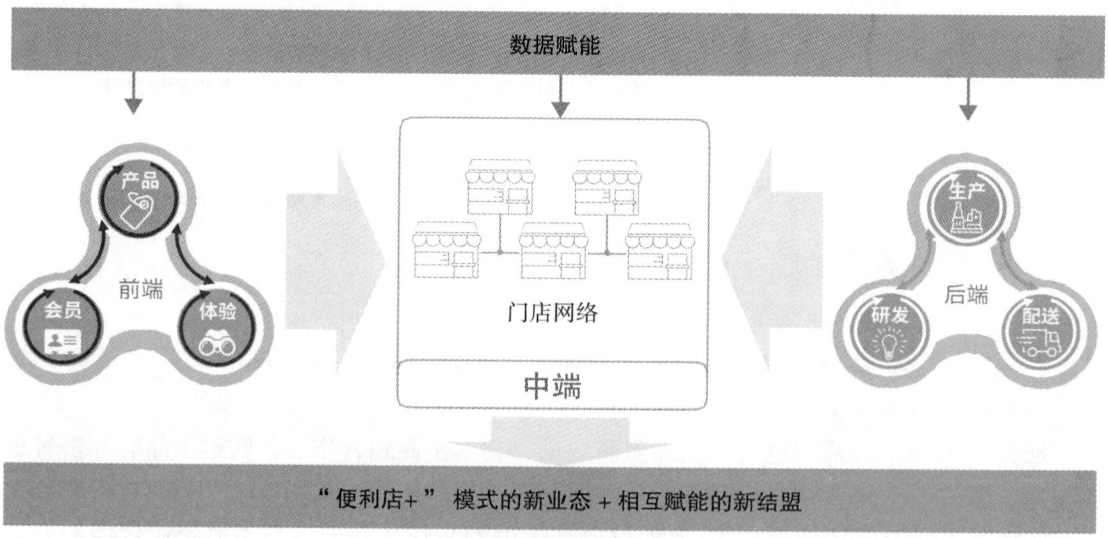

图 37　便利店数字化转型

（3）红旗（成都）

红旗实施"以成都为中心，向周边城市辐射"的扩张战略，并以各项增值服务为特色打造了自身的品牌优势。

3. 价值链数字化转型将成为便利店赢得挑战的关键举措，同时也是驱动行业进一步创新的主要因素之一

通过数据赋能，便利店正在尝试"便利店+"模式的差异化新业态。

（1）7-ELEVEN：便利店+社区 2.0

7-Eleven 在中国台湾地区推出全新 Big7，将咖啡、阅读、糖果、美妆、烘焙与超商 6 种业态整合在单一门店内，并按消费数据定期更新店内产品，提供消费者生活的一站式服务。

（2）LAWSON 罗森：便利店+IP

罗森与哔哩哔哩的主题门店正式在上海开业，合作的主要原因是双方的客户群体一致，均为年轻群体，达到两个品牌互相助力的效果。

（3）便利蜂：便利店+ 共享经济

便利蜂将业态模式延伸至共享经济，共享雨伞符合核心客户群的需求，共享单车提升各门店的辐射范围，通过该模式成功达到了满足消费者需求及增加品牌认知度的双赢局面。

除了竞争，众多便利店则开始与电商结盟，利用各自优势相互赋能。

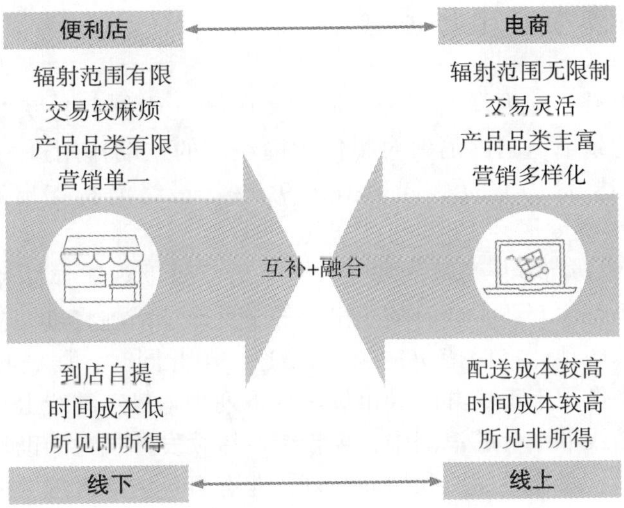

图 38　便利店与电商相互赋能

2018 年饿了么陆续与各便利店达成合作协议，利用各自在配送、网点等方面的优势提升服务消费者的能力及在各自行业的差异化竞争能力。

便利店属于稀有新零售资源，应结合各自优势，共同提高全链条及时配效率，使线上流量能有效转化成订单，提高线下便利店的一小时达履约能力。

2018—2019 年度
中国购物中心发展力报告

依据中国连锁经营协会每季度持续邀约分布一、二、三线的一百多家典型购物中心的项目负责人直接参加在线问卷调查，在此基础上，中国连锁经营协会联合世邦魏理仕共同起草了《2018—2019 年度中国购物中心发展力报告》。中国购物中心发展力，是在宏观经济大势，购物中心租赁活跃度、运营表现、成本支出和未来预期五大方面的综合作用下的表现。该报告由典型购物中心的负责人以调查问卷的形式针对上述五个方面的反馈数据编制而成。

中国购物中心发展力的年度分析作为中国购物中心市场发展的阶段性报告，为各地政府在制定未来发展规划方面提供参考，对市场各主体参与方对购物中心建设运营以及商业流通领域的新趋势、新机遇的把握具有重要参考意义。

一、中国购物中心市场回顾

外部不确定性上升，国内消费提振信心。2018 年，中美贸易摩擦不断，外部不确定性明显上升。在此背景下，国内消费对整体中国经济的拉动作用进一步提升。2018 年社会消费品零售总额达 38 万亿元，同比增长 9.0%。最终消费支出对 GDP 的贡献率达 76.2%，较 2017 年大幅度提升 17.4 个百分点。

从 GDP 和社会消费品零售总额的增长趋势来看，借助内需弹性和激发潜力来稳定经济、削减外部冲击仍是主基调，政府陆续出台的个税改革措施将进一步提振消费市场，国内社会消费品零售总额预计将保持 9%左右的增速。与此同时，居民收入增长带来的消费升级和结构优化，将作用于市场并引导市场呈现下列小趋势：纯线上红利触顶，电商全面进驻线下；在线上向线下融合的浪潮中，风投资本持续发挥强大的助推力；全渠道战略催生餐饮新型门店需求；新项目品质和招商看好，业态组合更加合理，但是现有项目压力增大；租金走势稳中有升，商户租金承受力有限。

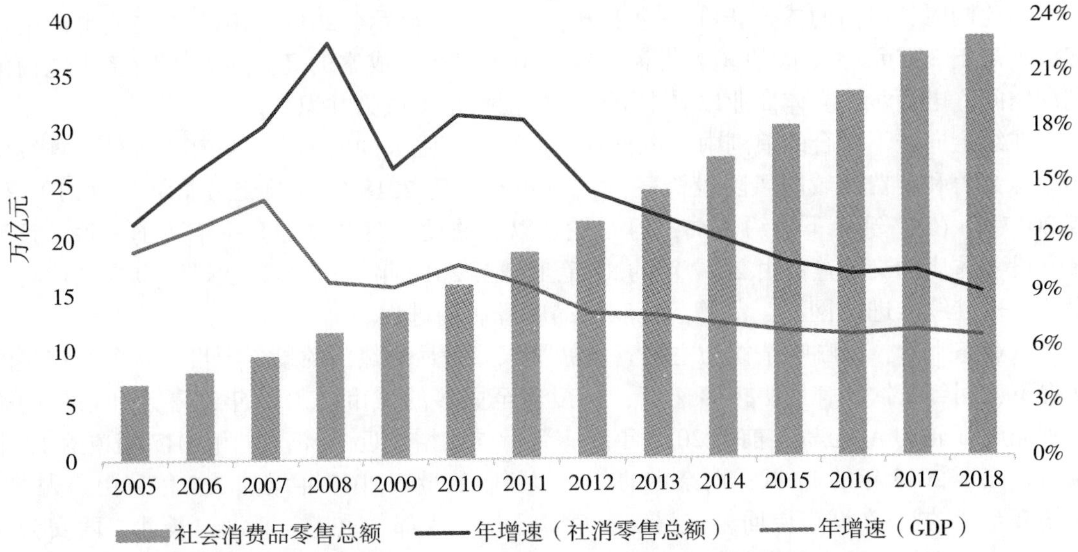

图 1　2005—2018 年 GDP 增速和社会消费品零售总额增速

来源：国家统计局，中国连锁经营协会，世邦魏理仕。

纯线上红利触顶，电商全面进驻线下。在历经数年的高速增长后，网购市场进入饱和期，网购用户规模增速的持续放缓使得电商的人口红利正在消失，2018 年网购用户增速约为 6.8%，较前几年出现明显放缓趋势，用户增量失速直接影响了线上流量和交易规模。网上零售额亦在增速放缓的通道内。

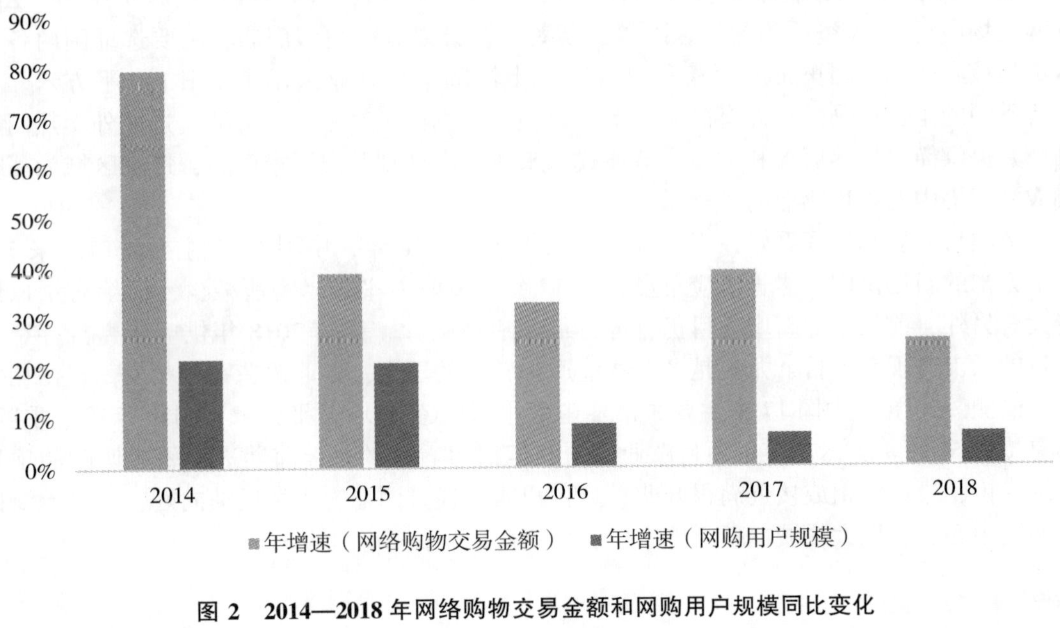

图 2　2014—2018 年网络购物交易金额和网购用户规模同比变化

来源：中国电子商务研究中心，中国连锁经营协会，世邦魏理仕。

与此同时，电商的成本正在快速上升。相关统计显示，2017、2018 年主流电商的获客成本高于 300 元/人，已超线下获客成本。销售和运营成本的高企正在不断挤压电商的利润空间，电商步入实体商业以寻求更广阔的消费市场成为共识。

在线上向线下融合的浪潮中，风投资本持续发挥强大的助推力。世邦魏理仕在连续两年跟踪文娱和消费领域的风险投资案例后发现，尽管 2018 年投融交易总笔数（219 笔）较 2017 年（287 笔）下滑约 23%，但 C 轮及以上的投资案例数比上一年翻了一番，且涉及开设实体店的交易笔数由 2017 年的 87 笔上升至 2018 年的 93 笔。融投资金的到位将毋庸置疑地继续推进“网红”品牌、互联网品牌开店的进程。

从业态上看，以咖啡茶饮为主的餐饮品牌依然是最为热门的投资项目，在资金充足的前提下，网红茶饮品牌加快拓店速度，并覆盖至更多的城市。2018 年，喜茶和奈雪的茶分别完成 B 轮和 A+融资，前者 2018 年新店数量同比增加近 30%，并由 2017 年覆盖 13 个城市扩充至 2018 年的 17 城；而奈雪的茶同年新店数量较 2017 年增加 2.2 倍，由原先的 9 城拓展至 25 城。在城市层面，杭州、南京、苏州、成都、重庆、武汉、长沙、西安为品牌在一线城市外的重点拓展区域，而宁波、无锡、天津、沈阳、福州、珠海、厦门、郑州等地亦在 2018 年迎来品牌首店。与此同时，资金还支持了品牌持续丰富门店类型和单品研发。

全渠道战略催生餐饮新型门店需求。体验的本质是让外卖回归实体商业。近年来，中国整体餐饮市场保持较为稳健的增速，而餐饮外卖服务发展迅速，显著快于整体餐饮业，外卖占整体餐饮收入的比重亦在逐年提升。随着外卖业务的不断扩容，一些外卖平台和由外卖起家的餐饮品牌开始寻求线下的发展机遇，从外卖到堂食、从效率到服务，逐步升级品牌。我们看到，智慧餐饮服务商“美味不用等”在上海日月光广场开出全国首家不设厨房的“共享餐厅”，餐厅面积 400 平方米，消费者可在餐厅内通过“美味不用等” App 订购商场内近 10 家餐厅的餐品。该“共享餐厅”计划开设更多门店，主要选址国内各大城市的核心商圈。阿里旗下“筷马热食”在上海陆家嘴开业，餐厅面积 100 平方米。与前者不同的是，筷马热食设有简单的烹饪设施，根据饿了么平台的大数据选取外卖热门单品，并提供简单加热服务和堂食。该模式未来 3 年内计划开出万家门店，选址区域为写字楼或社区集中的零售物业内。

新项目品质和招商看好，现有项目压力增大。2018 年，中国 17 个主要城市迎来 740 万平方米的新增供应，尽管供应总量较 2017 年的 940 万平方米有所减少，但绝对量依然庞大。另外，前几年的新增项目仍有部分面积有待去化，整体 2018 年供应压力犹存。新项目的入市对现有项目，尤其是老旧物业产生较大的压力，歇业改造案例频发。根据相关数据监测，2018 年中国 17 个主要城市零售歇业面积超过 90 万平方米，2019 年第一季度，亦有接近 50 万平方米的零售项目歇业改造。但值得看好的是，前期进行闭店调改的项目陆续入市，录得满租或接近满租开业，且租户质量提升明显，市场反馈向好，比如上海世茂购物中心、长风大悦城、新天地广场、北京房山天街等。

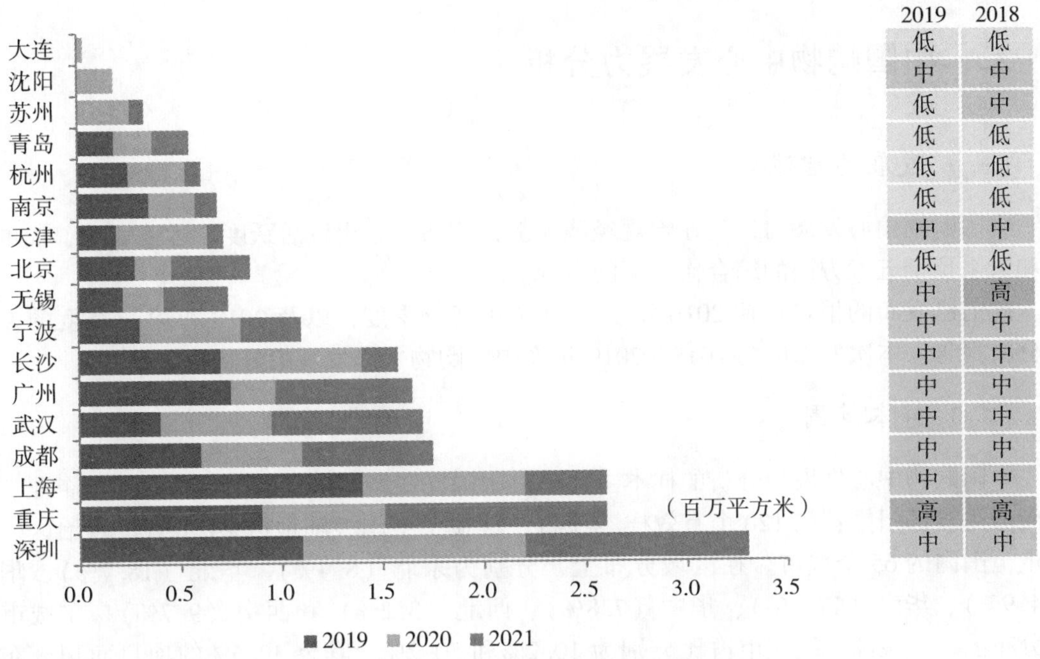

图 3　全国 17 个主要城市供应风险预测

来源：中国连锁经营协会，世邦魏理仕。

从城市层面的供需关系来看，17 城中除苏州、无锡以外，其余 15 个城市均维持了与 2018 年相当的风险等级，苏州和无锡的供应风险均有所下降。一方面，苏州整体购物中心供应不多；另一方面，苏州成为活跃品牌在华东地区继上海、杭州、南京之后的又一个拓展热门城市。无锡亦受惠于优质项目调改完成。与此相反，我们对重庆仍然维持较高的供应风险评级。2019 年，重庆将迎来逾 86 万平方米的新增供应。尽管新供应有包括来福士广场在内的优质项目，并有更多品牌借此契机入渝，但整体而言，全年较大体量的新增供应势必将加剧项目间的品牌争夺压力。同时，重庆特殊的多山地形给运营提出更高要求。

整体租金表现平平，但优质项目优势显现。2018 年，中国 17 个城市购物中心可比项目租金增速录得 1.2%，增速较弱，整体市场租金进一步上涨势能相对疲软，但运营经验对购物中心租金收入提升的作用明显。根据世邦魏理仕的统计，2018 年全年，主要上市购物中心开发商（经验开发商）在可比项目上继续保持两位数的租金收入增长（14.7%），其中一线、二线和三线城市项目的租金收入增长分别为 13.8%、15.8% 和 22.1%。综上所述，2018 年，国内消费增长有所放缓，但对中国经济的拉动作用进一步提升。

二、中国购物中心发展力分析

（一）发展力综述

中国购物中心发展力，是在宏观经济大势，购物中心租赁活跃度、运营表现、成本支出和未来预期五大方面的综合作用下的表现。

此前已发布的报告包括 2016 年度、2017 年度分季度，以及 2018 年第一季度的发展力分析报告。本次发布的为 2018—2019 年度中国购物中心发展力分析报告。

（二）样本范围

中国购物中心发展力分析的样本主要来自中国连锁经营协会的购物中心会员企业、各地商务主管部门推荐的 120 个有效样本项目，覆盖了中国大陆地区 24 个省、自治区、直辖市范围内的 65 个城市。在区域分布上，分别为东北（8.4%）、华北（18.7%）、华东（34.9%）、华南（17.3%）、华中（7.8%）、西北（3.2%）和西南（9.7%）。在城市能级分布上，一线和二线城市占比分别为 10.2%和 50.2%，其余 39.6%的项目面积分布在三线及以下城市。按购物中心类型分类，都市型、地区型、社区型和奥特莱斯型购物中心占比依次为 44.3%、41.2%、12.8%和 1.6%。

（三）发展力分析路径和编制方法

中国购物中心发展力分析通过综合加权后的单项发展力与区间综合发展力均值对比法，发展力评判区间为 0 至 100，以 50 为荣枯线。高于荣枯线为积极区间，低于荣枯线为防御区间。其中，单项发展力主要通过宏观经济大势、购物中心租赁活跃度、运营表现、成本支出和未来预期五大方面进行分析。单项发展力指标计算采用扩散指数法，并经由城市（社会商品零售总额）和区域（社会商品零售总额）两级加权计算所得。综合发展力则由各单项发展力按以下公式综合计算得出：

综合发展力= 宏观市场×5%+租赁活跃度×8%+运营表现×22%+
成本支出×25%+预期市场×40%

三、2018 年中国购物中心发展力基本情况

（一）总体发展力和分项现状

1. 2018 年总体发展力仍处于积极区间，但同比小幅回落

数据统计显示，2018 年全国购物中心综合发展力指数录得 64.5，同比下降 4.0，但仍高于荣枯线 14.5。2018 年较 2017 年有小幅回落调整，主要体现在租赁活跃度和运营表现两个方面。其中，租赁活跃度受到部分项目总出租面积没有提升的影响，但整体市场租赁问询量仍然向好。

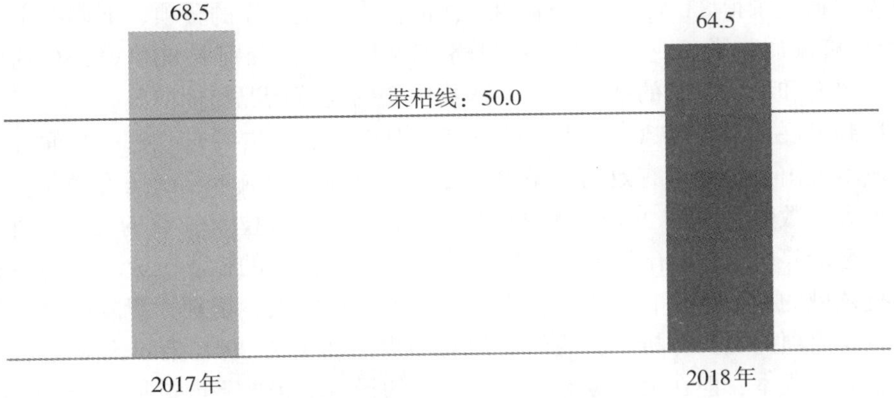

图 4　全国购物中心综合发展力现状分析

来源：中国连锁经营协会，世邦魏理仕。

2. 业主成本控制能力有所提升

从现状同比分析的各项指标来看，宏观市场指数录得 75.3，同比下降 0.9，主要原因在于部分项目所在的二、三线城市整体市场出租率没有显著的提升。

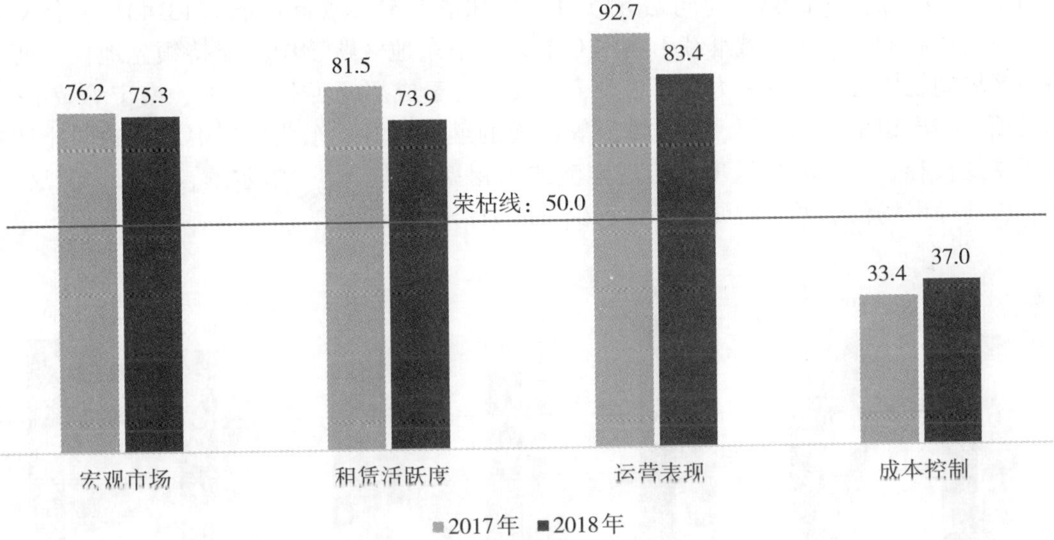

图 5　全国购物中心单项发展力现状分析

来源：中国连锁经营协会，世邦魏理仕。

租赁活跃度指数录得 73.9，同比下降 7.6，但仍高于荣枯线 23.9。下调的主要原因在于一些位于零售市场规模较小的城市，如包头、惠阳、洛阳、泉州的购物中心同比客流小幅下滑。另有其他城市的部分项目年内进行了较大规模的租户调整，从而影响了全年的客流总量。但 2018 年市场对购物中心的租赁需求仍然有相当水平的消费基础做保障，新科技正在进一步推动全渠道零售的演进，“融合”与“创新”正继续引领中国零售物业市场。

运营表现指数录得 83.4，同比下降 9.3，但仍为表现最佳的分项。下调的主要原因在于 2018 年销售额加速增长或租金提升项目略有减少，但仍分别有 80%和 83%的项目录得销售额增速提升和租金收入的增长，说明购物中心的运营情况整体向好。

成本控制发展力录得 37.0，同比提升 3.5，但仍低于荣枯线 13。这一方面表明购物中心企业在成本支出上得到了有效的效率提升，另一方面表明成本控制压力犹存。在具体支出项中，绝大多数购物中心 2018 年同比对大数据和零售新技术领域的投入持平或上升，其中对配置智能停车系统、配置室内导航、搭建大数据平台的投入已成为购物中心在数字化和新科技领域的标配，也有不少购物中心开始投入顾客人脸识别、智能试穿、无人零售等方面。在支出项的交叉分析中，我们发现有不少购物中心 2018 年同比降低了营销推广成本和少量人力成本，但在大数据和零售新技术的投入上仍持平或追加投资，这也进一步验证了大数据和零售新技术在未来全渠道零售中的重要性。

（二）区域和城市能级发展力解读

1. 华东保持领先，西北、西南地区转好

从总体来看，七个区域的购物中心发展力均位于荣枯线以上，表明全国购物中心市场大体上保持健康发展。各区域由高到低分别录得华东 72.4（同比上涨 1.4）、西北 69.5（同比上涨 1.7）、西南 66.7（同比上涨 4.5）、华北 64.8（同比下降 3.3）、华南 60.8（同比下降 7.5）、东北 58.3（同比下降 11.5）和华中 55.8（同比下降 13.4）。具体来看，以上海为核心的长三角区域继续引领华东地区，华东地区购物中心保持领先地位。西北、西南区域购物中心综合发展力显著提升，主要受益于成都、西安、昆明、南宁等城市一些优质项目在出租率、销售额、租金收入等方面的继续向好。东北、华中地区的同比调整，主要受到长春、洛阳的少量项目出现客流或出租率下跌影响。哈尔滨、沈阳、武汉、郑州、长沙等市场仍处平稳发展态势，不少发展力指标仍有提升。

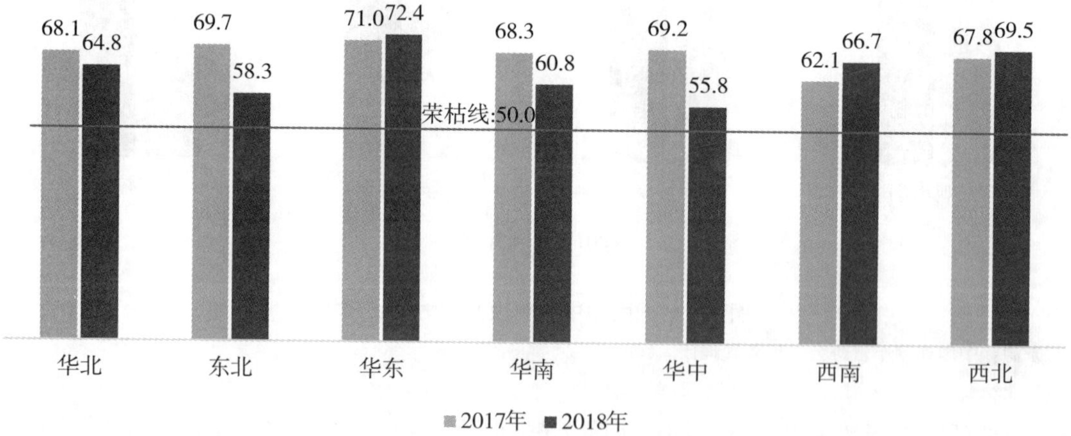

图 6　区域购物中心综合发展力现状分析

来源：中国连锁经营协会，世邦魏理仕。

2. 一线城市市场优势显著

从城市能级来看，北京、上海、广州、深圳四个城市继续保持优势地位，一线城市购物中心综合发展力录得72.1，同比上涨2.1，分别高出二线和三线及以下城市7.2和8.6。这主要得益于京沪两地对国内外品牌持续的吸引力。以上海为例，根据相关统计，2018年上海共开出各类首店835家（不含快闪店），平均每天新增2.3家首店。835家首店中包括：19家全球首店及亚洲首店，301家全国首店及大陆首店，515家华东及全市首店。首店能级再攀新高。成本控制和现状发展力的分项使得一线城市明显优于二线和三线及以下城市。而在宏观市场分项发展力上，一线城市与二线城市持平，优于三线及以下城市。在租赁活跃度和运营表现分项发展力上，一线城市与三线及以下城市持平或有微小领先，均优于二线城市。

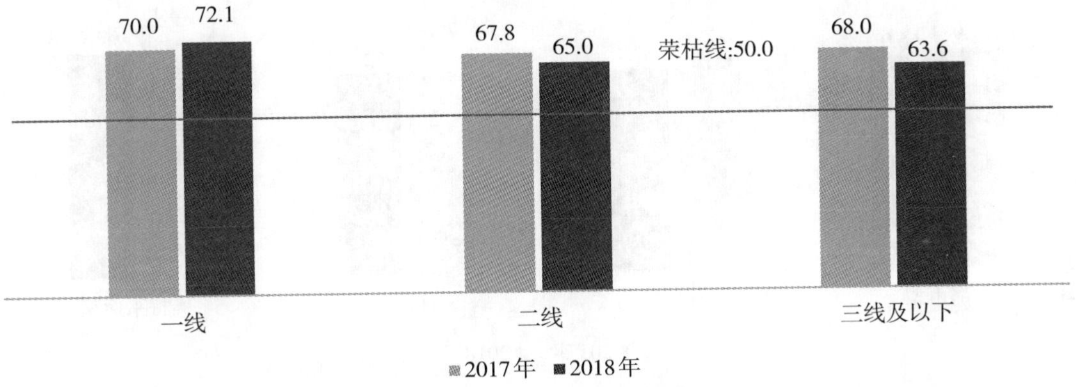

图7　城市能级购物中心综合发展力现状分析

来源：中国连锁经营协会，世邦魏理仕。

3. 二线城市有所回调，但强二线城市表现良好

二线城市综合发展力录得65.0，同比下降2.8，但仍高于荣枯线15.0，这主要受益于强二线城市，例如成都、杭州、南京、重庆、西安等的良好表现。核心二线城市持续的人口增量使这些城市的零售市场在绝对量和增速上表现抢眼。而港珠澳大桥的全线贯通，更给整个华南片区带来了瞩目的城市发展和消费活力。此外，2018年部分经验成熟的开发商打造的高品质购物中心入市给中高端品牌的进驻提供了物业选择。然而我们也看到，一些持续供应量较大，但消费增速较缓的二线城市仍然面临空置面积去化的压力，新项目延期开业、存量项目空铺招租困难、入驻品牌质量下降等问题时有发生。

三线及以下城市综合发展力录得63.6，同比下降4.4，但仍高于荣枯线13.6。国际品牌基于一、二线城市与三线城市采取差异化经营的思路趋势开始显现。相关数据显示，2018年国际快时尚品牌有42%的新店选址三线及以下城市，其中，华东的节点性城市，华南的佛山、厦门，西南、西北消费力逐步提升的昆明、西宁都是品牌选取的区域。而一、二线城市，快时尚门店则更多呈现出植入高科技元素，如ZARA的24家AR体验店就是一个例证。

（三）不同物业类型购物中心发展力解读

1. 奥特莱斯型购物中心继续领跑

从不同类型来看，奥特莱斯型综合指数录得 69.9，同比下降 4.2，但综合发展力仍领先于都市型（66.0）、地区型（63.1）和社区型（62.9）三类购物中心。在分项发展力中，奥特莱斯型购物中心 2018 年的租赁活跃度和运营表现同比都有正向提升，而宏观市场、成本控制中有不同程度的同比调整。相关统计显示，2018 年全国奥特莱斯前 20 强总计录得 510.64 亿元的销售额，较上年同期增长近 25%，单个项目突破 20 亿元销售额的奥特莱斯数量也由 2017 年的 10 个继续攀升至 2018 年的 13 个。百联、RDM、首创、王府井、杉杉、砂之船等国内外经验成熟的运营商继续领衔奥特莱斯市场。

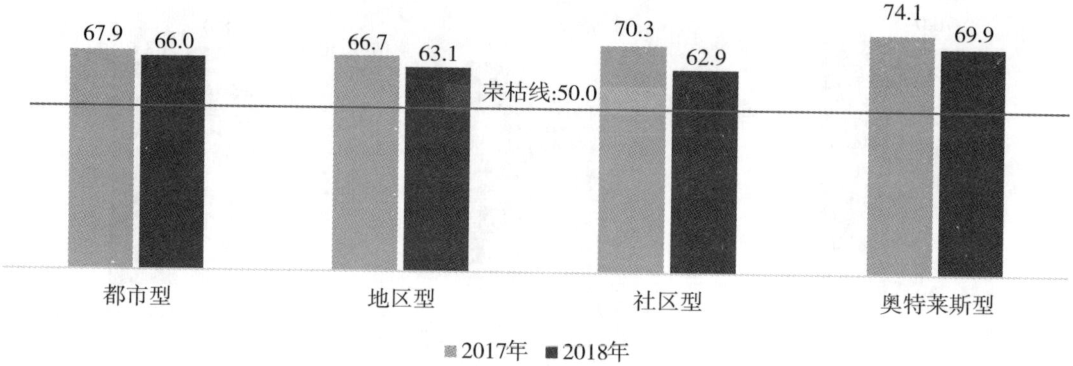

图 8　购物中心类型综合发展力现状分析

来源：中国连锁经营协会，世邦魏理仕。

2. 社区型购物中心租赁活跃度下降

社区型购物中心发展力录得 62.9，同比下降 7.4，并低于其他三个类型购物中心。该类型综合指数的下跌主要受“租赁活跃度”分项指数下降的影响。越来越多的社区型购物中心的涌现，使得社区型购物中心面临较为严峻的竞争压力，而都市型和地区型购物中心得益于较大的物业体量规模带来的辐射效应及日益完善的交通便利，分流了相当部分区域内消费者一部分的日常消费需求。

四、2019 年中国购物中心发展展望

（一）总体购物中心市场展望

分析显示，截至 2018 年年底，中国购物中心市场现状指数为 62.1，未来 6 个月预期指数上升 6.0 至 68.1，显示购物中心业主对后市持谨慎乐观态度。具体来看，有超过六成的业主对项目的租金收入、销售额和盈利状况持增长的乐观预期。有超过一半的业主认为未来项目的运营成本会有所增加，该项比例同比去年略有提升，说明业主对未来运营压

力有一定预期。

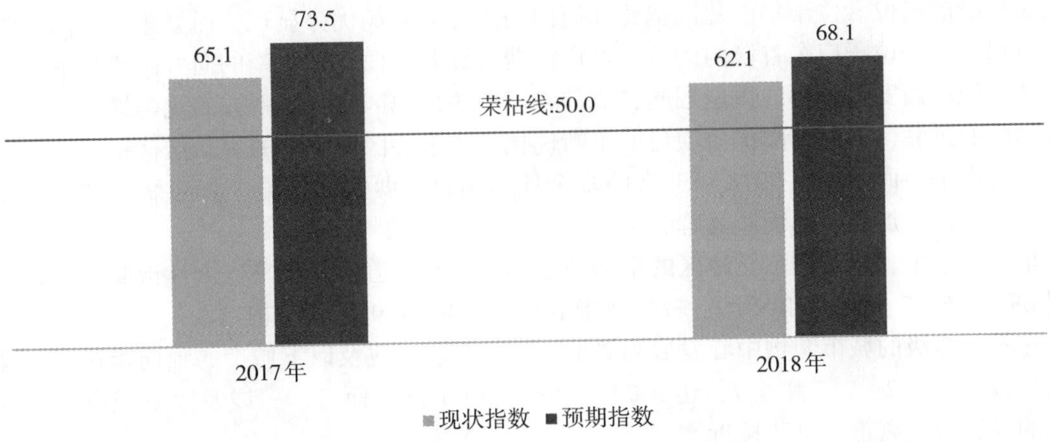

图 9　全国购物中心整体现状与未来发展力展望

来源：中国连锁经营协会，世邦魏理仕。

(二) 区域和城市能级市场展望

分析显示，全国七个主要区域未来 6 个月预期较现状均有提升，上升幅度在 1. 1—10. 5 之间。

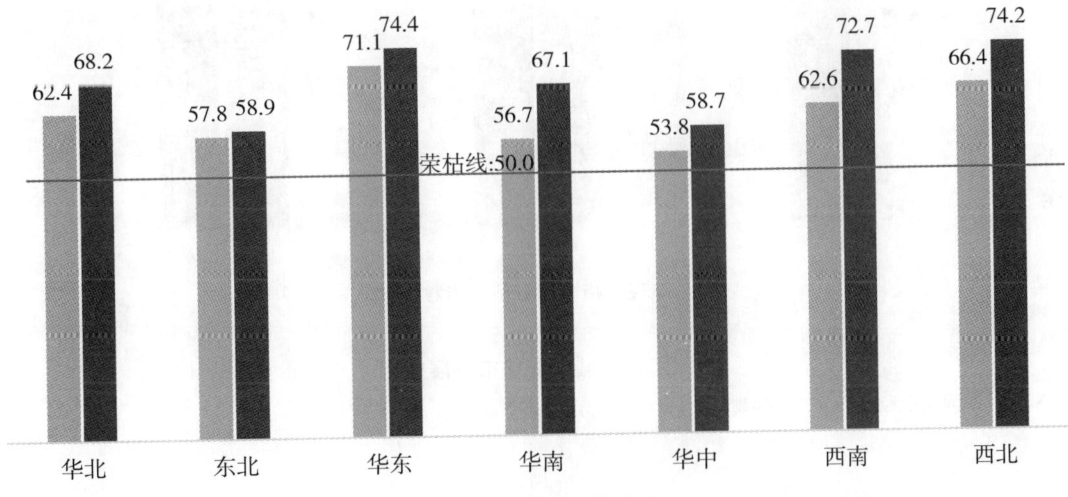

图 10　全国购物中心区域市场展望

来源：中国连锁经营协会，世邦魏理仕。

预期与现状相比，华南、西南和西北有望在 2019 年较多地提升市场景气度，未来 6 个月预期指数录得 67. 1、72. 7 和 74. 2，分别高出现状指数 10. 5、10. 0 和 7. 8，涨幅位列七大区域的前三位。位于华南片区福建和厦门两地优质商场优势显现，而受惠于大湾区的创新机遇，多个位于广东省境内的节点城市消费力提升。西北和西南的向好态势将继续受惠于核心城市西安、成都的快速崛起，成都将以中西部地区零售第一城的优势继续吸引国内外品牌的进驻，核心商圈优质项目的不断优化，次中心区域商场的更新迭代抬升整个城市的消费水平。而西安在 2018 年迎来的多个地标项目如西安大悦城、大融城、SKP 新光天地将为城市添加更多的优质品牌吸引力。

华北、华中、华东和东北地区的市场预期亦在上升通道内，未来 6 个月预期指数分别录得 68. 2、58. 7、74. 4 和 58. 9，较现状指数高出 5. 8、4. 9、3. 3 和 1. 1。

在不同能级的城市购物中心发展趋势上，一、二、三线及以下城市的预期指数分别较现状指数上升 1. 2、7. 7 和 6. 7，达到 72. 8、69. 6 和 67. 6。而二、三线及以下城市与一线城市的发展力距离正在迅速拉近。

近期出台的《2019 年新型城镇化建设重点任务》中关于开发落户条件的政策将为更多二、三线城市的人才吸引和人口聚集带来积极的影响，从而广泛地促进城市的消费活力。然而，新增供应量增加仍将是二、三线城市面临的重大课题，有 62% 的业主表示，对自身项目所在的二、三线及以下城市未来三年的购物中心增量表示担忧。

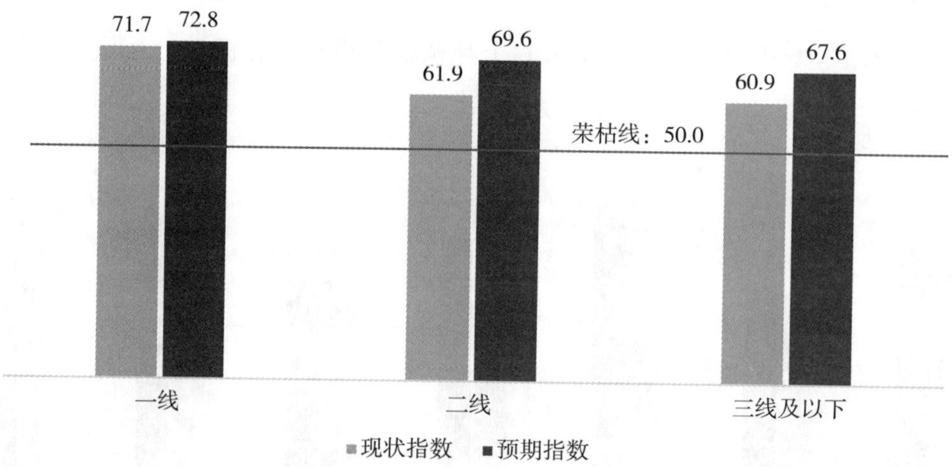

图 11　城市能级市场展望

来源：中国连锁经营协会，世邦魏理仕。

（三）不同购物中心类型市场展望

从不同类型购物中心的发展趋势上看，都市型、地区型、社区型以及奥特莱斯型四种类型的购物中心预期指数分别录得 70. 8、66. 6、65. 8 和 76. 5，较现状指数提升 8. 0、5. 8、4. 8 和 10. 9。其中，奥特莱斯型和都市型上升潜力较大。奥特莱斯型以保有较强的目的性消费特性依然保持强劲的增长势头。都市型购物中心的位置仍是吸引品牌的核心因素，2018 年多个核心商圈改造案例的重装入市也给老旧物业的改造带来了积极的预期和前景。有超过八成的受访项目在 2018 年录得"租赁问询量"的提升，几乎所有项目的业主表示在未来 6 个月项目的盈利能力有望进一步提升。

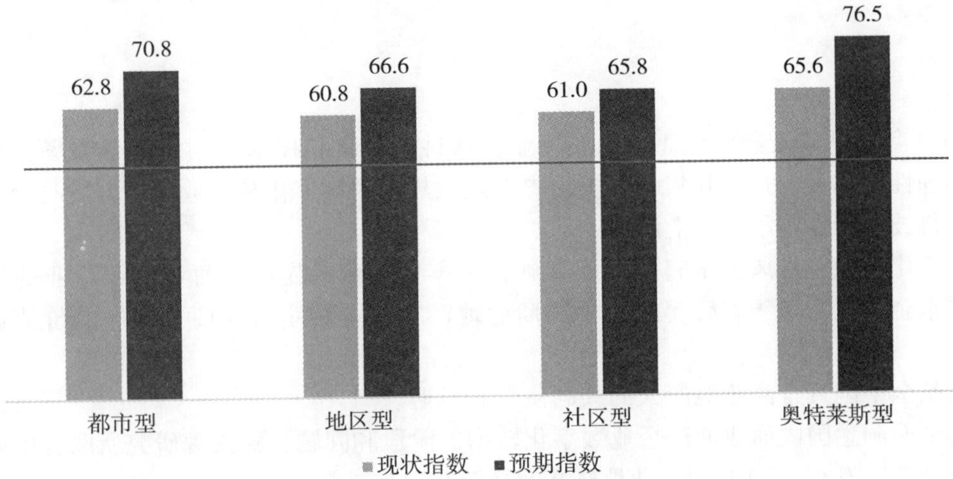

图 12　不同购物中心类型市场展望

来源：中国连锁经营协会，世邦魏理仕。

2019 年中国商业地产数字化趋势白皮书

2019 年，从宏观经济到商业地产行业，从科技创新到技术应用，整个市场正在回归冷静和理性的本真。过去几年，人类历史上最大规模的城市化和商业地产开发与全球领先的消费科技创新在中国同步上演……

数字化转型，从风声雀起到落地实施，从零售行业的先行到商业地产行业的不断探索，领军企业正在带领着后起的“中国商业地产”找寻数字时代商业地产的价值运营新范式。

这是全中国百万商业地产人的共同使命和机遇。

为全面洞悉国内商业地产企业数字化转型的阶段和问题，猫头鹰研究所联合中国连锁经营协会共同发布《2019 年商业地产数字化趋势白皮书》。

作为商业地产业内首次关于数字化方向的专项调查和趋势分析，本次调研过程中得到了 CCIM（国际注册商业投资师）中国同学会、商业地产数字化研习社各位伙伴的大力支持，总共收集来自港资、外资和国内 TOP50 商业地产开发企业和数字科技服务商的 152 份高品质问卷，在此一并向参与调研的同人表示感谢！

一、行业篇

过去几年，移动互联网、信息技术和数字科技的发展使消费者、零售商和商业地产的决策效率及行为模式得到前所未有的变化。传统消费和运营模式遭受前所未有的冲击的同时，以新零售为代表的商业运营新模式的重塑正在不断创新和涌现。

作为一个多方参与的市场，商业地产运营是一门需要同时平衡和满足消费者、租户、业主三方利益诉求的艺术。数字时代的到来，给以经验导向的艺术赋予了更多的技术元素，使得满足各方需求变得更加精准有力。以赋能商业地产各方参与者为目标，各类技术创新与应用正在重塑商业地产投资、设计、建设、招商、运营、资管等产业链的各个环节，一场商业地产运营领域的全面革新正在加速推进。

（一）消费者全天候在线

消费者全天候、全网络在线的习惯（需求）与商业地产固定时间、固定地点的运营（供给）之间有一道鸿沟，这是商业地产数字化运营价值的潜力所在。

领跑全球的高度数字化，是中国消费市场的写照。截至 2018 年 12 月，中国互联网普及率达 59.6%，网民规模 8.29 亿元，手机网民规模 8.17 亿元，使用比例 98.6%。网络购物方面，2018 年中国网络购物用户规模已经达到 6.10 亿元，贡献了 40%以上的全球网购用户规模。

图 1　网民规模和互联网普及率

资料来源：CNNIC 中国互联网络发展状况统计调查。

以移动互联网技术为代表，新兴的数字技术创造了新的购买力、改变了消费方式，让整个消费市场迎来了持续消费升级的全新时代。

移动互联网兴起之前，信息相对缺乏，通常消费者购买前的决策路径为"认知—对比—决策"，可以说是直线型的，并且只能被动接受品牌、商场在公共渠道主动传播的营销信息，或者将亲身实地体验感受作为决策依据。

在购后环节，售后服务通常需要一段响应时间，而消费者事实上也没有太多其他渠道进行感受分享、评论。

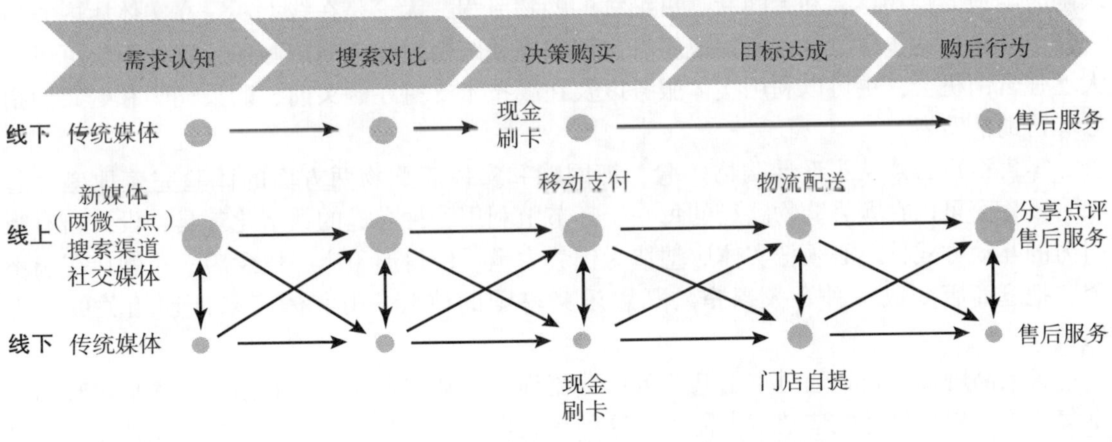

图 2　消费者决策路径的变化

注：圆形大小代表消费者使用频次高低。

如今，诸如电脑、平板、手机、其他便携式设备、各种互动设备等数字技术载体的普及，让信息搜索、交流的渠道大幅增加，并渗透在消费体验的每一个环节。

这对消费者行为具有深远的影响，从需求产生、信息筛选、消费决策到购后行为，消费者对数字化载体依赖程度持续加深，实时在线已经成为常态。

数字化载体也渗透在消费者决策路径中的每一节点，原先需要循序渐进、相对割裂的决策路径正在不断被数字化技术连接起来，线上线下行为充分融合、交互影响，消费行为演变为全流程体验。

（二）租户全渠道运营

线上与线下渠道的深度整合不仅肯定了线下店铺仍然是全渠道环境中销售和营销战略的基石，而且还确认一个地理位置的价值现在已经不仅仅包括该实体商店产生的销售额。从这一点上讲，商业地产实体店的价值并未被削弱，反而被扩大了。

在数字化时代下，店铺不再是一个销售和支付的“终端”，而是一个收集信息和增强消费者体验的重要场所。消费者不仅可以在店内购买商品，也可以在店内体验，而后返回品牌线上专营店进行购买。

对于商业地产的租户而言，消费模式的变化倒逼着传统单一的店铺终端销售模式的转型，全渠道的商业运营模式已是品牌发展的大势所趋。从多渠道转变为全渠道运营，品牌商户正在整合其业务模式的所有方面，包括最大限度降低交货成本、有效的库存管理和订单跟踪、整合营销和品牌体验等。

随着线上线下壁垒消融，热情拥抱数字化和新技术的奢侈品也在过去几年中大量进驻天猫。天猫奢侈品平台 Luxury Pavillion 中入驻品牌已超过 100 个。与此同时，以盒马为代表的新零售品牌线下开店迅猛。线上品牌在线下开店亦成为趋势，近两年不约而同走向线下。从电商、零售、餐饮、线上新媒体品牌到文创、休闲娱乐、共享、快闪，再到火爆全网的网络游戏，线上各业态集体开启线下扩张之路。

在这种模式下，店内销售和在线销售之间的界限日益模糊，越来越多的消费者也在寻求随时随地的购物体验和无间断、可继续的购物流程，无论是在线上还是在实体店内，均无需重复之前的步骤。这需要集成所有应用程序并跨渠道识别用户画像，这样不仅可以极大增强营销机会，更可以利用实体服务以及在线技术支持在购买前、购买期间和购买后指导和协助消费者。

零售租户必须从头设计购物体验，把网购和实体店购物两方面的体验完美地融合起来。零售商可以在顾客购物路径的每一个环节上利用各种先进的数字化工具，设计富有吸引力的互动方式，还必须把实体店塑造为优势力量，使得形象店、概念店、旗舰店层出不穷，把逛商店变成一种令人兴奋、既娱乐又享受的体验，用实体店来推动相关的线上销售。

各大品牌商家正在通过重组其业务运营流程，从基础空间运营的独立零售平台转向一个集成平台以更好地响应消费者需求。这种重组也在深刻影响商业地产的职能转变。在之前的很长一段时间里，基于这种物理空间的提供，商业地产都扮演着“房东”（出租方）的角色，数字化时代的到来意味着商业地产运营要从注重“场所租赁”（Space-making）转型为更富平台运营思维的“场景营造”（Place-making），以提升消费者流量和黏性。同时，要比租户更懂消费者，通过更全面、更实时的数据分析与支持帮助租户成功，这就对商业地产的传统角色带来了冲击和挑战。

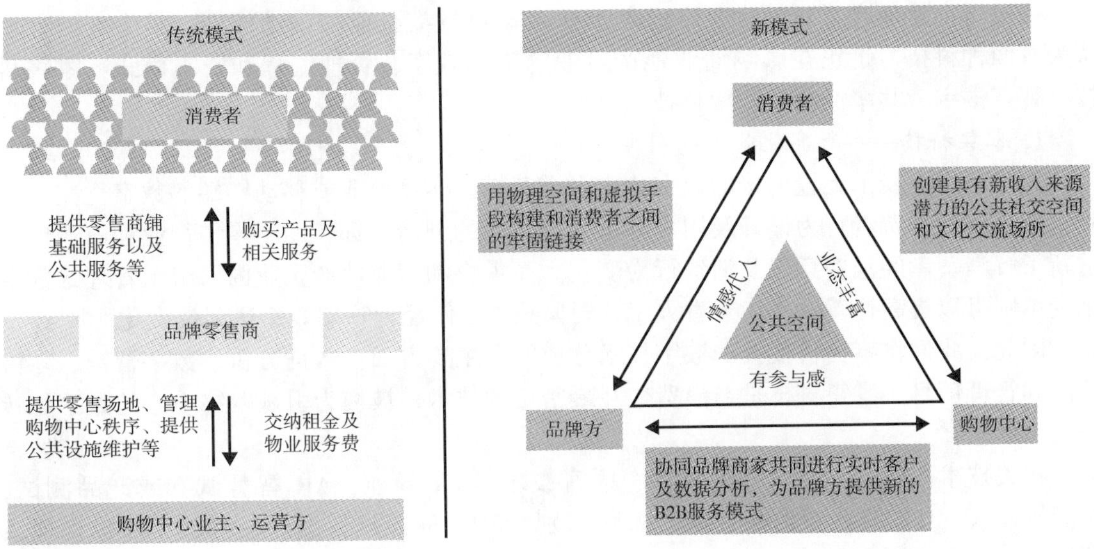

图 3 传统模式和新模式比较

（三）科技全维度赋能

作为创新技术应用的重要场景发生地，商业地产正在成为零售、地产、金融和共享等科技创新的孵化载体。同时以数字科技为代表的新技术正在重塑商业地产投资和运营各环节的效率和模式。

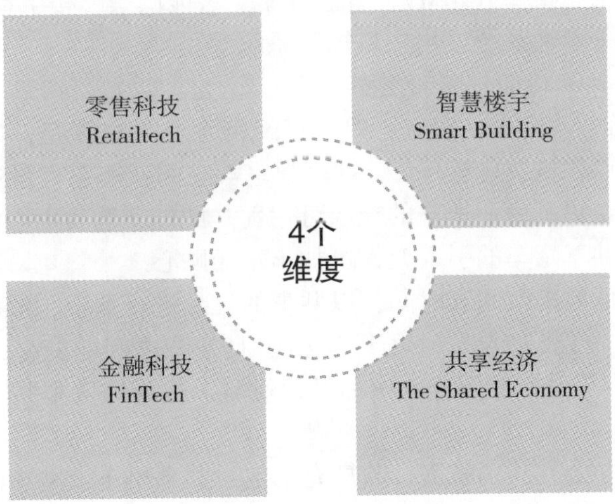

图 4 商业地产 4 个维度

科技始终是人类文明和商业创新的推动力。经历了以计算机及信息技术为核心的第三次科技革命，我们正站在以人工智能、大数据、云计算、虚拟现实、机器人技术等为代表的数字智能时代的门口。这些新兴技术被视为人类历史上的第四次科技革命的代表。

通过对商业地产开发运营全流程内 100 余家科技类企业的归纳梳理，猫头鹰研究所认为有四种科技力量正在影响商业地产行业的市场效率、管理流程和资本模式：零售科技、智慧楼宇、共享经济和金融科技。

1. 零售科技——数字化转型的引擎

无论是线上线下无缝衔接的数字化全渠道营销、实体商业或移动终端的数字化交互体验，还是研究消费者行为偏好及用户分析管理技术的创新，都有助于零售行业和商业地产重新了解消费者的消费意识及消费行为变化。而零售和商业地产企业内部组织管理的数字化变革则可以提高运营效率，节省人工、时间成本，使经营管理效率达到最大化。

因此，我们将零售科技类的数字技术分成四个主要方面：数据分析、数字营销、零售智能和管理信息。零售科技是与消费交互最密切的技术，被视为引领购物中心的数字化转型的引擎。

相关技术：数据统计、线上订单、语音技术、VR 导航、AR 智慧试衣或产品测试、智能机器人、传感器流量监测系统、人脸识别、ERP 商业运营系统、CMS（内容管理系统）、CRM（客户关系管理）等。

2. 智慧楼宇——数字化转型的基石

在智慧地产方面，设计建造和智慧物业管理是商业地产数字化的重点。经过多年发展，物业管理的智能化水平已成为商业物业高效运营维护的关键。建筑信息模型（Building Information Model，BIM）将数字技术直接应用于商业地产的建筑工程之中，为智能化建设和运营提供了基础。基于 BIM 核心的物联网等技术应用，不仅能实现三维可视化的信息管理模型，而且为建筑物的所有组件和设备赋予感知能力和生命力，从而将物业的运营维护提升到智慧建筑的全新高度。

相关技术：建筑信息模型（BIM）、智慧停车、智能门禁、楼宇管理系统（BMS）、视频监控、报警系统、一卡通系统、出入口控制系统等。

3. 共享经济——商业运营价值的重塑

从爱彼迎（Airbnb）、优步（Uber）等共享经济企业成立算起，共享经济已经走过十几个年头。在商业地产领域，共享办公、共享教室等空间业态正大量进入购物中心，而共享出行工具的使用也正提升商业地产的交通可达性。此外，购物中心的服务功能也因共享充电宝、共享座椅、共享童车的引入变得更加丰富而贴心。

将商业地产中的低效率空间和时间，以共享的理念进行重塑，形成能满足消费者碎片化需求的高质量场景，打破“人”、“场景”和“服务”之间的壁垒，填平消费体验中出现的各种“断裂带”，提升资源配置效率和经营效益，这或许就是共享经济和商业地产联姻的核心逻辑。

相关技术：共享办公、共享教室、共享充电宝、共享单车、共享汽车、共享雨伞、共享童车等。

4. 金融科技——资本管理的升维

近几年，金融科技成为全球投资人和创业者聚焦的热点产业。科技与金融的结合在创新金融产品和服务模式、改善客户体验、提升服务效率、降低交易成本方面都有所突破。对于商业地产而言，金融科技可以理解为科技在零售商业和商业地产相关金融领域的应用。

在零售行业中，以移动支付结算为代表，相关金融科技创新提升了消费者与租户或商业管理方之间、租户与业主或管理方之间的资金流通效率。而对商业地产而言，金融科技的核心是提升投资和资产管理的效率，目前的创新主要集中在商业地产交易信息方面，与欧美发达国家相比，涉及地产金融、资产管理、投资分析等促进资产交易方面的金融科技创新尚处于发展初期阶段。

相关技术：移动支付结算、商业地产租售平台、资产众筹平台、智能投资分析、智能估价系统等。

猫头鹰研究所按照前述四大维度将目前国内商业地产数字化相关技术企业进行分类整合，形成商业地产科技生态图谱（如图 5）。

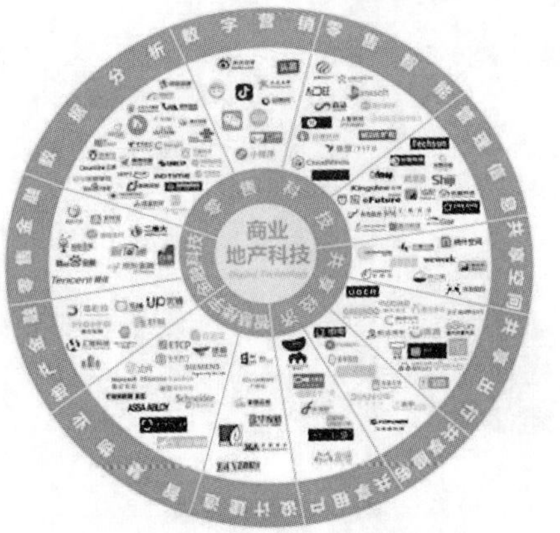

图 5　商业地主科技生态图谱

未来，对于商业地产行业而言，数字科技将会多维度赋能实体商业，通过技术与实体商业的融合形成完整的生态闭环，促进商业地产企业的信息流和资金流内外高效循环。

二、企业篇

为全面了解商业地产行业和企业对数字化转型的认知和策略，猫头鹰研究所与旗下新媒体平台《商业与地产》于 2019 年 5 月 23 日发起 2019 年商业地产数字化转型趋势问卷调查。

本次调研共收集到 152 份反馈，问卷参与者主要包括国内前 50 强商业地产企业信息化负责人、商管负责人、资管负责人和相关技术提供方等，在受访者企业类型、公司职级和对数字化的接触程度等维度具有广泛的代表性，并以中高层管理人员为主。

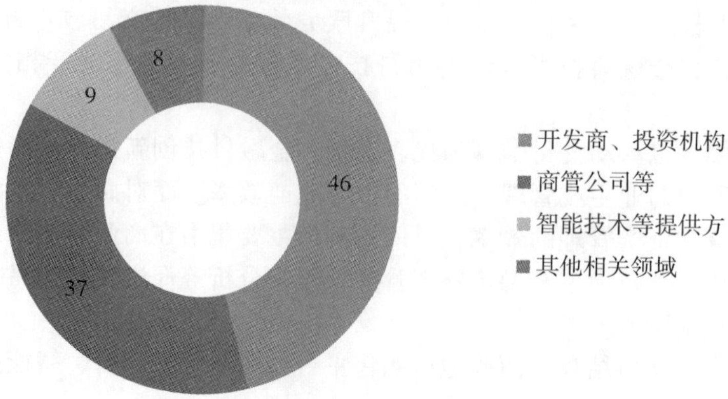

图 6　行业类型

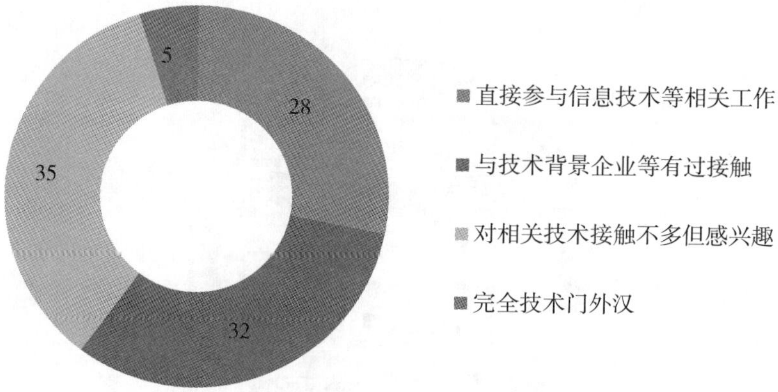

图 7　技术背景

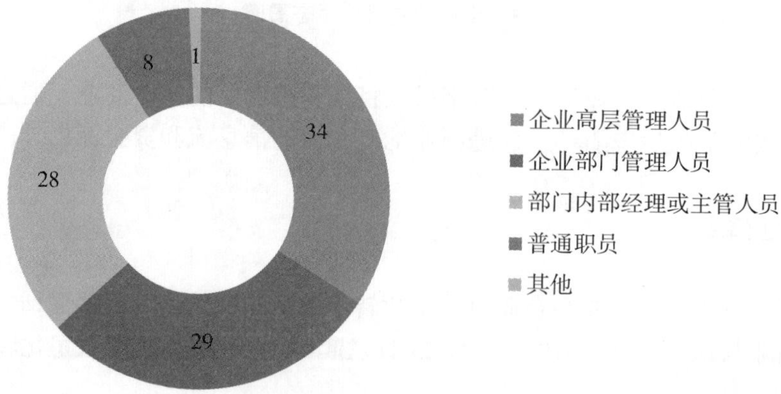

图 8　职位级别

我们通过调研问卷的整理和分析，梳理出 2019 年商业地产数字化转型的 6 大关键词。

（一）数字共识

共识是商业转型和变革的前提。本次调研发现，数字科技对商业地产的强影响力已成全行业普遍共识，这必将为各商业地产企业推动数字化变革提供强有力的组织支持。

92%受访者表示明显感知到数字科技对商业地产的影响。其中，27%认为影响巨大，数字科技正在重塑整个行业；65%切实感受到新兴科技正大量应用在商业地产行业。

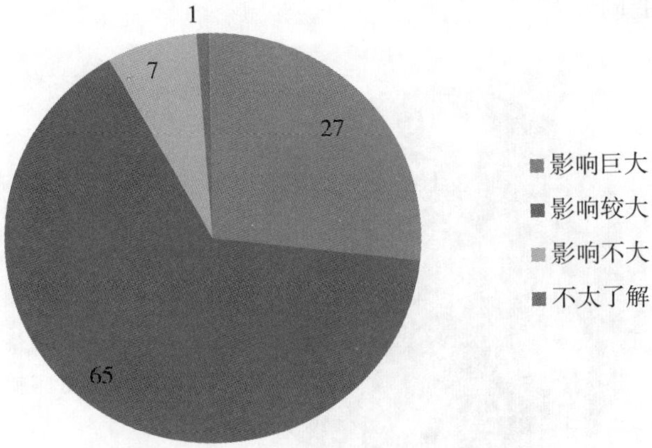

图 9　商业地产从业者对数字科技影响力的感知（2019）

数据来源：猫头鹰研究所。

（二）数字战略

调查发现，数字化转型已成为商业地产头部企业的战略驱动力。

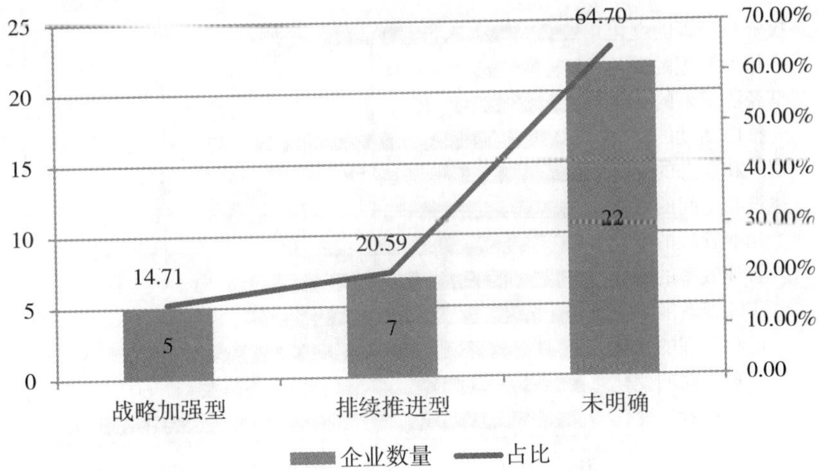

图 10　典型商业地产企业（34 家）对数字化布局的阐述（2019）

数据来源：猫头鹰研究所。

猫头鹰研究所对 34 家典型商业地产企业 2018 年年报和公开资料统计发现，近 15% 的企业将数字化作为未来企业发展的战略选择，这些企业多为商业地产或地产领域的头部企业，通过数字化提升客户洞察能力和市场竞争力，确保处于行业领先地位。超过 20% 的企业处于数字化转型的初期实践阶段，以强化应用为主；近 65% 的企业仍未明确公布数字化转型的相关战略和思路。

在本次调研中，60%受访者认为企业重视数字战略和应用；26%受访者认为公司“非常重视，数字技术已成为企业高层推动的战略”；34%受访者认为公司“重视，已投入大量资金或资源去采用新技术”。

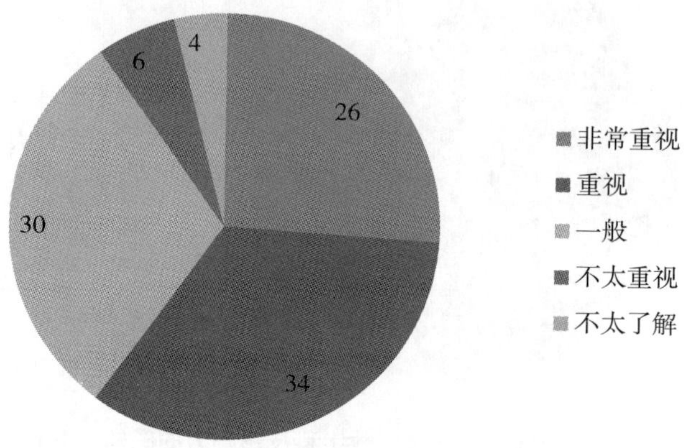

图 11　商业地产企业对数字化的重视程度（2019）

数据来源：猫头鹰研究所。

（三）数字赋能

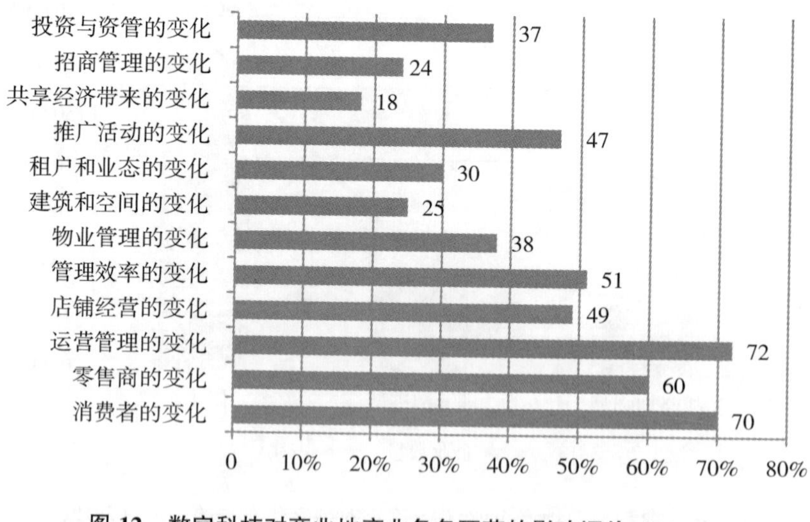

图 12　数字科技对商业地产业务各环节的影响评价（2019）

数据来源：猫头鹰研究所。

在本次调研中，商业地产和数字化相关从业者着重对数字科技对商业地产业务各个环节的影响进行了评价，其中最明显的两大变化就是信息化和数字技术的使用加强了对消费者和租户的理解及把握，从而带来运营管理效率的提升（72%）以及由于消费者信息获取渠道的多元化所带来的消费决策主动权的提升（70%）。

日益兴起的零售商线上和线下的全渠道运营（60%）被视为新技术对商业地产影响的第三大方面。

对商业地产的运营管理而言，50%左右的受访者认为信息化和数字技术提升了商业运营现场管理和租户经营辅导的效率。而数字技术的出现也让营销更趋运营化，47%的受访者表示推广活动的IP化和营销社群化的趋势更加明显；近40%的受访者认为新兴智能物业管理技术的应用达到了降低能耗和成本的作用。

除此之外，商业地产的投资和资产管理监管效率也因信息化和数字技术的应用而变得更加有效率，37%的受访者表达了对这一选项的支持。

（四）数字营销

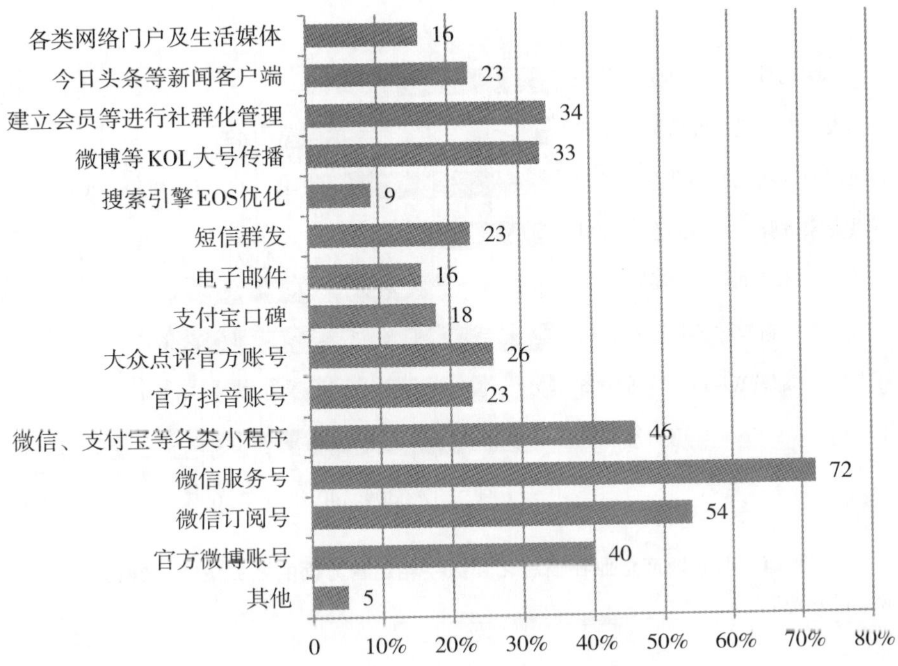

图 13　商业地产相关企业数字营销工具的应用选择（2019）

数据来源：猫头鹰研究所。

在商业地产的数字化转型中，针对消费者的数字营销往往是最普遍采用且最容易推进的切入点。经过多年实践，商业地产的数字营销正在从简单的内容推送，向注重互动、内容共创乃至品牌共创的客户参与式营销迈进，营销呈现更强的运营化思维。

整体来讲，得益于庞大的活跃用户和丰富的应用解决方案，微信依然是商业地产企业数字营销的主要阵地。尽管每周只能进行一次信息推送，但大部分（72%）的受访者表示所在企业或项目在运营功能更全面的微信服务号的使用量远高于微信订阅号（54%）。借助于线下丰富的应用场景，小程序也在进行普及（46%）。此外，官方微博账号（40%）、KOL 大号（33%）、微信社群管理（34%）也被广泛应用在线上推广和社群运营之中。

商业地产的线上运营平台选择日趋多样，从传统的微博、微信的“双微”运营开始逐渐形成“两微一点一抖”的运营新趋势。

作为线下实体生活服务平台和消费者点评平台，大众点评正成为购物中心进行消费者互动和口碑营销的重要平台，26%的企业或所属项目注重大众点评的内容运营。随着 5G 时代的到来，短视频与线下互动的场景日益广泛。因其年轻人群聚集和广泛的城市覆盖，23%的企业或项目正在尝试使用抖音进行商业地产内容营销。

（五）数字运营

商业地产向数字化转型已成为业内共识。猫头鹰研究所认为，目前国内大部分商业地产企业已初步形成了运营信息化建设。伴随内外部数据积累的不断提升，运营数字化正呈现快速发展态势。

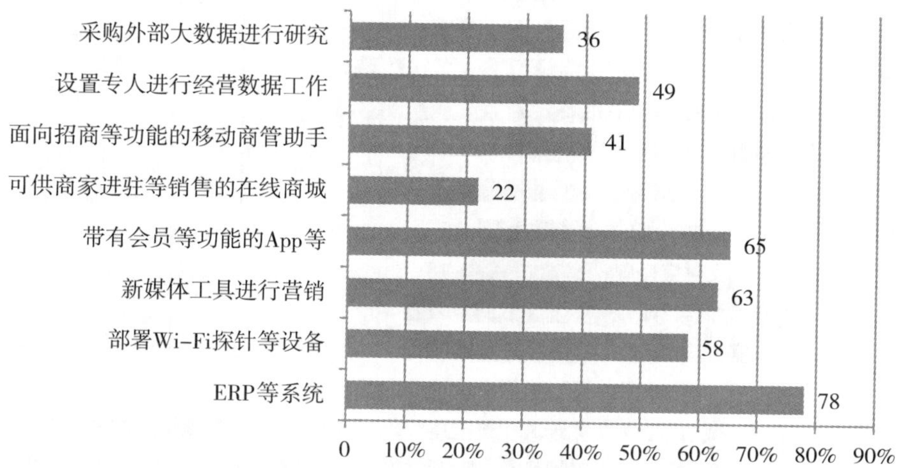

图 14　商业地产企业在信息化和数字化运营方面的相关策略（2019）

数据来源：猫头鹰研究所。

调研发现，内部管理信息化、数据采集和智能硬件以及营销推广工具已成为商业地产信息化运营的标配，这也是开启数字化运营的基础。78%的企业或项目部署了完善的 ERP 系统、POS 系统、财务或 OA 系统。65%开发了带有会员、停车、积分、导购等功能的 App、H5、小程序。而 63%的企业利用微博、微信或抖音等新媒体工具进行营销，58%的企业部署 Wi-Fi 探针、客流视频、智能停车、互动电子屏等设备、机器人客服等数据采集和智能硬件设备，为数字化运营提供基础支撑。在信息化建设的基础上，四成以上的企业或项目通过商管的移动化管理优化效率。比如开发移动商管功能处理招商、楼管、物管的客户跟进、合同审批、进场管理、巡店、催缴、报修、抄表等工作。

近半数的企业开始强化数字化运营的能力，突出表现在设置专人或部门进行全场及店铺层面的客流、销售额、会员消费和各项收入支出等经营数据的采集和分析，以指导营销、运营、投资工作。此外，36%的企业开始将内部数据与外部供应商提供的消费行为相关大数据进行关联或对比，形成更全面的消费者画像，为商业地产投资、定位和调整决策提供支持。

与此同时，部分企业正在探索购物中心的线上线下的"双空间"运营模式，有22%的受访者表示企业可提供商家进驻进行线上销售的在线商城，将租户产品或服务嫁接到线上App或小程序，借助商业地产自身线上会员量或日常流量提升店铺销售业绩。

（六）数字障碍

尽管数字化转型已成为商业地产企业的共识，但在进行战略推进和执行中仍然遇到不少问题和障碍。根据调研我们发现，数字化转型中遇到的障碍突出反映在管理问题上，这取决于企业战略和执行；只有少部分为技术问题。

高层战略不清晰或不重视（43%）、懂业务又懂科技的复合型人才缺乏（43%）、内部团队执行力弱、配合不流畅（40%），被认为是商业地产企业进行数字化转型中遇到的三大障碍。而科技投入成本、投资回报、运营效果等问题排在最后三位。

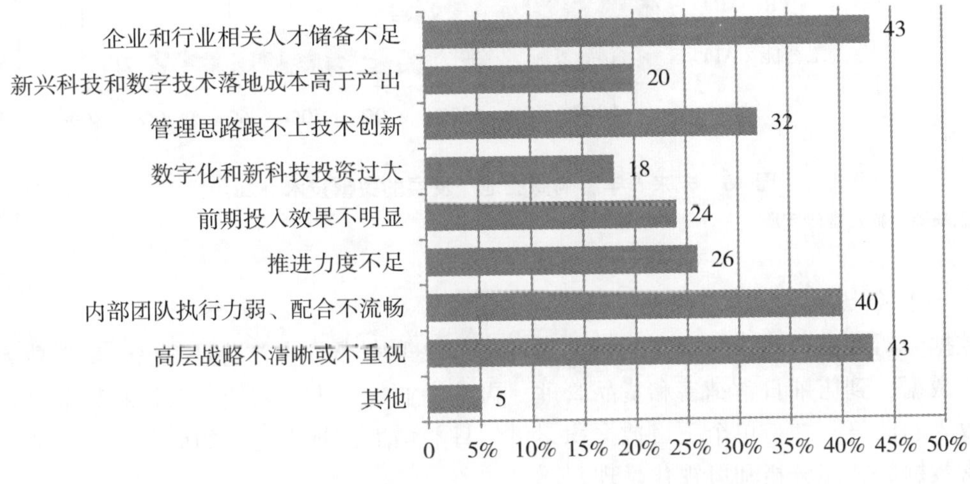

图15　商业地产企业在推进数字化方面遇到的问题和难点（2019）

数据来源：猫头鹰研究所。

对商业地产企业而言，企业战略的重视程度决定了转型的力度和速度；而IT和技术团队与运营管理的磨合，以及业务负责人对科技应用的创新能力的培养和塑造都将成为数字化实践得以成功推进的关键。

三、展望篇

商业地产与技术的融合才刚刚开始。数字技术（Digital Technique）与人工智能技术

（AI Technique）合称为数字智能（DAT）技术，未来 5—10 年，DAT 将与数字孪生、5G、AR 虚拟现实、云计算、物联网、大数据等 10 余种技术融合进入下一个数智时代。

（一）数字智能

数智时代的到来，不仅仅是对现有运营模式效率的提升，更多的将是对商业空间运营的全维度升级。

在本次调研中，人工智能（71%）、数据分析技术（62%）和 5G 技术（53%）被视为未来 5 年影响商业地产行业的关键技术。

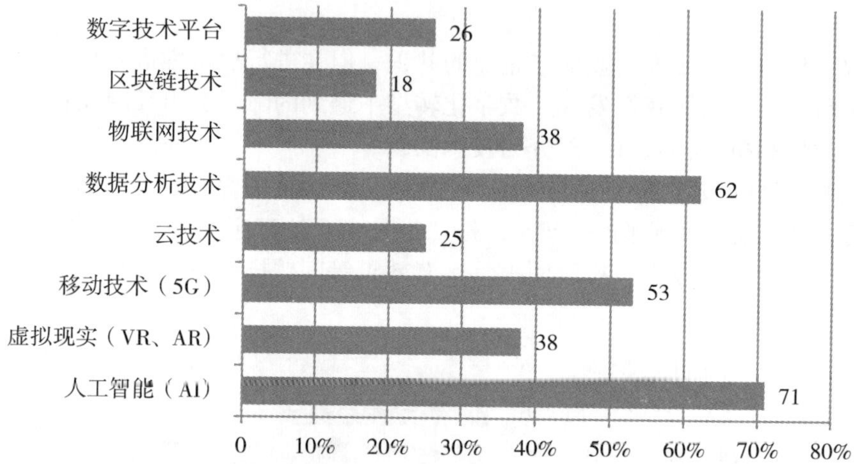

图 16　未来 5 年影响商业地产发展的关键技术（2019）

数据来源：猫头鹰研究所。

1. 数据分析技术

数据分析在商业地产投资和运营管理各环节决策中都扮演着重要角色。从消费者流量和行为数据，到店铺日常销售和货品管理，再到商业地产内部租赁、营销和物业管理的成本及收入的监管，随着单个项目数据积累量的日益增大，越来越多的商业地产企业开始注重日常数据的智能分析和可视化呈现。

数据分析技术主要是指各种应用，包括商业智能（BI）、报表和联机分析处理（OLAP）到各种形式的高级分析。其中商业智能技术包括数据仓库、报表查询、数据分析、数据挖掘、数据可视化等的快速发展正在为商业地产的数据分析带来全面的升级。

将商业地产内客流/车流数据、POS 和销售数据、CRM/营销数据、商管 ERP 系统、填报数据、外部大数据等多数据源敏捷接入，再通过数据智能分析平台的预置指标计算，转换为数据可视化结果呈现，做到一站式分析监控。从而形成用数据监控业务、基于数据改善业务、让数据服务于决策，进而建立可持续的竞争优势，为打造智慧型商业地产奠定坚实基础。

2. 人工智能

人工智能在零售行业的应用始终走在前列。比如，个性分析和库存优化方面的应用，使定制化和自动化零售体验被提到一个新的高度。在购物中心领域，人工智能技术和语音、图像识别技术让智能服务机器人开始承担部分客户服务问询、会员管理、楼内巡视等职能。而将人工智能与消费行为大数据结合正在为商业地产运营创新带来新的机遇。

2019年7月3日—7日，伦敦西田购物中心（Westfield London）开放英国首个时尚概念商店——未来潮流商店。该人工智能服饰商店通过实时社交媒体洞察和分析，将网络购物、时尚影响力等信息与传统线下购物相结合，为消费者带来史无前例的服装零售模式。通过专业的机器学习（Machine Learning），监测全球150个国家和1000座城市超过40万富有创新精神的职场新人和时尚达人的30亿个数据点。NextAtlas可以分析来自社交媒体的视觉和文本内容，从而预测时尚新趋势。造型师团队在接收流行趋势数据后，会根据购物中心零售商的需求采购物品，参与品牌包括Topshop，Reiss，Whistles，Lindex和Stuart Weitzman。消费者可以在充满未来科技感的商店里购买这些商品，同时每个流行趋势将会在由LG提供的超清屏幕中展出。

3. 5G技术

5G技术具有划时代的意义。不仅仅带来更快的下载速率，更通过低延时、高稳定、大容量等一系列性能的提升，真正带来人机交互、万物互联，将驱动包括VR/AR、物联网、人工智能等数字技术的全面升级。

2019年6月6日工信部正式向中国电信、中国移动、中国联通、中国广电发放5G商用牌照，我国正式进入5G商用元年。而在此之前，商业地产领域就已经开始尝试5G技术在商业空间的应用和落地。2019年5月，上海陆家嘴中心L+MALL携手上海移动、华为分别在一楼和五楼的生活美学区率先开通了5G室内数字系统。顾客不仅能体验5G手机在5G网络下的Gbps级速率和高清视频通话，还能体验5G智能机器人提供的导购、送货、目的地指引等服务，提升购物中心的服务效率。同时，覆盖了5G网络的购物区域还能提供5G+AI人脸识别、5G+8K高清视频、室内精准导航以及客流动向分析等服务。

基于5G技术的应用探索才刚刚开始，随着物联网、人工智能技术、VR/AR等技术的进一步升级，将为商业地产的数字化运营提供更广阔的应用场景和价值空间。

4. 区块链技术

如果说谁能代表下一代互联网技术，区块链肯定是其中的一个。区块链，业内普遍认可的定义是一种去中心化的分布式记账方式，能有效地解决因交易场景受限导致的征信成本过高的问题，这一点在商业地产的租赁、投资、销售等相关交易环节都普遍存在痛点。

本次调研中，尽管仅有18%的受访者认为区块链是未来5年影响商业地产的关键技术，但不可否认的是，区块链由于其具有去中心化、不可篡改、协同性高等特点在商业领域有着巨大的想象空间。

目前关于区块链技术与商业地产的结合尚处于理论研究和初步探索阶段。在零售的日常运营环节的应用主要体现在零售商品的溯源、数字货币的应用中。而对商业地产而言，更多的体现在租赁和交易环节的应用上，但创建房地产线上记录是一项艰巨而复杂的任务，需要政府和各参与方的广泛认可和参与。值得关注的是，以雄安新区为代表的政府机构也在推进区块链与土地、房地产权属方面的应用，这必将加速区块链与商业地产领域的融合创新。

（二）无界价值

在数智时代，商业地产的空间正被分解为建材和混凝土构成的实体空间和代码构成的虚拟的数字空间，摆脱了地理位置和营业时间等对实体商业的影响，数字空间的价值将持续放大。

随着智能城市和智能建筑的快速发展，数智技术被大量应用于商业空间之中。当消费者走进商业地产项目，实际上是走进了一个虚实结合的双重空间：在砖块、钢筋、混凝土铸就的实体空间之外，还有一个以传感器等智能硬件和数字代码构成的数字空间。

在虚实结合的双空间架构中，商业地产的价值也必然会是物理空间价值和数字空间价值的总和。换句话说，就是基于实体空间和虚拟空间对消费者、租户的连接效率和枢纽效应而形成的空间基础价值总和。地理位置的重要性将被削弱，建筑形态所承载的功能更趋融合，而衡量商业地产价值的标尺不仅局限在建筑和地理本身，也不仅仅是在实体空间中的净收益，而是在实体空间和数字空间的双重范围内所产生的运营和服务的收益总和。这必将是一次对商业地产价值体系的深刻重塑与全新升级。

1. 空间即服务

在人类经济发展的长河中，商业地产在不同的产业阶段曾经扮演着不同的角色。工业时代之前的农业时代，建筑体往往是一种权威和权力的象征，其象征意义超过经济和功能意义。而工业时代，商业建筑体承载着产业功能，是产业价值链和产品成本的构成部分，地埋位置作为影响成本和资源效率的关键因素决定着商业体的价值。

以信息技术驱动的新经济时代，商业地产作为人流、资金流和信息流的平台价值日益受到重视，而商业地产的空间价值也就呈现为以人为导向的信息和资金效率升级的服务价值。

数智时代的到来，5G、物联网和人工智能等技术的发展，万物互联和实时互联将成为常态，人类工作、消费、社交和居住的模式也正在脱离完全以固化的建筑体为载体的传统形态。对于商业地产而言，建筑空间和地理位置的重要性被削弱，这导致传统以收租和物业管理模式为代表的商业地产运营管理已经无法建立竞争优势，以服务经营流量的平台连接思维正在重塑商业地产的线下空间运营价值，而商业地产对消费者、租户的连接效率则是商业运营的关键。

2. 消费即体验

线上零售平台的崛起，很大程度上削弱了消费者为单一满足购物目的而出门的概率。与之相对应，商业地产作为公共活动的平台功能正在被全面提升：满足消费目的的商业空间已经过时，融合消费、社交、探索、娱乐和成长等功能的体验式空间正成为新的热点。

在数智时代，这种体验非实体空间所独有。消费者在实体空间与数字空间中每一个触点上所得到的超预期体验之和才是商业地产运营为消费者创造的消费价值，而这是商业地产对消费者产生持续黏性和品牌影响力的根基所在。

从消费场景出发，有意识地给消费者创造一个超出期待的空间体验经历，以塑造更高强度的“五感”体验与品牌认同为目标，对消费者线上、线下消费过程的每一个触点，尤其是线下空间以及线上线下交互的节点进行优化设计，从而形成消费者对商业空间的最强价值体验。

3. 服务即价值

对于全渠道运营时代的租户而言，线下空间已经不仅仅是销售渠道，更是全渠道运营中的形象展厅、客户体验和服务终端，是对线上销售和线下销售的全面支持。

租户经营模式的转变必然对传统以销售额为衡量标尺的租赁模式带来冲击：线下空间贡献了流量，却未能转化成线下销售额并从租金中实现最大化收益，这将推动租户与商业地产之间在销售额和租金计算等租约条款上的持续博弈和模式重构。随着数据采集技术的日益完善，基于平台流量思维重构的租金模式或许也将被引入商业地产的实践之中。

大量商业地产企业正从运营信息化（1.0）迈向运营数字化（2.0），即将开启以整合大数据进行数字化运营（3.0）的新阶段，在传统的租金模式之外衍生数字服务价值。

在数智时代，商业地产运营的专业价值将表现为由擅长实体空间和数字空间运营的双空间资产管理人对商业地产项目提供的高于市场水平收益而形成的那部分溢价。

目前，以租赁模式为核心的商业地产，在人、货、场的数据体系中，缺少对租户“货”的数据及管理权限，从而难以发挥认知消费者（人）—提升店铺销售业绩（货）—实现商业地产价值（场）的最大化。

未来，在形成全面的消费者数据的基础上，建立实体空间和数字空间双平台运营模式，全面整合人、货、场数据，从运营管理层面提升对场域内双空间的数字挖掘，才能为租户提供更具深度价值的数字服务。同时，随着 AI、物联网、VR/AR 技术的日趋成熟和大规模应用，借助 AI 技术将实体空间运营数字化，从顾客需求出发，通过线下去触达，实现实体空间和数字空间运营体系的打通，从而推进数字化运营。

2019 年中国餐饮加盟行业白皮书

一、餐饮加盟行业纵览

（一）消费升级带动的新餐饮市场

1. 经济与人口飞轮转动，驱动餐饮消费新升级

党的十九大报告指出，新时代我国社会主要矛盾是人民日益增长的美好生活需要和不平衡不充分的发展之间的矛盾，而人民对美好生活需求的具体表现就是消费升级。消费升级也是下一个十年中国经济发展的首要动能。

那么，消费升级背后的逻辑主线是什么？又给餐饮消费带来哪些变化？

（1）消费升级基石：居民收入增加与城镇化率提升

居民可支配收入是消费的基础。改革开放以来居民收入持续高增长，过去 40 年人均收入年复合增长率高达 8.5%，2013—2017 年复合增长率也达到 7.4%。

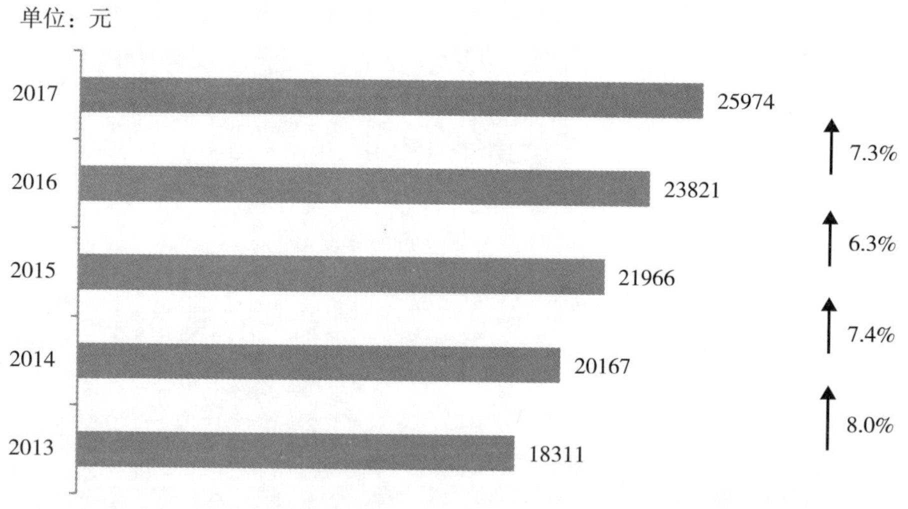

图 1　2013—2017 年居民人均可支配收入及增速

数据来源：国家统计局。

注：增长速度为扣除价格因素的实际增长率。

1999 年中国城镇人口只有 4.36 亿人，到 2017 年，这个数字达到了 8.17 亿。有 3.7 亿中国人在过去 20 年里搬去城市工作生活，这是服务业发展的基础。

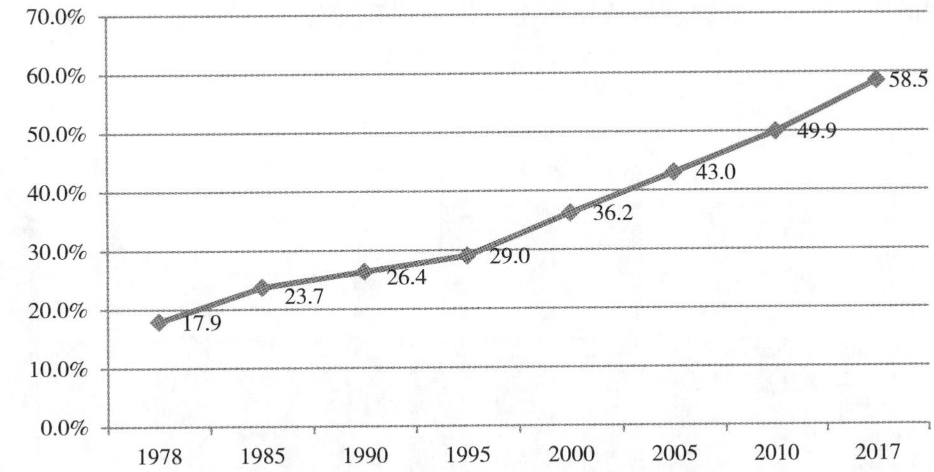

图 2　1978—2017 年中国城镇化率

数据来源：国家统计局。

（2）消费升级驱动力：人口结构变迁，引发消费价值观变化

对比美国、日本等国家的发展历程，能够看到生育高峰人口是触发社会发展和转型最重要的力量。

1985—1995 年是中国生育高峰期，这波婴儿潮在 2010 年处于 15—25 岁年龄段，此后十年经历教育、结婚、生子、职业发展的转换，成长为社会的中坚和消费主体。

这群人出生在中国经济腾飞的时代，经济安全感更强，在消费上更注重品牌、品质、安全和服务，庞大的人口基数也让这些消费理念成为时代底色。

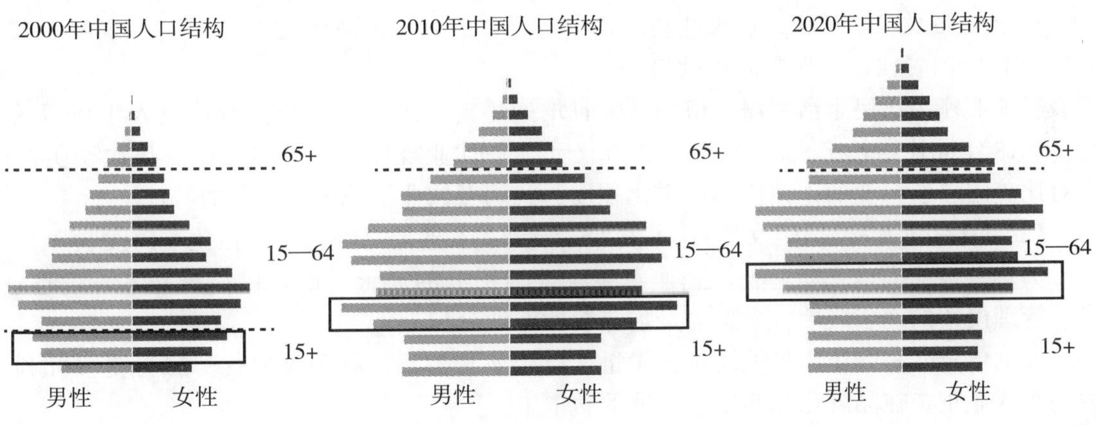

图 3　2000—2020 年中国人口结构变化

数据来源：国家统计局。

注：框内部分为 1985—1995 年间出生人口所在区间。

（3）消费主线改变：由实物转向服务，由基本需求转向体验型需求

经济发展和人口结构迭代为消费市场带来了显著变化，消费升级正遵循从实物消费到

服务消费的路径前进，餐饮、酒店、旅游、休闲娱乐等服务相关行业的消费持续高速增长。

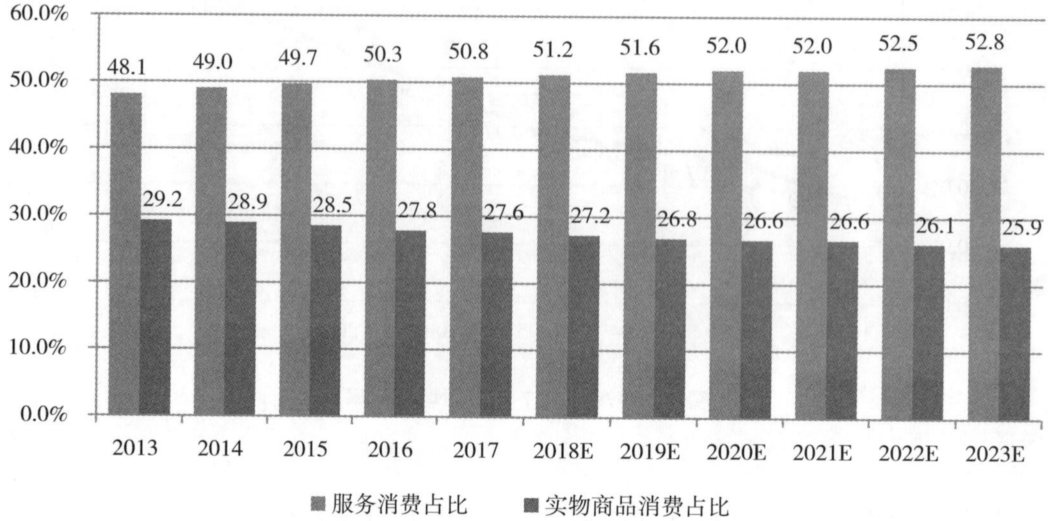

图 4　2013—2023 年居民人均实物消费及服务消费占比

数据来源：美团点评招股书。

注：实物消费不包括住房消费。

餐饮业被波澜壮阔的消费升级推上发展快车道，居民在外就餐消费明显上升。同时，消费者对餐饮的诉求也从单一的价格、质量转变为对性价比、环境、体验和服务的综合追求，助推餐饮业内部的结构升级。

2. 在供给侧，餐饮业正在大洗牌中向品牌化、连锁化方向迈进

（1）中国餐饮业呈现散而小的格局

餐饮业作为居民生活刚需，市场庞大且增速稳定。2017 年，全国餐饮收入 3.96 万亿元，2018 年同比增长 7.8%，突破 4.2 万亿元，餐饮业规模位列世界第二，仅次于美国。但对比美国餐饮行业的连锁化和集中化程度，我国餐饮业呈现出散而小的特征。

（2）消费升级+供给侧改革+技术发展：推动餐饮业向品牌化、连锁化方向发展

消费升级的推动，加上餐饮企业对生存能力提升的需求，以及供应链技术、信息技术、管理模式的逐步成熟，多重力量加速餐饮企业分层。

大批单枪匹马的小店将被淘汰，少量优质企业将借助品牌和规模优势赢得更多红利。中国餐饮业正走在品牌化和连锁化发展的轨道上。

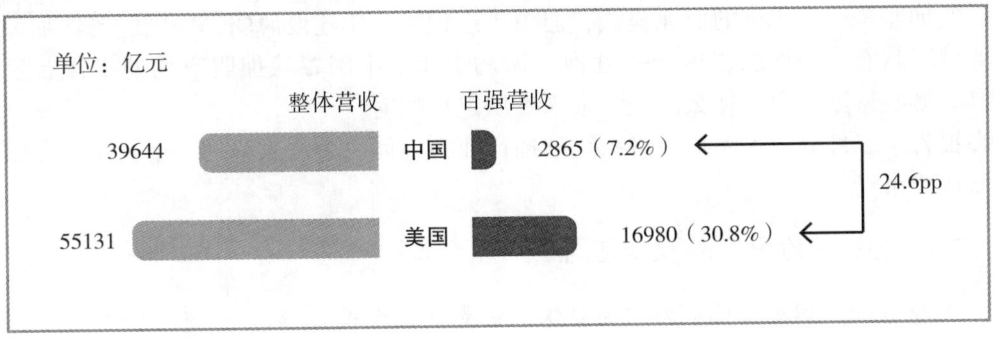

图 5　2017 年中美餐饮集中度对比

数据来源：国家统计局，中国烹饪协会，美国餐饮协会，美国连锁协会。

图 6　2013—2022 年不同经营模式餐厅收入

数据来源：Frost&Sullivan，美团点评整理。

（3）加盟是一种双赢的商业模式，助力餐饮行业发展

餐饮连锁经营主要分为直营和特许经营两种形式，特许经营也就是我们通常所说的加盟。加盟模式经过 160 多年发展，业已成为零售、餐饮等领域的主流商业模式，其具有多重优势：

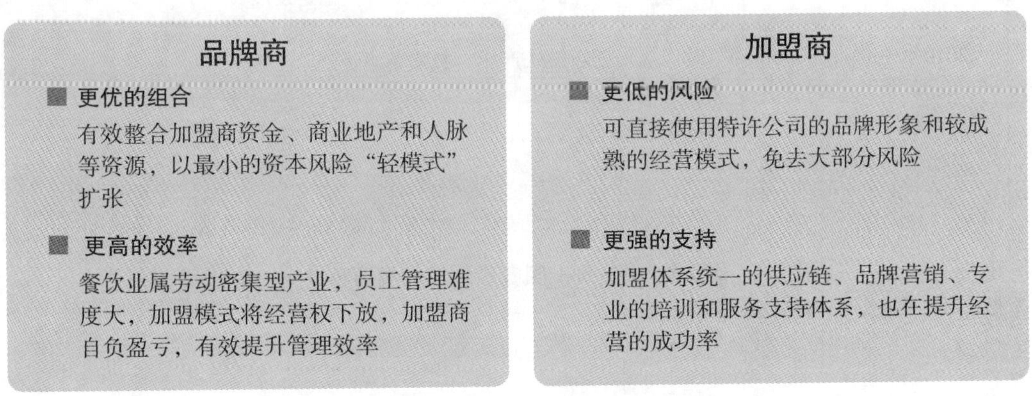

图 7　双赢的商业模式

虽然加盟是一种先进的商业模式，但由于连锁体系化建设薄弱，中国的餐饮加盟生态处于亚健康状态，餐饮加盟市场一度饱受诟病。那么中国餐饮加盟市场处于什么发展阶段？具有哪些特征？存在什么问题？未来发展走势如何？

在报告第二部分，美团点评将系统扫描行业各主体，为大家呈现一个真实、完整的中国餐饮加盟市场。

（二）进击中的中国餐饮加盟市场

1. 起步虽晚，但加盟已成为中国餐饮业重要发展模式

餐饮加盟的发展从美国起步，麦当劳、汉堡王、肯德基三大快餐巨头集中在 1948—1954 年创立，并利用加盟模式进行扩张，到 20 世纪 60 年代，随着冷链科技的普及，加盟模式使这些快餐店遍布大街小巷。

20 世纪 70 年代，日本餐饮业全面学习美国，加盟模式开始在日本快速发展，10 年间开业门店数量增长 300 倍，并催生出吉野家这样的超级本土品牌。

中国餐饮加盟模式始于 20 世纪八九十年代，随着肯德基、麦当劳进入中国，餐饮加盟开始在中国落地开花。

美团点评发布的《中国餐饮报告 2018》显示，全国门店数最多的 20 个品牌，90%以上的连锁方式包括加盟，加盟成为中国餐饮业的重要发展模式。

此外，大众创业意识提高，金融市场更加开放，餐饮加盟行业具有广阔的市场前景。

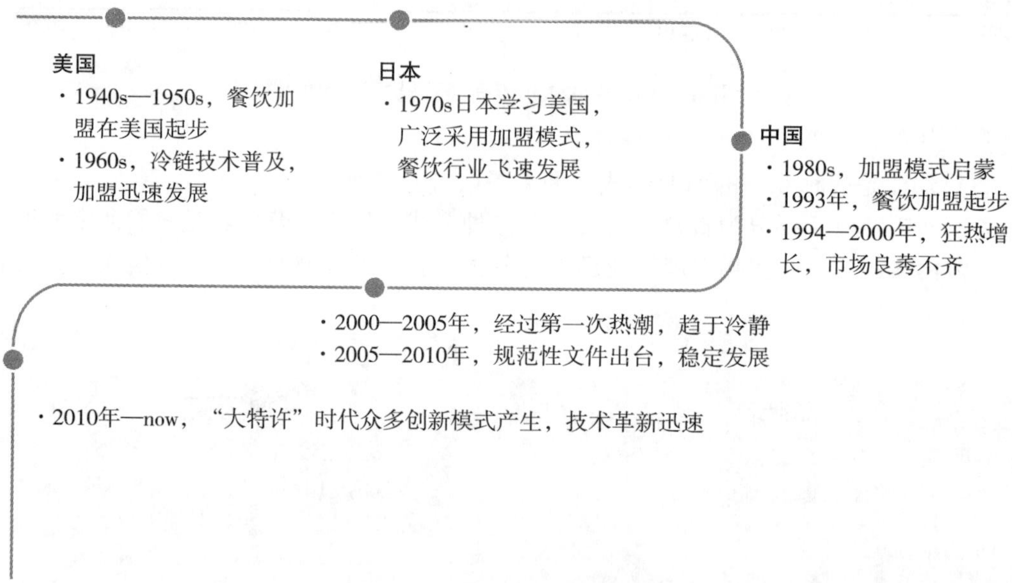

图 8　中美日三国餐饮加盟发展历程

数据来源：根据公开资料整理，美团点评分析。

2. 中国餐饮加盟：别具特色的加盟模式

（1）餐饮加盟模式图谱

加盟模式的本质是借助品牌商和加盟商的优势资源，实现双方利益，所以在加盟经营中的主要矛盾是品牌商和加盟商之间的利益分配。为有效平衡两方关系，催生了不同的加盟模式。

根据品牌商授权加盟商经营范围的大小，可将餐饮加盟分为区域加盟和单店加盟。

① 区域加盟：

a. 区域多店加盟：加盟商被授权在规定区域、规定时间内开设规定数量的加盟店。加盟商需亲自参与经营，不得转让，且不得自主招收二级加盟商。

b. 区域二级加盟：加盟商在指定区域内享有招收二级加盟商的权利，有权支配加盟费，但需支付给品牌商较高费用。

② 单店加盟：加盟商被授权在某个地点，拥有一定经营区块，开设单个加盟店。

在单店加盟中，依据投资资源、商业地产资源、日常管理权、利益分配四大维度，按照双方参与程度又可分为四种模式：

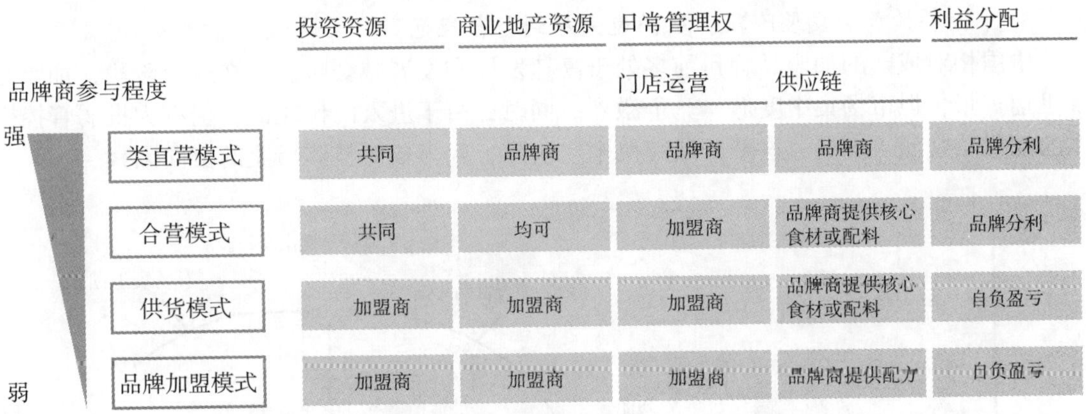

图 9　主要单店加盟模式特征

• 类直营模式：在此模式中，品牌商在日常运营中发挥主导作用，加盟商出部分资金，并获得部分利润。

• 合营模式：双方共同投资，日常运营由加盟商主导，但品牌商会提供设备、统一供货、培训、督导、运营支持等服务，双方共享利润。

• 供货模式：加盟商投资，并负责日常运营，品牌方供货并从中获得利润，加盟商自负盈亏。

• 品牌加盟模式：双方的合作仅止于开店，共享品牌，从投资到日常运营均由加盟商主导，加盟商自负盈亏，品牌商主要赚取加盟费。

在单店加盟模式中，以管控程度中等的合营模式和供货模式更为常见；而管控程度强的类直营模式多见于国际性品牌和发展阶段较为成熟的本土大牌；管控程度最弱的品牌加盟模式则成为快招品牌、加盟骗局的重灾区。

（2）进化中的餐饮加盟模式

加盟作为一种商业模式，随着整体市场环境以及品牌发展阶段不同，处于持续进化中。

一方面，部分品牌商在以某种加盟模式为主导的情况下，会根据区域发展情况不同，选择其他加盟模式；另一方面，目前主流的加盟模式并非适用所有品牌，品牌商们会结合自身发展特点，探索别具特色的加盟模式。而这种创新精神也让餐饮加盟市场充满生机。

以下为三种尝试较多的创新加盟模式：

- 员工内部加盟模式：提供给员工自主经营一家餐厅的机会，加盟员工享受与外部加盟商一样的权利，是独立运营加盟店的老板。发展拥有共同价值观的员工为加盟商，可降低加盟商对品牌、基础经营的认知风险，更利于双方建立共同的价值观。
- 众筹拓店模式：通过众筹方式来获取资金、商业地产等资源。众筹在一定程度上解决了拓店中的资源问题，但也面临财务不透明、缺乏第三方监管等问题。
- 托管模式：在合营、供货等模式下，门店日常经营由加盟商全权负责，但部分加盟商在餐厅管理上缺乏经验，导致门店经营不善，给品牌商和加盟商都带来不良影响。托管模式下品牌商利用自身的管理团队接管加盟店经营，加盟商付出一定比例的管理费用，从而实现双赢。但此种方式对于品牌商人力资源储备要求较高。

3. 中国餐饮加盟发展阶段：从高速失序到整合规范

中国相对成熟的加盟品牌目前多处于高速发展和发展减缓阶段，在这个阶段，加盟品牌迅速扩张，但市场集中度低、竞争激烈。同时，由于进入门槛较低，仍有大批弱管控模式的加盟品牌涌入市场，这部分品牌快生、快死，成为拉低整体行业的负向因素。

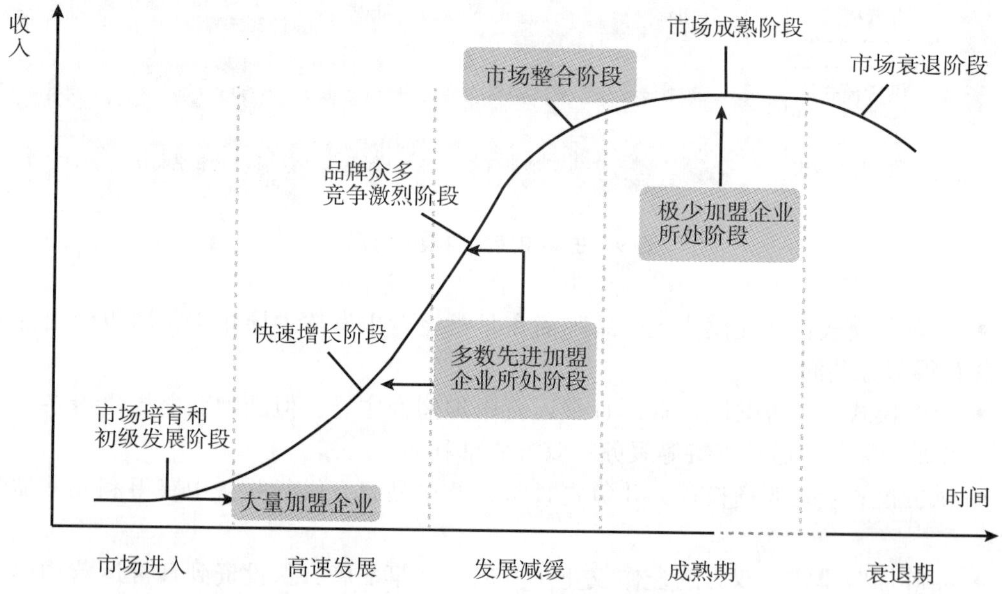

图 10 中国餐饮加盟市场发展阶段

资料来源：Market maturity cycle adapted from Kotler 1984 and Wasson 1974，美团点评分析。

随着市场的发展，行业竞争将更加激烈，缺乏核心竞争力的小企业将被洗牌出局，同时会出现一批领军品牌，这些品牌一方面会占据更多市场份额，提升市场集中度，另一方面也将形成成熟的管理体系，引领行业走向规范。

（1）餐饮加盟市场现状：高速但失序

目前中国餐饮加盟市场正处于发展期，丰富多样、持续迭代的加盟模式，为市场参与者提供了多种解决方案，带来一股加盟热潮，也衍生了一系列问题。

① 加盟品牌弱管控下的"连而不锁"

餐饮连锁化的核心在于其能否"锁住"并快速"扩张"。随着加盟热潮的兴起，部分品牌商在形成系统化的连锁经营体系之前盲目扩张，既无法进行有效管控，也无力提供应有支持。

加盟店名义上连锁，实际各自为政，"连而不锁"，最终无法产生强有力的品牌效应，也无法为消费者提供稳定统一的高品质服务，拉低品牌运营效率。

② 市场规范度亟待加强

首先，餐饮行业自身的特点，如标准化低、财务规范性差、人员流动大等，在一定程度上造成餐饮加盟透明度差，增加了行业监管难度。

其次，国内的餐饮加盟市场处于较为粗放阶段，行业主体自律性差、招商平台信息质量参差不齐、权威加盟审核机制缺失，种种现状使得加盟者在实践中如履薄冰。

最后，连锁加盟法律法规仍需不断完善。2007 年我国出台了《商业特许经营管理条例》、《备案管理办法》及《信息披露管理办法》，由于年限较久，与加盟市场的发展相比相对滞后。

（2）餐饮加盟市场发展趋势：升级"新四化"

餐饮加盟市场快速发展，加盟品牌只有加快转型升级的步伐，才能从众多竞争者中杀出重围。未来餐饮加盟品牌的转型之路应该怎么走？以下是餐饮加盟市场升级的四大趋势。

① 加盟管控力度强化

随着高爆发、高凋零局面的形成，不少餐饮企业意识到做加盟只有形成连锁经营的合力，才能发挥整体优势，形成规模效应。

加强连锁经营表现为品牌商加强对加盟门店的管控深度及支持力度。目前，一些以品牌加盟、供货加盟为主导模式的品牌商，正在向合营或类直营模式转型，加强对加盟店管控，并在经营、供应链、营销等多个维度给予加盟门店更多支持。

② 信息及数据化升级

多数餐饮加盟企业，由于管理相对松散，加盟店与总部未完成系统打通，导致总部管理困难重重；或是加盟店管理系统种类繁多，难以形成协同效应。

所以，信息化升级是餐饮加盟企业转型的重中之重。伴随 4.0 智慧餐饮管理软件出现，系统与平台对接，将金融、外卖、支付、云计算、会员、供应链、电子发票等多种不同功能融合到一套系统内，为餐饮企业赋能。例如美团平台的 RMS 系统，与美团团购、外卖等平台数据打通，可同时支持排队、预订、团购验券、买单等功能。

餐饮企业通过系统可获取线上、线下消费行为数据，通过全渠道全流程的数据分析，一方面使加盟店实现精细化运营，另一方面利于总部实时精确了解加盟店运营状况，及时跟进指导，实现科学管理。

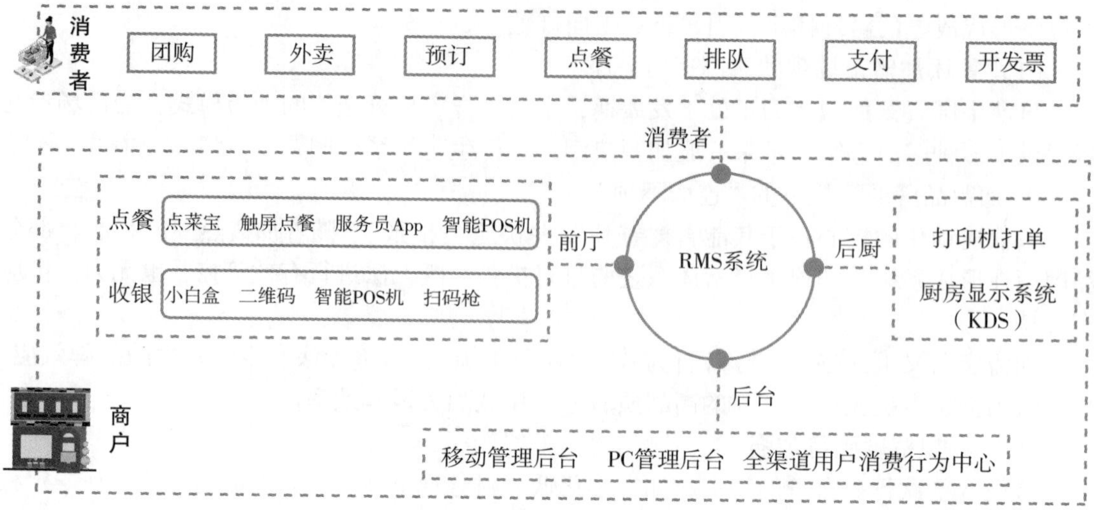

图 11 RMS 系统功能图谱

③ 小前台大后台化

越来越多加盟体系向着“小前台大后台”方向发展，即建立标准化、快速可复制的前端门店，同时品牌商提供强大的后台支持。

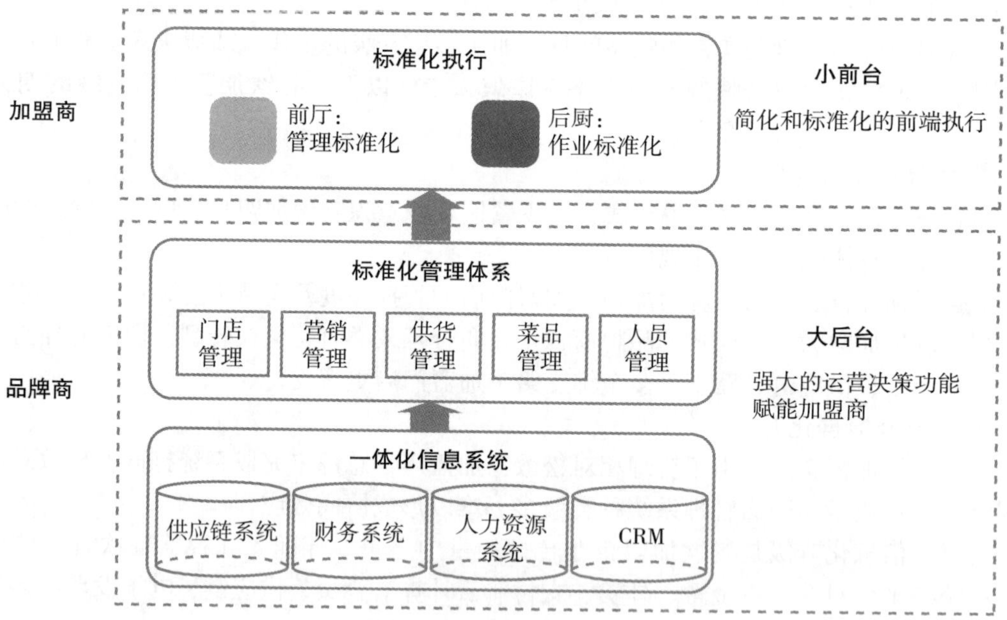

图 12 餐饮加盟小前台大后台化

“小前台”以标准化为核心，简化和标准化前端执行，包括管理标准化和作业标准化，把复杂和需要决策的业务交给后台集中完成，以标准化的输出为基础提高运营效率。

"大后台"表现在后端的运营能力。后端依赖强大的信息化系统，进行集中决策和资源共享，包括打通供应链、管理、财务等系统，共享市场资源、人力资源和管理资源，强化连锁经营深度。

④ 集团化发展

餐饮加盟品牌的集团化发展主要体现在两方面：一是构建多元化品牌矩阵；二是自建供应链，向后端业务延伸。

a. 品牌矩阵的建立

品牌矩阵的建立，大多在企业的主品牌发展到一定阶段后进行，发展策略主要有：一品多牌（同一品类下深耕细分）、多品多牌（多个品类下布局）和产业链延伸（主品牌上下游延伸）。

多业态、多品牌的组合能覆盖更多消费群体，提高品牌对市场环境的应变能力，品牌之间的协同也能降低成本，提高企业竞争力，如大规模采购，共享中央厨房、管理经验等。

b. 供应链的比拼

越来越多经营稳固、能力富余的餐饮企业向供应链端延伸，打造自己的供应链体系，提高服务水平。

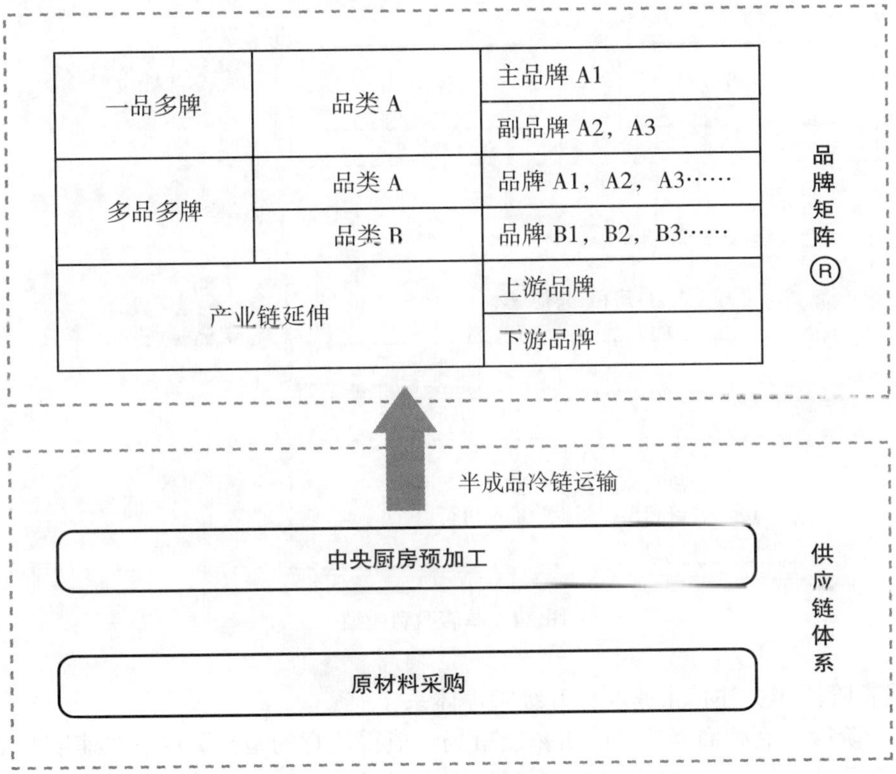

图 13　加盟品牌集团化

餐企自建供应链，可以有效地把握主动权，保障旗下加盟餐厅供应的高效、稳定与安全；同时可提升运营效率与质量，建立长效的成本控制机制。而互联网、冷链保鲜、大数据等技术的发展也为餐饮企业供应链体系的搭建创造了良好的条件。

4. 给餐饮加盟市场主体的发展建议

（1）品牌商

顺应餐饮加盟"新四化"发展趋势，品牌商需持续迭代经营能力、产品服务能力，并不断提升品牌形象。同时，在企业生命周期不同阶段，关注不同侧重点。

① 创始阶段：夯实基础，确定加盟模式，验证单店盈利模型

品牌商在开放加盟业务前，需打下坚实基础，此阶段品牌商需建立长期战略，确定加盟模式，并验证盈利模型。

首先，品牌商需立足企业整体，以标准化、专业化、简单化为基本原则，规划加盟战略。其中加盟模式的确定尤为关键，包括授权内容、相关费用、双方权责利等。只有加盟战略与企业整体发展方向一致，才能起到最大协同效应。

其次，建立适合发展加盟的组织架构，设立加盟相关部门与职位，承担起营运、拓展、管控、支持等相关职能。

最后，在大范围开放加盟前，品牌商需验证并不断优化单店盈利模型。只有保证单店盈利，加盟才能得到持续发展，实现经营效率最大化。

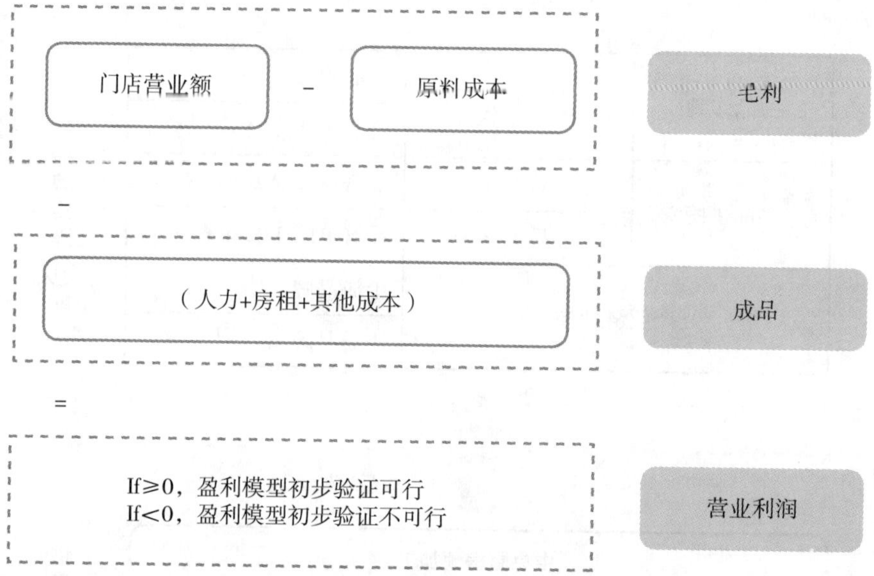

图 14　单店盈利模型

② 成长阶段：关注扩张速度，升级管理体系

在成长阶段，品牌商需抓住时机拓展市场。值得注意的是，关注扩张速度并不意味着短期内在全国范围铺设门店，应在一个区域内发展成熟后再向其他区域扩张，同时避免盲目进行多品牌或跨业态经营，步步为营、平稳发展。

在快速扩张过程中，常会出现管理体系与扩张速度不匹配的状态。品牌商需持续迭代加盟管理体系，以适应门店增加带来的不同等级的管理需求。

此外，不断更新产品、提升服务也是成长阶段不可忽略的重要方面。

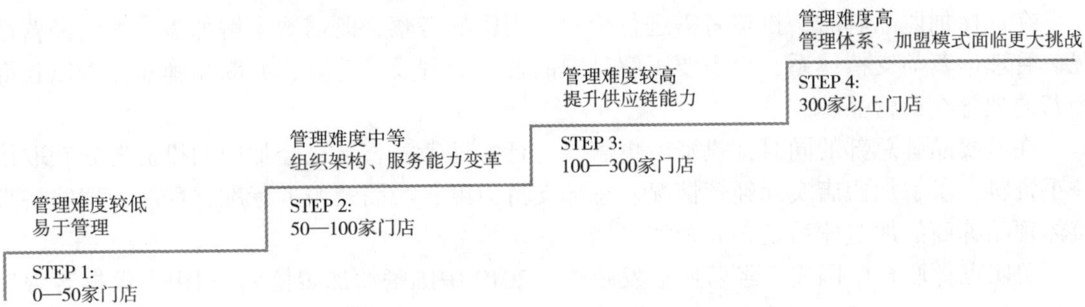

图 15　加盟门店数量与管理难度关系

③ 成熟阶段：深化管理，并寻找新增长点

成熟阶段品牌的扩张速度和经营模式趋于稳定，品牌商需更多关注管理体系完善、人员培养以及对加盟商的深度支持。

对加盟商的支持力度是影响加盟店经营水平的重要因素。品牌商对加盟门店的支持应覆盖供应链、培训、营销等各个环节，既可以加强对加盟商的管控，也可以实现品牌效应最大化。

同时，市场环境日新月异，新竞争者不断涌入，品牌商只有持续创新、做好 QSC（产品品质、服务水准、环境卫生）管理，给予消费者差异化体验，才能在激烈的市场竞争找到立足点。

（2）投资者

① 加盟前：评估个人特征，加深行业理解

投资者在加盟餐饮品牌前，需要冷静、客观地进行自我评估，包括自身经济实力及资源、管理能力、适应与学习能力、个人兴趣及性格等。

同时需要深入了解餐饮行业及当地市场，包括考察餐饮行业整体发展趋势，了解新兴、热门餐饮品类，调研当地餐饮市场结构及消费者口味偏好等。此外，加盟者还需了解相关法律法规，如《商业特许经营管理条例》等。

表 1　　加盟自检清单

自身匹配度			所在地餐饮市场调查		
序号	列表	确认	序号	列表	确认
1	个人经济实力与资源		1	餐饮行业发展趋势调查	
2	对餐饮行业兴趣		2	餐饮新兴、热门品类调查	
3	是否有足够时间投入经营		3	所在地餐饮市场结构调查	
4	学习相关法律法规，如《商业特许经营管理条例》等		4	所在地消费者口味调查	

② 品牌选择时：全面考察，谨慎投资

在选择加盟品牌时，投资者需进行全面、周密的考察，既需要了解加盟品牌的经营情况、管理运营与支持体系，也需要了解品牌的发展历程及价值观，判断品牌商是否以长期经营的理念在运营品牌。

在考察品牌总部的同时，投资者更需要进行实地考察，从已经加盟的投资者处获取第一手资料，了解加盟店实际经营情况、总部支持力度、产品及服务标准化程度，这些将直接体现品牌商的加盟体系是否完善。

美团点评联合中国连锁经营协会发布的《2019 中国餐饮加盟榜》，利用大数据客观反映餐饮加盟品牌的持续经营水平，为餐饮创业者做出更合理的选择提供参考。

表 2　　加盟考察清单

现有门店考察			品牌总部考察		
序号	内容	确认	序号	内容	确认
门店经营状况考察			1	确认商标已注册	
1	门店客流量		2	确认加盟方式	
2	菜品定价及客单价		3	确认加盟成本及后期费用	
3	预估门店收入及成本支出		4	确认利益分配方式	
4	门店菜品种类、搭配及口味		双方权责确认		
现有加盟商沟通			1	培训：确认总部对加盟商培训内容、方式及周期	
1	加盟店运营情况		2	供应链：确认总部对加盟店供货品类、价格及方式	
2	品牌总部支持力度		3	加盟商保护措施：商圈保护等	
3	产品及服务标准化程度				

③ 加盟经营中：依托总部，合作共赢，携手成长

加盟是“受惠于人且受制于人”的过程，保持与总部的良好关系，并获得总部的有效支持是加盟店顺利经营的关键因素之一。

签约加盟后的第一个半年，是加盟商学习经验、规避风险的重要阶段。总部提供的培训、加盟商自身的学习及对门店经营投入程度，都将影响其成功率。

加盟商的经营逐步成熟后，也不能脱离总部指导。为适应市场环境变化，总部会对经营策略、产品进行不定期调整，加盟商需要与总部保持步调一致，充分领会品牌内涵，并结合当地市场制定合理经营策略。

二、《2019 中国餐饮加盟榜》解读

《2019 中国餐饮加盟榜》（简称“2019 餐饮加盟榜”），由美团点评发起，联合中国连锁经营协会，以美团点评大数据为基础，从品牌实力、加盟门店经营情况、消费者认可

度三大维度对七大餐饮品类加盟品牌进行客观、公正、权威评估，为大众盘点出值得加盟的百强品牌。

（一）榜单

表 3　　2019 中国餐饮加盟榜

排名	品牌名称	特许商名称	投资额	品类
1	正新鸡排	上海正新食品有限公司	10 万—20 万元	风味小吃
2	蛙来哒	蛙来哒（广东）咨询管理有限公司	200 万—300 万元	正餐
3	辣府	上海辣府餐饮管理有限公司	200 万—300 万元	火锅烧烤
4	胖哥俩肉蟹煲	嘉兴盐商餐饮管理有限公司	200 万—300 万元	正餐
5	德克士	天津顶巧餐饮服务咨询有限公司	100 万—200 万元	快餐
6	杨铭宇黄焖鸡米饭	杨铭宇餐饮管理有限公司	10 万元及以下	快餐
7	新石器烤肉	上海盘古餐饮管理有限公司	100 万—200 万元	火锅烧烤
8	小龙坎	成都小龙坎餐饮管理有限公司	100 万—200 万元	火锅烧烤
9	杨国福麻辣烫	上海鑫绪餐饮管理有限公司	20 万—50 万元	风味小吃
10	张亮麻辣烫	黑龙江省张亮餐饮有限公司	10 万—20 万元	风味小吃
11	又卷烧饼	上海新拍档餐饮管理有限公司	10 万元及以下	风味小吃
12	大龙燚	成都大龙燚餐饮管理有限公司	200 万—300 万元	火锅烧烤
13	鱼你在一起	北京鱼你在一起餐饮管理有限公司	10 万—20 万元	快餐
14	吉祥馄饨	上海世好餐饮管理有限公司	10 万—20 万元	风味小吃
15	味之绝美蛙鱼头	四川省三只蛙味绝餐饮管理有限公司	100 万—200 万元	火锅烧烤
16	百果园	深圳百果园实业发展有限公司	20 万—50 万元	休闲食品
17	龙门花甲	南京桂树品牌管理有限公司	10 万元及以下	风味小吃
18	蜀大侠	成都蜀大侠餐饮管理有限公司	100 万—200 万元	火锅烧烤
19	一只酸奶牛	重庆一只酸奶牛品牌管理有限公司	10 万—20 万元	休闲饮品
20	东来顺	北京东来顺集团有限责任公司	200 万—300 万元	火锅烧烤
21	益禾堂	武汉熠和餐饮管理有限公司	20 万—50 万元	休闲饮品
22	蜜雪冰城	郑州两岸企业管理有限公司	20 万—50 万元	休闲饮品
23	曼玲粥店	上海艺荣餐饮管理有限公司	10 万—20 万元	快餐
24	守柴炉烤鸭	重庆守柴炉餐饮管理有限公司	100 万—200 万元	正餐
25	绝味鸭脖	绝味食品股份有限公司	10 万—20 万元	休闲食品
26	四云奶盖贡茶	漾漾好餐饮集团	20 万—50 万元	休闲饮品
27	幸福西饼	深圳市幸福商城科技股份有限公司	50 万—100 万元	面包甜点
28	桥头排骨	秦皇岛馨晟餐饮管理有限公司	10 万元及以下	风味小吃
29	紫燕百味鸡	上海紫燕食品有限公司	10 万—20 万元	休闲食品
30	黄记煌三汁焖锅	北京黄记煌餐饮管理有限责任公司	100 万—200 万元	火锅烧烤
31	降龙爪爪	四川降龙爪爪餐饮管理有限公司	10 万元及以下	休闲食品

续表

排名	品牌名称	特许商名称	投资额	品类
32	鲜芋仙	休闲国联集团	50 万—100 万元	面包甜点
33	比格披萨	北京比格餐饮管理有限责任公司	100 万—200 万元	正餐
34	张秀梅张姐烤肉拌饭	大连张姐餐饮管理有限公司	10 万元及以下	快餐
35	1 点点	生根餐饮管理（上海）有限公司	50 万—100 万元	休闲饮品
36	便宜坊	北京便宜坊烤鸭集团有限公司	300 万元以上	正餐
37	小肥羊	内蒙古小肥羊餐饮连锁有限公司	200 万—300 万元	火锅烧烤
38	虾吃虾涮	北京筷客乐园餐饮管理有限公司	50 万—100 万元	火锅烧烤
39	辣尚瘾	北京渝都仁和餐饮有限公司	50 万—100 万元	正餐
40	码头故事	码头故事餐饮管理有限公司	100 万—200 万元	火锅烧烤
41	古茗茶饮	浙江古茗科技有限公司	20 万—50 万元	休闲饮品
42	沪上阿姨	上海臻敬实业有限公司	20 万—50 万元	休闲饮品
43	豪尚豪	杭州豪尚豪餐饮连锁有限公司	100 万—200 万元	正餐
44	蜀九香	四川蜀九香企业管理有限公司	200 万—300 万元	火锅烧烤
45	香天下	四川香天下集团	100 万—200 万元	火锅烧烤
46	德庄	重庆德庄实业（集团）有限公司	100 万—200 万元	火锅烧烤
47	N 多寿司	无锡客必思餐饮管理有限公司	10 万元及以下	风味小吃
48	棒！约翰	上海棒约翰餐饮管理有限公司	100 万—200 万元	快餐
49	鹿谷制茶	杭州摩岩品牌管理有限公司	10 万—20 万元	休闲饮品
50	派乐汉堡	武汉美乐和食餐饮管理有限公司	10 万—20 万元	快餐
51	胡椒厨房	三得利餐饮管理（上海）有限公司	100 万—200 万元	快餐
52	李二鲜鱼火锅	湖北李二鲜鱼村餐饮连锁管理有限公司	50 万—100 万元	火锅烧烤
53	宏状元	北京市新宏状元餐饮管理有限公司	100 万—200 万元	快餐
54	如意馄饨	苏州如意馄饨有限公司	10 万—20 万元	风味小吃
55	一鸣真鲜奶吧	一鸣食品股份有限公司	10 万—20 万元	休闲饮品
56	五福心语	天津市五福心语食品科技有限公限	10 万—20 万元	面包甜点
57	第 1 佳大鸡排	食光（上海）餐饮管理有限公司	10 万元及以下	风味小吃
58	巡茶	苏州九龙珠餐饮管理有限公司	10 万—20 万元	休闲饮品
59	小林家披萨	山东小林家餐饮管理有限公司	10 万—20 万元	快餐
60	良品铺子	良品铺子股份有限公司	20 万—50 万元	休闲食品
61	赛百味	赛百味品牌管理顾问（上海）有限公司	50 万—100 万元	快餐
62	吾饮良品	武汉吾饮良品餐饮管理有限公司	10 万—20 万元	休闲饮品
63	如轩海鲜砂锅粥	五仁餐饮管理有限公司	100 万—200 万元	正餐
64	鲁西肥牛	鲁西肥牛（重庆）实业发展集团有限公司	50 万—100 万元	火锅烧烤
65	玛格利塔	福州玛格利塔餐饮管理有限公司	20 万—50 万元	快餐
66	南洋茶铺	上海佐御贸易有限公司	10 万—20 万元	休闲饮品

续表

排名	品牌名称	特许商名称	投资额	品类
67	好伦哥	北京好伦哥餐饮有限公司	100万—200万元	正餐
68	米斯特披萨	北京米斯特比萨餐饮管理有限公司	100万—200万元	快餐
69	动力鸡车	润和佳业（北京）餐饮管理有限公司上海分公司	10万元及以下	风味小吃
70	汉堡王	汉堡王（中国）投资有限公司	300万元以上	快餐
71	卤人甲	江苏领迅食品有限公司	10万—20万元	风味小吃
72	快乐星汉堡	上海斗石餐饮管理有限公司	20万—50万元	快餐
73	泰芒了	赖三金（厦门）餐饮管理有限公司	10万—20万元	休闲饮品
74	三顾冒菜	成都司马餐饮管理有限公司	10万—20万元	风味小吃
75	宽板凳老灶火锅	重庆市易品康餐饮管理有限公司	50万—100万元	火锅烧烤
76	MusangKing猫山王	南京猫山王餐饮管理有限公司	20万—50万元	面包甜点
77	快乐柠檬	雅茗天地集团	20万—50万元	休闲饮品
78	彭厨	湖南彭厨餐饮管理有限公司	200万—300万元	正餐
79	煌上煌	江西煌上煌集团食品股份有限公司	10万—20万元	休闲食品
80	仙踪林	雅茗天地集团	50万—100万元	快餐
81	西树泡芙	上海摩提工房食品有限公司	20万—50万元	面包甜点
82	刘一手	重庆刘一手餐饮管理有限公司	50万—100万元	火锅烧烤
83	奶酪时光	南京百酪汇食品有限责任公司	50万—100万元	快餐
84	一扫光	上海卡哇伊实业有限公司	10万元及以下	休闲食品
85	巴黎贝甜	上海艾丝碧西食品有限公司	200万—300万元	面包甜点
86	秦妈	重庆秦妈餐饮管理有限公司	50万—100万元	火锅烧烤
87	渝味晓宇	重庆晓宇餐饮文化管理有限公司	100万—200万元	火锅烧烤
88	来伊份	上海来伊份股份有限公司	20万—50万元	休闲食品
89	大卡司	广州市大卡司餐饮企业管理有限公司	10万—20万元	休闲饮品
90	正传鸡爪王	梧州市正传鸡爪王食品有限公司	10万—20万元	休闲食品
91	朝天门	重庆市朝天盟餐饮管理有限公司	100万—200万元	火锅烧烤
92	安德鲁森	四川安德鲁森食品有限公司	20万—50万元	面包甜点
93	和米堂	上海摩提工房食品有限公司	20万—50万元	风味小吃
94	豆花妈妈	武汉豆花妈妈食品有限公司	10万元及以下	面包甜点
95	哚哚米线	上海美哚餐饮管理有限公司	20万—50万元	风味小吃
96	麻辣空间	四川麻辣空间餐饮管理有限公司	100万—200万元	火锅烧烤
97	仙芋世家	上海锦聪餐饮管理有限公司	20万—50万元	面包甜点
98	杨小贤	幸福的味道饮管理有限公司	20万—50万元	面包甜点
99	小尾羊	内蒙古小尾羊餐饮连锁股份有限公司	100万—200万元	火锅烧烤
100	稻香村	北京苏稻食品工业有限公司	10万—20万元	面包甜点

（二）榜单评选规则

1. 评选范围

以美团点评收录品牌作为初筛池，以门店数量多、正在向社会开放加盟、满足门槛指标①的优质品牌，作为榜单评选范围。

根据发展特征，品牌商可以分为顶级、中坚和初期/发展前期三层。本榜单以中坚层的优质品牌为评选范围。

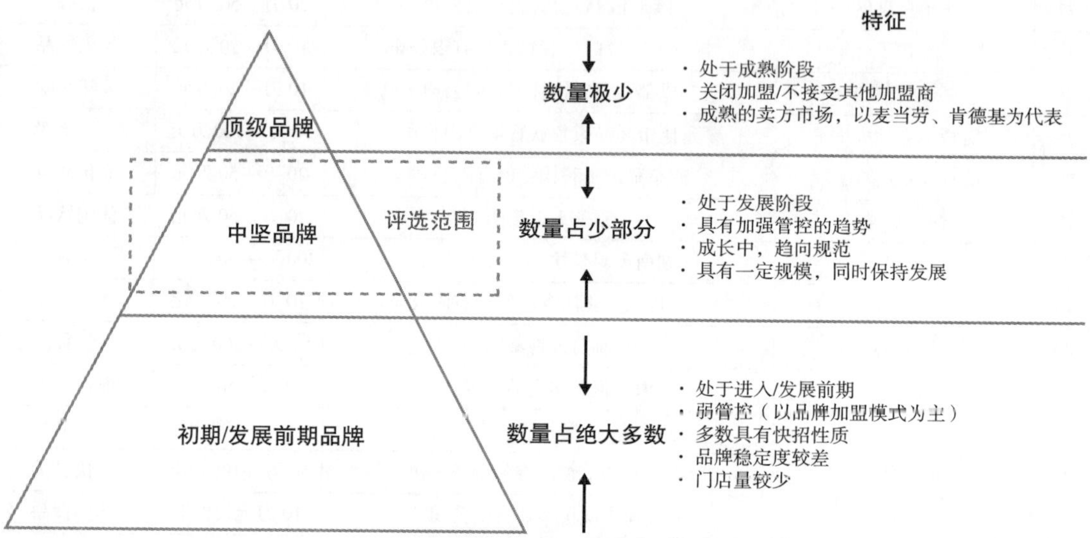

图 16 品牌商分层及特征

数据来源：品牌商访谈，公开信息，美团整理分析。

注：麦当劳（中国）已暂停对特许人的加盟计划；肯德基目前仅在西藏开放加盟。

2. 评选体系

表 4 **评选指标**

评估维度	评估指标
品牌实力	加盟店数量、加盟店增长率、美团点评订单增长率
加盟门店经营情况	店均美团点评订单量、店均美团点评订单增长率、门店存活率
消费者认可度	店均浏览人数、店均好评率

为客观评估品牌商实力，项目组进行了近百位专家访谈，并结合指标相关性分析结果，设置科学严谨的定量评估指标体系。

① 门槛指标：至少有 2 家直营门店、经营时间超过 1 年，2017 年 12 月 1 日至 2018 年 11 月 30 日无特许经营法律纠纷败诉或其他重大事故等负面消息。

3. 榜单计算

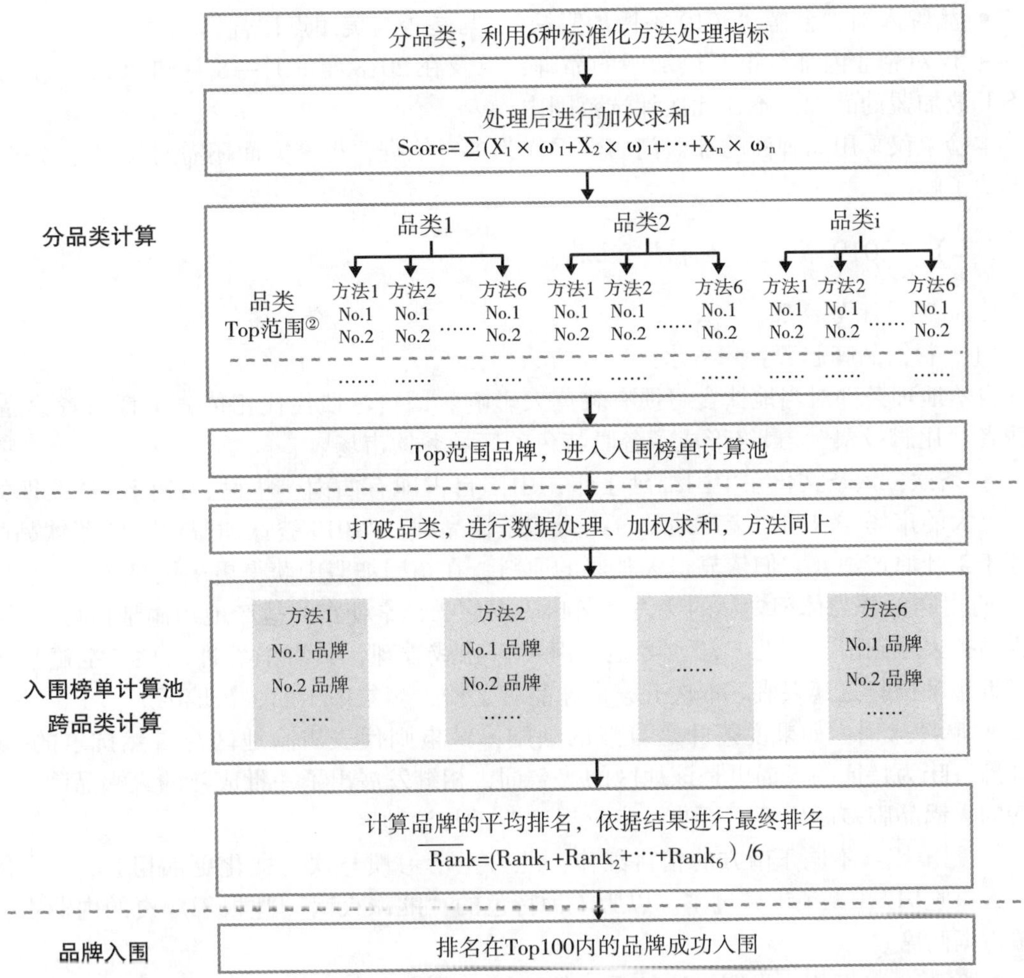

图 17 榜单计算过程

注：① 6 种标准化方法：Z-score 标准化法、Max-mix 标准化法、十等分均值替代法、十等分中位数替代法、十等分最优离散化法、十等分赋值法。

② 品类 Top 范围：参照餐饮行业品类规模特征，确定品类 Top 范围，正餐 Top10，快餐 Top20，休闲饮品 Top20，火锅烧烤 Top15，面包甜点 Top15，风味小吃 Top15，休闲食品 Top5。

4. 入围品牌公示和上榜

北京时间 2019 年 2 月 11 日至 2019 年 2 月 24 日为榜单公示期。此期间，所有入围品牌接受公众及监管部门监督。一旦被投诉存在诸如在 2017 年 12 月 1 日至 2018 年 11 月 30 日内特许经营纠纷败诉等问题或重大事故，我们将通过投诉人身份核实、品牌商实地造访、第三方电话沟通等多种方式核实情况。如情况属实，将取消该品牌入围及上榜资格。

公示期内品牌商未被投诉或查实投诉信息不属实，品牌商成功上榜，形成最终榜单。

5. 重要说明

- “2019 餐饮加盟榜”入围和上榜品牌均是利用大数据评选出来的结果，仅供公众参考。投资者需到相关国家机构网站查询以及实地考察真实情况，来决定加盟品牌，投资有风险，选择需谨慎。

- 品牌入围、上榜“2019 餐饮加盟榜”，与是否与美团点评合作无关。
- 仅对企业内部员工开放加盟的品牌，以及在 2018 年 6 月—8 月和 2019 年 1 月—3 月不开放加盟的品牌，不在此次评选范围内。

本榜单仅采用品牌商的加盟门店数据作为参考依据，更多方面还需通过实地考察等多种方式了解。

（三）“2019 餐饮加盟榜”注脚

1. 品牌起源与扩张

（1）餐饮品牌起源：一方水土养一方人

自然地理条件对当地饮食习惯有着莫大影响。饮食习惯代代相传，孕育出餐饮品牌；消费者“用脚投票”，最终形成了各具特色的区域餐饮市场。

- 茶饮：饮茶文化在中国绵延千年，中国自古即有西南、华南、江南、江北四大茶区，巨大的市场需求与广袤产地孕育出众多茶饮品牌。“2019 餐饮加盟榜”的茶饮品牌均发源于茶叶原产地，它们依靠得天独厚的原料，在拓展加盟中获得更多优势。
- 卤味：作为休闲食品的代表，卤味历史悠久，秦朝在井盐产地川渝地区已有雏形，并逐渐扩大至湖南、湖北、江西等地。卤味口味咸香辣，具有消费冲动性、上瘾性等特征，近年来鸭脖尤其兴盛。本次五家卤味品牌上榜，多集中于湘、赣地区。
- 麻辣火锅：如果说茶叶是自然的馈赠，辣椒则代表川渝地区与自然抗争的执着。以麻辣口味为特征的火锅更是该地区的代名词，相继发展出了一批成熟的火锅品牌。本次上榜的火锅品牌多诞生于“百步一家火锅店”的川渝地区。
- 肥羊锅：不同于南方的精耕细作，北方生活习惯与饮食文化更加粗犷，“大碗喝酒、大口吃肉”，无须讲究过多。以肥羊为特色的“北派火锅”扎根于广袤的内蒙古，在榜单占据两席。
- 麻辣烫：四川人发明了麻辣烫，但让麻辣烫在全国发扬光大的却是东北人。本次上榜的两家麻辣烫品牌皆出自东北，经过十多年的发展，将麻辣烫的旗帜插满除了川渝外的大部分土地。
- 众多美味集合京沪：作为中国经济、文化中心，京、沪两地在饮食上兼容并包，孕育出了丰富多样的餐饮品牌，其中中华老字号扎根京城，国际美食落户上海。北京作为千年古都，饮食文化代代相传，上榜中华老字号多诞生于此，历经朝代更迭与时代变迁，仍然是百姓青睐的珍馐美馔。上海作为多元文化聚集地，是诸多国际美食品牌进入中国的桥头堡。本次上榜的国际品牌多以上海为落脚点，向大陆各省市渗透发展，影响着居民饮食习惯。

（2）品牌扩张：头部城市活力依旧，门店下沉效果显著

受地域限制与口味影响，餐饮品牌过去只能“生于斯、长于斯”。但随着人口流动的加速，不同地域间饮食开始融合，餐饮品牌向全国拓展。

对“2019 餐饮加盟榜”上榜品牌来说，经过多年发展，在一、二线城市已形成品牌效应，在激烈竞争中活力依旧。

而在三线及以下城市，上榜品牌迅速布阵铺点，下沉效果显著。三线及以下城市市场成熟度偏低，甚至普遍存在山寨品牌占据市场的情况，而优质品牌的下沉一方面提升了三线及以下城市餐饮市场层次，另一方面也为品牌发展提供了广阔空间。

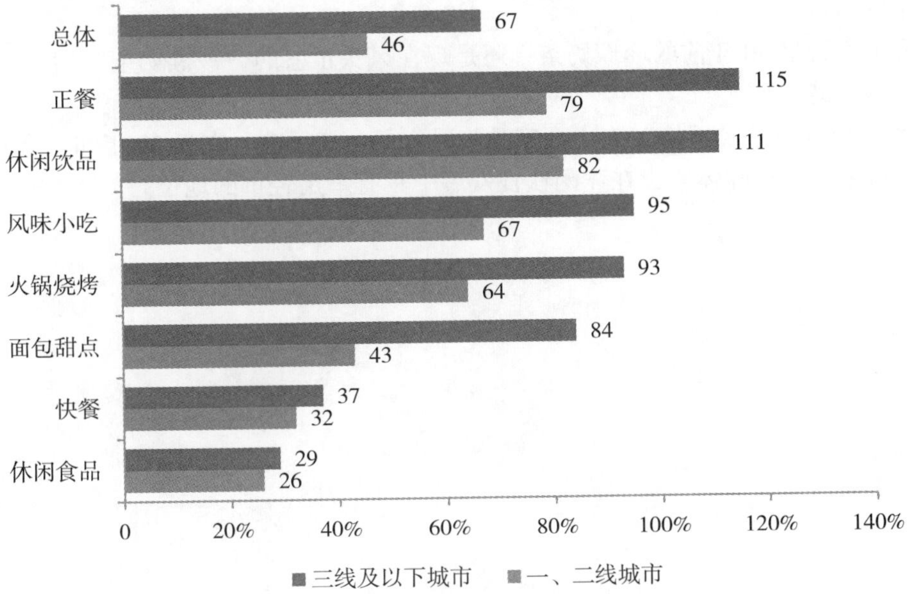

图 18 "2019 餐饮加盟榜"门店增长率

注：同比周期为 2017 年 6 月 30 日至 2018 年 6 月 30 日。

2. *产品更迭*

（1）更健康的"茶"、更年轻的消费者

伴随消费升级，茶饮朝着更加健康的"新式茶饮"方向发展，在原料品质、萃取工艺上都有重大升级。进口牛奶、新鲜茶叶取代了过去的奶精、茶末，对茶基底的品质要求也越发严格。现制茶饮如奶盖茶、脏脏茶等品类异军突起，使得茶文化焕发新的活力。

根据美团点评《2019 中国饮品行业趋势发展报告》，2018 年我国茶饮市场全面爆发，一年内门店数量增长 74%。茶饮也是本次"2019 餐饮加盟榜"上榜品牌最多的品类。

（2）新鲜单品引爆中餐

传统中式正餐口味丰富，多道一起上桌，形成一道别致风景。近年来消费者寻求更加新鲜的菜品，诸多品牌以牛蛙、肉蟹等单品为特色，进攻细分市场，用创新口味与菜品吸引年轻消费者。

爆款菜品扩大了品牌影响力，正餐品牌逐渐走上单品化道路。本次上榜的 7 家中式正餐品牌中，4 家品牌沿用此种路线。

中式快餐与正餐类似。品牌商打造一到两款爆品如皮蛋瘦肉粥、酸菜鱼等，通过爆品扩大品牌声誉，带动其他产品销量，最终激活整个品牌。本次共有 5 家中式快餐上榜"2019 餐饮加盟榜"，均以爆款单品打造品牌亮点。

（3）台式风味引领休闲饮食新风尚

中国台湾的美食一次又一次触动全国吃货的味蕾。以“盐酥鸡”“大鸡排”为代表的台式小吃在21世纪初进入内地，并迅速受到市场热捧。经过近20年的发展，产品与口味几经迭代，鸡排类在小吃市场中的地位仍然难以撼动。

以手工芋圆、绵绵冰为代表的台式风味也一直是甜品类的热门选择，新鲜的口感使消费者无法抗拒。

饮品中不管是20年前的珍珠奶茶，还是现在风头正盛的“波霸奶茶”“脏脏茶”，均发源于中国台湾。

本次“2019餐饮加盟榜”有十余家品牌融入了台式风味。在近20年间，台式美食不断为人们带来更多美味体验，在休闲饮食发展中具有举足轻重的地位。

2019年度中国特许经营合同纠纷裁判白皮书

一、引言

（一）调研意义、目的

经历20多年的发展，特许经营行业已经在我国的各行各业落地扎根，行业发展在经历了萌芽期、起步期后，进入了飞速发展阶段。伴随着行业迅猛发展的脚步，特许经营领域的纠纷也随之出现了井喷式的激增。由于我国针对商业特许经营活动的相关立法尚不十分完善，对于实践中因特许人与加盟商之间就法律关系的确认、权利义务的划分等方面产生的特许经营纠纷问题并非面面俱到，导致了各地法院就部分问题的裁判标准并不一致的情况出现。为了促进特许经营行业的健康发展，厘清特许人与加盟商之间更为明晰的权利义务，梳理各地法院的裁判标准，以形成初步统一的裁判标准建议，特开展本次调研活动并形成调查报告。

本次报告的主要目的为探索、盘点并研究法院及仲裁委在审理案件中对特许经营纠纷案例中的典型争议问题的裁判思路，为日后特许经营行业的立法及司法裁判实践提供合理且切实可行的裁判建议标准，引导特许经营行业更加规范、健康发展。

（二）调研方法

本次报告主要以知产宝（https：//www. iphouse. cn/）平台（以下称案例检索平台）公开的案例和杭州仲裁委员会提供的裁决分析资料为研究基础，结合部分受邀特许经营企业反馈的调研问卷结果，采用了统计调查法、定性分析法、个案研究法、抽样调查法等调研方法，对搜集到的裁判文书及调研问卷结果进行一一解读分析，并对共性问题进行归纳总结。

（三）材料搜集情况

本次报告中所搜集到的材料主要来源于部分受邀特许经营企业参与的调研问卷、案例检索平台上公开的案例以及杭州仲裁委员会提供的裁决分析资料。其中，在案例检索平台上检索到的裁判文书系于2020年2月，以“2019年”为文书出具年份、以“判决书”为裁判文书类型、以“特许经营合同纠纷”为案由而获得，合计搜集1349份裁判文书（已除去重复案例），并针对该1349份判决书进行了一一研读与案例分析；通过杭州仲裁委员会获得了其在2017—2019年度（三个年度）裁决的93个特许经营纠纷仲裁案的裁决分析资料情况，在该资料的基础上，对仲裁案件做了进一步深入的分析与解读。

（四）报告声明

1. 版权声明

本次报告相关知识产权归中国连锁经营协会特许委员会、北京中伦（杭州）律师事务所王红燕律师团队所有，欢迎各会员单位、机构、媒体、自媒体、个人等引用本次报告数据、内容、图表，但引用时请注明来源、出处，或联系版权人。

2. 风险提示

本次报告仅为参考研究资料，不构成对加盟、投资、决策等任何建议或法律意见，由此带来的风险请慎重考虑，版权人不承担因使用本次报告信息而产生的任何责任。

二、中国特许经营发展现状

（一）商业特许经营的起源

特许经营商业模式起源于19世纪中叶的美国，缝纫机厂家胜家公司为开拓市场，运用特许经营的方式开辟销售网络，发展至20世纪60年代已在全球建立了3万多家专卖店和经销店，大幅度提高了产品的销量，打响了商业特许经营的“第一枪”。然而，在商业特许经营发展初期，加盟店与总部之间的关系相对较为松散，除了相同的店名和产品外，店铺实际经营治理完全由加盟商决定，特许人总部对加盟店缺乏统一的管理。随着市场的逐渐成熟，一些具有代表性的服务型企业开始制定出一整套的商业管理制度，用以保证加盟店所提供的服务与特许人总部的一致性，包括店铺装潢、员工服装、菜单、产品原料、制作方法等各个方面。至此，商业特许经营开始飞速发展，特许人的商业模式能够在各个地区迅速复制，既降低了加盟商的商业风险，又利用加盟商产生规模效应，扩大了原品牌的市场地位。

（二）中国商业特许经营的发展过程

20世纪80年代，肯德基等跨国公司开始进入中国市场，但由于政策法规方面的限制，起初并不是以许可的方式开设连锁店铺，而是采用了合资公司的方式。随着经济改革的深化，国内民营企业开始探索以许可的方式开设分店。1997年，我国原国内贸易部发布了《商业特许经营管理办法》（试行），为特许经营模式在我国的发展提供了初步的制度保障。截至1998年4月，根据中国连锁经营协会数据显示，其协会成员约有50家企业从事特许经营。随着法律法规的不断完善以及商业特许经营模式在各行各业的推广，特许经营开始进入前所未有的极速发展阶段。截至目前，经历20多年的发展，我国的特许经营企业数量已经跃居全球首位，特许经营的商业模式在我国得到广泛的应用。

（三）中国商业特许经营企业的现状

为了解目前中国特许经营企业的现状，本报告通过调查问卷的方式收集了部分特许经营企业的相关信息，以便反映出特许经营企业的实际情况。参与本次调研问卷的企业主要涉及餐饮、蔬果、农副产品、酒店、汽车后市场服务、健身、洗衣、酒业、咨询等多个行业。其中，参与调研的深圳百果园实业（集团）股份有限公司截至2019年上半年已经在全国80多个城市拥有4000多家社区门店，每月还以近百家新增门店的速度持续增长。北京福奈特洗衣服务有限公司是1997年率先将欧洲洗衣模式引入中国的企业，目前已经在全国近320个城市中开设了1500多家洗衣店，其中加盟店占比88%，约有28%的加盟商选择开设二店。

从特许人的特许经营体系的品牌数量来看，50%以上的特许人主要围绕一个品牌来经营，84%的特许人开展特许经营活动时使用的品牌数量不超过3个，这反映出目前特许经营企业的资源集中化程度较高，主要通过集中精力做好1—3个品牌，以便发挥品牌的规模优势。

从行业分布上来看，我国商业特许经营模式已经涉及零售、餐饮、洗衣、教育、酒店等几十个行业，一、二、三线城市市场已经趋于成熟饱和，四线城市正在成为特许企业争夺的新战场。[①] 超市、干洗、饰品专卖、快餐、汽车后市场行业的部分企业已经开始将四线城市作为未来发展的重点区域。[②] 除此之外，传统的酒店行业也在寻求革新。2014年前后，中国酒店行业中特许经营的模式仅占11%，到2018年时已经跃升至60%以上，特许经营在酒店行业成了主流的管理模式。知名国际酒店品牌洲际酒店在2018年开展的签约项目中，有56%采取了特许经营模式；在2019年，该比例更是超过70%，充分体现了特许经营模式在酒店行业的成熟程度。

从特许人加盟模式的方式来看，超过91%的企业采用总部授权或者总部和区域代理商授权的方式接受加盟商，其中58.33%的企业采用总部直接授权加盟商的方式，33.33%的企业采用总部授权与区域代理商授权并行的方式。这说明总部直接授权仍然是主流的加盟方式，其优势在于总部可以更加有效地管理和监督加盟商，而区域代理商授权的模式则更有利于在当地更为快速地拓展业务。

从特许人加盟店分布的情况来看，除青海、西藏、新疆等西部省份外，大部分特许人均在各个省份发展了加盟店，其中，北上广地区是特许人的“宠儿”，成为特许人选择开设加盟店最多的地区。这也反映出特许经营模式的优越性，能够不受地理环境的限制在各地推广自身的特许经营资源，且沿海地区与中西部省份的差距在不断缩小。

从门店开设情况上来看，根据2019年中国特许百强企业调查结果显示，食品零售企业的加盟商多店率高达59%，远远高于平均加盟商多店率的30%，成功占据行业内多店率第一的宝座；而家政服务、洗染业、房屋中介与汽车后市场的平均多店率较低，为10%左右。与此同时，相较于2018年度行业的续约率，2019年的门店续约率普遍有所下降，平均在85%左右。其中，美容休闲类企业的续约率约为80%；火锅与商务服务类企业的续约率不到75%。此外，2019年度特许经营行业的门店平均关店率约为15%，较上一年度增长5%。

① 《中国特许经营市场依然巨大 成民资进入重要领域》，载于https：//m. sohu. com/a/127974292_ 132388。

② 《中国特许连锁100强企业发布 四线城市成开店新选择》，载于http：//www. bj. chinanews. com/news/2015/0517/45269. html。

（四）中国特许经营发展中的问题

1. 特许经营地域发展有待平衡

从本次报告调研统计的案件数量省份分布情况来看，我国商业特许经营行业的特许人总部主要集中在北京、上海等东部沿海地区。根据商务部业务系统统一平台统计的数据显示，截至 2020 年 7 月 1 日，备案的特许总部合计 5730 家，其中，北京、上海、广东、浙江、山东、江苏六个省份的特许总部合计 3320 家，占比 57.91%。而中西部省份的特许总部数量较少，以中西部地区拥有最多特许总部的重庆地区为例，亦只有 342 家特许人企业。由此可见，商业特许经营在中西部地区虽然已经具有相当成熟的市场，但是相较于中部地区来说，在数量上仍然存在明显差距，西部地区仍然存在着巨大的开发潜力。

2. 特许人品牌发展水平参差不齐

中国的特许经营行业经过数十年的发展，从快速发展期进入到了成熟期，期间孕育了许多驰名中外的知名品牌。2020 年 6 月 2 日中国连锁经营协会发布的“2019 年行业基本情况及连锁百强调查”结果显示，红星美凯龙、永辉、居然之家、盒马鲜生、美宜佳、孩子王、百果园、大参林、柒一拾壹、罗森 10 家企业连续两年保持双位数增长。① 但是，特许人品牌发展中也存在部分无商业价值或商业价值低的品牌，在搭上“特许经营”的“便车”后，为追逐暴利盲目扩张，夸大或虚假宣传品牌与经营能力，引诱加盟商缴纳加盟费后拒不提供任何经营资源或持续支持，继而引发系列索赔案件，导致特许品牌走向没落，也由此造成了特许经营行业品牌价值不一、发展水平不同的现象。

3. 加盟商商业素质有待提高

从加盟商组成情况来看，自然人是该群体的主要组成部分，其身份一般是具有一定小额资本的独立创业者。基于对特许经营模式低风险的信赖，加盟商在与特许人订立合同前往往对特许人的经营资源并不了解，以至于在签订合同后产生特许人未提供经营资源或者提供的经营资源未达预期的矛盾，加盟商对门店经营丧失动力，最终经营不善，引发合同纠纷。在现阶段商业特许经营行业中，仍存在部分加盟商冲动型加盟，在经营中过度依赖特许人，没有积极自主地独立经营，甚至认为加盟就表示必须保证其商业投资成功，在经营中被动依赖，最终导致加盟经营的失败。

（五）中国品牌去海外发展特许经营的情况

特许经营的潮流早已席卷全球，早在 20 世纪 60 年代开始，美国特许经营企业就积极探索品牌在海外的发展市场，其主要的市场区域集中在加拿大、日本等发达国家，市场饱和后已经逐渐将重点转向亚洲发展中国家。日本在消化吸收海外特许经营模式后，逐渐开创出具有自身特色的特许经营品牌，以 7-ELEVEN 便利店为代表的零售企业将本国文化融入特许经营模式开创了特许经营模式发展的新时代。

我国特许经营品牌走向国外目前还处于探索阶段，全聚德集团从成立之初便在稳步推进国际化战略，但在开拓海外市场时面临诸多问题，例如原料的供应、技术劳工以及对加盟店的监督。从市场反馈来看，海外市场主要的客户还是来源于当地的华人，海外本土文

① 《2019 年中国连锁百强榜单发布》，http：//www. ccfa. org. cn/portal/cn/xiangxi. jsp？ id=441986&type=2。

化要接纳中国品牌需要品牌的持续投入和经营。同仁堂的海外布局情况相对更为完善，客户群体已经从以华人为主逐渐扩展到西方主流市场，特别是新冠肺炎疫情期间，中药疗效被更多的外国消费者所知晓并认可。据报道，同仁堂已经在28个国家和地区开设149家各类海外终端，诊疗超过3000万海外患者。在酒店领域，锦江之星从2011年开始采用品牌授权的方式进入菲律宾市场，与当地的代理商合作，开设直营店并发展加盟商，特许经营也成为其在跨国经营中主要采用的商业模式。中国品牌去海外发展特许经营，面临的特许经营合规、知识产权保护、标准本土化、劳动用工等问题都将给中国特许品牌带来越来越多的挑战。

三、特许经营领域法律法规梳理

作为舶来品，特许经营行业自20世纪80年代中后期进入中国市场以来，在历经数十年的发展过程中，已经历过了初步发展阶段、迈入高速发展期，自2000年起更是呈现出稳定快速发展的趋势。早在1997年，在立足于当时国内商业特许经营行业发展状况及存在问题的基础上，我国出台了第一部针对商业特许经营行业活动进行约束的《商业特经营管理办法（试行）》（现已失效），开启了商业特许经营行业的立法建设。在2007—2012年期间，由于特许经营行业的迅猛发展，对监管部门提出了新的挑战，也带动了立法修法速度的提升。在该期间，国务院与商务部陆续出台了《商业特许经营管理条例》（2007年）、《商业特许经营备案管理办法》（2007年出台，后于2012年修订）、《商业特许经营信息披露管理办法》（2007年出台，后于2012年修订）等法律法规，以完善特许经营行业法律制度体系。在此期间，各地方也陆续出台了各地商业特许经营备案管理办法，以配合上述“一条例、两办法”在地方上的实施。与此同时，部分地方法院针对司法实践中遇到的审判难点，也出台了相关指导意见或复函，以进一步完善特许经营行业的立法。

就目前现行有效的法律法规而言，前述《商业特许经营管理条例》、《商业特许经营备案管理办法》、《商业特许经营信息披露管理办法》及各地方商务部门出台的地方性规定、法院指导意见等已初步构建起了特许经营的立法体系。

与此同时，国务院法制办、商务部等部门，为配合上述法律法规的实施，不仅召开记者会答复“一条例、两办法”实施过程中的法律适用及解释问题，更针对不同行业领域的特许经营活动出台了相关国家标准。

表1　特许经营立法体系

序号	法律法规名称	发布机构	发布时间
1	《商业特许经营管理条例》	国务院	2007年2月6日
2	《商业特许经营备案管理办法》	商务部	2011年12月12日
3	《商业特许经营信息披露管理办法》	商务部	2012年2月23日
4	《最高人民法院关于企业以外的其他单位和个人作为特许人所签订的特许经营合同是否有效的复函》	最高人民法院	2010年11月24日

续表

序号	法律法规名称	发布机构	发布时间
5	《最高人民法院关于不具备“拥有至少2个直营店且经营时间超过1年”的特许人所签订的特许经营合同是否有效的复函》	最高人民法院	2010年11月24日
6	《广西壮族自治区高级人民法院关于企业以外的其他单位和个人作为特许人所签订的特许经营合同是否有效的复函》	广西壮族自治区高级人民法院	2010年12月2日
7	《广西壮族自治区高级人民法院关于不具备“拥有至少2个直营店且经营时间超过1年”的特许人所签订的特许经营合同是否有效的复函》	广西壮族自治区高级人民法院	2010年12月2日
8	《北京市高级人民法院关于审理商业特许经营合同纠纷案件适用法律若干问题的指导意见》	北京市高级人民法院	2011年2月24日
9	《上海市高级人民法院关于审理特许经营合同纠纷案件若干问题的解答》	上海市高级人民法院	2012年9月19日

四、2019 年度法院审理特许经营合同纠纷案件情况

（一）2019 年度各地区法院案件裁判情况

根据案例检索平台搜集到的资料显示，2019 年度我国各地区（香港、澳门、台湾地区除外）各级法院就特许经营合同纠纷案件合计出具判决书 1349 份，其中，一审判决书 944 份，二审判决书 402 份，再审判决书 3 份。在 2019 年度裁判的特许经营合同纠纷案件中，70.01%的纠纷在一审法院阶段定分止争，29.77%的案件在二审阶段终止，仅 0.22%的纠纷进入了再审程序。由此可见，一审法院对于解决特许经营纠纷案件仍然承担着重要作用。

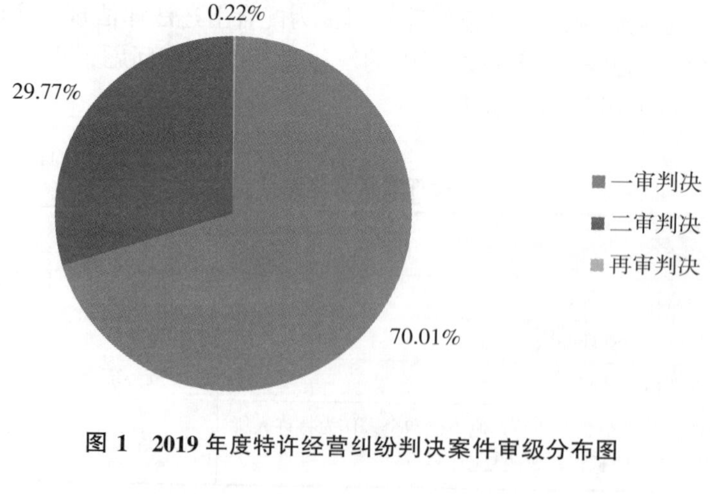

图 1　2019 年度特许经营纠纷判决案件审级分布图

1. 2019 年度特许经营纠纷判决案件区域分布情况

在地域分布方面，由于特许经营行业在经济发达地区的发展十分迅速与活跃，因此，特许经营合同纠纷案件也多发生于该区域，尤其是在东部沿海地区，特许经营纠纷频发。在本报告检索到的 2019 年度裁决的特许经营合同纠纷案件中，浙江省、广东省、江苏省、北京市、安徽省、山东省、上海市法院裁决的文书数量分别位列全国各省（自治区、直辖市）的前 7 位，且裁决数量均在 100 件以上。其中浙江省、广东省、江苏省法院判决的案件均超过了 150 件；中西部地区由于经济发展水平明显低于东部地区，在 2019 年度审理判决案件均处于 50 件以下，甚至部分地区在 2019 年度未判决特许经营纠纷案件，如西藏自治区和青海省。

表 2　　2019 年度特许经营纠纷判决案件地域分布表

序号	省份	每个省份的文书数量（份）
1	北京市	145
2	天津市	10
3	上海市	104
4	重庆市	16
5	河北省	25
6	山西省	2
7	辽宁省	46
8	吉林省	21
9	黑龙江省	5
10	江苏省	150
11	浙江省	184
12	安徽省	142
13	福建省	20
14	江西省	19
15	山东省	105
16	河南省	32
17	湖北省	29
18	湖南省	16
19	广东省	179
20	海南省	5
21	四川省	24
22	贵州省	3

续表

序号	省份	每个省份的文书数量（份）
23	云南省	11
24	陕西省	9
25	甘肃省	11
26	内蒙古自治区	5
27	广西壮族自治区	19
28	宁夏回族自治区	2
29	新疆维吾尔自治区	10
30	西藏自治区	0
31	青海省	0

2. 2019 年度特许经营纠纷判决案件行业分布情况

从行业分布上来看，2019 年度判决的特许经营纠纷案件已经涉及国民日常生活的吃穿住行及娱乐等各个方面。统计数据显示，特许经营行业已经遍及了餐饮、快递、教育培训、服装、酒店、洗衣、美容美发、家政、健身、蔬果及农副产品销售、娱乐等各个行业，其中，涉及餐饮类特许经营合同共计 637 件，占全部判决案件的 47.22%，是特许经营纠纷案件涉及最多的行业；专业零售、快递、教育培训、服装、酒店等行业也紧随其后，成为特许经营纠纷案件频发的“重灾区”，这也从侧面反映了特许经营模式在上述行业中发展较为深入与成熟。

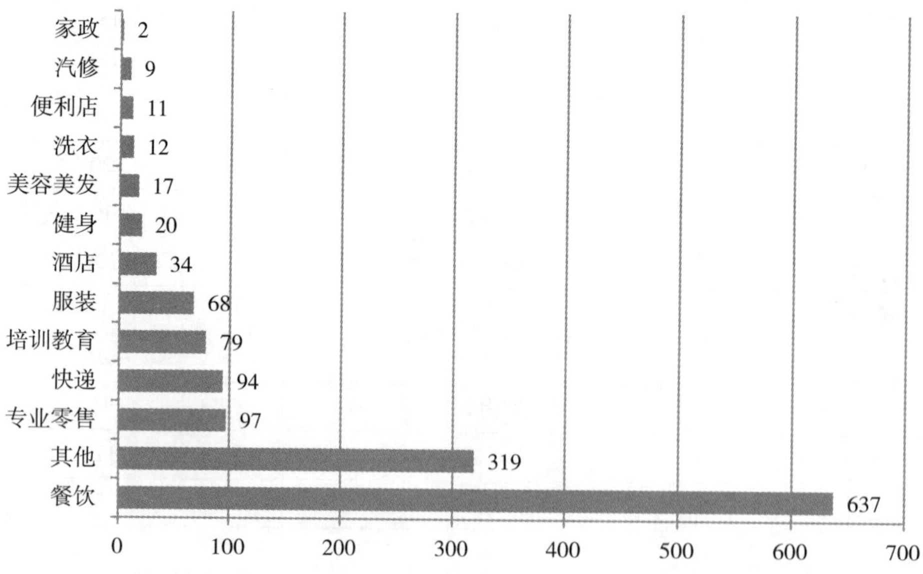

图 2　2019 年特许经营纠纷判决案件行业分布

3. 2019 年度特许经营纠纷判决案件诉讼主体情况

从提起诉讼的主体来看，在本次统计的案例中，由加盟商提起的特许经营合同纠纷诉讼的比例高达 85. 02%以上，由特许人提起的诉讼占 12. 75%，由加盟店提起的诉讼占 1. 41%，由加盟商关联方提起的诉讼占 0. 30%，由特许人关联方提起的诉讼占 0. 06%，形成了“加盟商为主、特许人次之、其他主体少量起诉”的起诉主体分布特点。这是由于特许人对特许经营合同的内容掌握的主动权，与加盟商签订的特许经营合同往往是由特许人提供的格式文本，合同内容中对于加盟商的义务规定得较为详细，涉及加盟商的权利相对较少而造成的。此外，本次统计的案件主体还存在以下三个明显特征：第一，特许经营合同的原告以加盟商居多，多为个人或以加盟店的名义起诉，且诉请主要集中于撤销合同、解除合同、返回加盟费及保证金等；第二，在不同加盟商起诉同一特许人的案件中，加盟商提出的诉讼请求、事实与理由方面基本相同，这也从侧面反映出特许经营行业内容易引发加盟商共同诉讼特许人的群体性案件；第三，除了传统观念里特许人、加盟商作为起诉主体外，加盟店、特许人的关联方（一般为代理商）、加盟商的关联方（如加盟店人员）也作为诉讼主体参与特许经营合同纠纷之中，这也显示出随着特许经营行业的深入发展，其商业模式得以不断地改进与提升，为各方主体参与特许经营活动提供了契机。

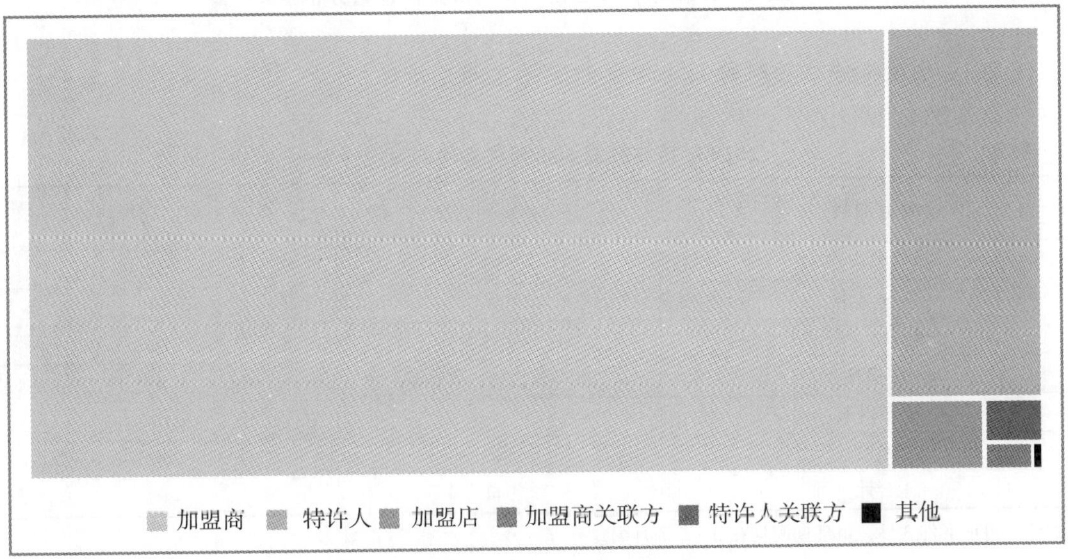

图 3　2019 年特许经营纠纷判决案件起诉主体分布图

4. 2019 年度特许经营纠纷判决案件管辖法院分布情况

从案件受理的管辖法院来看，在搜集到的 1349 份判决书中，由被告所在地人民法院受理的案件达 962 份，占比 71. 31%；由原告所在地人民法院受理的案件达 101 份，占比 7. 49%；由加盟店所在地人民法院受理的案件共计 32 份，占比 2. 37%；由特许经营合同约定的人民法院受理的案件合计 6 起，占比 0. 4%；依据其他理由受理及受理理由不明的案件合计 248 起，占比 18. 38%。结合前文所述特许经营纠纷案件的起诉主体的分布情况来看，2019 年度判决的特许经营纠纷大体系由加盟商提起、由被告（特许人）所在地人民法院依法受理，这也是由于特许人在特许经营活动中占据的绝对主导地位、提供特许经营合同文本所造成。一般情况下，特许人如选择法院作为争议解决途径的，一般会在特许经营合同中直接约定其所在地法院为管辖法院，而处于弱势地位的加盟商往往无法对既定的格式条款要求加盟商做修改，只能被迫接受合同约定。

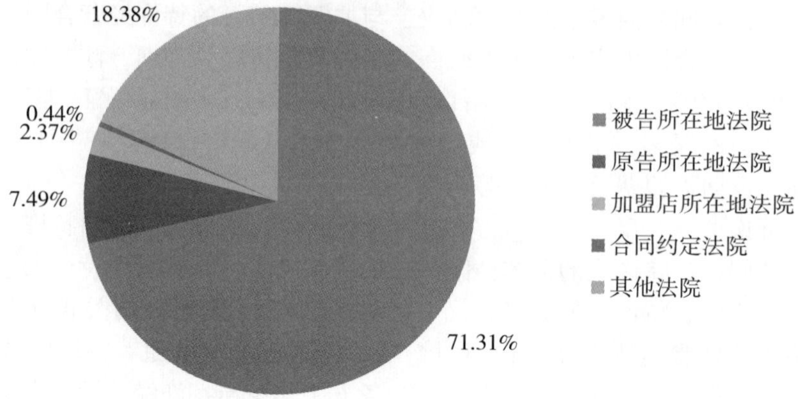

图 4　2019 年特许经营纠纷判决案件管辖分布图

5. 2019 年度特许经营纠纷判决案件法院结案周期情况

表 3　　2019 年特许经营纠纷判决案件审限统计表

审理时间	一审审理件数	二审审理件数
3 个月以内	313	255
3—6 个月	306	55
6—12 个月	145	18
1—2 年	38	4
2 年以上	2	10
不明	140	60
合计	944	402

注：再审案件 3 件，审理期间均在 3—6 个月内。

从法院的结案周期来看，根据《中华人民共和国民事诉讼法》的相关规定，民事诉讼一审普通程序审理期限一般为 6 个月，经法院院长批准后，可延长 6 个月；二审的审理期限一般为 3 个月，经二审法院院长批准后可延长。在本次报告统计的案件中，一审法院的结案周期（包含简易程序）大部分在 6 个月以内，部分案件在 6—12 个月内审结完毕。其中：3 个月以内审结完毕的案件达 313 件，占比 33. 16%；3—6 个月以内审结完毕的案件为 306 件，占比 32. 42%；6—12 个月内审结完毕的案件为 145 件，占比 15. 35%。二审法院的结案周期大部分在 3 个月以内，部分案件也在 3—6 个月内审结完毕。其中，3 个月以内审计完毕的案件为 255 件，占比 63. 43%。从上述统计情况看，就已明确审理期限的判决书中，安徽省、山东省、辽宁省、福建省、广西壮族自治区、甘肃省、新疆维吾尔自治区、陕西省、黑龙江省、内蒙古自治区、山西省等 11 个地区的特许经营合同纠纷一审案件均在 6 个月内审结；北京市、安徽省、山东省、福建省、江西省、广西壮族自治区、湖南省、甘肃省、新疆维吾尔自治区、陕西省、黑龙江省、海南省、内蒙古自治区、山西省、宁夏回族自治区等 15 个地区的二审案件均在 3 个月内审结。从以上统计情况来看，2019 年度一审、二审法院在审理特许经营纠纷案件时均能及时在法律规定的审限内审结。

（二）特许经营合同纠纷中的主要诉请分析

1. 要求解除、撤销加盟合同的诉请分析

在法院审理的特许纠纷合同案件中，绝大多数的案件是由加盟商提起的。在本次调研的案件中，加盟商主张解除或者撤销合同的案件占全部案件的 72%。而在特许人作为原告的案件中，几乎没有要求解除或者撤销合同的案例，其诉讼请求集中在要求加盟商继续履行合同。

在诉讼请求包含解除或者撤销合同的案件中，90%以上的案件主张解除合同，只有不足 10%的案件为要求撤销合同。这也与合同解除与撤销认定标准不同有关。在司法实践中，认定合同撤销的法定条件较为严格，一般需要证明在合同成立时存在有重大误解、显失公平、欺诈、胁迫、乘人之危等情形，并要求具有撤销权的一方在可行使撤销权的时效期间内提起诉讼或者仲裁来行使权利。而在主张解除合同的案件中，解除的主要理由是另一方存在迟延履行义务、拒绝履行合同义务或者有其他违约行为致使合同目的不能实现。

2. 要求费用返还/支付的诉请分析

在加盟商提起的诉请中，要求被告返还或者要求支付相关费用是最为普遍的诉讼目的。以 2019 年浙江省法院审理的特许经营合同纠纷案件为例，在由加盟商作为原告的案件中，提出返还加盟费诉请的案件占比 62%，提出返还保证金诉请的案件占比 41%，提出特许人支付违约金诉请的案件占比 8%。

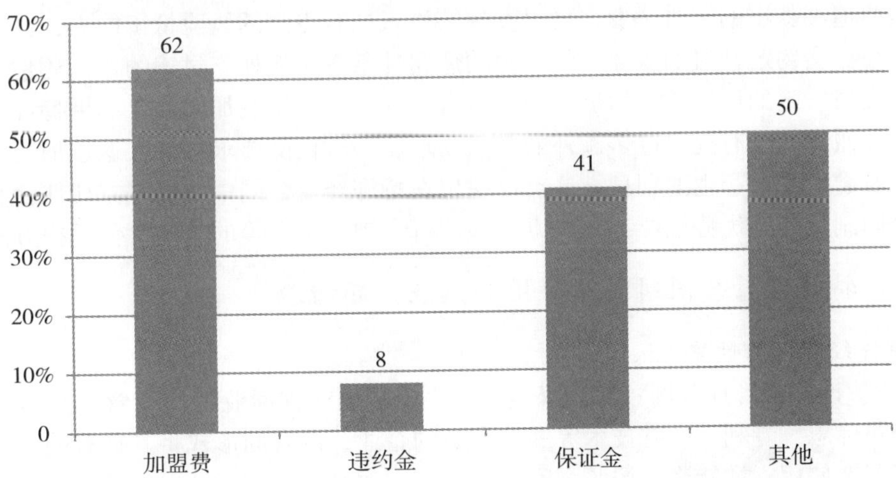

图 5　2019 年浙江省特许经营合同纠纷判决案件加盟商诉讼请求返还款项分布图

相比之下，在由特许人提出的案件中，特许人主张的费用往往集中在违约金货款等的支付上。以本次报告搜集到的 2019 年浙江省法院审理的特许经营合同纠纷案件为例，71%的案件诉请涉及违约金支付，52%的案件诉请涉及要求返还货款，14%的案件诉请涉及要求支付加盟费，另外 10%的案件中涉及其他费用的支付，包括房租租金、人工费用开支等。

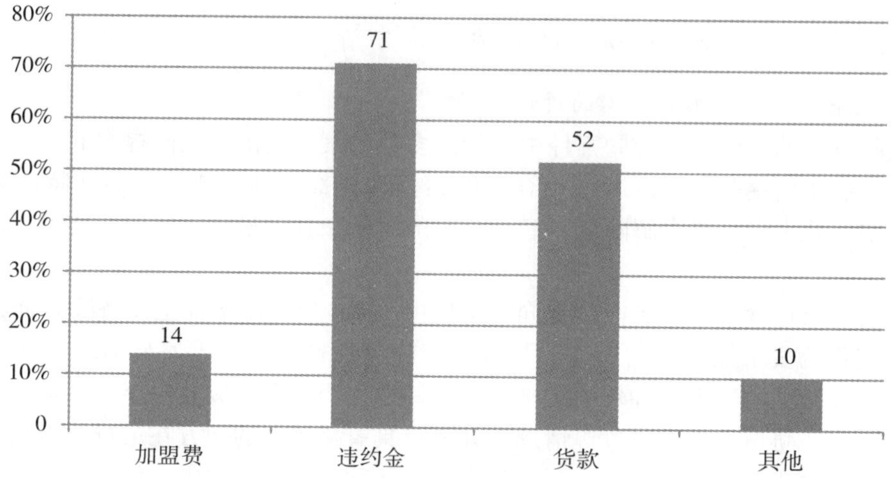

图 6　2019 年浙江省特许经营纠纷判决案件特许人诉讼请求返还款项分布图

对比特许人与加盟商在款项上的不同诉求可以看出，加盟费的支付对于特许人来说并不是争议的焦点，而对于加盟商来说则是关键的风险点。这也与特许经营行业的惯常模式相符，加盟商一般需要在签订合同后向特许人先行支付数万元至数十万元金额不等的加盟费用，再由特许人提供相应的经营资源。如果特许人提供的经营资源与之前承诺的不符或者远远低于预期，往往就会导致加盟商无法正常开展业务，从而引发纠纷。此外，从特许人和加盟商追溯款项的性质来看，可以发现特许人拥有更强的风险抵御能力，其在特许经营合同中往往会约定针对加盟商违约行为的惩罚性条款，例如支付违约金，还包括事先要求加盟商支付一定的保证金作为加盟商履行合同的担保。反观加盟商，如果特许人出现违约行为，加盟商并没有提出过多额外的赔偿要求，一般仅能要求特许人返还加盟商已支付的费用以及逾期支付产生的利息。这也反映出在特许经营合同中，特许方往往会利用自身是格式合同制定者的优势地位，对双方的违约行为制定不平等的违约责任承担方式。

（三）特许经营合同纠纷案件中的热点问题梳理

1. 特许经营合同性质的认定

《商业特许经营管理条例》第三条规定：“本条例所称商业特许经营，是指拥有注册商标、企业标志、专利、专有技术等经营资源的企业，以合同形式将其拥有的经营资源许可其他经营者使用，被特许人按照合同约定在统一的经营模式下开展经营，并向特许人支付特许经营费用的经营活动。企业以外的其他单位和个人不得作为特许人从事特许经营活动。”因此，当经营者是将注册商标、企业标志、专利、专有技术等经营资源中的一个或多个以合同形式授权其他经营者使用，并规定了统一的经营模式，即使双方签订的合同名称不是“特许经营合同”，或者合同条款表面上是“合作”“服务”，法院也会基于合同内容和双方的合作性质，认定合同为商业特许经营合同，立案案由定为特许经营合同纠纷。例如在（2019）沪 73 民终 319 号案件中，一审法院认为“茶里茶里”系品世公司授权给燊博公司用于招商推广的商标，而燊博公司则将其作为“项目标识”授予黄树明使用，属于经营资源之许可。服务协议中燊博公司统一供货、黄树明需遵守燊博公司关于经营管理、操作流程、物品采购、设备使用等方面的指导标准和流程等约定，属于统一经营模式。因此协议具备了特许经营的法律特征，共同构成了黄树明与燊博公司之间的特许经营合同。上海知识产权法院肯定了一审法院对案涉协议具备特许经营的法律特征，应当属于特许经营合同而非服务合同的观点。

2. 特许人是否具备“两店一年”资格对合同效力的影响

为促进商业特许经营活动的规范开展，《商业特许经营管理条例》第 7 条对特许人资格进行了规定，要求从事特许经营活动的特许人应当拥有至少 2 个直营店，并且经营时间超过 1 年（以下简称“两店一年”）。“两店一年”的标准实际上是判断特许人是否具有成熟经营模式的标准，能够反映出特许人是否具有为加盟商提供经营指导、技术支持和业务培训方面的基本能力。然而在实践中，未满足“两店一年”的要求却仍对外从事商业特许经营活动的情况比比皆是。由于信息不对称等原因，加盟商往往处于相对劣势的地位，在签订合同前对特许人是否具备“两店一年”的情况并不知晓，所以当加盟商后期希望解除特许经营关系时，就会主张特许人在经营资质方面不符合法律规定，以此请求法院确认合同无效。

从 2019 年特许经营合同纠纷案件统计的结果来看，涉及“两店一年”问题的案例约占全部案例的 30%，其中以特许人未满足“两店一年”条件从而主张解除合同的约占 64%，主张特许人的行为违反法律、行政法规的强制性规定导致合同无效或者未披露信息构成欺诈要求撤销的约占 36%。

从法院判决的结果来看，关于特许人不符合“两店一年”的标准不构成合同无效事由已经形成了较为统一的观点。《最高人民法院关于不具备“拥有至少 2 个直营店且经营时间超过 1 年”的特许人所签订的特许经营合同是否有效的复函》明确指出，《商业特许经营管理条例》第三条第二款关于“两店一年”的规定，属于行政法规的管理性强制性规定，特许人不具备上述条件，并不当然导致其与他人签订的特许经营合同无效。司法实践中各地法院也是持相同的观点，宁波市鄞州区人民法院在（2019）浙 0212 民初 8250 号案件中认为，《商业特许经营管理条例》关于“两店一年”的规定，并非强制性效力性规定，不能以此认定涉案合同无效。北京市西城区人民法院在（2019）0102 民初 19859 号案件中认为，依法成立的特许经营合同对双方具有约束力，双方应当按照约定履行自己的合同义务，特许人不具备“两店一年”的条件并不对合同效力、合同履行产生实质性不利影响。上海市杨浦区人民法院在（2019）沪 0110 民初 15846 号案件中认为，《商业特许经营管理条例》中对“两店一年”的规定系管理性规定，其立法目的在于限制特许人盲目从事特许经营，特许人不满足该要求不必然导致合同无效或解除。

综上可以看出，各地法院均将《商业特许经营管理条例》中对于特许人的要求视为管理性强制性规定，而非效力性强制性规定，特许人违反该规定并不能导致合同无效的结果。根据最高人民法院在（2016）最高院民申 1223 号再审案件中的观点，管理性强制性规定与效力性强制性规定的判断标准在于违反规定是否严重侵害国家、集体和社会公共利益，以至于需要国家权力对当事人意思自治行为进行干预。合同效力关系到市场交易的稳定与安全，《中华人民共和国合同法》中明确规定了合同无效的法定条件，而违反《商业特许经营管理条例》中“两店一年”的规定显然不足以达到损害公共利益的标准，因此无法直接以该事项主张合同无效。

然而，实践中，也存在着不少加盟商由于特许人未满足“两店一年”资质条件而提出要求解除加盟合同的诉请。对于此类案件，杭州铁路运输法院在（2018）浙 8601 民初 915 号案件中认为，违反“两店一年”规定是否构成合同解除的理由在于该情形是否影响合同目的的实现，由于加盟商未能证明特许人违反“两店一年”管理性规定的情况构成根本违约，因此不予支持加盟商要求解除合同的请求。从本次报告梳理的裁判文书来看，部分加盟商从信息披露的角度出发，主张特许人未能披露不满足“两店一年”情况要求解除合同的诉请，得到了部分法院的支持。例如，合肥高新技术产业开发区人民法院在（2019）皖 0191 民初 1161 号案件中认为，特许人不满足“两店一年”往往会影响被特许人对特许人是否具有成熟经营模式的判断，以及对特许经营资源价值的判断，进而影响合同能否订立。考虑到特许人未披露自身不具备“两店一年”资质等信息，以及在签约当时与真实信息相背离的程度等，能够认定特许人的上述行为足以导致加盟商做出错误意思表示从而签订合同，支持了加盟商要求解除合同的诉讼请求。南京市鼓楼区人民法院在（2019）苏 0106 民初 3583 号案件中认为，根据《商业特许经营管理条例》第 23 条规定，特许人向被特许人提供的信息应当真实、准确、完整，不得隐瞒有关信息或者提供虚假信息。特许人隐瞒有关信息或者提供虚假信息的，被特许人可以解除特许经营合同。特许人向加盟商隐瞒了不具有“两店一年”等情况的信息，故支持了加盟商要求解除合同的要求。

3. 特许人未履行或未完全履行信息披露义务是否导致合同解除或可撤销

《商业特许经营管理条例》第 22 条规定，特许人应当向被特许人提供以下信息：（一）特许人的名称、住所、法定代表人、注册资本额、经营范围以及从事特许经营活动的基本情况；（二）特许人的注册商标、企业标志、专利、专有技术和经营模式的基本情况；（三）特许经营费用的种类、金额和支付方式（包括是否收取保证金以及保证金的返还条件和返还方式）；（四）向被特许人提供产品、服务、设备的价格和条件；（五）为被特许人持续提供经营指导、技术支持、业务培训等服务的具体内容、提供方式和实施计划；（六）对被特许人的经营活动进行指导、监督的具体办法；（七）特许经营网点投资预算；（八）在中国境内现有的被特许人的数量、分布地域以及经营状况评估；（九）最近 2 年的经会计师事务所审计的财务会计报告摘要和审计报告摘要；（十）最近 5 年内与特许经营相关的诉讼和仲裁情况；（十一）特许人及其法定代表人是否有重大违法经营记录；（十二）国务院商务主管部门规定的其他信息。第 23 条规定，特许人隐瞒有关信息或者提供虚假信息的，被特许人可以解除特许经营合同。2012 年出台的《商业特许经营信息披露管理办法》第 5 条细化了特许人信息披露的主要内容，并在第 9 条中强调特许人隐瞒影响特许经营合同履行致使不能实现合同目的的信息或者披露虚假信息的，加盟商可以解除特许经营合同。

从案件统计的情况来看，实践中由于特许人未履行或未完全履行披露信息义务导致加盟商要求合同解除的理由主要分为6类，如表4所示：

表4　合同解除理由分类

序号	合同解除理由
1	特许人不满足“两店一年”的资质且未向加盟商披露的
2	特许人未向商务主管部门备案且未向加盟商披露的
3	关于品牌实力、质量、毛利率等经营能力存在虚假陈述
4	许可商标未注册、特许人不享有许可商标所有权或者许可商标没有知名度
5	特许人或者加盟商未取得特定行业的资质许可
6	未能披露《商业特许经营管理条例》第22条或者《商业特许经营信息披露管理办法》第5条规定的信息

在加盟商作为原告的案件中，如特许人未披露相关信息，加盟商主要以以下三个理由来主张要求返还款项：

（1）依据《中华人民共和国合同法》第94条规定，特许人未披露信息构成根本违约，加盟商解除加盟合同

在特许经营合同纠纷案件中，由于特许人制定的格式合同很少为加盟商约定特定情况下的解除权，因此加盟商往往根据《中华人民共和国合同法》第94条规定的法定解除权、以特许人未履行信息披露义务为由，主张解除合同。在本次报告统计的案件中，法院对于因特许人未履行信息披露义务而要求解除合同问题的审理，主要根据未披露信息的重要程度来判决是否支持合同的解除。例如，杭州铁路运输法院在（2019）浙8601民初505号案件中认为，特许人未依法履行信息披露义务是否导致合同解除的效果，要综合考虑所涉信息是否与核心经营资源有关、与真实情况的背离程度、是否影响合同目的的实现及对合同履行的影响等因素。再如，在江西省九江市中级人民法院审理的（2019）赣04民初18号案件中，特许人未告知加盟商其未取得快递业务经营许可资质，并授权同样无资质的加盟商开展快递业务，导致加盟商无法履行合同内容，特许人的行为构成根本违约，法院最终支持解除合同。

（2）依据《中华人民共和国合同法》第54条规定，特许人未披露信息构成欺诈，加盟商要求撤销合同

如在订立特许经营合同时，特许人未能披露相关信息，导致加盟商是在违背真实意思的情况下订立的合同，那么加盟商可以主张特许人的行为构成欺诈，从而要求撤销合同。在湖北省武汉市中级人民法院审理的（2019）鄂01民初6419号案件中，被告特许人未向原告加盟商书面披露相关的经营信息，而且在其网站上列出“投资回报分析表”和“利润预测分析表”的行为构成对投资人的误导，其行为构成虚假宣传，容易导致原告在违背真实意思表示的情况下订立合同，因此准予原告撤销合同。同样的，在北京市西城区人民法院审理的（2019）京0102民初6415号一案中，加盟商主张特许人在加盟商信息、商标信息、加盟成本、加盟运营产品信息等方面均存在不符合事实的宣传，因此认为特许人构成欺诈，要求撤销合同。法院经审理后认为，特许人确实存在部分信息未披露或信息披

露不实的情况，而且承诺提供的经营资源亦未提供，构成欺诈，遂支持了原告的主张。

（3）依据《商业特许经营管理条例》第 23 条规定，特许人未履行信息披露义务，加盟商要求解除合同

南京铁路运输法院在审理（2019）苏 8602 民初 479 号一案中认为，根据《商业特许经营管理条例》第 22 条和第 23 条的规定，特许人应当向加盟商披露法律规定的有关信息，否则加盟商可以解除合同。本案中，特许人未能以书面形式披露加盟商数量、分布地域以及经营状况评价等信息，而以上信息足以影响加盟商的经营决策，因此判令原告加盟商有权据此要求解除合同。

上海市徐汇区人民法院在（2018）沪 0104 民初 20939 号案件一审判决书中解释了《商业特许经营管理条例》第 23 条和《中华人民共和国合同法》的关系，《商业特许经营管理条例》中规定的信息披露制度目的在于规范特许经营市场，避免特许人提供虚假信息使加盟商在未了解真实信息的情况下草率签约，因此，据此解除合同的未披露信息是指直接关系到加盟商签约与否、合同目的能否实现的核心信息，如果特许人未能披露以上关键信息，加盟商可以据此要求与特许人解除合同。在该案中，法院认为未披露特许经营备案、未披露“两店一年”的信息会导致加盟商对特许人的经营资源产生疑虑，且是在冷静期内提出解除，遂支持了加盟商解除合同的请求。可见，《商业特许经营管理条例》第 23 条的适用仍然取决于未披露信息的重要程度，但是理由存在些许不同，一种观点认为未履行或未完全履行信息披露义务影响了加盟商签订合同时的经营决策；另一种观点则认为正是由于未能披露重要信息导致合同目的无法实现，从证明难度上看，后者的证明难度要比前者困难。

综上可以看出，在特许经营法律关系中，信息披露是特许人对加盟商的一项重要法律义务。如果特许人未能及时披露影响合同实现的有关信息，加盟商就有权依据《商业特许经营管理条例》第 23 条或者《中华人民共和国合同法》第 94 条主张解除合同。

4. 加盟商依照冷静期规定要求解除合同

《商业特许经营管理条例》第 12 条规定，特许经营合同订立后一定期限内，加盟商可以单方解除合同，俗称“冷静期”。这是在《中华人民共和国合同法》规定的解除合同的法定理由外的特殊规定。这是由于特许经营关系中，特许人与加盟商之间信息不对称，为了保护加盟商的利益，防止其由于冲动签订合同，因此特别给予了加盟商合理期限内的单方解除权。但是，由于《商业特许经营管理条例》并没有规定具体的合理期限，实践中常常出现合同没有约定冷静期，或者约定冷静期过短的问题。

（1）合同没有约定冷静期

从本次报告统计的法院审理情况来看，一般认为，《商业特许经营管理条例》已经明确规定了冷静期，应当视为是对加盟商赋予的权利。在沈阳高新技术产业开发区人民法院审理的（2019）辽 0192 民初 1275 号案件中，原被告双方的特许经营合同中并未约定冷静期，原告加盟商主张单方解除权，法院认为即使双方没有约定冷静期，加盟商仍享有合理期间内单方解除合同的权利，该条款应当作为双方认可的默示条款，只有在加盟商明确表示放弃时，才不再享有冷静期内的单方解除权。

（2）冷静期的合理期限

由于《商业特许经营管理条例》并未规定合理期限的具体时间，而特许人和加盟商之间的特许经营合同也并不一定约定了冷静期，因此如何认定加盟商是否在合理期限内提

出解除主张就成为了司法实践中常常需要面对的问题。在沈飞与南京诚聚百膳餐饮管理有限公司特许经营合同纠纷一审案件中，特许人制定的特许经营合同中约定冷静期为 3 日，法院认为该期限明显过短；但是加盟商提出解除合同的时间在签订合同后 5 个月，明显超过合理冷静期，系怠于行使自身权利。在刘航诉重庆杨记味功夫餐饮管理有限公司特许经营合同纠纷案件中，加盟商在签订合同后签订后使用了 3 个多月的经营资源，法院同样认为其已经明显超过《商业特许经营管理条例》中“一定期限”的范围。

（3）冷静期解除合同的限制

冷静期并非是固定的期限，考虑是否允许在合理期间内解除合同，应当从冷静期制度的目的出发。如南京铁路运输法院在（2019）苏 8602 民初 150 号案件中表达的观点，冷静期是给予加盟商一定期限用来冷静思考是否开展特许经营，而非提供一段时间让加盟商进行“试营业”。如果加盟商在实际使用特许人的经营资源后，出于市场风险考虑要求解除，那就违背了该制度设立的原意。二审法院同样在（2019）苏 01 民终 4559 号案件中强调，本案中的加盟商并非冲动型投资，而是对本行业具有一定经验的人，双方的合同已经实际履行，加盟商不得再以冷静期内行使单方解除权要求解除合同。

因此，在判断加盟商是否能以冷静期制度要求解除合同时，法院通常会考虑加盟商与特许人的背景情况，结合合同内容、合同期限、合同履行情况，以及加盟商的商业经验等因素，按照冷静期制度的设立目的来综合判断个案的解除。

五、2017—2019 年杭州仲裁委员会审理特许经营纠纷案件情况

（一）2017—2019 年案件审理基本情况

杭州仲裁委员会提供的 2017—2019 年的特许经营纠纷案件分析资料显示，杭州仲裁委员会在三年间共审理特许经营案件 93 件，涉及餐饮、食品、酒店、服装、零售、印刷、电子商务、汽车维修、物流、娱乐等多个行业。

在 93 件案件中，大部分案件由于标的金额较小（50 万元以下），按照杭州仲裁委员会的现行有效的仲裁规则，适用简易程序且由独任仲裁员审理，并在仲裁规则规定的 3 个月内审理完毕。这对于双方当事人均是比较高效的解决问题的方式。

在本次报告统计的 93 个案件中，55%的案件申请人为加盟商，剩余 45%的案件申请人为特许人总部。除了住所地在浙江杭州地区的申请人，更有分布于安徽、北京、广东、湖北、江苏、江西、山东、上海的申请人；而被申请人则比较集中于浙江杭州地区，原因在于作为申请人的加盟商及其门店选址可以遍布全国，而作为将争议解决方式定为杭州仲裁委员会的特许人，则往往注册于浙江本地。

（二）诉讼与仲裁的裁决情况对比

1. 诉请对比

特许经营合同纠纷最常见的诉请为请求解除合同和请求撤销合同。按照现行有效的《中华人民共和国合同法》第 93 条规定，“当事人一方迟延履行债务或者有其他违约行为致使不能实现合同目的”是合同解除的法定条件之一。而合同撤销的法定情形为重大误

解、显失公平、欺诈、胁迫、乘人之危等。

以浙江省为例，对比 2019 年浙江省法院判决与 2017—2019 年期间杭州仲裁委员会审理的特许经营合同纠纷案件情况，无论是法院还是仲裁，请求解除合同的诉请数量与请求撤销合同的诉请数量有着明显差距，前者明显高于后者数量，这也是与司法实践中判定撤销合同有着较为严格的标准密切相关。

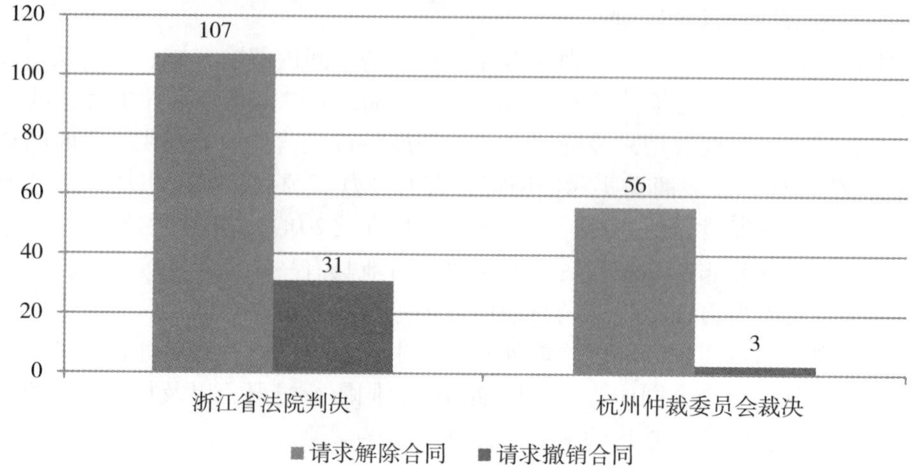

图 7　浙江省法院判决和杭州仲裁委裁决中诉请数量之比

2. 当事人身份对比

特许经营合同纠纷的当事人主要分为特许人、加盟商两类。这两类主体作为原被告的比例，在各地法院判决和杭州仲裁委员会审理的案件中各自的比例如图 8 所示。

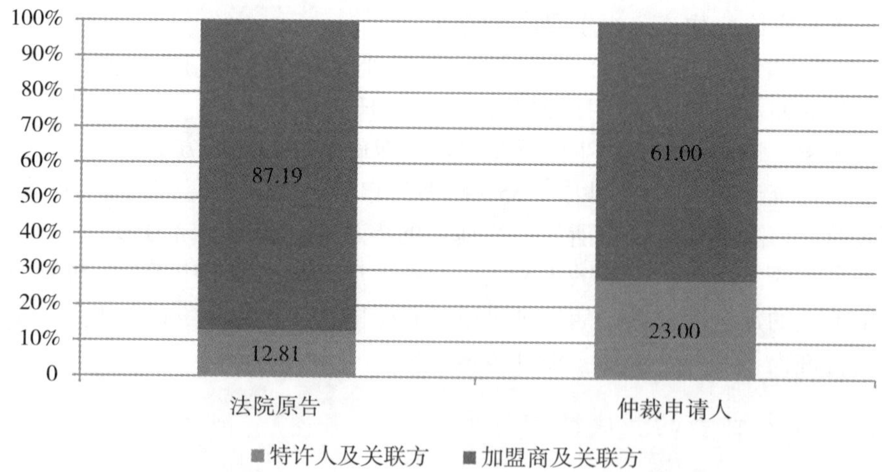

图 8　全国法院判决和杭州仲裁委员会裁决案件当事人类型比例对比

3. 法院判决和仲裁裁决数量对比（2017—2019 年杭州仲裁委员会裁决与 2019 年浙江

杭州地区法院判决相比）

浙江杭州地区2019年法院一审、二审特许经营判决数量总计140件，占据全省特许经营纠纷案件的大部分。而杭州仲裁委员会作为区域性重要的仲裁机构，其2019年的特许经营案件审理共计69件。

4. 审限对比

一般来说，仲裁案件的审限相对法院判决较短，更加注重效率和便捷性。从图9可以看出，杭州仲裁委员会审理的案件的期限均在一年之内，结案时间比法院的结案时间明显缩短。

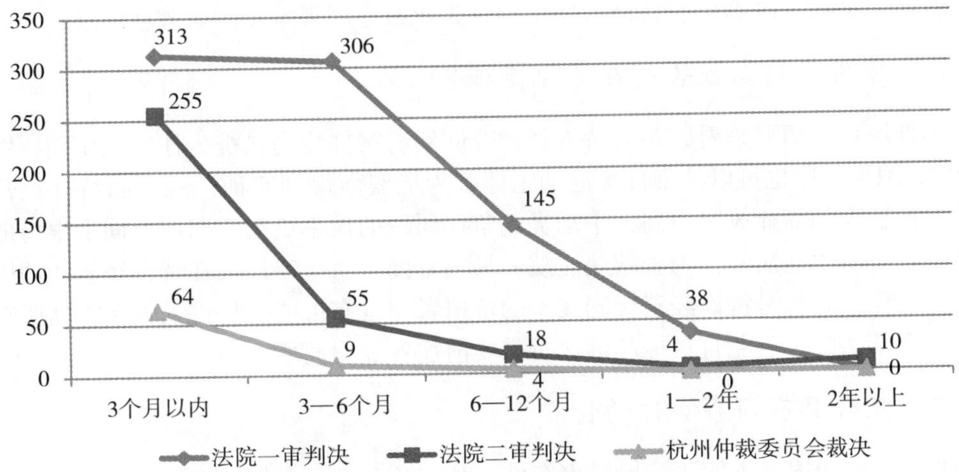

图9　法院和仲裁委员会审限对比图

六、特许经营合同纠纷案件的特点

（一）诉争的提起者以加盟商居多

从提起特许经营合同纠纷的主体来看，加盟商提起诉讼的比例为85%。在案件样本数量较多的浙江省，该比例更是高达94%。在这些由加盟商提起的纠纷中，主要案情存在着高度相似之处，具体表现为加盟商在与特许人签订特许经营合同后，向特许人缴纳一定金额的特许经营资源使用费、保证金等款项，由特许人向加盟商提供相关的特许经营资源及指导。后续双方就履行合同产生较大分歧，加盟商认为特许人所提供的服务与前期的广告宣传存在较大差异，进而搜集有关特许人违约的相关证据，例如未达到“两店一年”、未备案、商标未注册或者许可使用等问题，提出解除或者撤销合同等主张。此类案件所涉及的标的一般不大，多数在数万元在数十万元之内，但该款项对于作为自然人的加盟商而言是一笔不小的开支，因此仍然不能忽略此类型案件背后的规模效应，如果出现超过合理数量的加盟商大规模诉讼，可能引发特许人的特许经营体系的崩溃。

（二）案件多呈系列案件

特许经营合同纠纷案件往往为系列性案件，即在相同的时间范围内，出现多个不同的加盟商对同一特许人提起特许经营合同纠纷的情况，这也导致案件的审判应当具有一定的示范作用，否则可能产生同案不同判的情况，引发不良的社会效果。从本次报告调研的案件情况来看，在这些系列案件中，常见诉请主要分为以下三类：第一，确认特许经营合同无效。此类纠纷多以特许人违反相关行政法规的规定，未能办理备案，未达到“两店一年”的标准，要求确认合同无效。第二，撤销特许经营合同。一般加盟商会主张特许人存在虚假宣传、欺诈等情况要求撤销合同。第三，解除特许经营合同。加盟商一般以特许人未进行信息披露、冷静期、特许人的违约行为导致合同根本违约等理由要求解除合同。

（三）案件管辖以被告所在地管辖居多

从案件统计的情况来看，一般特许经营合同纠纷案件均是在被告住所地受理，案件占比高达 71.31%。这也可以从案件提起的主体多为加盟商得到印证，一方面特许经营合同纠纷中，加盟商的商业风险更高，主动提起争议纠纷的概率更大，因此合同中很可能直接是约定以被告所在地法院作为管辖地法院；另一方面，由于特许人在特许经营活动中占据绝对主导地位，并且是特许经营合同文本的草拟者，也有可能是特许人直接将其所在地的法院作为管辖法院，避免自身提起诉讼时需要前往各加盟商所在地。

（四）案件具有商事案件的特点

特许经营纠纷案件不同于一般民事案件，其涉及合资、合作、知识产权许可、产品销售、委托管理等问题，具有明显的商业特点，法官在审理特许经营合同纠纷时不仅需要熟知特许经营有关法律法规，把握特许经营模式的基本特征，把握特许经营合同的目的、性质、特点及其与一般民商事合同的区别，还需要了解知识产权有关法律法规的内容。毕竟特许经营是以知识产权许可为核心的现代营销方式，其中涉及商标、专利及专有技术等内容的许可使用。也因为特许经营合同纠纷案件的特殊性，该类案件的案由是被归入知识产权纠纷项下，而非一般的合同纠纷。

七、特许经营合同纠纷案件典型案例介绍

（一）“两店一年”对合同效力的影响

案例一：刘代友诉中山市众扬照明有限公司特许经营合同纠纷①

【案情摘要】

原告刘代友在与被告众扬公司签订《众扬照明经销合同》后依约向众扬公司支付了 3500 元定金、5 万元的投资预付款等款项后，刘代友认为众扬公司在与其签署《众阳照明经销合同》时采用了欺诈手段，导致刘代友在违背真实意思的情况下签订合同，具体

① （2019）粤 20 民终 6385 号。

表现如下：第一，众扬公司不符合《商业特许经营管理条例》第七条第二款明确规定，不具备“两店一年”资格；第二，众扬公司不符合我国《商业特许经营管理条例》第三条规定的“特许人”，不具有从事特许经营活动的主体资格。因此，刘代友诉至法院请求依法撤销与众扬公司签署的涉案加盟合同。

【法院观点】

由于《商业特许经营管理条例》第七条第二款属于行政法规的管理性强制性规定，特许人不具备上述条件，并不当然导致其与他人签订的特许经营合同无效。故即使涉案合同是特许经营合同，也不会因其不符合“两店一年”的规定而无效。

案例二：孙艳诉成都万旭餐饮管理有限公司特许经营合同纠纷①

【案情摘要】

被告万旭公司经案外人广州万旭公司（已在商务部进行特许人备案）授权开展特许经营活动，并根据授权与原告孙艳与签订了《经销商合同》。2018 年 7 月 29 日，约定孙艳学习技术秘密制作合同产品并开设店铺销售相关产品。在合同履行期间，孙艳发现万旭公司隐瞒其没有商标权的情况，也未披露其不符合两店一年的条件和未进行特许经营备案的情况，且其在合同签订后并未实际经营，遂诉至法院要求解除合同并退还款项。

【法院观点】

违反“两店一年”的规定并不必然导致合同的解除，故并未支持孙艳提出的因万旭公司不具备“两店一年”资质要求解除合同的主张。但是，《商业特许经营管理条例》第十二条规定，特许人和被特许人应当在特许经营合同中约定，被特许人在特许经营合同订立后一定期限内，可以单方解除合同。本案中，孙艳在与万旭公司签订合同后，虽进行了选址，但并未实际开店经营，也未进行培训，并未利用万旭公司的技术秘密等无形经营资源。因此，法院支持了孙艳要求解除合同的诉请。

总结：“两店一年”的规定属于管理性强制性规定，特许人违反“两店一年”的规定并不会导致特许经营合同无效。

（二）违反信息披露义务对合同解除权的影响

案例一：陈施弘诉上海百索餐饮有限公司特许经营合同纠纷②

【案情摘要】

案外人之一钱立刚申请注册了“神炖局”商标，并授权给案外人之二恒大众赢公司使用。案外人之二恒大众赢公司又授权被告百索公司在上海市使用“神炖局”商标。后来，百索公司授权原告陈施弘使用“神炖局”商标，并授权其在舟山市开设一家“神炖局”餐饮店。

2018 年 5 月 10 日，恒大众赢公司通知陈施弘，称其无权使用“神炖局”字样商标。

陈施弘认为，百索公司对涉案商标无处分权，据此品牌使用合同属无效合同，诉至法院要求百索公司足额返还品牌加盟费及押金，并予以赔偿。

① （2019）川 01 民初 1154 号。

② （2019）浙 09 民初 68 号。

【法院观点】

《商业特许经营管理条例》规定，特许人向加盟商提供的信息应当真实、准确、完整，不得隐瞒有关信息，或者提供虚假信息。百索公司不享有商标标识在上海市以外的地区使用、许可的权利，不完全享有特许经营活动所必需的经营资源。而经营资源是特许经营合同的核心内容，是决定加盟商是否签订涉案合同以及能否实现合同目的的重要因素。根据本案现有证据，百索公司显然向陈施弘进行了隐瞒和虚假的披露。陈施弘签订合同的目的已经无法完全实现，其有权依法解除涉案合同。

案例二：曾德香诉广州美西西餐饮管理服务有限公司特许经营合同纠纷①

【案情摘要】

2018 年 4 月 30 日，美西西餐饮与曾德香签订《美西西餐饮服务协议书》，约定美西西餐饮为曾德香提供开店管理咨询、项目技术培训、开店设备供应、运营服务指导等。后曾德香发现美西西餐饮不具备商业特许经营资质，且未在案涉合同签订前告知其相关信息，遂诉至法院要求解除合同。

【法院观点】

被告美西西餐饮承认其没有商业特许经营资质，且无法证明在缔约前向曾德香披露。根据《商业特许经营合同管理条例》第二十三条第三款“特许人隐瞒有关信息或者提供虚假信息的，被特许人可以解除特许经营合同”之规定，法院支持原告解除合同。

案例三：贺光辉诉济南绿色源动清洁服务有限公司特许经营合同纠纷②

【案情摘要】

2016 年 3 月 28 日，案外人山东蓝伞国际科技开发有限公司与被告签订“绿之源”商标许可使用合同，并允许被告再许可他人使用。后原告与被告签订协议，按照协议，原告经被告授权使用“绿之源”商标经营。

原告以特许经营权并非被告所有，且被告在宣传中采用虚假、欺诈的方式误导原告与其签约为由，要求解除涉案合同。

【法院观点】

虽然被告并未提供证据证明其向原告披露了商标授权情况，信息披露存在瑕疵，但原告已经掌握被告的技术，并利用被告经营资源正常经营至今，在此期间，原告并未因合同履行问题向被告提出异议。双方均已经依据合同进行了相应投入和履行行为，实际履行了合同义务，合同目的均已实现。且原告未提供证据证明被告对其提供了虚假信息或实施了其他欺诈行为影响了其正常经营。故原告要求解除特许经营合同缺乏事实依据和法律依据。且原告提起本案诉讼前，涉案协议履行期限已届满，原告要求解除涉案协议的理由不成立，法院不予支持。

总结：特许人违反信息披露义务，影响合同目的的实现的，加盟商有权解除特许经营合同。

---

① （2018）粤 73 民终 4432 号。

② （2019）鲁 01 民初 532 号。

（三）冷静期的合同解除权

案例一：邵玉潘诉浙江宝格品牌管理有限公司特许经营合同纠纷[①]

【案件摘要】

2018年3月29日，原告邵玉潘与被告宝格公司签订协议，约定宝格公司授权邵玉潘在服务协议期内使用“超级檬”（餐饮项目）品牌和商标。合同签订后，宝格公司向邵玉潘提供了选址及装修培训，邵玉潘也进行了考察，但一直未选定店址。

2018年10月17日，邵玉潘向宝格公司寄送了书面的解除合同通知函，以宝格公司未履行特许人信息披露义务，且邵玉潘未曾使用宝格公司的经营资源为由，要求退还所交费用等。后双方诉至法院。

【法院观点】

鉴于本案合同将选址指导作为宝格公司的主要合同义务之一予以约定，并考虑到涉案合同关于双方许可、合作期限实质约定为三年；故邵玉潘在未利用宝格公司资源实际开展经营的情况下所提解约要求，尚在合理期限内。

案例二：陈文君诉上海桑博生物科技有限公司特许经营合同纠纷[②]

【案件摘要】

被告桑博公司和原告陈文君签订特许经营合同。后来，陈文君发现桑博公司并无“茶里茶里”商标所有权，也没有相关的商业运营管理经验和资质。桑博公司也未向陈文君提供奶茶技术、运营管理等方面培训。陈文君认为，其并未使用涉案合同中约定提供的经营资源，可以依法在一定期限内单方解除合同。

【法院观点】

本案中，双方约定了原告陈文君有权在签订合同后的一日内单方面解除合同，而该协议系被告的格式合同。桑博公司在格式条款中约定了1日“冷静期”，但其未能证明该条款系经双方协商，亦未能证明其就该限制性约定对陈文君进行了合理的提醒，且该条款限制了陈文君作为加盟商所享有的单方解除权的行使，故法院认定《服务协议书》中约定的1日“冷静期”对陈文君不产生约束力，陈文君仍可在合理期限内提出单方解除权。陈文君在此期间并未实际使用桑博公司的特许经营资源。故法院确认涉案合同解除。

总结：没有约定冷静期或冷静期约定过短的，且加盟商尚未使用特许人特许经营资源的，加盟商有权在合理期限内解除合同。

---

① （2019）浙01民终3209号。

② （2019）沪0104民初8537号。

八、建议与提示

（一）法院审理特许经营纠纷案件热点问题的裁判标准梳理及建议

1. 加盟商依据冷静期条款提出解约

在特许经营行业的发展过程中，由于特许人在特许经营合同的签订、履行过程中长期占领了绝对主导权，商务部在制定《商业特许经营管理条例》时，考虑到加盟商与特许人掌握信息不对称、加盟商处于相对弱势地位的客观情况，在《商业特许经营管理条例》第十二条规定，“特许人与被特许人应当在特许经营合同中约定，被特许人在特许经营合同订立后一定期限内，可以解除合同”，赋予了加盟商冷静期内的单方解除权，以此来缓冲加盟商的投资冲动。然而，《商业特许经营管理条例》及后续出台的《商业特许经营备案管理办法》《商业特许经营信息披露管理办法》对冷静期的具体期限并未对此作出量化的明确规定，这就为特许人利用冷静期条款规定的笼统模糊性、缩短约定的单方解除权期限提供了便利。实践中，由于冷静期约定过短、部分特许人甚至并未在特许经营合同中约定冷静期，加盟商利用冷静期条款规定要求解除合同的案件屡见不鲜，法院在审理该类案件时，其裁判标准也表现出由不统一到逐步统一的发展趋势。

在本次报告统计的案例中，以冷静期条款为由要求解除合同的案例获得法院判决支持率 62%，从法院的判决结果来看，针对已约定冷静期和未约定冷静期的不同情况，主要裁判观点如下：

· 特许经营合同中已经约定了冷静期，从双方当事人意思自治的角度，以双方当事人约定为准；

· 如果双方约定的冷静期时间过短，已经实际上限制了加盟商的法定解除权，视为未约定冷静期；

· 特许经营合同中未约定冷静期的，在未实际掌握特许人的经营资源前，加盟商可以行使解除权。

冷静期的解除权是法律赋予加盟商的法定权利，并非当事人通过约定放弃权利或不约定该权利而消失，因此，无论特许人与加盟商是否在特许经营合同中对此约定，加盟商均可以依据《商业特许经营管理条例》的规定主张单方解除权。《商业特许经营管理条例》对于冷静期的期限仅仅规定了“一定期限内”，对于这个期限和合理区间，我们认为应该结合行业特点及商业习惯等因素进行多方考量方能确定。如冷静期期限过短，则不利于保护加盟商的权益，也违背了该条款的立法初衷；如冷静期过长，又可能会导致加盟商权利滥用的情形，使得名为行使冷静期解除权、实为因收益不好要求解约的纠纷频频发生。根据我们统计的案件审判情况，考虑到签订特许经营合同的目的系在于使得加盟商在特许人的指导下利用特许经营资源开展经营活动，因此我们建议法官在审理冷静期单方解约问题方面行使自由裁量权时，需充分考量加盟商是否实际掌握、使用特许人的特许经营资源这一因素，该因素也与《北京市高级人民法院关于审理商业特许经营合同纠纷案件适用法律若干问题的指导意见》第十八条的条文精神保持了高度一致。如果加盟商已经实际占有并使用了特许经营资源，如使用了商标、专利等无形资产或已开设门店经营的，此时，加盟商已经对特许人有了充分的了解，其投资冲动已经消失，那么加盟商就无法再主张冷静期解除权；如特许经营合同仅仅刚开始履行，加盟商在培训期间发现加盟项目并不适合投资，或者仅仅做了项目考察、门店选址、初步培训等前期工作、尚未传授特许经营资源的，该过程其实也是加盟商进一步了解特许人旗下特许项目具体情况、明确投资意向的阶段，因此加盟商可以主张冷静期解除权。与此同时，在确定加盟商未掌握特许经营资源的同时需要注意区分造成此种情况的根本原因在于加盟商拒绝接受特许经营资源，还是特许人迟迟未给予培训或特许经营资源所导致的。如果是由于加盟商自身原因不愿意接受特许经营资源的，此时我们才需要真正考虑冷静期的合理期间。此处的冷静期期限，我们建议根据不同的案件情况，确定1—3个月左右为合理期间；如果是由于特许人迟迟未交付特许经营资源，未开展培训或实际已经进行了培训但未使加盟商掌握经营方式、经营技巧的，那么此时仍然应认定加盟商仍拥有冷静期解除权。

我们认为，关于冷静期的合理期间的认定，在考虑加盟商是否实际占有使用特许经营资源这一因素上，还应从公平原则、加盟商及特许人之间的利益平衡的角度出发，结合具体的案情进行综合分析考虑及判断。

2. 特许人信息披露义务的边界

《商业特许经营管理条例》第二十条至二十三条及《商业特许经营信息披露管理办法》构建起了特许人的信息披露制度，将特许人的基本情况、特许经营资源的基本情况、提供的产品服务设备价格及条件情况、特许人持续服务情况、特许人指导及监督方式、网点投资预算情况、境内加盟商发展情况、近2年财务报表及审计报告摘要、近5年重大诉讼及仲裁情况、重大违法经营记录、特许经营合同文本等12个方面作为信息披露的主要内容。该制度的建立，一方面是为了降低由于信息不对称导致的加盟商投资风险，平衡特许人与加盟商之间的利益；另一方面是为了防止不法分子借口特许经营骗取加盟费，损害交易安全，影响特许经营行业的健康发展。

根据《商业特许经营管理条例》第二十三条规定："特许人隐瞒有关信息或者提供虚假信息的，被特许人可以解除特许经营合同。"实践中，除了依据本条款要求解除合同外，不少加盟商还会以特许人故意隐瞒有关信息或提供虚假信息构成欺诈为由主张撤销特许经营合同。那么实践中，是否特许人违反信息披露义务，就必然导致特许经营合同解除或撤销呢？其实不然。《北京市高级人民法院关于审理商业特许经营合同纠纷案件适用法律若干问题的指导意见》第十六条就此问题作出了专门的规定。根据该规定，特许人在签订特许经营合同后隐瞒重大变更信息或者提供虚假信息、夸大经营资源，给加盟商从事特许经营业务造成实质影响的，加盟商可以请求撤销或者依法解除该特许经营合同；与特许人有关的诉讼、仲裁或行政处罚可能直接影响到加盟商是否签订特许经营合同，或者可能对加盟商实现特许经营合同目的产生重大影响，但特许人隐瞒该诉讼、仲裁或行政处罚情况，或者提供虚假诉讼、仲裁或行政处罚信息的，加盟商可以依法解除该特许经营合同。

在本次报告统计的案例中，法院对于加盟商提出的仅因特许人未履行或未完全履行信息披露义务而要求解除或撤销合同的诉请支持率并不高。从这些败诉的案例中可以看出，法院对该问题的审查标准较为严格，特许人未真实、准确、完整地进行信息披露信息，并不一定会导致特许经营合同被解除，具体还需结合案件情况、是否影响特许经营合同目的实现等方面进行综合考量。结合本次报告统计的案件审理情况，我们认为，法院在审理加盟商因特许人未履行信息披露义务而提出的解除合同或撤销合同问题时，应根据加盟商主张的事由依次进行分析，在认定特许人违反信息披露义务时充分考虑以下三方面因素。第一，特许人未披露的信息是否足以影响特许人签订特许经营合同，是否影响特许经营合同的实际履行以及合同目的的实现；第二，未披露的信息是否与特许经营资源、特许人的产品服务质量或价格等直接影响加盟商收益的因素有关；第三，未披露的信息是否影响加盟商对特许人特许经营资源和经营能力的评价以及对加盟项目收益前景的判断。法院在审理该类问题时，只有当特许人隐瞒的信息或提供的虚假信息关系到特许经营合同本质内容并对加盟商产生实质影响时，才可以考虑支持加盟商的诉请。例如，针对加盟商以特许人将非注册商标作为注册商标的行为构成特许人未能真实准确披露有关信息、要求解除合同的诉请，虽然特许人在向加盟商履行信息披露义务时存在一定的履行瑕疵，但该瑕疵并不会必然影响特许经营合同的履行，也未对加盟商使用特许经营资源造成实质性损害，加盟商完全可以通过行政投诉途径进行维权，而非通过诉讼司法途径提出解除合同，因此，加盟商上述主张不应被支持。

3. 违反效力性强制规定与管理性强制规定对合同效力的影响

作为《商业特许经营管理条例》的上位法，《中华人民共和国合同法》虽然没有针对特许经营合同作出专门规定，但其有关合同无效、可撤销的相关规定，依然适用于特许经营合同之中。针对《中华人民共和国合同法》第五十二条第五款规定的“强制性规定”的认定，《中华人民共和国合同法司法解释（二）》明确将其限制为“效力性强制性规定”。此后，《最高人民法院关于当前形势下审理民商事合同纠纷案件若干问题的指导意见》在此基础上进一步提出了“管理性强制性规定”的概念，并同时指出违反管理性强制性规定的，人民法院应当根据具体情形认定合同效力。2017 年出台的《中华人民共和国民法总则》对第一百五十三条第一款再次重申了“违反法律、行政法规的强制性规定的民事法律行为无效，但是该强制性规定不导致该民事法律行为无效的除外”。随着“效力性强制性规定”“管理性强制性规定”的概念提出后，部分人民法院在审理合同无效案件问题时出现了“一刀切”的情况，认为凡是行政管理性质的强制性规定都属于“管理性强制性规定”，不影响合同效力。为更好地统一各地的裁判标准，最高人民法院在 2019 年 11 月发布的《全国法院民商事审判工作会议纪要》中对强制性规定的识别提出了具体的方法，提出在判断是否属于“强制性规定”时，需着重考虑相关规定所保护的法益类型、违法行为的法律后果以及交易安全保护等因素，对于涉及金融安全、市场秩序、国家宏观政策等公序良俗、交易标的禁止买卖（如禁止人体器官、毒品、枪支等买卖）、违反特许经营规定（如场外配资合同，非商业特许经营）、交易方式严重违法（如违反招投标等竞争性缔约方式订立的合同）、交易场所违法（如在批准的交易场所之外进行期货交易）的规定，应当认定为效力性强制性规定。而对于关于经营范围、交易时间、交易数量等行政管理性质的强制性规定，一般应当认定为管理性强制性规定。

而在特许经营纠纷案件中，涉及效力性强制规定与管理性强制规定争议最多的，往往集中在《商业特许经营管理条例》第三条规定的从事特许经营活动的特许人必须为企业、第七条规定的特许人应符合“两店一年”的资质要求以及第八条规定的特许人的商务部备案义务上，本次报告统计的案例亦是如此。结合各地法院的审理结果、最高人民法院与广西壮族自治区高级人民法院的复函以及《北京市高级人民法院关于审理商业特许经营合同纠纷案件适用法律若干问题的指导意见》来看，我们认为，就《商业特许经营管理条例》第三条对于特许人身份问题的规定而言，其属于行政法规的效力性强制性规定，一般情况下，非企业主体不具备合法的特许经营合同的主体资格，否则，加盟商可以据此主张合同无效并在此基础上主张加盟费返还、损失赔偿等诉求。然而，实践中，在依据此条认定合同无效时，还应充分考虑特许经营资源的实际拥有人或者实际控制人、在商务主管部门的备案信息、经营指导、技术支持以及业务培训等服务的实际提供者、涉案合同的签字人和签约名义及签字人与特许经营资源的拥有人或者实际控制人之间的法律关系等因素后，再对合同效力作出最终判断。例如，最高人民法院在审理林梅玉与赵春霞特许经营合同纠纷再审案中采用了穿透核查的方式确认实际特许人，最终认定案涉合同有效，认为虽然依据赵春霞与李辉韩成公司签订的《李辉韩成养生美体有限公司总代理合同书》的约定，李辉韩成公司授权赵春霞为福建省代理，并约定福建省、市、区或县的连锁店均由赵春霞全权授理，李辉韩成公司有权监督管理并备案。之后，林梅玉与赵春霞签订了涉案合同，合同书首页写明“韩成专业美体减肥中心连锁加盟合同书”，以上事实说明林梅玉被特许经营使用的经营资源的实际拥有人为李辉韩成公司，李辉韩成公司是特许人，故未支持林梅玉以涉案合同违反《商业特许经营管理条例》第三条为由主张涉案合同应予无效的申请再审理由。

此外，关于《商业特许经营管理条例》第七条规定的特许人应符合“两店一年”的资质要求以及第八条规定的特许人的商务部备案义务，司法界已形成了统一的裁判标准，均认为上述两条规定属于管理性强制性规定，特许人不具备上述条件或未进行备案的，并不必然导致其签署的特许经营合同无效。

（二）对特许人签订、履行特许经营合同及维护合法权益的提示与建议

商业特许经营模式最大的优点在于易于复制及快速扩展，然而，特许人在开展特许经营活动之前及经营活动开展的过程中，均应做到合法合规，以免承担不必要的法律责任。结合前文分析的司法实践中的主要问题，我们向特许人提供以下三条合规建议。

1. 具备特许人资质，依法办理备案手续

特许人在开展特许经营活动前，已具备特许人的基本资质。根据《商业特许经营管理条例》的相关规定，一名合格的特许人需至少满足以下两个条件：特许人为企业；特许人拥有至少 2 个直营店，并且经营时间超过 1 年条件。特许人只有满足上述两个条件后，才能利用其成熟的经营模式及相关特许经营资源，开展商业特许经营活动。

与此同时，完成商务部的特许经营备案事项亦是特许人开展特许经营活动前的重要合规事项之一。根据《商业特许经营管理条例》及《商业特许经营备案管理办法》的相关规定，此处的备案既包括特许人的首次备案，也包括备案信息变化的变更备案及年度备案。

2. 合同签订前，完善合同内容并履行信息披露义务

特许经营合同是特许人开展经营活动中最重要的合同。虽然特许人在对于特许经营合同的制定处于相对较为优势地位，但这并不意味着其可以随心所欲地制定合同条款。《商业特许经营管理条例》第十一条至第十三条对于特许经营合同的主要条款及必备条款均

作了详细规定，而特许经营合同又是特许人进行备案的必备材料之一。因此，在制定特许经营合同时，特许人应注意明确约定双方情况、合同期限、特许经营费用的收取、服务的具体内容与方式、产品服务质量保证、广告促销、消费者权益维护、特许经营合同变更解除与终止、违约责任、争议解决方式以及冷静期约定等条款。

在与加盟商签订合同前，特许人还应做好信息披露工作。根据《商业特许经营管理条例》第二十一条的规定，特许人应当在订立特许经营合同之日前至少 30 日，以书面形式向加盟商提供该条例第二十二条规定的信息。该条款对于特许人履行信息披露义务的时间、形式、具体内容均作了明确规定，因此特许人在特许经营实践操作中要想真正高效合规地履行信息披露义务，则必须建立起模板性、流程性的信息披露文件，并对实时更新的重要经营管理信息建立动态披露机制，以形成完备的信息披露制度。实践中，对于特许人信息披露义务履行存在重大瑕疵为由要求解除合同的案例比比皆是，法院及仲裁机构也对此作出了肯定的裁决。而针对瑕疵较小的行为，即便法院及仲裁机构未能支持加盟商的解约请求，但如果加盟商向商务主管部门投诉举报的，特许人还存在面临一万元以上、五万元以下的行政罚款，情节严重的，行政罚款金额将高达五万元以上、十万元以下。

3. 权益受损时，及时采取维权措施

司法实践中，由特许人提及的特许经营合同纠纷虽然占比不高，但也反映出了在特许经营活动的开展过程中，特许人也不是“万无一失”的。综合本次报告调查的案例来看，特许人维权焦点主要集中在追索加盟费、违约经营其他产品或提供其他服务以及合同解除或终止后要求加盟商停止使用特许经营资源之上。

对于上述问题，我们建议特许人在特许经营合同就此类违约行为制定惩罚机制或违约措施。一旦出现违约行为的，及时以公司函、律师函的方式向加盟商主张权利，并视情况提起诉讼或仲裁。

此外，针对特许经营合同中约定的加盟商负有的后合同义务，我们建议在合同解除、终止时，特许人采用书面函告的方式，或者要求加盟商签署书面承诺的方式，再次向加盟商明确其后合同义务，并定期对加盟商的义务履行情况进行追踪核查，以便保护特许经营资源、维护特许人的品牌形象。

（三）对加盟商签订、履行特许经营合同及维护合法权益的提示与建议

虽然商业特许经营模式对于加盟商来说较为简单易学，但作为一次投资行为，加盟商仍存在不小的法律风险。对此，针对意向加入特许经营项目或已经投身于特许经营事业的加盟商，结合 2019 年度法院审理案件中遇到的典型问题，我们在此提出如下四条建议，以供参考使用。

1. 合同签订前，做好背景调查工作

加盟商在前期与特许人沟通接触时，应充分了解特许经营项目的背景情况，掌握项目的运作经营方式，理性分析项目的投资价值与未来前景，综合考虑自身的投资经验、经营能力与投资能力，再决定是否加盟。由于加盟商加盟特许经营项目的最终在于使用特许人的特许经营资源，因此对特许人开展背景调查期间，尤其应注意对特许人资质及特许经营资源的考察与核实。特许人可以通过相关政府部门网站进行初步了解。例如，通过商务部特许经营信息管理系统（http：//txjy. syggs. mofcom. gov. cn/）查询特许人的备案信息，了

解特许人的基本备案信息、联系方式、法定代表人、营业场所、特许经营资源以及在中国境内的加盟门店分布情况；如特许人的经营资源涉及专利、商标等知识产权的，加盟商可以通过登录国家知识产权局商标局网站（http：//sbj. cnipa. gov. cn/）查询商标注册情况，通过登录专利局网站（http：//cpquery. sipo. gov. cn/）查询专利授权情况。如果加盟商还想进一步了解特许人的涉诉情况，还可以通过中国裁判文书网（http：// wenshu. court. gov. cn/）查询特许人与其他加盟商之间历来的裁判文书信息，以全面、充分地了解特许人的实际情况。

2. 合同签订时，充分理解合同内容

特许经营合同的签订是加入特许经营体系的最关键一环。实践中，由于特许经营合同往往是由加盟商提供的格式合同，一般不允许加盟商进行修改。因此，在签订特许经营合同时，我们建议加盟商仔细阅读合同内容，对合同中的主要权利义务、特许人做出的承诺或者条件，甚至是广告宣传中涉及的重要内容等，仔细研读并充分了解；对于加盟合同解除、加盟费等费用的退还等重要条款，应要求特许人在合同中予以明确约定。如果特许人不同意添加或更改、只做口头承诺的，我们建议保留好双方的沟通记录，以便未来发生纠纷时主张相关权利。

3. 权益受损时，及时维护合法权利

在履行特许经营合同期间，如果加盟商发现自己的权益受到了损害，我们建议加盟商应积极与特许人进行沟通，充分利用特许经营合同的约定以及《商业特许经营管理条例》中规定的冷静期条款、合同无效条款等主张权益，及时维护自身的合法权益，一旦发生争议，加盟商还可以考虑通过多种法律途径解决争议。针对特许人违法“一条例、两办法”中的相关规定，加盟商可以通过与特许人协商、向商务主管部门举报以及通过网络媒体途径维权等方式解决争议。当双方争议无法和解而准备起诉时，我们建议加盟商咨询专业律师进行案件情况的综合分析，以便确定最佳的维权方案。当然，在起诉之前，加盟商应做好证据固定工作，对于特许人的违法、违规、违反合同行为的，以录音、录像、短信、微信等形式进行保存，以便更好地维权。

4. 合同终止后，履行后合同义务

特许经营的行业核心在于特许经营资源的使用，而往往这些资源都会涉及有形资产与无形资产。特许人作为特许经营合同的制定者，往往会在合同中约定加盟商在特许经营合同终止后的后合同义务。例如针对有形资产，特许人一般会要求返还设备、拆除相关标识标志、销毁与特许经营有关的文件资料；而针对无形资产，由于部分涉及到特许人的商业机密，一旦掌握便无法返还，因此特许经营合同中往往会要求加盟商在合同终止后负有保密义务，部分特许人甚至还会提出一定期间内的竞业限制义务。针对上述后合同义务，加盟商应恪守契约精神，以免承担违约或侵权责任。但如果特许人凭借其在强势地位为加盟商制定了过重的义务，譬如要求终身竞业限制的，那么加盟商应及时与特许人沟通或通过法律途径维护自身权益。

九、关于建立合格加盟商资格审核制度的建议

虽然我国特许经营行业的发展已经较为成熟，但是，现实中不断涌现的纠纷，也让我

们不得不正视其迅猛发展过程中存在的问题。在本次报告分析梳理的 1349 个案例及杭州仲裁委员会提供的案件分析资料中，我们不难发现，特许经营行业频发的纠纷，大部分都是由加盟商作为原告提起的。在这些案件中，不少案件是由于加盟商抱着"加盟必定挣钱"的想法加入特许经营行业，而在加盟后过度依赖特许人为其经营，最终因经营不善提起诉讼要求解除合同并返还费用。在这些纠纷的背后，呈现出来我国特许经营加盟商资格门槛过低这一根本原因。

在我国商业特许经营行业中，加盟商会对加盟项目进行考察，而特许人对于加盟商资格的要求极少，甚至于无要求，只有极少部分品牌的特许人，会对加盟商的资质要求进行审核。这也因此造成了不同品牌，甚至同一品牌加盟商资质良莠不齐的现象。因此，为进一步促进我国特许经营行业的发展更上一层楼，维护特许人、加盟商的合法权益，建议提高加盟商进入特许经营行业的门槛，建立健全合格加盟商的资格审核制度。作为特许人，在选择加盟商的时候对其资格进行审核，是对加盟商资金来源、投资经验、是否存在特别不理性的冲动投资动机等各方面的条件进行筛选，控制其品牌内加盟商的水平及素质，确保品牌价值的提升与长远发展，而不仅仅是简单地将任何一个能够支付得起加盟费的加盟商纳入特许经营体系之中；作为加盟商，在接受特许人资质审核时，也能更加清楚地了解自身是否符合特许经营行业的要求，知晓进入这个行业所存在的风险，而不是仅仅是认为特许经营就是一个"一本万利"的事业，只要付了加盟费，就能赚钱。

对于合格加盟商审核制度，建议可以从监管部门立法及特许人审核两方面开展。

从立法层面来看，在尊重市场经济自主经营的基础上，监管部门可以出台相关立法文件要求特许人结合自身情况制定合格加盟商审核制度，并将该制度在监管部门进行备案作为特许人开展特许经营活动的必备条件之一。从制度的具体内容而言，监管部门可以出台相关的政策文件，要求特许人从加盟商的投资经验、家庭收入情况、是否自有资金等方面制定合格加盟商制度，并从立法上为合格加盟商审核制度设立最低门槛。例如，对于投资经验较少、家庭收入情况一般的加盟商，综合评估其对于投资风险的承受能力，来评估其是否能够自负盈亏，是否符合合格加盟商的要求，以促进特许经营行业的高水平发展。针对投资经验方面，建议对于合格加盟商的工作经验要求不低于一定年限或者或不低于1—2次；对于家庭收入情况方面，建议对于合格加盟商的家庭年收入要求不得低于所需支付的加盟费的 2—5 倍；针对不收取加盟费的特许人，建议根据品牌经营的具体情况，设定一个合格加盟商的最低家庭年收入要求。

从特许人层面来看，企业在制定合格加盟商审核制度时，可以根据企业对加盟商的要求及特许经营品牌发展的具体情况，从特许人的企业文化理念、加盟商对于所要加盟行业的熟悉度、工作经验等方面进行核查，以筛选出认可企业文化、相关行业熟悉度较高、具备相关工作经验和一定辨别力的加盟商来构建特许经营体系，以提高加盟商的整体质量，减少因投资失败而徒增的特许经营纠纷甚至群体性事件，促进特许人企业及品牌的发展，最终带动整个特许经营行业的健康、有序发展。

十、鸣谢单位

在本次报告的撰写过程中，获得了如下单位及企业的大力支持（排名不分先后），再次表示特别鸣谢。

- 杭州仲裁委员会
- 中国政法大学中国仲裁研究院
- 深圳百果园实业（集团）股份有限公司
- 英睿健康科技有限公司
- 石家庄国大酒店经营有限公司
- 嘉玺（天津）科技有限公司
- 北京福奈特洗衣服务有限公司
- 杭州小拇指汽车维修科技股份有限公司
- 北京翰皇伟业品牌管理有限公司
- 陕西阿瓦山寨品牌投资公司
- 爱思威特许经营顾问服务有限公司
- 深圳唯美度生物科技有限公司
- 鲨鱼公园教育科技有限公司
- 澳德巴克斯（中国）汽车用品商业有限公司
- 浙江名庄传奇葡萄酒有限公司

2019 社区生鲜调研报告

一、前言

2018 年 9 月，中国连锁经营协会联合《第三只眼看零售》发起“社区生鲜调研”，共计调研 74 个社区生鲜品牌，涉及门店数 5368 家。我们将收集到的数据进行分析加工，再加上对生鲜企业和从业者的定向采访，最终形成《2018 社区生鲜调研报告》。

社区生鲜调研报告让业界首次对这一业态的基本面有了大致的认知：社区生鲜当前处于萌芽阶段，尚未出现真正意义上的“头部企业”。2018 年调查数据显示：37%的社区生鲜品牌门店数是个位数；51%的社区生鲜品牌门店数在 10—100 家；而门店数 100—300 家的社区生鲜品牌占比为 7%；门店数超过 300 家的企业只有 5%。

时隔一年，社区生鲜有了哪些新变化？2019 年，我们继续深入研究这一课题，并在调研数据的广度、深度以及维度上进行升级，形成了《2019 社区生鲜调研报告》。

与 2018 年相比，本次调研增加了针对消费者的问卷。我们在全国范围内发起针对消费者的调研，最终得到主流生鲜消费群体的“画像”，这对社区生鲜企业经营具有参考价值。另外，我们也针对社区生鲜品牌的食品安全现状进行了调研。

对比 2018、2019 两年的社区生鲜调研报告，我们发现一些新的趋势。

一是社区生鲜入局者趋于理性。调研样本显示，2018 年创立的社区生鲜品牌数量为 17 家，2019 年新创立的社区生鲜品牌为 1 家。这说明大家不再像 2017、2018 年那样盲目入局，行业回归理性。

二是盈利状况有所改善。2018 年数据显示，只有 38%的受访企业表示能够盈利，而 2019 年这一数字上升至 46%。当然，这与样本范围的扩大也有一定关系。在今年的社区生鲜调研样本中，我们将 1000—3000 平方米的门店也纳入了社区生鲜的范畴。

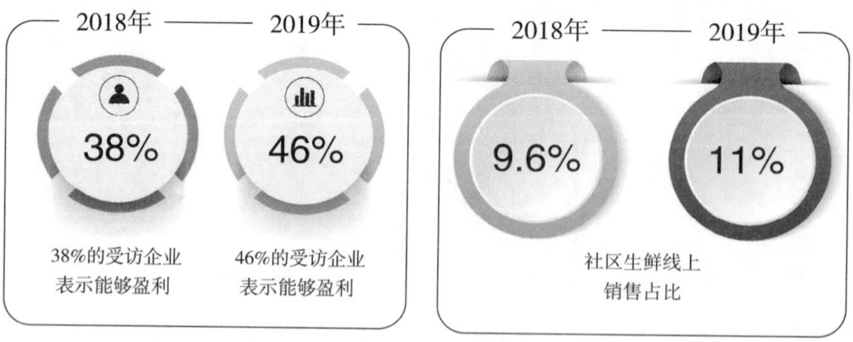

图 1　盈利状况

三是线上销售比例提升。调研样本显示 ，2018 年社区生鲜线上销售占比为 9.6%，而 2019 年为 11%，上升了 1.4 个百分点。

四是前置仓、社群运营等新玩法备受关注。36%的企业表示有计划开展前置仓，72%的企业表示在开展社群运营，不过大部分企业的社群运营水平还处于初级阶段。

五是虽然各项目成本不断攀升，挑战与压力持续增加，但经营者信心指数依然强劲。97%的受访者表示看好社区生鲜业态；53%的样本企业表示过去一年的销售符合预期，这一数字同比 2018 年增加 3 个百分点。

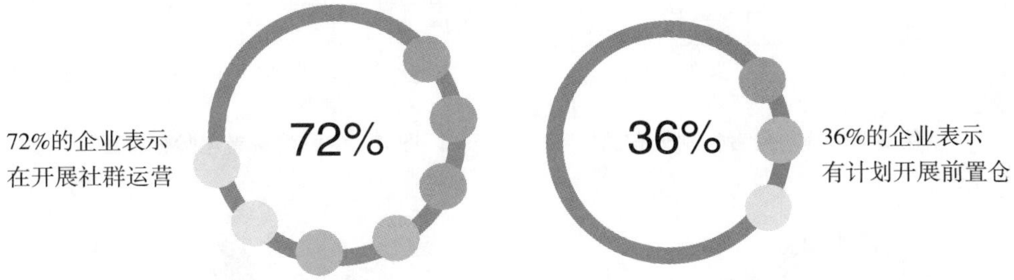

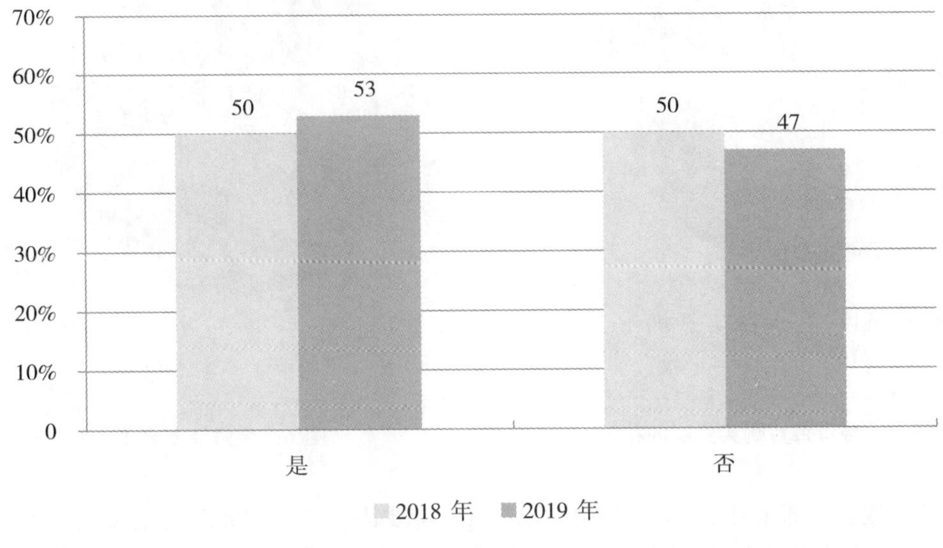

图 2　销售是否符合预期

二、消费研究

（一）已婚已育女性成生鲜消费主力军，月收入普遍在 3000—5000 元

根据调研数据，生鲜消费主流人群年龄阶段在 31—50 岁，这一群体占比达到 61%。从消费者经济水平来看，个人月收入在 3000—5000 元的群体占比最大，达到 83%。结合消费者性别、婚姻状况来看，已婚已育的消费者占比较高。综上所述，已婚已育的中年女

性为我国生鲜消费主力军。

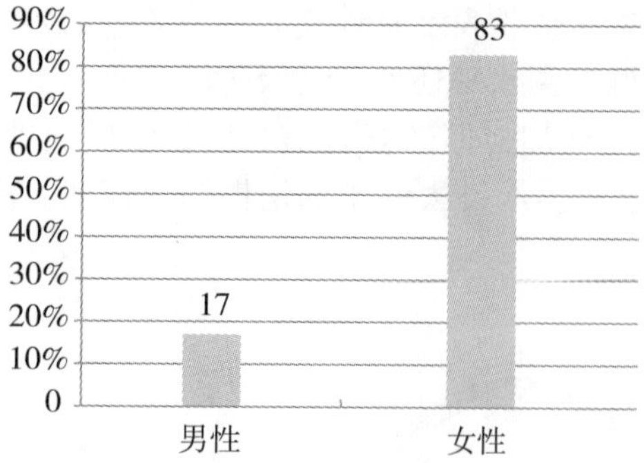

图 3　生鲜消费者性别分布图

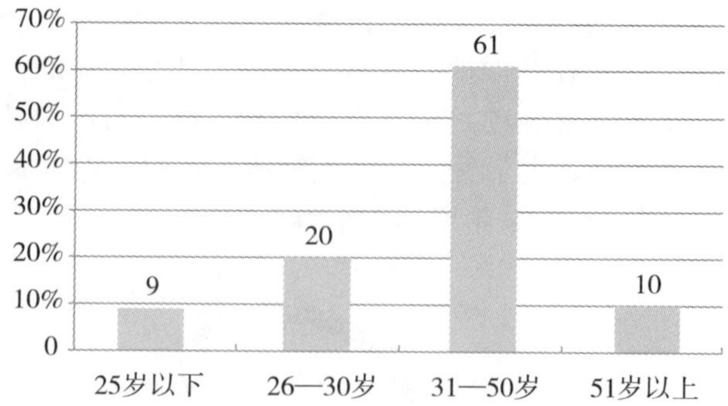

图 4　生鲜消费者年龄分布图

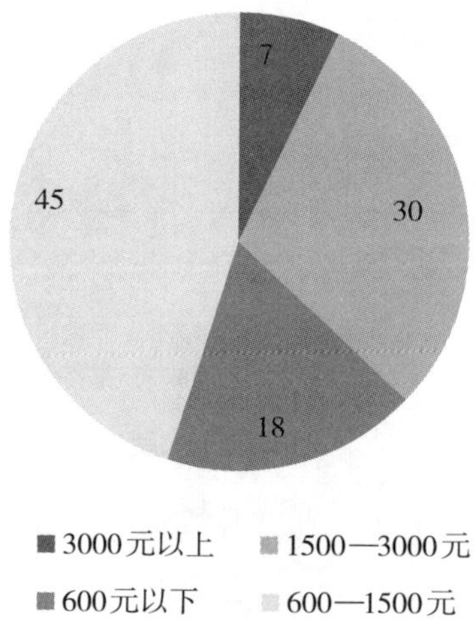

图 5　消费者每月购买生鲜的花销

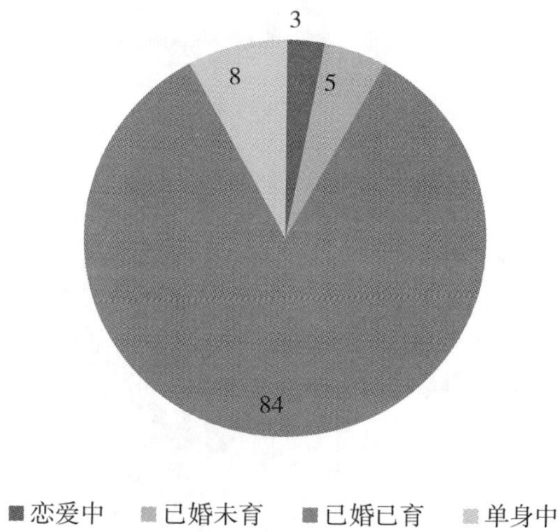

图 6　生鲜消费者婚姻状况

从以上数据不难看出，影响生鲜购买的两大重要因素：一是谁决定着家庭生鲜的购买权和烹饪；二是是否有购买意愿和充足的购买时间。而购买意愿与产品本身有关，包括品质、价格、便利性、配送效率等。

（二）每天一次为常见消费频次

作为居民日常消耗品，生鲜产品具有高频且刚需的特征。调研数据显示，居民最常见的消费频次是每天一次，占比43%。

从单笔消费金额来看，单笔购买金额大多在百元以内，其中50%的消费者单笔购买金额在20—50元，35%的消费者单笔购买金额在50—100元。

结合购买频次分析，在每天购买一次生鲜产品的消费者中，有57%的消费者单笔购买金额在20—50元。

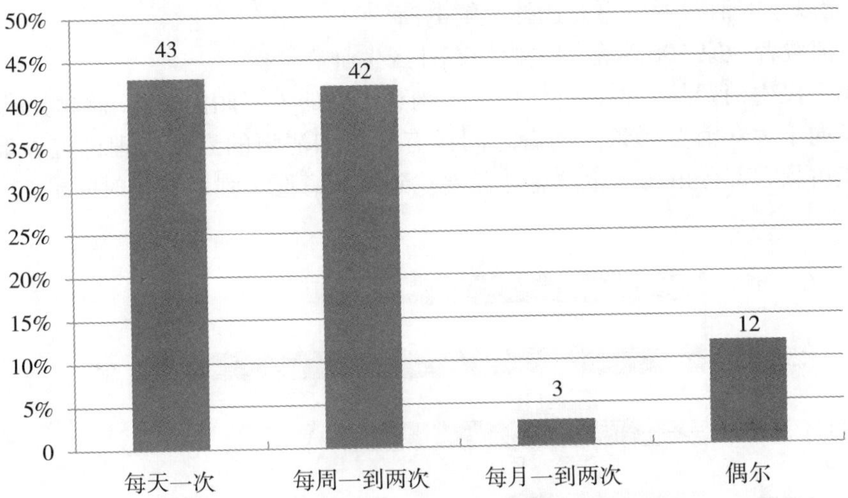

图 7　生鲜消费频次分布

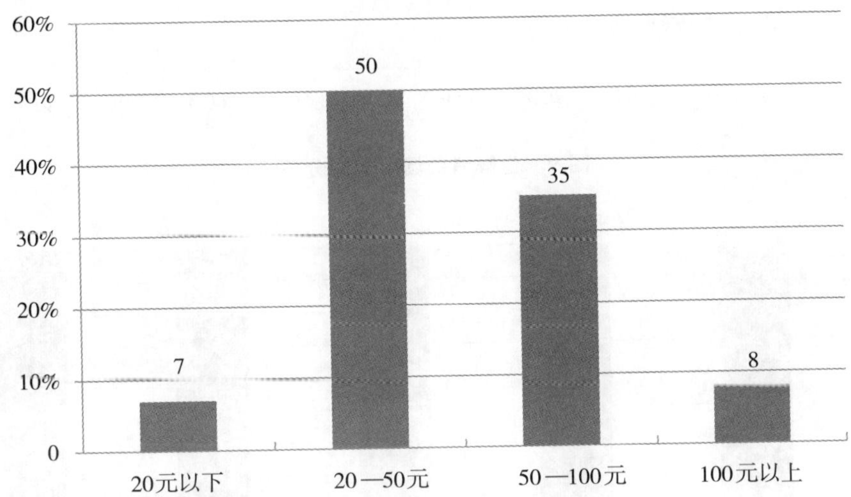

图 8　单笔生鲜消费金额分布情况

（三）大型超市、农贸市场为主要消费渠道，社区生鲜业态潜力巨大

目前，生鲜消费渠道主要包括大型超市、农贸市场、社区生鲜店、生鲜电商、流动摊位等。调研结果显示，68%的消费者选择在大型超市购买生鲜，大型超市已经取代传统的农贸市场，成为为生鲜消费者最主要的购买渠道；48%的消费者在农贸市场购买生鲜；43%的消费者选择社区生鲜店，社区生鲜店已显现出赶超农贸市场的趋势。

从消费者收入角度看，农贸市场的主要客群为个人月收入 3000 元以下的消费者。而随着消费者收入的提高，大型超市、生鲜电商和社区生鲜店等渠道的消费比例也会相对提高。月收入 5000 元以上的消费群体则是社区生鲜店的主力客群，占比均超过 60%。月收入在 5000 元以上的消费者更愿意选择生鲜电商。

76%的消费者距家 500 米范围之内均有社区生鲜店。

生鲜属于民生消费品，覆盖群体广泛。购买力高的人，倾向于高端购物场景；购买力低的人，倾向于大众消费场景。两者之间没有严格和清晰的界限。理论上，谁的客群更广，谁就能占领大部分市场。生鲜企业需要找到购买意愿更强、购物时间更充裕的顾客。

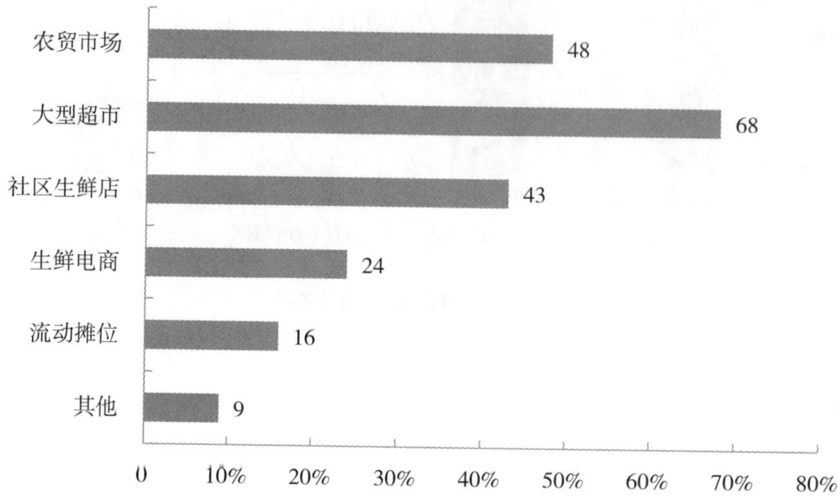

图 9　生鲜消费场所选择分布

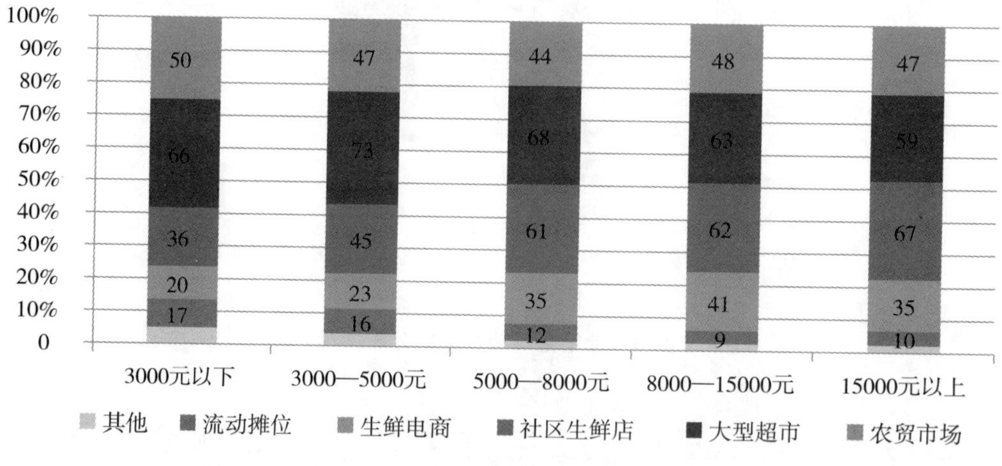

图 10　月收入对选择购买生鲜场所的影响

（四）配送到家需求及付费意愿与收入成正比、与年龄成反比，付费上限为 20 元

即时配送进入效率更高的分钟级配送时代，目前已能实现 3 公里内 1 小时送达，这使

生鲜消费更便捷。但 66.35%的消费者仍然不选择配送到家服务，而选择配送到家服务的消费者中，有 63.17%的消费者不会为该服务付费。

从年龄构成和收入维度来分析，年纪越大的消费者对配送到家服务的需求越弱，收入越高的消费者为配送到家服务付费的金额越高。30 岁以下且月收入在 8000 元以上的消费者是为配送到家服务买单的主要群体。

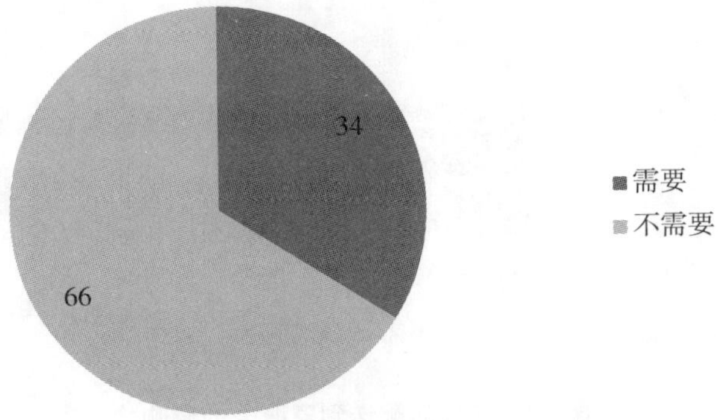

图 11　是否需要生鲜配送到家服务

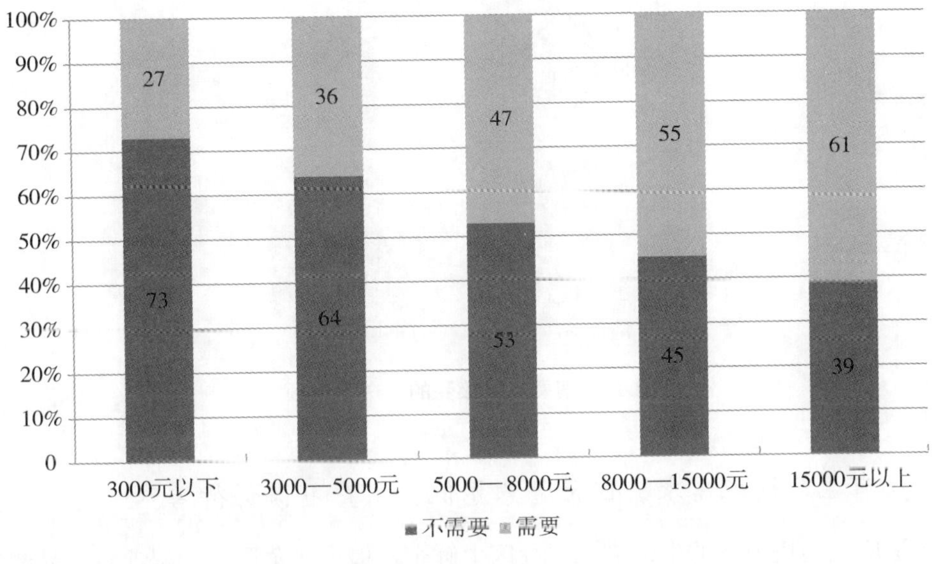

图 12　月收入对配送到家选择的影响

从配送到家收费情况分析，47%的消费者可以接受每单收取 5—10 元的配送费，20 元则是消费者愿意为配送到家服务支付费用的上限。

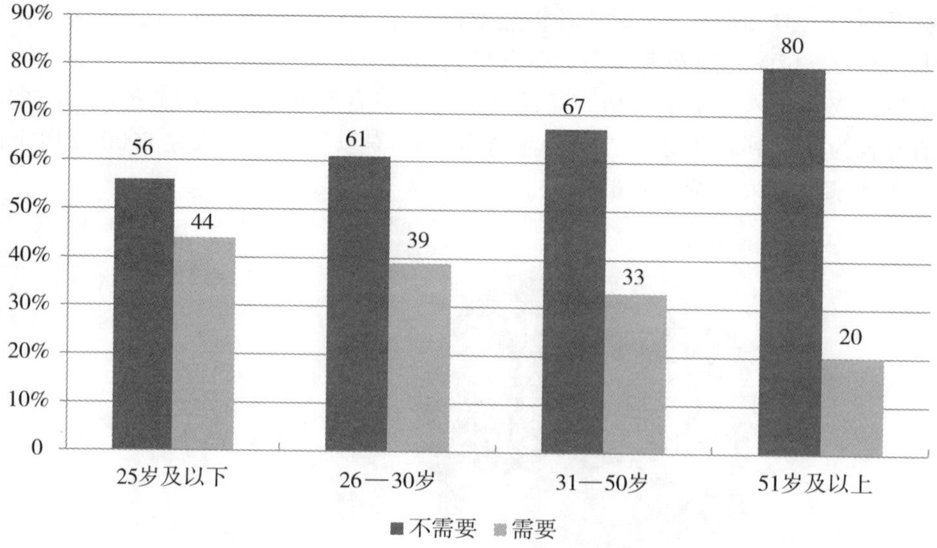

图 13　年龄对配送到家服务的影响

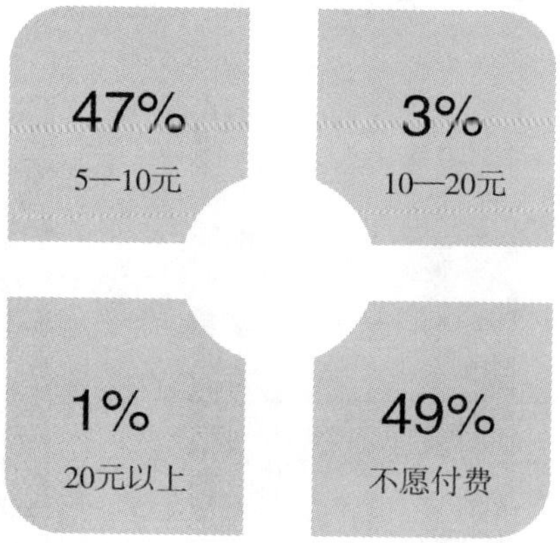

图 14　消费者可接受的配送费金额

（五）有生鲜切配需求，但付费意愿低，用户习惯仍待培养

为了适应人们快节奏的生活需求，社区生鲜企业提供净菜服务，提前将菜品清洗、切配并包装好，从而减少烹饪准备环节。然而，80%的生鲜消费者却选择散称蔬菜。

综合收入水平分析，价格贵并不是各个收入阶段的消费者首要考量的因素，消费者更注重净菜的品质以及能否自主掌握购买分量。

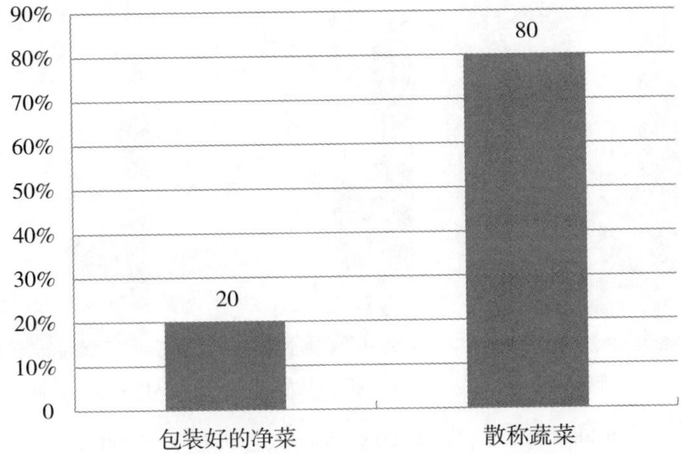

图 15　对净菜的接受程度

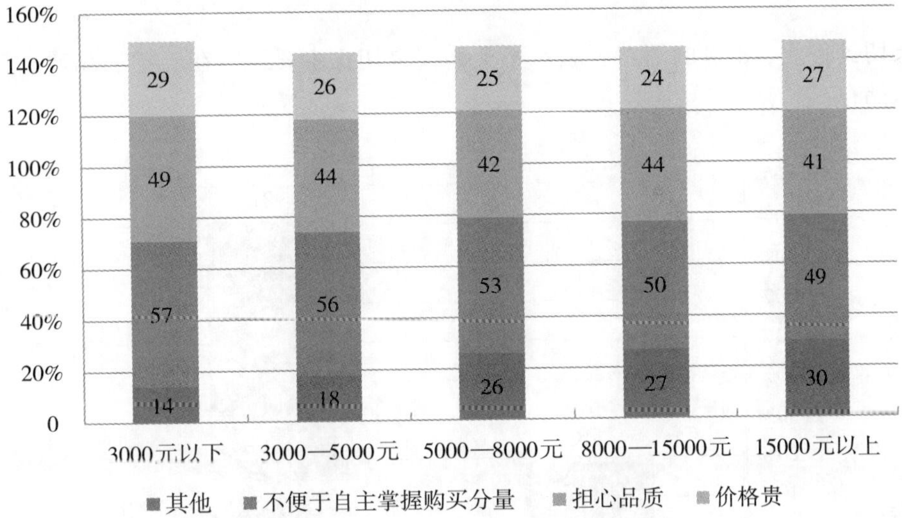

图 16　各个收入阶段的消费者不选净菜的原因

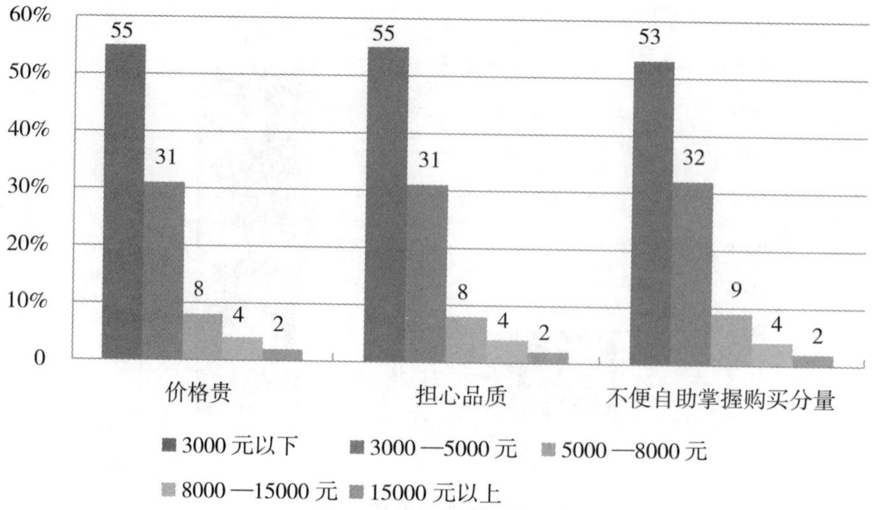

图 17　月收入对净菜消费的影响情况

在果切销售上，81%的消费者表示不会购买果切，主要原因在于担心品质、卫生以及果切难以储存。

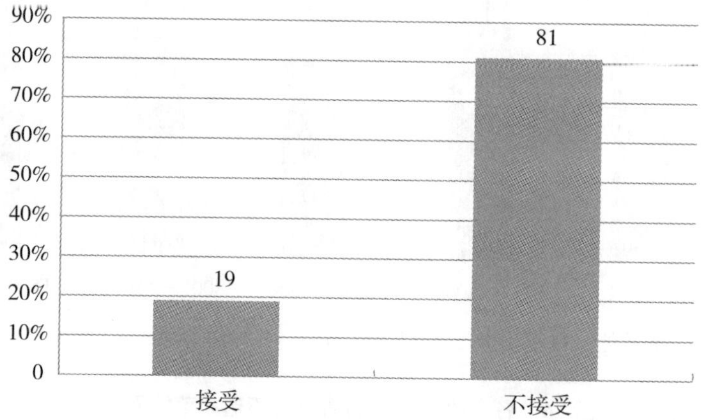

图 18　消费者是否接受果切

虽然，仅有 20%的消费者选择了净菜，19%的消费者选择了果切，但消费者的生鲜采购需求并未得到真正的满足。在生鲜消费需求调查中，蔬菜切配、切肉、代挑虾线的需求位列前三，消费者更希望此类切配服务不含附加费用。

因此，切配及净菜并不是一种伪需求。半成品净菜市场现在仍处于培育阶段。

三、样本企业

（一）社区生鲜业态依然在初级阶段

社区生鲜目前依然处于发展的初级阶段，从社区生鲜企业整体销售规模来看，大多数企业的销售规模在1000万元至1亿元，这部分群体占到了43%；销售规模在1亿元至10亿元的腰部企业占到了24%的比例；而销售规模在10亿元以上的头部企业只有7%。

这与社区生鲜企业的门店数规模大致相当。调研数据显示，76%的企业门店数在50家以内，13%的企业门店数在50家至100家，8%的企业门店数在100家至300家，而门店数超过300家的头部企业只占3%。

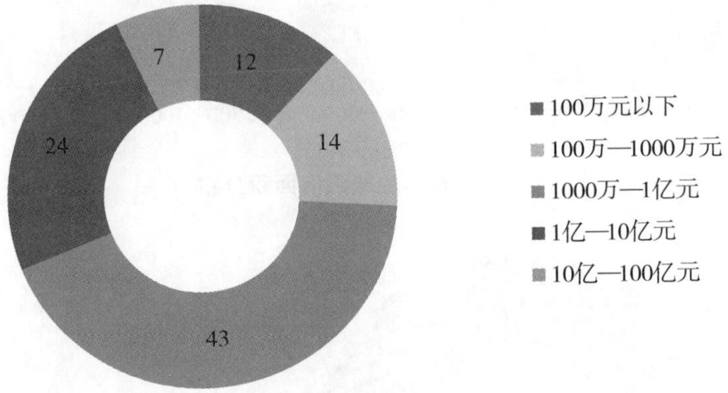

图19　社区生鲜企业销售额

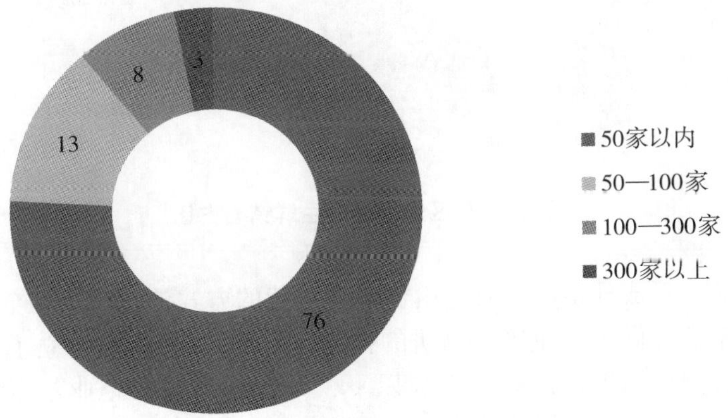

图20　社区生鲜企业门店分布情况

从社区生鲜企业的单店经营面积来看，100—300平方米是主流面积，这部分门店占到了36%。生鲜品类的销售占比进一步提高，在参与调研的样本中，生鲜销售占比超过40%低于80%的企业占到了68%。作为高频、刚需的日常消费，社区生鲜客单价主要集中在 20 元至 30 元。

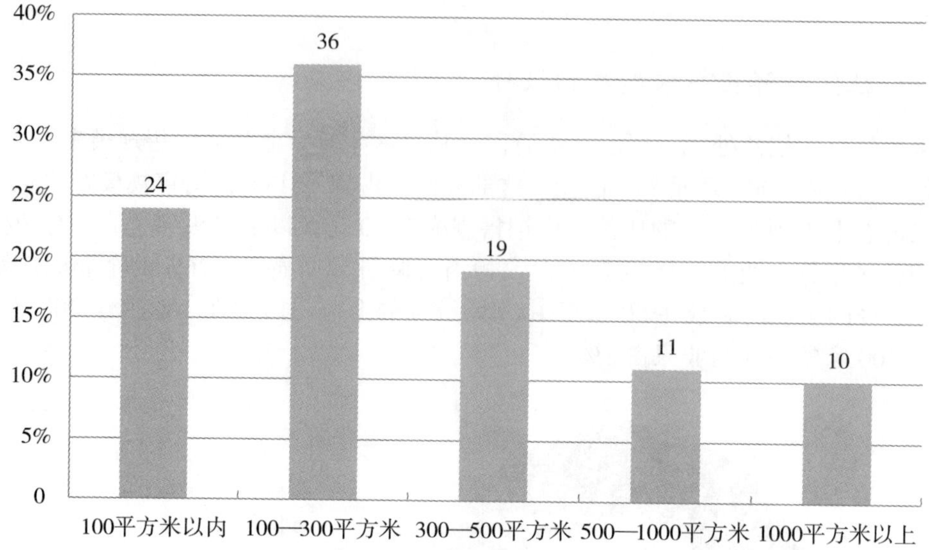

图 21　社区生鲜门店面积分布

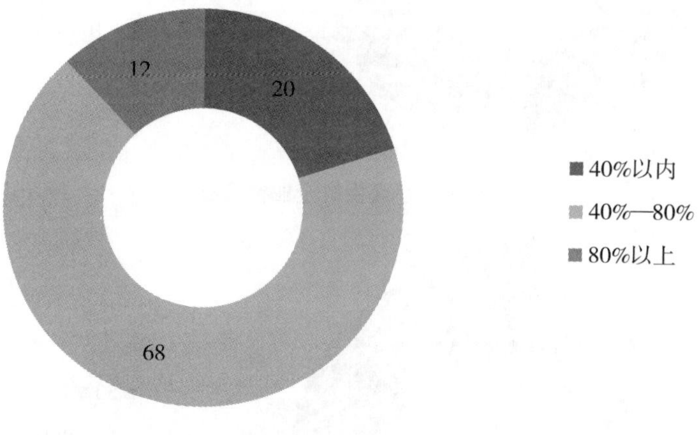

图 22　社区生鲜企业生鲜销售占比

分割租赁物业，形成外租区，通过租赁或者联营的方式消化门店租金成本正在成为社区生鲜企业的一个常见做法。在接受调研的样本中，39%的企业设立了外租区域。大部分企业外租区域可分担的租金比例在 20%以下，一些做得好的企业甚至可以消化一半以上的租金。平均算下来，通过租赁外租区，可以分担门店租金的 25%。

从毛利率分布情况来看，47%的社区生鲜企业的综合毛利率在 20%以内，另外有 43%的企业毛利率在 20%—30%之间，毛利率超过 30%的企业占比为 10%。综合算下来，样本企业的平均综合毛利率为 20%，这比 2018 年统计的 19.6%的毛利率提升了 0.4 个百分点。

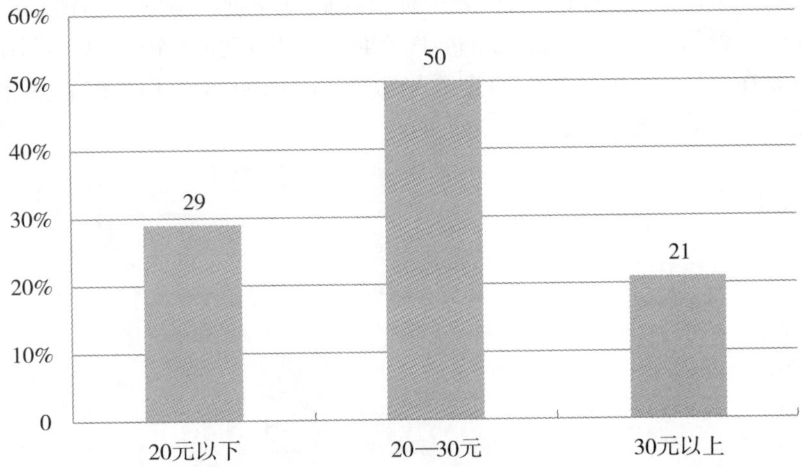

图 23 社区生鲜客单价

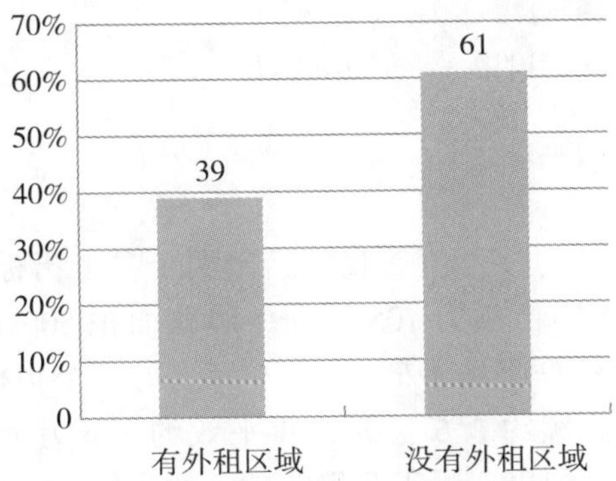

图 24 是否有外租区域

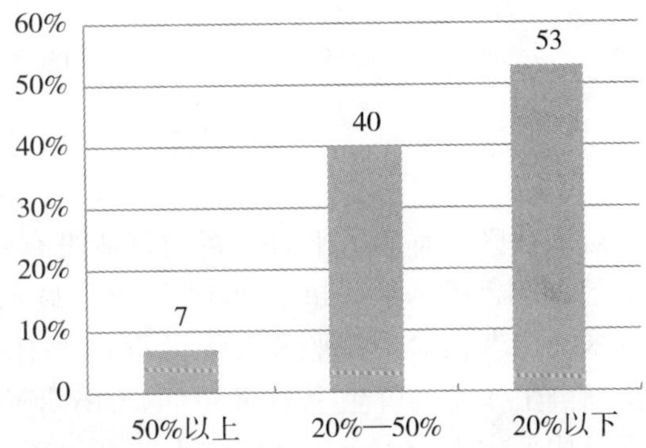

图 25 社区生鲜门店外租区域租金占整体租金比例

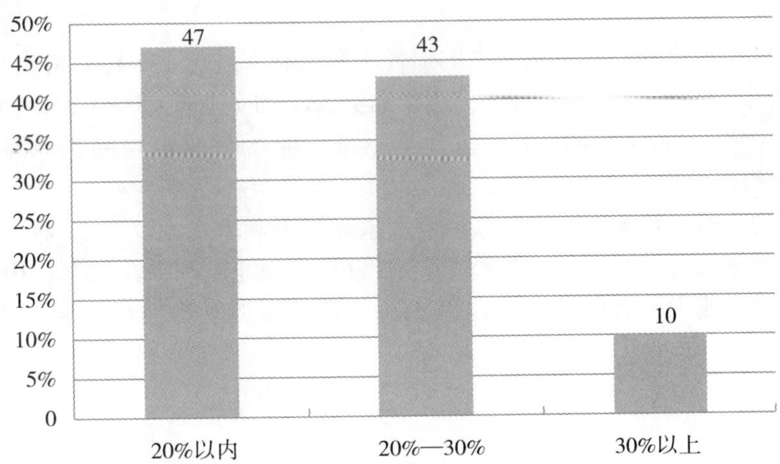

图 26 社区生鲜企业综合毛利率

平效是反映一个门店经营效率的重要指标。我们将调研样本的日均销售额与经营面积相除，得到社区生鲜门店的日平效，即每平米面积每日产生的销售额。调研数据表明，47%的企业平效在 50 元以内；33%的企业平效在 50—100 元；14%的企业平效在 100—150 元；平效超过 150 元的企业占比 6%。

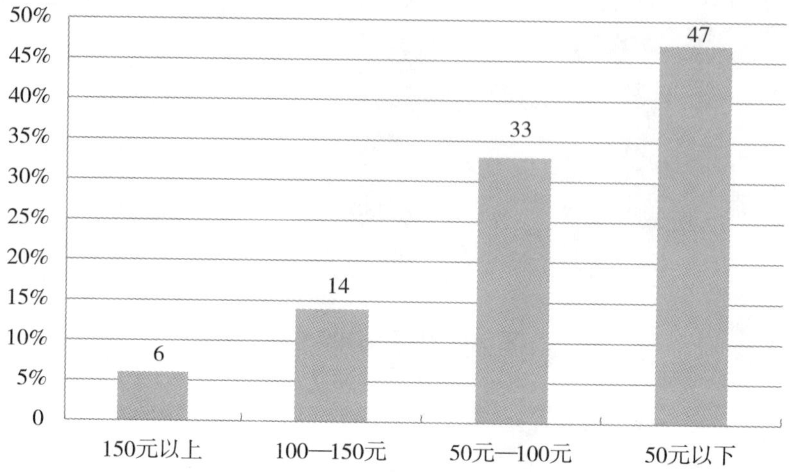

图 27　社区生鲜门店日平效

对于社区生鲜店的平效，目前行业没有一个标准的参考值。我们给出两个参考指标，一个是永辉超市。永辉超市 2018 年财报显示，全年销售额为 705 亿元，经营面积 500 万平方米，二者相除，每平米每年可贡献 14100 元，核算日均平效为 38.6 元。另一个指标是盒马鲜生。盒马鲜生上海金桥店 2016 年全年营业额约 2.5 亿元，年平效约 5.6 万元，核算日均平效为 153 元。盒马鲜生的平效还包括线上销售，属于业界非常高的指标。

综上所述，社区生鲜门店的平效要高于传统的大卖场。

（二）主要品类的毛利率与损耗率

我们针对样本企业的一些重点品类的损耗率和毛利率进行了跟踪。得出如下结论：水果品类 80%的企业损耗率在 5%—10%；蔬菜品类 58%的企业损耗率在 5%—10%；肉禽品类中 52%的企业损耗率在 5%以下。综合算下来，样本企业水果品类的平均损耗率为 7.2%；蔬菜品类平均损耗率为 6.8%；肉禽品类平均损耗率为 5.3%。

从毛利结构来看，72%的社区生鲜企业水果品类毛利率在 10%—25%；55%的样本企业蔬菜品类毛利率超过 20%；肉禽品类中，42.86%的企业毛利率在 15%以内。综合来看，接受调研的样本企业中，水果品类毛利率 21%；蔬菜品类平均毛利率为 21%；肉禽品类毛利率为 20%。

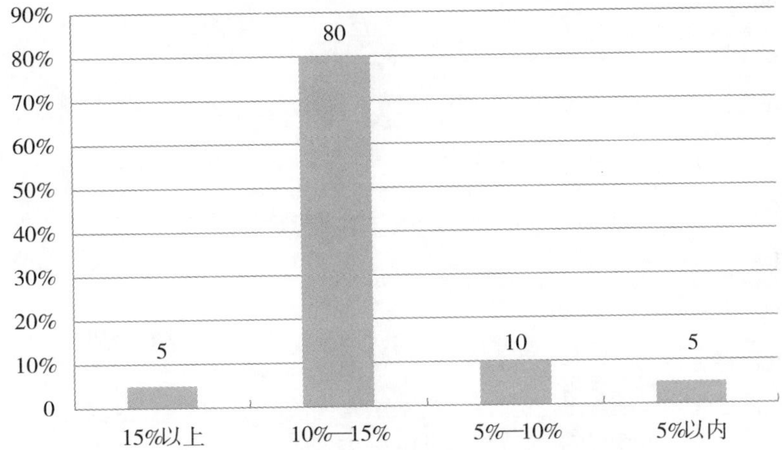

图 28　社区生鲜企业水果损耗状况

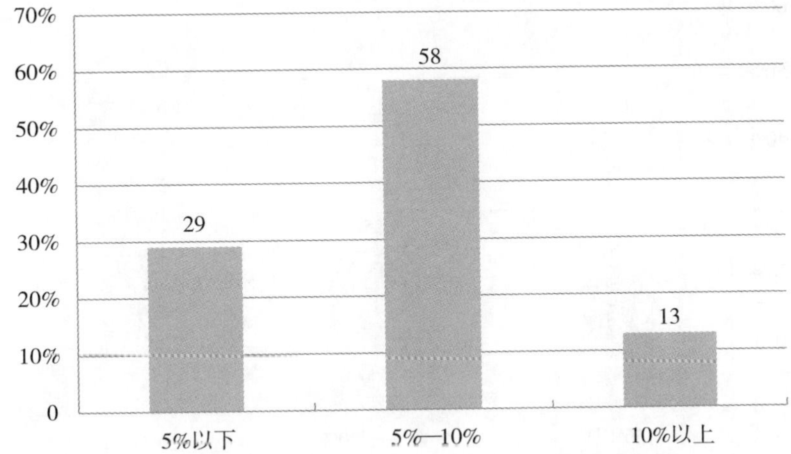

图 29　社区生鲜企业蔬菜损耗状况

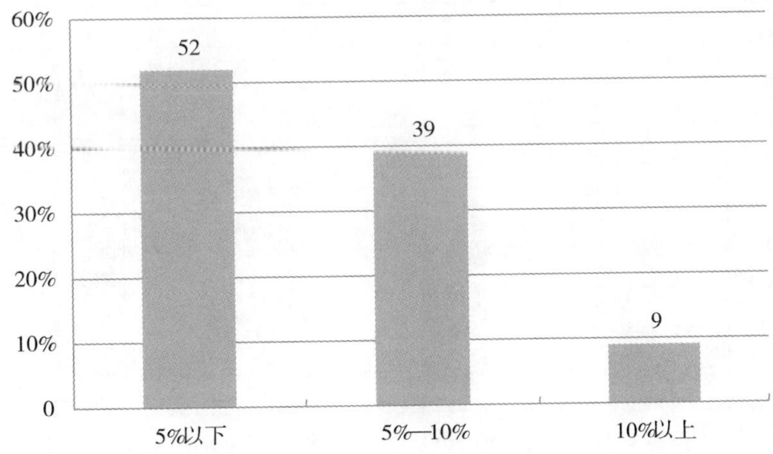

图 30　社区生鲜企业肉禽损耗状况

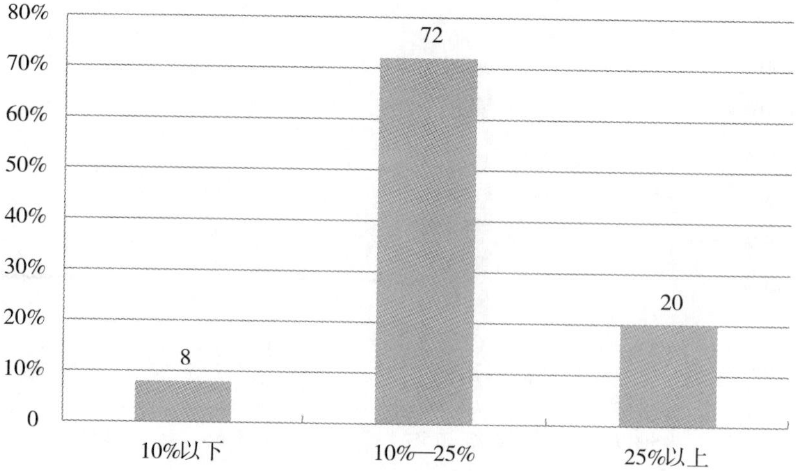

图 31　社区生鲜企业水果毛利率分布情况

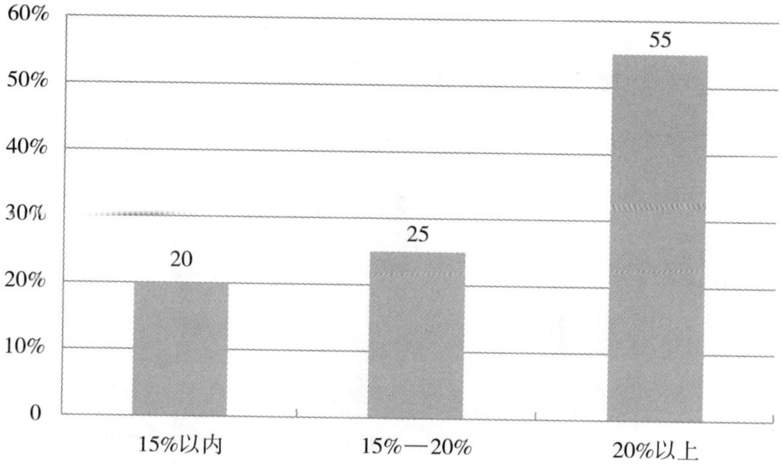

图 32　社区生鲜企业蔬菜毛利率分布情况

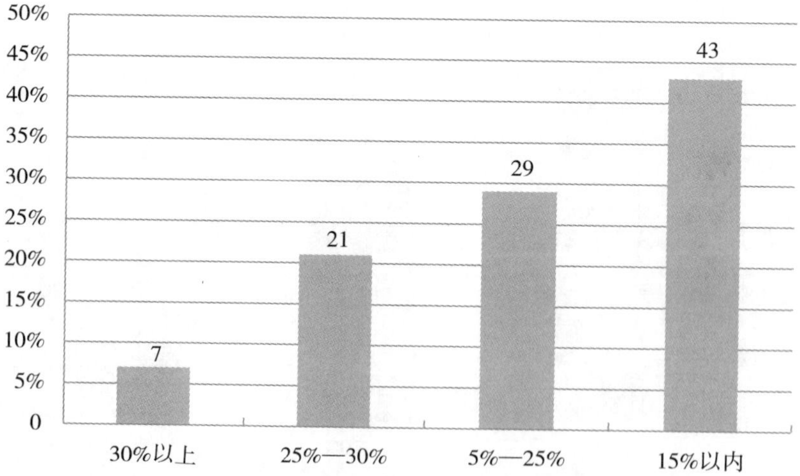

图 33　社区生鲜企业肉禽毛利率分布情况

四、融资概况

融资方面，根据样本中的72家企业，28家企业有外部融资需求，44家企业无外部融资需求。在这些企业中，有45家企业表示收到投资意向，被资本看中。这一数据显示出资本近几年对社区生鲜赛道的关注。

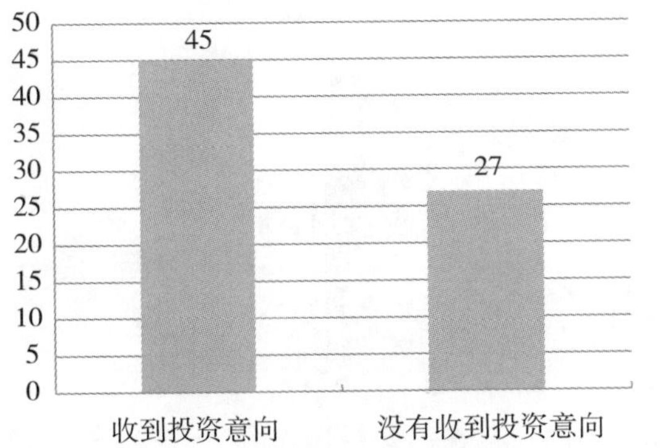

图34　是否收到投资意向

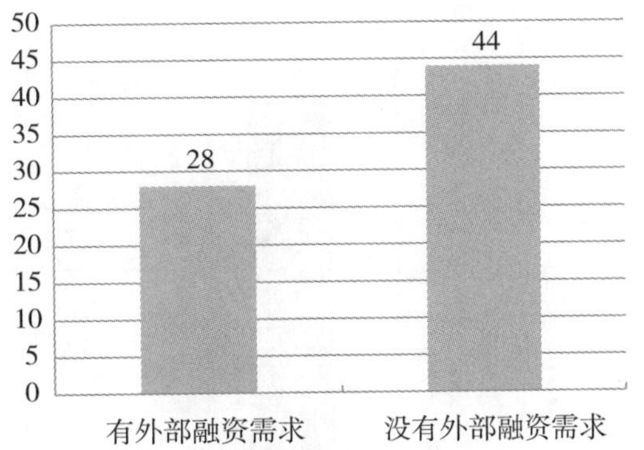

图35　是否有外部融资需求

从融资情况看，社区生鲜进入有序发展期，行业单笔融资额逐年大幅提高。据《第三只眼看零售》不完全统计，从2015至2019年，社区生鲜企业累计发生融资71笔，融资总额超195亿元。

2015年获投企业多数在天使轮或A轮，且融资数额小。说明行业整体偏中早期，但各方资本对社区生鲜赛道较为看好。行业融资19起，融资金额超过23亿元。进入2016年，行业融资额及融资数量下降，部分社区生鲜企业退出。2017年，头部公司初步显现，单笔融资额大幅提高，社区生鲜企业从初创期的“跑马圈地”逐步过渡到有序发展期。2018年社区生鲜企业融资达到高峰，融资总额超过60.83亿元，融资28笔。60.83亿元的融资金额中，社区团购企业融资超过50亿元。2018年，历经3年的大浪淘沙，部分企业退出赛道，但新物种降生——社区团购。这是社区生鲜赛道再创业的一年。

另外，融资轮数也显现出社区生鲜赛道的两次创业浪潮分别在2015年及2018年。

2019年，单笔融资金额进一步扩大，仅7起融资，总金额便超过54亿元。

同时，从融资企业可以看出，以农贸市场与大型连锁超市为主导的生鲜渠道格局已经被打破，具有较强便利性的社区生鲜业态成为前两者的有效补充，发展正盛。

五、线上业务

（一）线上销售占比提升1.4个百分点

在各大到家平台的不断渗透、微信小程序的普及以及前置仓、社区团购等新模式推动下，社区生鲜企业线上销售进一步提升。有两个数据可以直观反映出其中变化：一是开通线上业务的企业占比扩大了；二是线上销售比去年提升了 1.4 个百分点。

数据显示，2019 年的调研样本中，有 61%的企业开通了线上业务，而去年只有 57%的企业开通了线上业务，比 2018 年提升了 4 个百分点。在线上销售中，2018 年调研样本平均线上销售占比为 9.6%，2019 年的线上销售占比为 11%。不过，整体而言，大部分企业的线上销售占比在 10%以内，这一群体占到了样本的 68%。

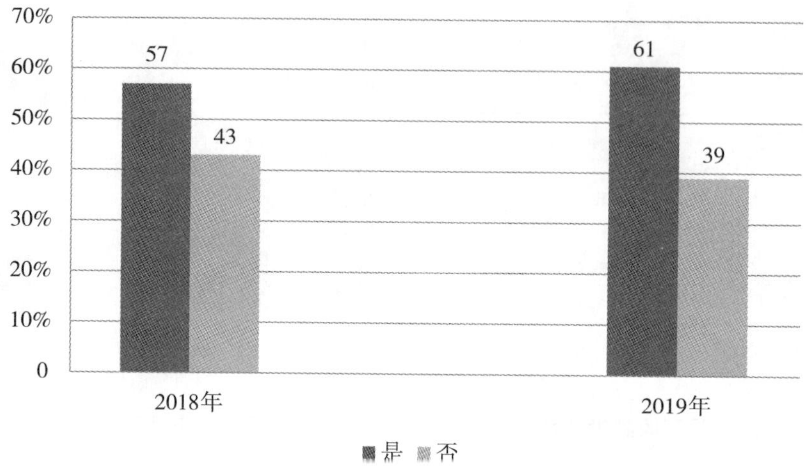

图 36　是否开通线上业务

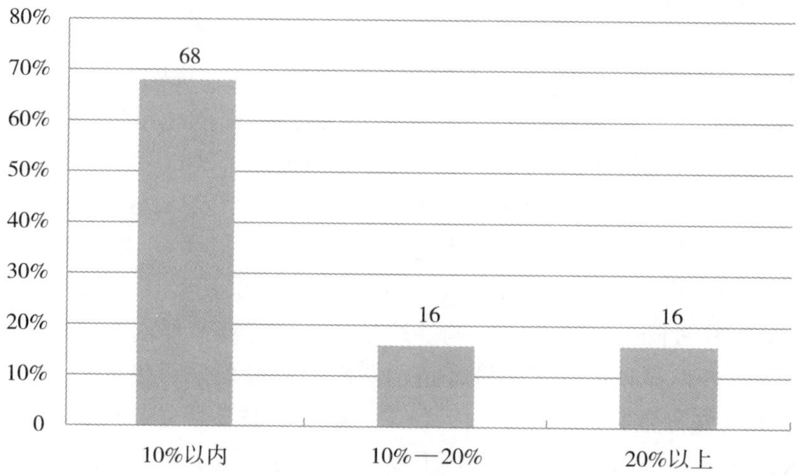

图 37　社区生鲜企业线上销售占比

在社区生鲜企业线上业务的实现路径中，大多数企业选择了与第三方平台合作，只有小部分企业选择自己开发 App。需要注意的是，在微信小程序的不断推动下，使用小程序开展线上业务的企业逐渐增多。合计下来，采用小程序或者小程序配合其他渠道开展线上业务的社区生鲜企业占比达到 55%。

既然大多数社区生鲜企业选择通过第三方平台来开展到家业务，那么，在业内主流的到家平台中，谁在社区生鲜企业中的渗透率最高？我们通过调研得到了这样一组结果。

首先是美团、饿了么两大外卖平台渗透率最高，分别达到38%和35%；京东到家紧随其后，渗透率为20%；多点Dmall渗透率为6%；淘鲜达为1%。

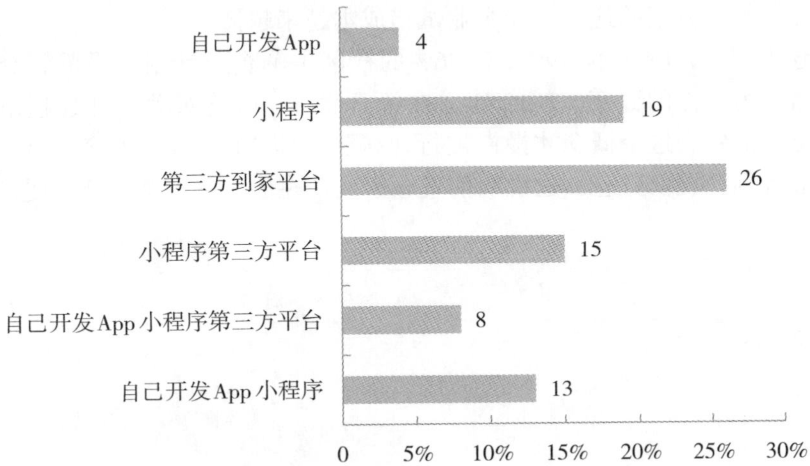

图 38　通过何种方式开展线上业务

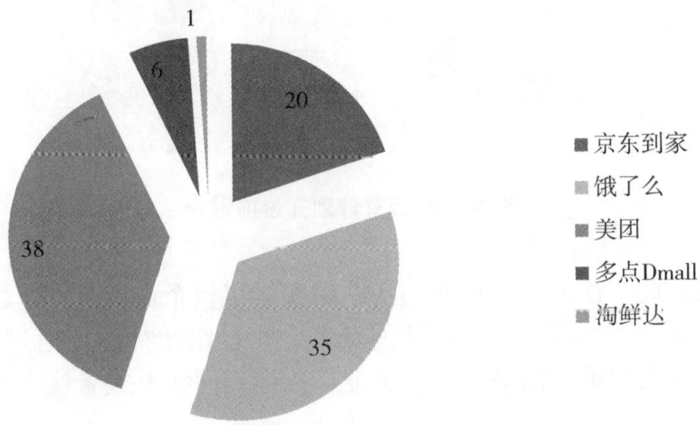

图 39　到家平台渗透率

从中反映出这样几个特征。一是外卖平台的推广能力不可小视，它们对于规模较小的连锁门店更具吸引力；二是京东到家采用“两端”战术，一端与沃尔玛、永辉等大型连锁卖场合作，另一端积极开展与个体小店的合作，具有一定覆盖广度；三是多点Dmall和淘鲜达的策略是与大型企业开展合作，并且具有一定的排他性，而社区生鲜企业大多数门店数集中在50家以内，不是这两家平台的主流客户，因此这两家企业在社区生鲜业态的渗透率较低也可以理解。

从这些数据可以看出到家平台未来的两个选择，是to大B还是to小B，这将成为到家平台战略走向的一个分界点。需要指出的是，上述渗透率只代表到家平台接入的企业数量而非订单数量。

（二）前置仓、社群运营等新做法备受关注

2019 年以来，在前置仓、社区团购等新模式的带动下，传统社区生鲜企业纷纷尝试新做，并且以非常积极且快速的态度去响应。这一方面源于竞争的压力；另一方面也源于信息技术和相关解决方案的迭代，让企业试错成本越来越低。

以前置仓为例，调研样本显示，有 36%的社区生鲜企业计划开设前置仓。我们认为这是一个非常值得关注的数字。2018 年，在每日优鲜、叮咚买菜、朴朴超市等几个头部企业的推动下，前置仓这个概念才慢慢被行业接受。而 2019 年，居然有超过三分之一的社区生鲜企业计划开设前置仓，这说明前置仓模式正在成为一种被广泛接受的新业态。

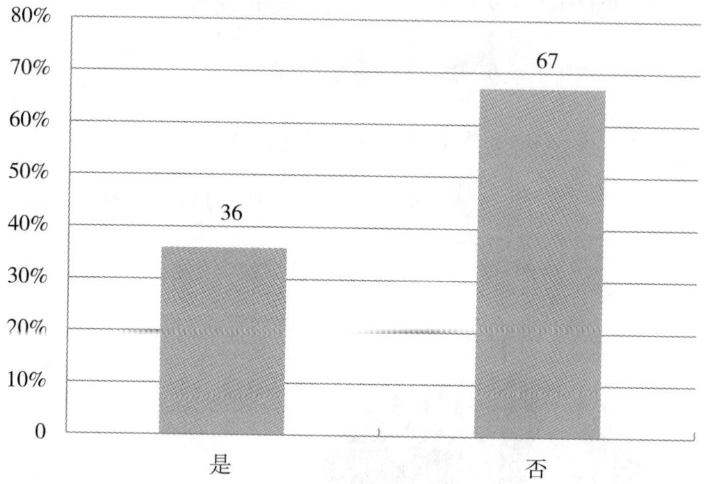

图 40　是否有计划开设前置仓

社群运营也是如此。社区团购企业的实践给实体零售企业带来一个性价比极高的销售模式，即以门店为圆心、以周边三公里的消费者为半径组建社群，通过社群运营、秒杀、团购等系列活动，向用户销售商品、宣传企业，以达到向线上或者线下引流，拦截消费者流失的目的。

调研数据显示，72%的社区生鲜企业开展了社群运营，但大多数企业社群用户数在 1000 人以下，这部分占到 43%；社群用户超过 10 万人的只有 7%。这说明，社区生鲜企业当前的社群运营水平还处于初级阶段，未来有很大的挖潜空间。

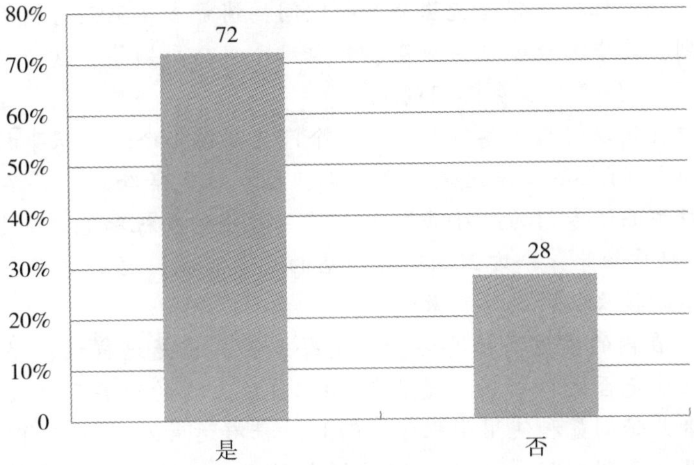

图 41　是否开展社群运营

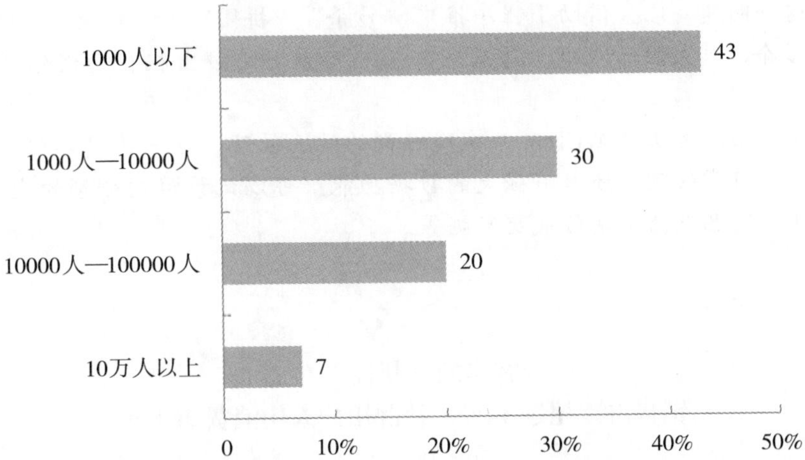

图 42　社区生鲜企业社群用户数人数占比分布

社群运营案例一：

步步高通过社群运营带来30%的线上订单

2018 年 2 月，步步高上线小程序“Better 购”，从而开启了新一代的全渠道之路。在这个过程中，社群营销起到了至关重要的作用。在步步高已经开通到家业务的门店中，通过社群营销转化而来的订单量达到了 30%。

步步高社群营销体系化运作始于 2019 年 4 月，它与步步高“Better 购”小程序相互关联，相互引流。比如，在社群分享小程序的营销活动可促进小程序打开率和到家业务订单量，而小程序提供的“秒杀”“拼团”“立减金”“分享红包”等工具分享到群里又可以促进社群的活跃度，二者共同支持门店的到家业务。

步步高是这样定位社群的：它起到了品牌宣传、资讯传达、信息收集、在线销售以及顾客服务的多个功能。社群是完全透明公开的空间，消费者在里面有投诉或者建议，所有的群成员都能看到，其中甚至包括供应商、竞争对手、公司领导。这就要求运营人员必须第一时间解决问题，“倒逼”业务部门的流程。

步步高的社群营销以门店为单位开展，每个门店安排一个专门从事社群运营的工作人员“小步”。“小步”的主要工作就是建立社群、维护社群活跃度，并不断拉入新用户进入社群。为此，步步高还专门为“小步”配置了工作用的手机和笔记本电脑。

“小步”受到双重领导，一方面向所在门店的店长汇报；另一方面，受步步高智慧零售部门的指导，不断接收社群运营新做法。

包括“小步”在内的步步高社群运营人员每天的工作是这样的：早上起床先检查一遍当日推送的小程序是否运行顺畅、是否有 BUG、该上线的商品和活动是否上线；等到上班时间，消费者开始浏览和使用小程序，而此时社群运营人员的工作就是跟团队开会、商议工作，与商品、企划、IT 等相关部门协调各种资源；晚上十点多的时候社群开始活跃起来，他们又充当起了“超级客服”，与社群中的意见领袖进行沟通、互动。

社群的天然属性使得用户有一个自然的衰变过程。步步高采用不断活跃社群和精细化运营来解决这一问题。比如借助小程序推广“秒杀”“拼团”“返利金”“朋友圈积赞领购物券”等多个工具来激活社群。每周一、三、五会固定推出相应的促销活动来吸引社群用户关注。

步步高借助第三方工具 WeTool 来实现社群的统一管理。这一工具不仅能够帮助运营人员对社群实现日常管理，还具有强大的数据功能，可以记录群内分享的内容触达效果、引导成交数据、商品及活动实际成交数据等。

社群运营案例二：

爱客多的“拼团”生意
销售占比超过 14%，社群用户人均消费 960 元

爱客多 2019 年 4 月 8 日开始尝试社区拼团，第一个月创下 460 万元销售额，第二个月销售额达 1200 万元，第三个月销售额为 1100 万元……至今为止，月销售额稳定在 1200 万元左右。保守估计，拼团业务每年可贡献 1.4 亿元销售额，将占到爱客多整体销售额的 14.3%。

上述销售额是由爱客多 20 万名社群用户创造的。爱客多的社群用户有 20 万人，其中大约 5 万人是爱客多自己的员工、供应商员工、关联企业员工以及业内同行等，真正意义上的客户应该只有 15 万人，以此计算，平均每个用户一年为爱客多献 960 元销售额。

爱客多给自己社区拼团划了一条“红线”：只能赚钱，不能赔钱。它无法像纯粹的社区团购企业那样靠资本“烧出”一条通路。爱客多只能以现有的资源为依托，核算好利润和成本，走出一条符合自身发展的拼团之路。

利润。爱客多每次参与拼团的商品控制在 20 个 SKU 以内，主要分为非食品、生鲜食品等。此外，本地服务也可以拼团。其中非食品有 10%—12% 的毛利率；生鲜食品毛利率 6% 左右；而本地服务是以联营方式进行的，利润也较为可观。总体算下来，爱客多拼团业务综合毛利率可达 6%。

成本。爱客多拼团业务的成本有两部分，一部分是团长的提成，占销售额的3%；另一部分是为了激励门店而设置的奖金，占销售额的0.5%，这部分钱将分配给店长个人。上述成本合计3.5%，综合算下来，爱客多每笔拼团订单的利润率为2.5%，拼团业务整体是不亏钱的。

从利润和成本构成可以看出实体零售企业做拼团与社区团购企业的不同之处成本可控，通过实体店的“家底”来消化成本。

首先，仓储物流费用和门店租金是没有计入成本的。爱客多有现成的物流中心和配送体系，拼团业务在规模没有到达一定的量级之前，可以搭载原有的物流体系，而不产生额外的费用。

爱客多拼团订单的物流分为两种情况。一是供应商直接配送至门店，这部分费用包含在商品成本里面；二是供应商配送至物流中心，再由物流中心分拨至门店，这部分可在门店补货时捎带搭载过来。

其次，总部人员和团长都是“复用”的。爱客多拼团业务总部人员有7—8人，他们归属于电商部的编制，除了上线拼团商品之外，还负责到家业务。团长由门店店员兼职，除了门店本职工作之外，负责拼团业务的营销推广、取货提货、售后服务等。

因为员工是“复用”的，爱客多总部人员工资没有计入拼团业务成本，而3%的佣金也能满足团长对综合收入的需求。这一点跟单纯的社区团购企业有所不同。拼团业务的提货过程需要门店配合完成。为了激励门店，爱客多规定拼团订单计入提货门店的销售业绩。

在供应链层面，爱客多社区拼团主要依托实体门店的供应商，以及京东商城、山姆会员店、宜家等企业的特殊团购渠道资源。未来，爱客多计划在全国招募1000名兼职买手，给予销售额的2%—3%作为佣金，从而“扩容”当前的供应体系。

六、食品安全

在本次调研过程中，我们首次将食品安全纳入调研的一个维度。这部分信息得到艺康（中国）投资有限公司超市业务部的全力支持。通过比较大卖场与社区生鲜超市在此方面的差异，得到如下结论：

表1　　大卖场与社区生鲜超市差异

	大型超市	社区生鲜超市
生鲜商品种类（SKU）	多	少
生产工艺流程	多	少
进货渠道	统一	分散
供货商配送能力	强	弱
顾客在线下单配送需求	少	多
生鲜人员食品安全认知	高	低

社区生鲜超市的生鲜商品种类和生产工艺流较少，因此食品安全风险相对较低。但就采购而言，其途径多样且分散，多数生鲜商品并非由加工中心配送，而是供货商直接配送到店，相当考验供货商的冷链物流配送能力。而根据过往经验，个别供货商为了减少配送成本常会使用常温车辆运送冷链商品。

另外，社区生鲜超市顾客线上订单的配送需求也多于大型超市。为了给消费者提供更快速、更精确的送达服务，并保证商品的新鲜与安全，需要社区生鲜超市规范运输、仓储、终端配送等环节。

并且，由于社区生鲜业态的展店速度非常快，往往对生鲜员工在入职前的食品安全培训不足，这增加了食品安全的潜在风险。在艺康团队过去的审核经验中，社区超市常见例外项大致有 4 点：

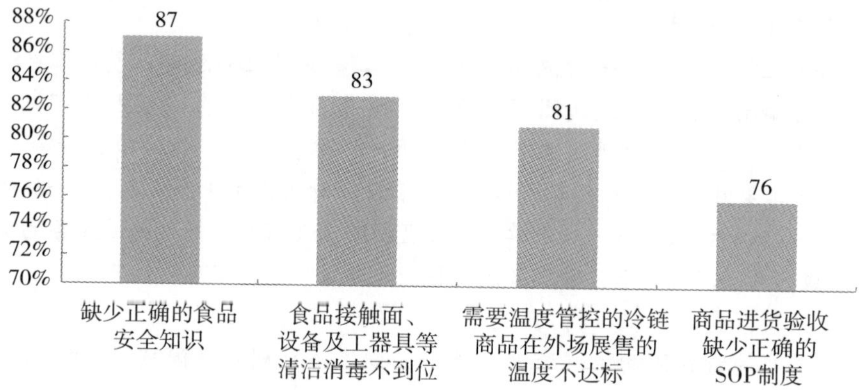

图 43　超市常见例外项

（一）缺少正确的食品安全知识

众所周知，食品制造流程由进货验收、储存、加工、加热、分切、展示、销售等各个不同的环节组成。一旦其中一个环节做得不足，就会造成食品安全风险。因此，每个环节的员工都非常重要，必须要受过相应的培训。如果让缺乏食品安全经验的员工在超市行业中进行食品操作，便会大概率造成环节作业中的交叉污染，发生食品安全问题。

（二）食品接触面、设备及工器具等清洁消毒不到位

1. 清洁不到位

在对社区生鲜超市审核时，常常发现一些工器具在清洁之后，仍然有污垢、食物残渣等残留。

艺康团队发现，一些员工确实在使用完器具后即刻清洗。但由于缺少正确清洁剂使用方法的知识或合理的清洁方案，致使员工在耗费过多的力气刷洗器具后，仍然无法将器具清洗干净。导致员工思想上认为这些污垢无法清洗，造成污垢堆积，越来越难以清洗，成为食品安全的风险点。

2. 没有进行消毒程序

一清二洗三消毒，是食品行业的完整清洁消毒流程。但一些员工在执行完清洁步骤之后，却往往忽视了消毒的步骤。使用没有消毒的器皿进行食品加工，不单单会有食物中毒的风险，从营运的层面考虑，也会降低食品的保存期限，造成过多的耗损，最终影响企业的利润。

（三）需要温度管控的冷链商品在外场展售的温度不达标

目前，依照国家的法规规定，冷藏商品必须要在0℃—8℃的规范温度内。艺康团队发现，在冷藏柜内的商品，依然会有温度不达标的情形。主要有以下几种可能性：

一是温度无法达到标准。原因是机台老旧，无法正常制冷，或者商品陈列堆放过高、过满，导致最外层的商品无法达到设定的温度。二是冷藏商品在放入冷柜前，已经失温并且放置常温过久，使商品无法快速地降低到冷藏温度。三是冷藏展柜设计不良，无法使展柜的商品保待在低温环境下，一旦脱离冷链，便会快速变质，无法食用。

（四）原物料验收环节缺乏科学的SOP制度

商品在进入超市前，超市的收货部门都会针对商品进行验收。但在实际检查时，收货部门通常疏忽了质量检查，仅针对数量、价格进行验收。

因此，收货部门必须建立验收标准，除包含数量、价格外，更要包含商品质量、完整度等信息。

如果是冷链商品，更需要测量运输车辆及商品的温度是否达到验收标准，验收完毕后，尽快放回冷冻冷藏库做储存，避免在常温环境下放置过久。

另外，目前多数超市仅针对自营商品进行验收，对联营商品很少验收。对于联营商品也必须经过商品的验收流程，不可省略或由联营商自行带入超市。

七、结语

总体而言，2019年社区生鲜经营状况可谓压力与挑战并存。

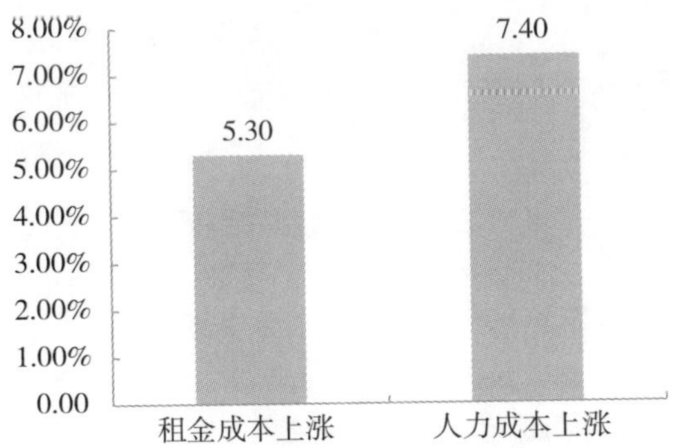

图44　各项成本上涨

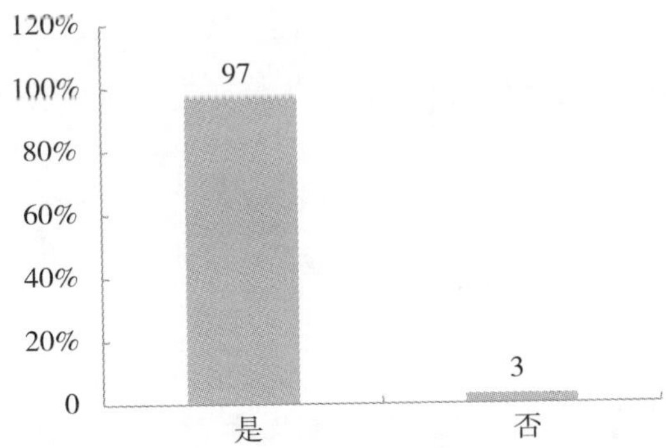

图45　是否看好社区生鲜前景

与 2018 年相比，2019 年社区生鲜企业成本压力持续增加，人力成本和租金成本持续上升：人力成本同比上涨 7.4%；租金成本涨幅为 5.3%。与此同时，供应链和人才成为社区生鲜企业面对的诸多难题中最具有共性的两大瓶颈。

不过，可喜的是，即便面对诸多压力，社区生鲜企业对这一赛道的信心和对企业运营状况表示乐观。2019 年的调研数据显示，53%的样本企业表示销售符合自己的预期；而这一数字 2018 年是 50%，同比上涨 3 个百分点；同时，有 97%的受访者表示看好社区生鲜未来的前景。

社区生鲜企业的信心指数来自业绩的持续增长。调研数据显示，2019 年社区生鲜企业可比门店增长为 12.58%。这反映出作为这两年崛起的新生业态，社区生鲜将迎来较大的发展机会。

对于本报告，需要申明两点：

一是由于中国市场区域差异性和企业差异性较大，本次问卷得出的数据为样本企业平均值，因此与个别企业实际经营数据呈现一定的差异性。

二是本报告仅为零售经营者提供参考。报告中所表述的意见不构成对任何人的投资建议。本报告的信息来源于一些公开资料与调研问卷，我们对该信息的准确性、完整性和可靠性作尽可能地追求但不作任何保证。

第三部分

中国连锁行业大事件

中国连锁行业大事件
（2019 年至 2020 年 6 月 30 日）

【实体商业收购】

苏宁易购收购万达 37 家百货公司

2019 年 2 月 12 日，苏宁易购董事长张近东在新春团拜会上宣布，苏宁易购正式收购万达百货下属全部 37 家百货门店，构建线上线下到店到手全场景的百货零售业态，为用户提供更丰富的数字化、场景化购物体验。对于苏宁易购来说，投资万达是苏宁易购线下大开发战略的持续，万达百货刚好可以补上苏宁易购的百货短板，尤其可以在服装这一品类上进行补充。

物美接管华润万家，入股重庆百货，入主麦德龙中国

2019 年 3 月，物美集团接管华润万家在北京的 5 家大卖场门店；2019 年 6 月，物美集团以 70.75 亿元人民币拿下重庆百货控股股东重庆商社 45%股权；10 月，斥资百亿元入主麦德龙中国。

家家悦接管山东华润，投资快乐真棒

山东区域零售巨头家家悦逐渐向实现全国性零售企业的目标进击。2019 年 9 月，家家悦完成山东华润万家的收购，这笔交运涉及华润万家在山东开设的 7 家超市门店。2019 年 11 月，家家悦以自有资金 2.1 亿元收购真棒集团相应资产重组后的淮北市乐新商贸有限公司 75%股权，进军安徽市场。

百胜中国加码中式餐饮，收购黄记煌控股权

2020 年 4 月 8 日，百胜中国在一份公告中宣布，正式完成对中式休闲餐饮特许经营品牌——黄记煌的控股权收购。该公告显示，收购完成后，百胜中国将成立中餐事业部，该事业部由三个核心中式餐饮品牌组成：小肥羊、东方既白和黄记煌。这是继东方既白和小肥羊之后，这家肯德基和必胜客的母公司第三次加码中餐市场。

全时便利店剥离出售

2019 年，全时便利店宣告“解体”，约 800 家便利店资产分别进行剥离出售：其中重庆地区的门店出售给“罗森”，长沙地区的门店由“珊珊”接手，北京、成都、天津、廊坊四个地区约 500 家门店则以 3 亿元出售给山海蓝图。

成都全时便利店微信公众号 2020 年 5 月 16 日晚间更新的一则消息显示，见福便利店与成都山海蓝图举行了签约仪式，正式宣布双方达成战略合作。据此，成都山海蓝图全权委托见福经营管理成都地区门店，成都山海蓝图的 106 家门店全部加盟见福。

【外资零售】

ALDI 奥乐齐正式开出线下店

经过两年多时间在中国市场的积累和线上试水，2019 年 6 月 7 日，ALDI 奥乐齐在中国的首批两家试点店正式亮相，这两家店分别位于上海市静安区江宁路街道和闵行区古美街道，这也是 ALDI 奥乐齐在亚洲的首批试点店。截至 2020 年 6 月底，ALDI 奥乐齐在中国市场已开出 7 家线下店。

ALDI 奥乐齐是德国最大的连锁折扣零售商，也是欧洲最大的零售商之一。作为一家世界 500 强的零售企业，在全球有一万多家店铺，并于 2017 年年初通过天猫国际海外旗舰店进入中国市场，于 2018 年年初开设天猫旗舰店。

苏宁易购收购家乐福中国 80%股份

2019 年 6 月 23 日，苏宁易购宣布以现金 48 亿元人民币收购家乐福中国 80%股份，并于同年 9 月末正式完成股权交割，苏宁易购成为家乐福中国控股股东，家乐福中国正式进入“苏宁时代”，补齐了苏宁易购大快消产品线。这是继收购迪亚中国、万达百货等之后，苏宁易购又一大手笔收购。

收购家乐福中国，苏宁易购在锁定国内优质大型综合超市资源的同时，还将加速推进大快消品类扩展与专业化、精细化运营，更为旗下多种业态融合创新带来全新探索。

Costco 中国首店开业

美国最大的连锁会员制仓储超市 Costco 在中国大陆的首家门店登陆上海，2019 年 8 月 27 日开张。开业仅半日，Costco 官网就被迫发布通知称，因卖场人潮壅塞，为提供更好的购物体验，将暂停营业。在传统商超饱受煎熬，家乐福、麦德龙中国业务步履艰难之际，Costco 这个新亮相的巨头如此被追捧令人深思。

物美宣布收购麦德龙中国

2019 年 10 月，物美宣布就收购麦德龙中国控股权已与麦德龙集团签订最终协议，物美集团将在合资公司成立初期持有 70%的股份，麦德龙集团将持有 20%的股份，剩余 10%的股份目前由麦德龙中国合资公司中的小股东持有。2020 年 4 月，物美集团宣布，收购麦德龙中国股权的事宜已经于 4 月 23 日正式交割完成。在新的股权结构下，物美集团持有麦德龙中国 80%的股份，麦德龙集团持有 20%的股份。

乐购正式退出中国市场，华润 25 亿元接盘

2020 年 2 月 25 日，英国最大零售商乐购集团宣布，已将其与华润合资组建的公司——Gain Land 的 20%股份售予华润的一个子公司，价格为 2.75 亿英镑（约合 3.57 亿美元），从而完成了从中国市场的退出。此前广州共有 6 家乐购超市，早于 2017 年前已全部更换为华润万家。

2013 年 8 月，乐购宣布与华润集团方面合作，双方达成协议，将乐购中国业务并入一家合资公司。根据合资协议，乐购将以在华的门店资产和 43.25 亿港元认购合资公司 20%的股权，华润将持有合资公司 80%的股份，交易完成后，乐购门店统一改为“华润万家”。此次乐购将合作公司仅剩的 20%股权作价 2.75 亿英镑出让给华润集团，正式退出中国市场。

【电商并购】

京东全资控股五星电器成立新公司

2019 年 4 月 17 日，京东宣布战略投资五星电器，购买 46%的股权；2020 年 8 月 12 日，京东宣布全资控股五星电器，新公司拟定名为京东五星电器集团有限公司。据悉，新的京东五星电器将继续保持独立经营，原五星电器总裁潘一清担任京东五星电器总裁，京东集团副总裁马骥出任京东五星电器首席财务官。五星电器原有直营门店将逐步改造升级为京东五星电器双品牌门店，通过全渠道数字化改革，承担起京东在线下的科技展示中心、顾客体验中心和会员服务中心功能。

阿里 20 亿美元全资收购网易考拉

2019 年 9 月 6 日，网易与阿里巴巴共同宣布达成战略合作，阿里巴巴集团以 20 亿美元全资收购网易旗下跨境电商平台考拉。同时，阿里巴巴作为领投方参与了网易云音乐此轮 7 亿美元的融资。网易公司首席执行官丁磊表示，这符合网易在新时期下的战略选择，有利于各方的长远发展。网易期望考拉能够在阿里巴巴生态体系内，持续为用户提供优质

的跨境电商服务。阿里巴巴集团首席执行官张勇表示，天猫进出口事业群总经理刘鹏将兼任考拉 CEO，考拉品牌将继续保持独立运营。

拼多多 2 亿美元入股国美

2020 年 4 月 19 日，拼多多宣布，认购国美零售发行的 2 亿美元可转债，期限三年，票面年利率为 5%，初步转换价为每股 1.215 港元。如最终全部行使转换权，拼多多将最多获配 12.8 亿股国美新股份，约占后者发行转换股份扩大后股本的 5.62%。同时，双方宣布达成全面战略合作，国美零售全量商品将上架拼多多，品牌大家电将接入拼多多“百亿补贴”计划。国美旗下安迅物流、国美管家两大服务平台，将同时成为拼多多物流和家电后服务提供商。

【企业上市】

阿里巴巴二次上市

2019 年 11 月 26 日，阿里巴巴在中国香港正式上市，股票代码为“9988”。港交所实时行情显示，阿里巴巴开盘价为每股 187 港元，较发行价格每股 176 港元涨幅 6.25%。据招股书披露，阿里巴巴此次发行 5 亿股新股，另有 7500 万股超额认购权，按照 176 港元的定价，阿里巴巴最多在港集资 1012 亿港元（约合 130 亿美元），为 2019 年迄今为止全球最大规模的新股发行。

由此，阿里巴巴成为首个同时在中国香港和纽约两地上市的中国互联网公司。阿里巴巴在美国发行的 ADS 和在中国香港发行的股份按照 1∶8 的比例互换。这在一定程度上搭建出阿里巴巴在全球资本市场的缓冲和双保险机制。

九毛九香港挂牌上市

2020 年 1 月 15 日，“网红”酸菜鱼餐厅太二的母公司九毛九国际控股有限公司，在中国香港敲钟上市。其股价首日上涨 43.94%，报 9.5 港元，盘前成交 7.39 亿港元，首日市值超百亿港元。其招股书显示，公司计划未来 3 年开设 370 家自营餐厅中，大约有 240 间太二，约 54 间九毛九及 76 间其他品牌。九毛九成为 2020 年餐饮上市第一股，也是继海底捞上市之后的又一家登陆港股的内地餐饮企业。

良品铺子上交所“云挂牌”

2020 年 2 月 24 日早上 9 点，良品铺子（股票代码：603719）在上交所挂牌上市，成为上交所首家举办网络上市仪式企业。这也是湖北省 2020 年首只上市的新股。当日 9 时 30 分开盘，良品铺子股价为每股 17.14 元，上涨 44.03%至涨停，总市值 68.7 亿元。良品铺子董事长杨红春在网络仪式中表示，面对疫情，良品铺子迅速调整经营策略，由全渠道营销转向主攻线上，确保公司健康经营。谈及公司上市，杨红春将其定义为“一个更重要的发展起点”，同时明确指出，将“高端零食”作为良品铺子未来十年的企业战略与品牌经营的战略。

达达集团登陆纳斯达克

北京时间 2020 年 6 月 5 日晚间，达达集团登陆纳斯达克，成为赴美上市“即时零售第一股”，股票代码“DADA”，发行价为每股美国存托股票（ADS）16 美元。因获得投资者踊跃认购，原定发行规模为 1650 万股，后扩大发行至 2000 万股，每 ADS 代表 4 股普通股。如全额行使“绿鞋机制”，达达集团此次募资规模约在 3. 68 亿美元。京东和沃尔玛作为达达集团 IPO 的基石投资者，在 IPO 中分别认购 4160 万美元和 3000 万美元。高盛、美银证券和杰富瑞为主承销商。上市后达达集团创始人兼 CEO 蒯佳祺继续担任董事会主席及 CEO。

京东在港二次上市

2020 年 6 月 18 日，京东集团顺利在中国香港二次上市。京东本次上市股票发行价定为每股 226 港元，全球发售募集资金净额约为 297. 71 亿港元。上市首日，京东港股高开 5. 75%，报每股 239 港元。23 日收盘，报收每股 230 港元，总市值超 7000 亿港元。这次在中国香港二次上市，京东表示，资金拟用于投资以供应链为基础的关键技术创新以提升客户体验及提高营运效率。

【特许加盟】

美宜佳全国门店突破 2 万家

2020 年 5 月 6 日，总部位于东莞的便利店品牌美宜佳在官方微信号宣布，全国门店突破 2 万家，覆盖全国 130 多座城市，每月服务顾客 1. 5 亿多人次。美宜佳由东莞市糖酒集团控股，成立于 1997 年，是在国内第一家连锁超市——美佳超市基础上发展起来的连锁便利店企业。自成立以来，门店发展以广东为中心，稳步布局全国。2018 年进入长三角地区，形成华南、华中、华东三大发展区域，已成为国内规模较大的特许连锁便利店企。

周黑鸭、苏宁小店陆续开放加盟

2019 年 11 月 18 日，周黑鸭在总部武汉举行特许经营签约新闻发布会，正式宣布启动特许经营，将商业模式升级为“直营+特许经营”模式。据了解，周黑鸭主要是针对城市或特殊渠道的特许加盟，单店加盟尚未开放。2020 年 6 月 22 日，周黑鸭正式宣布开放单店特许经营模式，首批单店特许商已成功签署品牌授权协议。单店特许业务采用全托管式合作模式，是自 2019 年周黑鸭开展特许经营以来又一新的举措。

2020 年 6 月 8 日上午，苏宁小店官方宣布全面开放门店加盟，设立 3 年内加盟 10000 家门店目标。同年 5 月初，苏宁小店在南京开出第一家加盟店。苏宁方面透露，对入驻加盟商，苏宁将提供包括前端布局、商品订货、门店操作培训等全流程服务。并在运营上配备大快消供应链与互联网营销工具，辅以物流配送等，助力门店经营。苏宁小店的运营模式主要为线上线下融合，可实现用户线上下单最快半小时送达，目前苏宁小店推出的社区团购产品苏小团已在全国发展近 10 万名“团长”。此外，苏宁小店提供房屋中介、金融、快递、彩票、家政、维修等业务，既有商品经营，又涵盖社区服务。

【社区生鲜】

百果园进军生鲜领域

2019 年 4 月 16 日，百果园宣布进军生鲜领域，并发布独立平台“百果心享”。这意味着百果园打造了一个新的生鲜平台，从原有的水果单一品类扩充至大生鲜领域。据了解，百果园新推出的生鲜品类借助百果园现有的门店经营体系，通过“小程序‘百果心享’+到店自提”的场景切入，主要采取预售的方式，消费者下单次日可到百果园门店自提。针对心享商城目前上线品类较少的问题，百果园副总裁焦岳表示，未来会逐步上线，预计将达到 500—700 个 SKU，但需要“一个品类一个品类做”。

钱大妈融资后加速全国布局

2019 年 12 月，社区生鲜品牌钱大妈获得了 D 轮近 10 亿元融资。融资完成后，估值约为 85 亿—100 亿元。本轮融资将主要用于业务区域扩张、线上业务发展、产业链整合、全国性的仓网布局，以及科技中心的持续投入。据悉，钱大妈已启动上海、苏州、无锡、常州、杭州、武汉、长沙、成都、重庆等 9 个城市的招商加盟，计划在 2020 年上半年每个城市开 100 家店。

美菜进入 C 端，叮咚买菜、谊品生鲜入局 To B 业务

2020 年 2 月，原本为餐厅提供食材供应方案的美菜，启动 C 端业务。在 40 个城市，招募 4000 个分拣员和 6000 个配送司机，同时与全国闲置餐厅店面、闲置员工、物业场所开展合作，携手布局自提点，以此加快社区分货速度。

2020 年年初，从 C 端起家的叮咚买菜在上海区域测试 To B 业务，叮咚买菜表示这是阶段性、小区域范围内的测试。叮咚买菜正在将 B 端业务作为其扩大稳定订单量、寻求业务增量新方向。

2020 年 2 月，谊品生鲜也开始入局 B2B 赛道，开放此前垂直的供应链平台，以5000+ SKU，为 6000+B 端用户配送海鲜冻品、肉禽蛋品、酒水零食、日用快消等品类，覆盖合肥、福州、重庆等城市，未来将陆续打开成都、南昌、长沙、南京等 B 端市场。据悉，针对 B 端市场，谊品生鲜有两种打法：一种是针对中小餐饮、社区夫妻店的“今日订，明日达”，谊品通过自建城配履约送达；另一种则是针对大客户，以联合采购方式，共同降低成本。

呆萝卜申请破产

2020 年 3 月 11 日，安徽省合肥中院发布公告称，已经受理了“呆萝卜”的破产重整申请，目前呆萝卜依法进入破产重整程序。2020 年 3 月 12 日，呆萝卜副总经理王朝晖向时代财经证实，因资不抵债，公司申请破产重整，目前还没有具体开店计划，“将一步一步来”。天眼查信息显示，这家创办于 2015 年 10 月的生鲜电商，运营主体为安徽菜菜电子商务有限公司，公司最大股东和法人代表均为李阳，持有 95% 股权。2016 年 6 月，呆萝卜首家门店落地安徽合肥，采用“线上订线下取，今日订明日取”的经营模式。

盒马生鲜发布双 100 战略

2020 年 3 月 19 日，阿里巴巴盒马事业群总裁侯毅宣布了盒马的“双 100 战略”，即要开出 100 家盒马门店和超过 100 家盒马 mini 店。盒马的前置仓业务（70 多家盒马小站）将全部升级为盒马 mini 店。这意味着，盒马要完全淘汰前置仓模式，盒马 mini 这种小业态在竞争中胜出，成为主力。侯毅甚至称，mini 是生鲜电商的终极模式。

【社区团购】

苏宁、京东、步步高、拼多多、滴滴入局社区团购

继永辉超市于 2018 年年底试水社区团购之后，2019 年 1 月，苏宁宣布上线社区拼团服务，苏宁小店将拼团项目定名为“苏小团”，主要售卖团购品类为鲜水果、水产肉禽和蔬菜净菜。在团长选择上，“苏小团”则以社区服务站苏宁小店的员工为基础，招募小店周边社区“关键意见领袖”用户，由团长发展的会员在苏宁易购购物可享受二次分佣。

2020 年 2 月 12 日，京东线下门店推出“小七拼”，专车配送食材。线下门店也及时推出了社区团购的便利服务，京东 7FRESH 旗下的七鲜超市、七鲜生活全国门店推出“小七拼”服务。

2020 年 3 月 9 日，步步高全新社区拼团小程序——小步优鲜正式上线。据介绍，小步优鲜采取微信社群集单、小程序下单，并启用自有物流配送，订单从仓库直达社区，有效将线下流量引至线上，在减少超市人群聚集风险的同时，节省运力、提高配送效率，更快满足顾客对生鲜品类的需求。

2020 年 3 月 6 日，拼多多宣布推出线下团购工具“快团团”，协助各地商家收集社区居民物资需求、完成在线下单。据悉，“快团团”是一款辅助商家在线收集社区居民共同需求并在线下单及收款的团购工具。商家可以通过“快团团”上线商品团购页面，并由社区消费者发起团购，达到人数条件后，由商家按照当地防疫要求无接触配送至社区门口。

2020 年 6 月 16 日，滴滴试水新业务，开始做社区电商模式，目前该业务已经在成都上线。这项新业务名为“橙心优选”，主打低于市场价的秒杀产品，吸引大量团长入驻，平日主要通过微信群来传播和推广当日的低价商品。

十荟团完成 8140 万美元 C1 轮融资

2020 年 5 月 30 日，社区电商平台十荟团完成新一轮 C1 轮融资，本轮融资金额为 8140 万美元，由 GGV 纪源资本领投，愉悦资本、启明创投、渶策资本、高鹄资本跟投。高鹄资本担任独家财务顾问。此前，十荟团已累计完成过亿美元融资。

【人事变动】

万达老将曲德君转战新城控股

2019 年 7 月 9 日，新城控股公告显示，曲德君获委任为新城发展执行董事兼副董事长；2020 年 3 月 30 日晚间，新城控股发布关于董事辞职及聘任联席总裁公告，曲德君升任新城控股联席总裁。2020 年 3 月 27 日晚间，新城发展发布公告称，自 2020 年 3 月 27 日起，曲德君由执行董事调任为非执行董事，同时继续担任董事会的副董事长。

马云正式卸任，交棒张勇

2019 年 9 月 10 日，马云正式卸任阿里集团董事局主席，将接力棒交给了现任 CEO 张勇。在当天举行的阿里巴巴 20 周年晚会上，马云首次谈及卸任阿里巴巴董事局主席一事，他表示：“今天不是我的退休，是制度传承的开始。不是一个选择，而是制度的成功。”在演讲的最后，马云说：“我希望换个江湖，青山不改，后会有期。”当天，作为继任者，张勇“官宣”阿里巴巴新“六脉神剑”：客户第一，员工第二，股东第三；因为信任，所以简单；唯一不变的是变化；今天最好的表现是明天最低的要求；此时此刻，非我莫属；认真生活，快乐工作。

张轩松再任永辉超市董事长，李国任 CEO

2020 年 3 月 6 日，永辉超市股份有限公司发布第四届董事会第十七次会议决议公告，张轩松当选公司第四届董事会董事长，李国出任公司首席执行官（CEO），吴莉敏成为公司首席财务官（CFO）。这是时隔一年多后，张轩松再次成为永辉超市董事长。李国于2019年6月升任永辉超市总裁。

沃尔玛中国迎来首位女性CEO

2020年5月7日，沃尔玛中国宣布新任命：自2020年5月8日起，原新西兰恒天然集团大中华区总裁朱晓静担任沃尔玛中国总裁及首席执行官，而沃尔玛中国现任总裁及首席执行官陈文渊则表示因个人家庭原因，将离开沃尔玛。陈文渊将于2020年6月15日正式卸任沃尔玛中国总裁及首席执行官。

汉堡王中国换帅，起用本土餐饮“老将”

2020年5月25日，据媒体报道，汉堡王（中国）投资有限公司已任命原汉堡王（中国）首席运营官（COO）、高级副总裁朱富强担任汉堡王（中国）投资有限公司首席执行官（CEO），全面负责汉堡王在中国的运营工作。汉堡王方面表示，随着中国业务的大力发展，汉堡王需要打造新的管理方式以便更好地适应中国迅速变化的市场环境，因此领导层的本土化已经成为公司的发展策略。据悉，原汉堡王（中国）首席执行官Ekrem Ozer已经卸任该职位，将会在集团总部TAB Food Investments Group担任更重要的职位。

阿里巴巴副总裁林小海接手大润发

据媒体报道，2020年“6·18”期间，阿里巴巴集团旗下大润发、飞猪、菜鸟、阿里大文娱等多个业务高层均发生副总裁以上级别高管变动。阿里巴巴副总裁、零售通总经理林小海将接管大润发，担任大润发CEO，直接向阿里巴巴CEO张勇汇报。黄明端仍然担任高鑫零售CEO、大润发中国区主席职务。公开资料显示，林小海于2016年加入阿里操刀零售通。

【行业抗疫行动】

全国连锁超市携手保供应、稳物价，持续开业

2020年2月6日，在商务部、国家发展改革委指导下，中国连锁经营协会号召全行业共同发起“保障供应，稳定物价，持续开业”倡议，华润万家、大润发、沃尔玛、家乐福、永辉、天虹、步步高、家家悦、永旺、超市发、物美、联华、美宜佳、易捷等百余家大型零售企业响应，蚂蚁商联、九州兄弟联等区域超市企业联盟积极加入，共计近300家企业20万个门店积极响应，覆盖了全国大部分主要地级以上城市。

中连协发起保价格、保质量、保供应系列活动

2020 年 2 月 14 日，在国家市场监督管理总局的指导下，以“保价格、保质量、保供应”为行动目标，中国连锁经营协会联合中国消费者协会、中国经济网、“同线同标同质”促进联盟等，向全行业发起“‘三保’行动，我们一起出发”系列活动，集结行业力量，向消费者传递保供稳价、战胜疫情的信心，共同做好国家打赢这场抗击新冠病毒疫情的坚强后盾。分布在全国各地的 300 余家超市、便利店、食品零售专卖店等响应“三保”行动企业，可以主动对接协会搭建的平台，向消费者、社会展示“保价格、保质量、保供应”的行动承诺和事例。

中国连锁经营协会发出“安心消费公约”

2020 年 2 月 26 日，中国连锁经营协会（简称 CCFA）五届六次常务理事会扩大会议、五届六次监事会在线上召开。会上，CCFA 理事会主席、北京首旅酒店（集团）股份有限公司总经理孙坚代表中国连锁经营协会发出“安心消费公约”。公约的基本原则：加入公约的连锁企业，都应通过持续改善和优化创新，向消费者提供“安心产品、安心环境、安心服务”。每个行业和业态的连锁企业，都可结合自身特点，确定“安心消费”的标准和规则并严格执行。协会将引导和支持相关标准、规则的制定、推广和应用。协会鼓励加入公约的会员企业积极分享创新经验和成果，也欢迎相关机构共同参与“安心消费”公约的落地和推广。

零售企业纷纷向社会歇业人员发出招募

受 2020 年新冠疫情影响，不少餐饮企业暂停营业。盒马、沃尔玛、永辉、步步高等零售企业纷纷招募社会暂时歇业人员前来上班。一方面缓解商超行业人力短缺的压力，另一方面解决现阶段如餐饮行业待岗人员的收入问题，缓解餐饮企业成本压力。据悉，2020 年 2 月 1 日，盒马与青年餐厅实施对接；2 月 2 日，云海肴北京、上海、杭州、南京、西安、深圳、广州、昆明等地超过 400 人陆续到位，由盒马支付相应的劳务报酬。沃尔玛、永辉、步步高、北京超市发、生鲜传奇、山西金虎便利等零售企业也纷纷发出倡议，欢迎社会暂时歇业员工到零售企业上班。

餐饮企业陆续推出自救措施

受 2020 年新冠疫情影响，餐饮行业遭受重创，不少餐饮企业陆续推出自救措施。例如，西贝每件外卖产品自带公示厨师、装餐员和骑手体温的爱心卡；海底捞部署实施待岗 3 万员工工作与住宿场所不交叉等防疫措施；眉州东坡平价菜站每天出售近 500 公斤新鲜蔬菜、调味料和半成品；云海肴、青年餐厅与盒马合作安置 500 人待岗员工；喜家德部署分三批 83 家、201 家和 296 家店陆续复工计划；乐凯撒为奋战一线员工发放时薪上浮

20%—30%的特殊津贴。

【政策法规】

商务部发文在全国推进品牌连锁便利店建设工作

2019 年 7 月 9 日，商务部办公厅发出通知，决定在全国推进品牌连锁便利店建设工作。通知要求，各地要提高认识，把发展品牌连锁便利店纳入重要工作日程，抓紧制定品牌连锁便利店发展工作方案，推动出台支持品牌连锁便利店发展的政策，为便利店发展营造良好营商环境。

国务院 20 条新政促消费：降低流通企业成本

2019 年 8 月 27 日，国务院办公厅印发《关于加快发展流通促进商业消费的意见》，提出了 20 条稳定消费预期、提振消费信心的政策措施。包括改造提升商业步行街、加快连锁便利店发展、优化社区便民服务设施、活跃夜间商业和市场、拓宽假日消费空间、降低流通企业成本费用、搭建品牌商品营销平台、拓展出口产品内销渠道等。

新《中华人民共和国食品安全法实施条例》施行

作为《中华人民共和国食品安全法》的配套法规，《中华人民共和国食品安全法实施条例》（简称《条例》）经过修订从 2019 年 12 月 1 日施行。《条例》进一步细化了对保健食品、网购食品等监管要求，并明确禁止对保健食品制定地方标准。《条例》特别完善了食品安全违法行为的法律责任，规定对存在故意实施违法行为等情形单位的法定代表人、主要负责人、直接负责的主管人员和其他直接责任人员处以罚款，并对新增的义务性规定相应设定严格的法律责任。

多地出台举措促消费

2020 年 4 月 9 日召开的商务部网上例行新闻发布会上，商务部新闻发言人高峰表示，目前已有 7 个省 20 多个地市组织发放了多种形式的消费券，激发消费潜力，带动消费回补，在短期内取得了积极成效。

例如，杭州发放的消费券已核销 2.2 亿元，带动消费 23.7 亿元，乘数效应达 10.7 倍；郑州首期发放 5000 万元消费券，发放两日核销 1152.4 万元，带动消费 1.28 亿元，乘数效应达 11 倍。

2020 年 5 月 8 日，商务部副部长王炳南在国务院联防联控机制发布会上介绍，据初步统计，自疫情发生以来，有 28 个省市、170 多个地市统筹地方政府和社会资金，累计发放消费券达到 190 多亿元，这些促进消费措施取得明显效果，实现了聚焦人气、增强信心、提振消费的目标。

政府工作报告多举措并举，稳就业促消费

2020 年 5 月 22 日，第十三届全国人民代表大会第三次会议在人民大会堂开幕，国务院总理李克强作政府工作报告。政府报告提出多项举措稳就业促消费，降低企业税费负担。

加大宏观政策实施力度，着力稳企业保就业。政府工作报告提到：保障就业和民生，必须稳住上亿市场主体，尽力帮助企业特别是中小微企业、个体工商户渡过难关。

加大减税降费力度。强化阶段性政策，与制度性安排相结合，放水养鱼，助力市场主体纾困发展。今年继续执行下调增值税税率和企业养老保险费率等制度，新增减税降费约 5000 亿元。前期出台六月前到期的减税降费政策，包括免征中小微企业养老、失业和工伤保险单位缴费，减免小规模纳税人增值税，免征公共交通运输、餐饮住宿、旅游娱乐、文化体育等服务增值税，减免民航发展基金、港口建设费，执行期限全部延长到 2020 年年底。小微企业、个体工商户所得税缴纳一律延缓到 2021 年。预计全年为企业新增减负超过 2.5 万亿元。要坚决把减税降费政策落到企业，留得青山，赢得未来。

推动降低企业生产经营成本。降低工商业电价 5%政策延长到 2021 年年底。宽带和专线平均资费降低 15%。减免国有房产租金，鼓励各类业主减免或缓收房租，并予政策支持。坚决整治涉企违规收费。

强化对中小微企业的金融支持。中小微企业贷款延期还本付息政策再延长至 2021 年 3 月底，对普惠型小微企业贷款应延尽延，对其他困难企业贷款协商延期。鼓励银行大幅增加小微企业信用贷、首贷、无还本续贷。大幅拓展政府性融资担保覆盖面并明显降低费率。大型商业银行普惠型小微企业贷款增速要高于 40%。支持企业扩大债券融资。加强监管，防止资金“空转”套利。金融机构与贷款企业共生共荣，鼓励银行合理让利。为保市场主体，一定要让中小微企业贷款可获得性明显提高，一定要让综合融资成本明显下降。

在实施扩大内需战略，推动经济发展方式加快转变方面，政府工作报告提到：我国内需潜力大，要深化供给侧结构性改革，突出民生导向，使提振消费与扩大投资有效结合、相互促进。

推动消费回升。通过稳就业促增收保民生，提高居民消费意愿和能力。支持餐饮、商场、文化、旅游、家政等生活服务业恢复发展，推动线上线下融合。发展养老、托幼服务。改造提升步行街。支持电商、快递进农村，拓展农村消费。要多措并举扩消费，适应群众多元化需求。

扩大有效投资。2020 年拟安排地方政府专项债券 3.75 万亿元，比 2021 年增加 1.6 万亿元，提高专项债券可用作项目资本金的比例，中央预算内投资安排 6000 亿元。重点支持既促消费惠民生又调结构增后劲的“两新一重”建设，主要是：加强新型基础设施建设，发展新一代信息网络，拓展 5G 应用，建设充电桩，推广新能源汽车，激发新消费需求、助力产业升级。加强新型城镇化建设，大力提升县城公共设施和服务能力，以适应农民日益增加的到县城就业安家需求。新开工改造城镇老旧小区 3.9 万个，支持加装电梯，发展用餐、保洁等多样社区服务。